Rechtsdogmatische und rechtspolitische Probleme des § 14 Abs. 2 Teilzeit- und Befristungsgesetz

Recht der Arbeit und der sozialen Sicherheit

Herausgegeben von Wolfgang Däubler, Hagen Lichtenberg, Ursula Rust, Roderich Wahsner

Band 23

PETER LANG
Frankfurt am Main · Berlin · Bern · Bruxelles · New York · Oxford · Wien

Katrin Stoye

Rechtsdogmatische und rechtspolitische Probleme des § 14 Abs. 2 Teilzeit- und Befristungsgesetz

Ein Beitrag zur Auslegung der Tatbestandsvoraussetzungen des § 14 Abs. 2 TzBfG sowie zur Entwicklung des Rechts der sachgrundlosen Befristungen unter Berücksichtigung der gesetzlichen Neuerungen durch die Arbeitsmarktreformen der Jahre 2002 und 2003

PETER LANG
Europäischer Verlag der Wissenschaften

Bibliografische Information der Deutschen Nationalbibliothek
Die Deutsche Nationalbibliothek verzeichnet diese Publikation in der Deutschen Nationalbibliografie; detaillierte bibliografische Daten sind im Internet über <http://www.d-nb.de> abrufbar.

Zugl.: Bonn, Univ., Diss., 2006

D 5
ISSN 0178-4285
ISBN-10: 3-631-56063-X
ISBN-13: 978-3-631-56063-1

www.peterlang.de

Meiner Familie

in Liebe und Dankbarkeit

Vorwort

Die vorliegende Arbeit wurde im August 2005 abgeschlossen und im Sommersemester 2006 von der Rechts- und Staatswissenschaftlichen Fakultät der Universität Bonn als Dissertation angenommen. Sie wurde vor Drucklegung noch einmal überarbeitet und aktualisiert. Rechtsprechung, Schrifttum und rechtspolitische Reformüberlegungen wurden für die Veröffentlichung bis einschließlich November 2006 eingearbeitet.

An dieser Stelle möchte ich zunächst meinem verstorbenen Doktorvater, Herrn Prof. Dr. Meinhard Heinze, gedenken und ihm für seine Unterstützung bis zu seinem plötzlichen Tode im Juli 2003 meinen Dank aussprechen.
Zu Dank verpflichtet bin ich ferner Herrn Prof. Dr. Wolfgang Däubler, der im Dezember 2003 die weitere Betreuung meiner Arbeit übernahm und mich insbesondere durch wertvolle Anregungen förderte. Ihm gilt insbesondere für seine Bereitschaft, mich in Bonn zu prüfen, und die Aufnahme meiner Arbeit in diese Schriftenreihe mein besonderer Dank.
Danken möchte ich des Weiteren Herrn Prof. Dr. Wilhelm Rütten, der mich in der Übergangsphase mental unterstützte und stets hilfsbereit war.
Herrn Prof. Dr. Gregor Thüsing danke ich für die Erstellung des Zweitgutachtens, sowie ferner Frau Köhler und Herrn Echternach vom juristischen Dekanat der Universität Bonn für ihre organisatorische Hilfe.
Auch den freundlichen Mitarbeitern des Juristischen Seminars und der Universitäts- und Landesbibliothek in Bonn sowie den verschiedenen Arbeitnehmer- und Arbeitgeberverbänden danke ich für Ihre Unterstützung.

Mein ganz persönlicher Dank gilt meinen Eltern Heidelore und Uwe Tierock, denen meine Ausbildung immer sehr am Herzen lag, sowie meinem Mann Florian Stoye, welcher mich in vielfältigster und unschätzbarer Weise nicht nur während der Entstehung dieser Arbeit unterstützt hat. Ihnen widme ich die vorliegende Arbeit. Sie und meine Schwiegereltern Christina Stoye-Grunau und Peter Grunau haben zuletzt auch die mühevolle Arbeit der Korrektur auf sich genommen. Meiner Familie und meinen Freunden möchte ich aber nicht nur für die physische, sondern auch für die mentale Unterstützung - insbesondere nach dem Tode von Herrn Prof. Dr. Heinze und in der Endphase - herzlich danken.

Leer, im November 2006 Katrin Stoye

Inhaltsübersicht

Einleitung 19

A) Hintergrund und Entstehung der Regelung des § 14 Abs. 2 TzBfG 23

I. Befristete Arbeitsverträge 23
II. Entstehung und Entwicklung der Befristungsregulierung 47

B) Inhalt und Bedeutung des § 14 Abs. 2 TzBfG 67

I. Der Inhalt der Regelung des § 14 Abs. 2 TzBfG 67
II. Das Verhältnis zu § 14 Abs. 2 a TzBfG 100
III. Das Verhältnis zu § 14 Abs. 3 TzBfG 118
IV. Das Verhältnis zu bestehenden Spezialregelungen 121

C) Vergleich des § 14 Abs. 1 und 2 TzBfG mit den Vorgängerregelungen 133

I. § 1 BeschFG 1985 133
II. § 1 BeschFG 1996 150
III. Grundsätzliche Unterschiede zwischen BeschFG und TzBfG 157

D) Probleme der Regelung des § 14 Abs. 2 S. 2 TzBfG 165

I. Der Begriff des „Arbeitsverhältnisses“ 165
II. Die Vorbeschäftigung bei „demselben Arbeitgeber“ 177
III. Das Verständnis des Begriffes „zuvor“ 194

E) Anwendungsbereich der Verlängerungsmöglichkeit des § 14 Abs. 2 S. 1 Hs. 2 TzBfG 215

I. Zulässigkeit sachgrundloser Verlängerung von Sachgrundbefristungen ... 215
II. Wann liegt eine/keine sachgrundlos verlängerbare Befristung vor? 226
III. Übertragbarkeit des Ergebnisses auf § 14 Abs. 2 a S. 1 Hs. 2 TzBfG 245
IV. Endergebnis 246

F) Ausblick: Die Zukunft des § 14 Abs. 2 S. 2 TzBfG 247

I. Der Entwurf vom 27. April 2005 247

II. Der Koalitionsvertrag vom 11. November 2005 252

G) Fazit 255

Literaturverzeichnis 259

Abkürzungsverzeichnis 275

Anhang 279

Inhaltsverzeichnis

Einleitung.....19

A) Hintergrund und Entstehung der Regelung des § 14 Abs. 2 TzBfG.....23

I. Befristete Arbeitsverträge.....23
1. Der Begriff des befristeten Arbeitsvertrages.....23
a) Definition.....23
aa) kalendermäßig befristeter Arbeitsvertrag.....23
bb) zweckbefristeter Arbeitsvertrag.....24
cc) Doppelbefristung.....25
b) Beendigung des befristeten Arbeitsverhältnisses.....26
aa) Verhältnis zum Kündigungsschutz allgemein.....26
bb) ordentliche Kündigung.....27
cc) außerordentliche Kündigung.....28
dd) sonstige Beendigungstatbestände.....29
c) Abgrenzungen.....30
aa) Arbeitsvertrag und Arbeitsverhältnis.....30
bb) Frist- oder Zeitvertrag und Zeitarbeit.....32
2. Die Bedeutung der befristeten Beschäftigung.....33
a) Vor- und Nachteile befristeter Arbeitsverträge.....33
aa) für Arbeitgeber.....33
bb) für Arbeitnehmer.....34
cc) für Arbeitslose.....36
b) Bedeutung in Zahlen.....37
aa) Deutschland/Vergleich Europa.....37
bb) Sozial- und Gesellschaftsprofil.....39
cc) Wirtschaftssektoren.....43
dd) Betriebsgrößen.....44
ee) Angaben zur Dauer befristeter Arbeitsverträge.....44
ff) Angaben zum Grund der Befristung.....45
gg) Übernahmequoten.....46
hh) Vergleich Befristung/andere Beendigungstatbestände.....46

II. Entstehung und Entwicklung der Befristungsregulierung.....47
1. Regelung des § 620 Abs. 1 BGB als Ausgangspunkt.....47
2. Entwicklung der Rechtsprechung.....49
a) Umgehungstheorie des RAG.....49
b) Frühere Rechtsprechung des BAG.....51
c) Entscheidung des Großen Senates 1960.....52

3. Stand der Rechtsprechung und der Literatur vor Verabschiedung des ersten Beschäftigungsförderungsgesetzes (BeschFG 1985) 54
a) Kritik an der BAG-Rechtsprechung 54
b) Rechtfertigung der Dauer der Befristung 56
c) Zulässigkeit sachgrundloser Befristungen 58
4. Beschäftigungsförderungsgesetz (BeschFG) 60
5. Teilzeit- und Befristungsgesetz (TzBfG) 62
a) Umsetzung der Richtlinie 1999/70/EG 62
b) Zielsetzung des Gesetzgebers bei Erlass des TzBfG 64

B) Inhalt und Bedeutung des § 14 Abs. 2 TzBfG 67

I. Der Inhalt der Regelung des § 14 Abs. 2 TzBfG 67
1. Das Verhältnis von § 14 Abs. 1 und 2 TzBfG 67
a) Inhalt des § 14 Abs. 1 TzBfG 67
b) Einordnung der Aufzählung in § 14 Abs. 1 S. 2 TzBfG 69
c) Regel-Ausnahme-Verhältnis 70
d) Anwendungsbereich 71
2. Grundregelung für kalendermäßige Befristungen ohne Vorliegen eines sachlichen Grundes in § 14 Abs. 2 S. 1 TzBfG 71
a) maximale Befristungsdauer 71
b) Anzahl der erlaubten Verlängerungen 72
c) Beschränkung des Abs. 2 auf kalendermäßige Befristungen 72
3. Beschränkung des S. 1 auf Neueinstellungen in § 14 Abs. 2 S. 2 75
a) Inhalt des sog. Anschlussverbotes 75
b) Abgrenzung Neuabschluss/Verlängerung 75
aa) unmittelbarer Anschluss/Zeitpunkt der Vereinbarung 76
(1) enge Ansicht 76
(2) weite Ansicht 78
(3) vermittelnde Ansicht 78
(4) Stellungnahme 79
(5) Ergebnis 83
bb) Form der Vereinbarung 83
(1) weite Ansicht 84
(2) enge Ansicht 84
(3) Stellungnahme 85
(4) Ergebnis 87
cc) Änderung der Vertragsbedingungen 87
(1) enge Ansicht 87
(2) weite Ansicht 88
(3) vermittelnde Ansicht 89
(4) Stellungnahme 90

(5) Ergebnis 98
4. Tarifdisponibilität in § 14 Abs. 2 S. 3 i.V.m. § 22 Abs. 1 98

II. Das Verhältnis zu § 14 Abs. 2 a TzBfG 100
1. Inhalt des § 14 Abs. 2 a S. 1 TzBfG 100
a) unbegrenzte Verlängerungsmöglichkeit 100
b) Bedeutung des Verweises auf § 14 Abs. 2 S. 2 bis 4 TzBfG 101
c) Dauer des Rechtsvorteils/Bestehen eines Höchstrahmens 102
d) Zeitpunkt der Verlängerungsvereinbarung 104
e) Zeitpunkt des vierjährigen Befristungbeginns 106
f) Verlängerbarkeit bestehender Befristungen 109
g) Kompensation eines abgewälzten Risikos? 110
2. Ausnahmen nach § 14 Abs. 2 a S. 2 TzBfG 111
a) Neugründung eines Unternehmens 111
b) Anknüpfung an die Regelung in § 112 a Abs. 2 BetrVG 112
c) Anwendbarkeit des Privilegs des § 112 a Abs. 2 BetrVG 113
3. Vereinbarkeit mit Europa- und Verfassungsrecht 115
a) Richtlinie 99/70/EG 115
b) Art. 12 Abs. 1 GG 115
c) Art. 3 Abs. 1 GG 116
aa) Privilegierung von Neugründungen 116
bb) keine Privilegierung von juristischen Personen 117

III. Das Verhältnis zu § 14 Abs. 3 TzBfG 118
1. Inhalt der Regelung 118
2. Rechtsfolgen der Regelung 118
3. Vereinbarkeit mit Europarecht 119

IV. Das Verhältnis zu bestehenden Spezialregelungen 121
1. gesetzliche Spezialregelungen 121
a) §§ 57 a ff. Hochschulrahmengesetz (HRG) 121
b) § 21 Bundeserziehungsgeldgesetz (BErzGG) 123
c) § 8 Abs. 3 Altersteilzeitgesetz (ATG) 123
d) § 1 ÄArbVtrG (Ärzte in der Weiterbildung) 123
e) § 9 Nr. 2 Arbeitnehmerüberlassungsgesetz (AÜG) a.F. 124
f) sonstige spezialgesetzliche Vorschriften 127
2. tarifvertragliche Spezialregelungen 127
a) Sonderregelung 2y zum Bundesangestelltentarifvertrag 127
b) Tarifvertrag des öffentlichen Dienstes 129
c) sonstige Tarifverträge 131

C) Vergleich des § 14 Abs. 1 und 2 TzBfG mit den Vorgängerregelungen 133

I. § 1 BeschFG 1985 133
1. Befristungsvoraussetzungen/„sachliche Gründe" 133
a) Neueinstellung gemäß § 1 Abs. 1 S. 1 Nr. 1 BeschFG 134
aa) enger sachlicher Zusammenhang 135
bb) vorhergehender Arbeitsvertrag 136
cc) derselbe Arbeitgeber 137
dd) Vergleich mit dem TzBfG 139
b) „Anschlusseinstellung" gemäß § 1 Abs. 1 S. 1 Nr. 2 BeschFG 139
aa) Begriff des Dauerarbeitsplatzes 140
bb) Begriff der Berufsausbildung 141
cc) Vergleich mit dem TzBfG 141
c) Verhältnis von § 1 Abs. 1 S. 1 Nr. 1 und Nr. 2 BeschFG 143
2. maximale Befristungsdauer 143
a) Grundregelung 143
b) Sonderregelung für Unternehmensneugründungen 143
aa) Voraussetzungen 144
bb) Sinn und Zweck der Regelung 144
cc) Vergleich mit dem TzBfG 145
3. Anzahl der erlaubten Befristungen 145
a) Bedeutung des Wortes „einmalig" 146
b) keine Verlängerungsmöglichkeit 147
c) Vergleich mit dem TzBfG 148
4. Verhältnis zur Rechtsprechung 148

II. § 1 BeschFG 1996 150
1. Befristungsvoraussetzungen/„sachliche Gründe" 150
a) Voraussetzung der Neueinstellung/grundsätzliche Vergleichbarkeit mit BeschFG 1985 150
b) Änderung hinsichtlich vorhergehender befristeter Arbeitsverträge ... 151
2. maximale Befristungsdauer 151
a) grundsätzliche Regelung 151
aa) Verlängerungsmöglichkeit 152
bb) Abgrenzung Verlängerung/Neuabschluss 152
b) Sonderregelung für ältere Arbeitnehmer 153
c) Vergleich mit dem TzBfG 153
3. Anzahl der erlaubten Befristungen 154
a) Zulässigkeit von Befristungsketten 154
b) Vergleich mit dem TzBfG 155
4. Verhältnis zur Rechtsprechung 155
5. Einführung einer einheitlichen Klagefrist 156

III. Grundsätzliche Unterschiede zwischen BeschFG und TzBfG 157
1. Trennung der Befristung mit und ohne sachlichen Grund 157
2. Verhältnis zur BAG-Rechtsprechung 157
3. Verhältnis zum Kündigungsschutz 158
4. Voraussetzung des engen sachlichen Zusammenhangs...........................158
5. Voraussetzung der kalendermäßigen Befristung 159
6. Möglichkeit von Kettenbefristungen 159
7. Verhältnis zu tarifvertraglichen Regelungen 160
8. Beschränkung der Geltungsdauer der Regelung 162
9. Fazit zum Vergleich 162

D) Probleme der Regelung des § 14 Abs. 2 S. 2 TzBfG 165

I. Der Begriff des „Arbeitsverhältnisses“ 165
1. Erfassung von Ausbildungsverhältnissen? 166
a) Inhalt der Gesetzesbegründung 166
b) Kritik der Nicht-Qualifizierung im Gesetzestext.................................167
c) Kritik auf Grund des Vergleichs mit § 1 BeschFG 1985 168
d) Zusammenfassung und Ergebnis 170
2. Erfassung von berufsvorbereitenden Beschäftigungen?..........................171
3. Erfassung von Umschulungsverhältnissen und Fortbildungen?.................172
4. Erfassung von Eingliederungsverträgen? 174
5. Erfassung von Aushilfs- und Ferienjobs? 175
6. Erfassung von Rahmenvereinbarungen? 176
7. Erfassung von anderen Beschäftigungsformen? 176

II. Die Vorbeschäftigung bei „demselben Arbeitgeber“ 177
1. Wechsel in einen anderen Betrieb desselben Unternehmens 179
2. Wechsel in ein anderes Unternehmen desselben Konzerns 180
a) Grundsatz..180
b) Problematik zentralisierter Personalentscheidungen 181
c) Problematik der Konzernversetzungsklauseln 184
d) Zusammenfassung..185
3. Wechsel innerhalb eines Gemeinschaftsbetriebes 185
4. Folgen eines Betriebsübergangs nach § 613 a BGB.................................188
a) für den Erwerber..189
aa) im Fall des bei Übergang bestehenden Arbeitsverhältnisses.................189
bb) bei Ausscheiden des Arbeitnehmers vor Betriebsübergang..................189
b) für den Veräußerer 190
5. Einordnung von Leiharbeitnehmern 191
a) bezogen auf die Person des Entleihers 191
b) bezogen auf die Person des Verleihers 191

c) bei unwirksamer Arbeitnehmerüberlassung 191
6. Einordnung von Umwandlungen 192
a) Verschmelzung 192
b) Spaltung 193
c) Vermögensübertragung 193
c) Formwechsel 194
III. Das Verständnis des Begriffes „zuvor“ 194
1. Auslegungskriterien 195
a) grammatikalische Auslegung 196
b) systematische Auslegung 196
c) historische Auslegung 198
d) teleologische Auslegung 201
e) europarechts- bzw. richtlinienkonforme Auslegung 203
f) verfassungskonforme Auslegung 204
2. Ergebnis der Auslegung 207
a) Behandlung von gänzlich andersgearteten Arbeitsverhältnissen 208
b) Behandlung von Arbeitsverhältnissen, die dem KSchG nicht unterfallen 209
c) Behandlung kurzzeitig bestandener Arbeitsverhältnisse 211
d) Behandlung viele Jahre zurückliegender Arbeitsverhältnisse 212
3. keine Erweiterung zum Schutz des Arbeitnehmers 212

E) Anwendungsbereich der Verlängerungsmöglichkeit des § 14 Abs. 2 S. 1 Hs. 2 TzBfG 215

I. Zulässigkeit sachgrundloser Verlängerung von Sachgrundbefristungen 215
1. kein vorheriges Arbeitsverhältnis mit demselben Arbeitgeber 215
2. keine Anwendungssperre aufgrund des § 14 Abs. 2 S. 2 TzBfG 216
3. Vorliegen einer Verlängerung im Rechtssinne 217
a) keine Unterbrechung innerhalb des Zweijahreszeitraumes 217
b) keine Änderung der Arbeitsbedingungen 218
4. Grammatikalische Auslegung 219
5. Systematische Auslegung 220
6. Historische Auslegung 221
7. Teleologische Auslegung 223
8. Ergebnis 225
II. Wann liegt eine/keine sachgrundlos verlängerbare Befristung vor? 226
1. Fehlen eines Zitiergebotes 226
2. Angaben in befristeten Arbeitsverträgen in der Praxis 228
3. Fallkonstellationen und sachgrundlose Verlängerbarkeit 229

a) Ausdrückliche wirksame Vereinbarung einer sachgrundlosen Befristung 229
b) Ausdrückliche unwirksame Vereinbarung einer sachgrundlosen Befristung 230
c) Ausdrückliche Vereinbarung eines Sachgrundes im Sinne einer Abbedingung 231
aa) Rechtsprechung zum BeschFG 231
bb) Übertragbarkeit auf das TzBfG 233
cc) Ergebnis 233
d) Sonstige Vereinbarung eines Sachgrundes 233
aa) Rechtsprechung zum BeschFG 234
(1) Parteiwille 234
(2) Nachschieben von Gründen 235
bb) Übertragbarkeit auf das TzBfG 236
(1) Parteiwille 237
(2) Nachschieben von Gründen 238
cc) Ergebnis 239
e) Fehlen einer Vereinbarung zur Rechtsgrundlage 239
f) Vereinbarung mehrerer Befristungsgründe 240
aa) in Form verschiedener Sachgründe 240
bb) in Form verschiedener Rechtsgrundlagen 241
g) Zusammenfassung 244

III. Übertragbarkeit des Ergebnisses auf § 14 Abs. 2 a S. 1 Hs. 2 TzBfG 245

IV. Endergebnis 246

F) Ausblick: Die Zukunft des § 14 Abs. 2 S. 2 TzBfG 247

I. Der Entwurf vom 27. April 2005 247
1. Inhalt des Entwurfs zur Neuregelung des § 14 Abs. 2 S. 2 TzBfG 247
2. Stellungnahme aus Arbeitgeberperspektive 247
3. Stellungnahme aus Arbeitnehmerperspektive 248
4. Eigene Überlegungen 249
5. Eigener Entwurf eines neuen § 14 Abs. 2 S. 2 TzBfG 251
6. Vorerst Beibehaltung des § 14 Abs. 2 TzBfG 251

II. Der Koalitionsvertrag vom 11. November 2005 252
1. Inhalt 252
2. Stellungnahme 252
3. Umsetzung 253

G) Fazit 255

Literaturverzeichnis 259

Abkürzungsverzeichnis...275

Anhang 279

Einleitung

Das „Gesetz über Teilzeitarbeit und befristete Arbeitsverträge“ vom 21. Dezember 2000, kurz „Teilzeit- und Befristungsgesetz“ oder „TzBfG“, ist seit dem 1. Januar 2001 in Kraft.
Mit den bereits während des Gesetzgebungsverfahrens heftig kritisierten neuen Regelungen zum Befristungsrecht waren von Anfang an weder die Arbeitgeberverbände noch die Arbeitnehmervertretungen zufrieden.
Im Rahmen der Diskussion um das Teilzeit- und Befristungsgesetz haben die Arbeitgeberverbände bereits im Jahre 2000 vor den Beschränkungen des Befristungsrechts massiv gewarnt. Seit der Verabschiedung gibt es regelmäßig Schlagzeilen wie zum Beispiel: „Teilzeit- und Befristungsgesetz hemmt Beschäftigung“.[1] Die Gewerkschaften empfinden das neue Befristungsrecht demgegenüber teilweise als zu weitgehend und bemängeln, dass die Befristungsmöglichkeiten des TzBfG den Arbeitgebern in erheblichem Ausmaße die Einstellung ohne Kündigungsschutz gestatten, ohne dass dies bisher nennenswerte Auswirkungen auf den Arbeitsmarkt gehabt hätte. Der Abbau des Kündigungsschutzes schaffe keine Arbeitsplätze. Auch in der arbeitsrechtlichen Fachliteratur wird das Befristungsrecht massiv kritisiert und regelmäßig in der Rechtsprechung[2] problematisiert.

---

1 Handelsblatt vom 15.4.2003, Nr. 74, S. 6, Serie „Die Fesseln des Arbeitsmarktes - Wie das deutsche Arbeitsrecht neue Jobs verhindert (11) - Das Problem: Befristungen“; Kurz-Nachrichten-Dienst der Bundesvereinigung der Deutschen Arbeitgeberverbände (BDA) im August 2002; vgl. auch den Titel einer BDA-Broschüre, „Bremsklötze beseitigen - Beschäftigung schaffen“, sowie deren Ausführungen auf S. 30.

2 Vgl. allein die zahlreichen Entscheidungen zu § 14 TzBfG: BAG vom 23.8.2006 - 7 AZR 12/06, Pressemitteilung 54/2006; BAG vom 26.7.2006 - 7 AZR 514/05, NV; BAG vom 13.10.2004 - 7 AZR 654/03, AP Nr. 13 zu § 14 TzBfG; BAG vom 23.6.2004 - 7 AZR 636/03, AP Nr. 12 zu § 14 TzBfG; BAG vom 6.11.2003 - 2 AZR 21/03, AP Nr. 9 zu § 14 TzBfG; BAG vom 6.11.2003 - 2 AZR 690/02, AP Nr. 7 zu § 14 TzBfG; BAG vom 22.10.2003 - 7 AZR 113/03, AP Nr. 6 zu § 14 TzBfG; BAG vom 15.1.2003 - 7 AZR 535/02, AP Nr. 1 zu § 14 TzBfG; BAG vom 15.1.2003 - 7 AZR 346/02, AP Nr. 2 zu § 14 TzBfG; BAG vom 15.1.2003 - 7 AZR 115/02; BAG vom 15.1.2003 - 7 AZR 453/02 (Parallelentscheidungen); BAG vom 16.4.2003 - 7 AZR 119/02, ArbRB 2003, S. 130; LAG Baden-Württemberg vom 30.10.2002 - 17 Sa 13/02, NV; LAG Baden-Württemberg vom 25.10.2002 - 5 Sa 8/02, NV; LAG Baden-Württemberg vom 23.4.2002 - 8 Sa 84/01, AiB 2002, S. 782; LAG Baden-Württemberg vom 6.5.2003 - 8 Sa 5/03, NV; LAG Niedersachsen vom 26.6.2002 - 2 Sa 1539/01, BB 2002, S. 2448; LAG Rheinland-Pfalz vom 12.4.2002 - 3 Sa 1469/01, NZA 2002, S. 1037; LAG Düsseldorf vom 6.12.2001 - Sa 1204/01, AuR 2002, S. 270; ArbG Stuttgart vom 13.12.2001 - 28 Ca 6007/01, AuR 2002, S. 115.

Das Teilzeit- und Befristungsgesetz besteht nun schon fast sechs Jahre, aber eines der Hauptprobleme ist geblieben: deutlich über 4 Millionen Arbeitslose[3], nach der durch die Mitberücksichtigung der arbeitsfähigen Sozialhilfeempfänger durch „Hartz IV" bereinigten Statistik wurde im Februar 2005 sogar ein Höchststand von 5,216 Millionen und damit eine Arbeitslosequote von 12,6 % erreicht.[4] Angesichts dieser hohen Arbeitslosenzahlen ist es daher berechtigt, die bestehenden Regelungen in Frage zu stellen und einer eingehenden Untersuchung zu unterziehen.
In einer Zeit, in der Arbeitsplätze Mangelware sind, mag man geneigt sein, das Befristungsrecht auszudehnen und zu betonen, dass befristete Arbeit immer noch besser ist als keine Arbeit. Dies erscheint aber nur dann sinnvoll, wenn ein erleichtertes Befristungsrecht überhaupt eine Möglichkeit darstellt, die Arbeitgeber dazu zu bewegen, mehr Arbeitnehmer zu beschäftigen. Wäre dies nicht der Fall, gäbe es keinen ersichtlichen Grund, den Arbeitnehmern durch eine Befristung ihren Kündigungsschutz zu nehmen. Dies würde die Regelung des § 14 Abs. 2 TzBfG, die Befristungen ohne Sachgrund zulässt, erheblich in Frage stellen.
Die vorliegende Dissertation nimmt diese Fragen, die beschriebene Unruhe und die auf Grund der „Hartz-Reform" und der „Agenda 2010" ergangenen Änderungen zum Anlass, sich intensiv sowohl mit den dogmatischen als auch den sich in der Anwendungspraxis ergebenden Problemen der Befristungsregelung des § 14 TzBfG, insbesondere anhand einer kritischen Überprüfung der einzelnen Voraussetzungen des § 14 Abs. 2 TzBfG, auseinanderzusetzen.
Durch die zum 1. Januar 2004 in Kraft getretene Befristungserleichterung für neugegründete Unternehmen in § 14 Abs. 2 a TzBfG, der auf die umstrittenen Voraussetzungen des § 14 Abs. 2 TzBfG verweist, sind sowohl ebendiese Voraussetzungen als auch die sachgrundlosen Befristungen als solche von aktueller Brisanz. Die Nachbesserungen und die Einfügung des § 14 Abs. 2 a TzBfG zeigen, dass das Befristungsrecht eine „bevorzugte Baustelle" für neue gesetzgeberische Aktivitäten zur Belebung des Arbeitsmarktes ist und bleibt.[5] Seit Bundeskanzler Gerhard Schröder in der Regierungserklärung vom 17.3.2005 angekündigt hat, das absolute Verbot einer Vorbeschäftigung beim gleichen Arbeitgeber aufheben und auf nur noch zwei Jahre beschränken zu wollen[6], steht der umstrittene § 14 Abs. 2 S. 2 TzBfG endgültig auf dem Prüfstand.

---

3 Der Jahresdurchschnitt von 2005 betrug 4,861 Millionen, was einer bundesweiten Arbeitslosenquote von 13 % entsprach (Quelle: Bundesagentur für Arbeit; Institut der deutschen Wirtschaft, Köln). Im Oktober 2006 wurde mit 4,085 Millionen Arbeitslosen erstmals seit fünf Jahren eine unter 10 % liegende Quote (9,8 %) ermittelt. (Quelle: Bundesagentur für Arbeit; FAZ vom 3.11.2006, Nr. 256/44 D, S. 1).

4 Quelle: BA/FAZ-Grafik vom 3.11.2006, Nr. 256/44 D, S. 2.

5 KR/Lipke, § 14 TzBfG Rn 271; Preis, NZA 2005, S. 714 (714).

6 Vgl. dazu Deter, AuR 2005, S. 178 (184).

Die vorliegende Arbeit möchte für die aktuelle Diskussion Denkanstöße geben und ungeeigneten Neuregelungen vorbeugen. Daher soll das Befristungsrecht als solches untersucht und die aktuellen Gesetze nach einer Darstellung ihrer Entstehungsgeschichte überprüft, sowie ein Ausblick gegeben werden.

A) Hintergrund und Entstehung der Regelung des § 14 Abs. 2 TzBfG

I. Befristete Arbeitsverträge

1. Der Begriff des befristeten Arbeitsvertrages

a) Definition

Der Begriff des befristet beschäftigten Arbeitnehmers wird in § 3 Abs. 1 Satz 1 TzBfG legaldefiniert. Befristet beschäftigt ist danach ein Arbeitnehmer mit einem auf bestimmte Zeit geschlossenen Arbeitsvertrag.[7] Ein solcher auf bestimmte Zeit geschlossener, sprich befristeter Arbeitsvertrag, liegt gemäß § 3 Abs. 1 Satz 2 TzBfG vor, wenn seine Dauer kalendermäßig bestimmt ist (kalendermäßig befristeter Arbeitsvertrag) oder sich aus Art, Zweck oder Beschaffenheit der Arbeitsleistung ergibt (zweckbefristeter Arbeitsvertrag).[8]
Es gibt folglich zwei Möglichkeiten der Befristung, die auch Zeitbestimmung genannt wird[9]: Entweder der Arbeitgeber beschäftigt den Arbeitnehmer nur für einen bestimmten Zeitraum oder bis zur Erledigung bestimmter Aufgaben.

aa) kalendermäßig befristeter Arbeitsvertrag

Ein kalendermäßig befristeter Arbeitsvertrag liegt vor, wenn das Ende datumsmäßig genau bestimmt (z.B. „Das Arbeitsverhältnis endet am 31.12.2004.") oder zumindest bestimmbar, sprich exakt berechenbar (z.B. „Das Arbeitsverhältnis beginnt am 1. Januar 2005 und endet nach 6 Monaten."), ist.[10] Allgemein gehaltene Formulierungen wie „etwa ein Jahr" oder „für die Dauer der Kampagne oder der Saison" genügen den Anforderungen des § 3 Abs. 1 S. 2 Alt. 2 TzBfG

---

7 Kritisch zu dieser Definition: KR/Bader, § 3 TzBfG Rn 3: Bei Zweckbefristungen gibt es gerade keine „vertraglich bestimmte Zeit". Es sei folgendermaßen zu lesen: „Ein auf begrenzte Dauer geschlossener Arbeitsvertrag (befristeter Arbeitsvertrag)...". Ebenso kritisch: Annuß/Thüsing/Annuß, § 3 TzBfG Rn 2. Meines Erachtens darf man die Definition nicht wortwörtlich nehmen: Der Begriff „Zeit" muss hier mit „Dauer" übersetzt werden und diese ist bestimmt durch den Zweck. Ähnlich APS/Backhaus, § 620 BGB Rn 160: „Verträge, deren Dauer aus dem Zweck der Dienste zu entnehmen ist".

8 Die Begriffsbestimmung, die die Definition aus § 3 der Rahmenvereinbarung der europäischen Sozialpartner für befristete Arbeitsverträge aufnahm, gestaltete diese in Übereinstimmung mit dem bisher geltenden Recht (§ 620 Abs. 2 BGB) aus.

9 Creifelds, Rechtswörterbuch, Rechtsbegriff „Zeitbestimmung", S. 1660.

10 APS/Backhaus, § 620 BGB Rn 159; Annuß/Thüsing/Annuß, § 3 TzBfG Rn 3; KR/Bader, § 3 TzBfG Rn 17; Meinel/Heyn/Herms, § 3 TzBfG Rn 5; MK/Hesse, § 14 TzBfG Rn 6; Rolfs, § 3 TzBfG Rn 2; Schliemann/Dörner, § 620 BGB Rn 40.

nicht.[11] Folglich weiß man bei einem kalendermäßig befristeten Arbeitsvertrag seit Vertragsabschluss genau, wann das Arbeitsverhältnis enden wird, sofern es nicht vor Vertragsende verlängert oder ausnahmsweise anderweitig beendet[12] wird.

Das Enddatum oder die Dauer müssen schriftlich fixiert sein, um dem Formerfordernis des § 14 Abs. 4 TzBfG zu entsprechen.[13] Sonst ist die Befristungsabrede unwirksam, was gemäß § 16 S. 1 TzBfG die Fiktion des Abschlusses eines unbefristeten Vertrages zur Folge hat. Die rechtsunwirksame Befristung muss der Arbeitnehmer jedoch gemäß § 17 S. 1 TzBfG innerhalb von drei Wochen nach dem vereinbarten Ende des befristeten Arbeitsvertrages durch eine entsprechende Feststellungsklage geltend machen, da die Befristung ansonsten wirksam wird, also die Fiktionswirkung mit Ablauf der Klagefrist endet.

bb) zweckbefristeter Arbeitsvertrag

Aus der Voraussetzung der sich aus Art, Zweck oder Beschaffenheit der Arbeitsleistung ergebenden Dauer und in Abgrenzung zum kalendermäßig befristeten Arbeitsvertrag ergibt sich, dass das genaue zeitliche Ende des Arbeitsverhältnisses im Falle der Zweckbefristung nicht vorhersehbar ist. Ein zweckbefristeter Arbeitsvertrag liegt somit vor, wenn das Arbeitsverhältnis mit dem Eintritt eines von den Parteien als gewiss, der Zeit nach aber ungewiss angesehenen Ereignisses (z.B. Abschluss bestimmter Arbeiten) enden soll.[14]

Die Absicht, einen befristeten Arbeitsvertrag abzuschließen, muss allerdings eindeutig zum Ausdruck gebracht worden sein.[15] Der Zweck, mit dessen Erreichen die Beendigung des Arbeitsverhältnisses eintreten soll, muss so genau bezeichnet sein, dass hieraus das Ereignis zweifelsfrei feststellbar ist, mit dessen Eintritt das Arbeitsverhältnis enden soll.[16] Ein bloßer Beweggrund zum Abschluss des Vertrages reicht nicht aus.[17]

---

11 APS/Backhaus, § 620 BGB Rn 159; Annuß/Thüsing/Annuß, § 3 TzBfG Rn 3; KR/Bader, § 3 TzBfG Rn 18; Meinel/Heyn/Herms, § 3 TzBfG Rn 5; Rolfs, § 3 TzBfG Rn 2; Schliemann/Dörner, § 620 BGB Rn 40.

12 Auf diese Ausnahmen wird unter A. I. 1. b) bb) - dd) eingegangen.

13 APS/Backhaus, § 14 TzBfG Rn 466; KDZ/Däubler, § 14 TzBfG Rn 188.

14 BAG vom 26.3.1986 - 7 AZR 599/84, AP Nr. 103 zu § 620 BGB befristeter Arbeitsvertrag; BAG vom 20.10.1967 - 3 AZR 467/66, AP Nr. 30 zu § 620 BGB befristeter Arbeitsvertrag; APS/Backhaus, § 620 BGB Rn 160; KR/Bader, § 3 TzBfG Rn 20; MK/Hesse, § 14 TzBfG Rn 7; Schliemann/Dörner, § 620 BGB Rn 41.

15 APS/Backhaus, § 620 BGB Rn 161; Meinel/Heyn/Herms, § 3 TzBfG Rn 10; Rolfs, § 3 TzBfG Rn 3.

16 APS/Backhaus, § 620 BGB Rn 163; Meinel/Heyn/Herms, § 3 TzBfG Rn 10; Rolfs, § 3 TzBfG Rn 4. Vgl. auch Annuß/Thüsing/Annuß, § 3 TzBfG Rn 4.

17 Meinel/Heyn/Herms, § 3 TzBfG Rn 10.

Der zweckbefristete Arbeitsvertrag endet grundsätzlich mit Erreichen des Zwecks.[18] § 15 Abs. 2 TzBfG regelt das schon zuvor durch die Rechtsprechung[19] anerkannte Erfordernis der Einhaltung einer Auslauffrist, modifiziert diese jedoch dahingehend, dass der zweckbefristete Arbeitsvertrag frühestens zwei Wochen nach Zugang der schriftlichen Unterrichtung des Arbeitnehmers durch den Arbeitgeber über den Zeitpunkt der Zweckerreichung endet.[20]
Das Erreichen des der Befristung zugrunde liegenden Zweckes muss bei Zweckbefristungen immer gewiss sein, weil es sich sonst nicht um eine Befristung, sondern um eine Bedingung handelt.[21] Denn die Bedingung ist die einer Willenserklärung hinzugefügte Bestimmung, nach der die Wirksamkeit des Rechtsgeschäfts von einem zukünftigen ungewissen Ereignis abhängen soll.[22]
Für einen unter einer auflösenden Bedingung im Sinne des § 158 Abs. 2 1. Hs. BGB geschlossenen Arbeitsvertrag gilt u.a. die Grundregelung der Befristungskontrolle, § 14 Abs. 1 TzBfG, gemäß § 21 TzBfG jedoch entsprechend.[23] Folglich sind auflösende Bedingungen den Zweckbefristungen im Sinne von § 3 Abs. 1 S. 2 Alt. 2 TzBfG grundsätzlich gleichgestellt.
Bei der Zweckbefristung muss der Zweck, ohne den die Befristungsabrede inhaltsleer wäre, schriftlich fixiert sein, um dem Formerfordernis des § 14 Abs. 4 TzBfG zu entsprechen.[24]

cc) Doppelbefristung
Es finden sich jedoch nicht selten[25] Kombinationen von Zweck- und Zeitbefristungen in der Art und Weise, dass eine maximale zeitliche Befristungsdauer von vorneherein feststeht, das Arbeitsverhältnis durch Zweckerreichung aber auch

---

18 SPV/Preis, I § 3 Rn 125.

19 BAG vom 26.3.1986 - 7 AZR 599/84, AP Nr. 103 zu § 620 BGB befristeter Arbeitsvertrag; BAG vom 12.6.1987 - 7 AZR 8/86, AP Nr. 113 zu § 620 BGB befristeter Arbeitsvertrag.

20 SPV/Preis, I § 3 Rn 125. Achtung: Nach der Sonderregelung SR 2 y Nr. 7 Abs. 4 zum BAT beträgt die Auslauffrist vier Wochen. Diese Abweichung zugunsten des Arbeitnehmers ist im Umkehrschluss zu § 22 Abs. 1 TzBfG möglich.

21 Vgl. Schliemann/Dörner, § 620 BGB Rn 336 f.; Annuß/Thüsing/Annuß, § 3 TzBfG Rn 7; Creifelds, Rechtswörterbuch, Rechtsbegriff „Zeitbestimmung", S. 1660.

22 Creifelds, Rechtswörterbuch, Rechtsbegriff „Bedingung", S. 175.

23 Im Umkehrschluss zu § 21 TzBfG, sprich durch die Nichtverweisung auf § 14 Abs. 2 und 3 TzBfG, ergibt sich aber auch, dass diese Arbeitsverträge - wie die Zweckbefristungen auch - nicht unter den erleichterten Bestimmungen des § 14 Abs. 2 oder 3 zustande kommen können, sondern es immer eines sachlichen Grundes nach § 14 Abs. 1 TzBfG bedarf.

24 APS/Backhaus, § 14 TzBfG Rn 467; KDZ/Däubler, § 14 TzBfG Rn 189.

25 APS/Backhaus, § 620 BGB Rn 174: „nicht selten, insbesondere in der Praxis des öffentlichen Dienstes bei Vertretung".

früher enden kann, je nachdem, welche Befristung zeitlich früher greift.[26] Eine solche Kombination könnte zum Beispiel folgendermaßen aussehen: „Das Arbeitsverhältnis endet mit dem Erreichen des Zwecks des..., spätestens jedoch nach zwei Jahren."[27]
Diese sog. Doppelbefristungen, bei denen neben einer Zweckbefristung gleichzeitig eine kalendermäßig bestimmte Höchstbefristung vereinbart wird, sind nach dem Grundsatz der Vertragsfreiheit möglich.[28]

b) Beendigung des befristeten Arbeitsverhältnisses

aa) Verhältnis zum Kündigungsschutz allgemein
Die allgemeine Besonderheit der befristeten Arbeitsverträge besteht darin, dass das Arbeitsverhältnis automatisch mit Erreichen des kalendermäßig bestimmten Termins oder des Zweckes endet. Dies stellt § 15 Abs. 1 und 2 TzBfG übereinstimmend mit § 620 Abs. 1 BGB klar.[29] Eine Nichtverlängerungsanzeige hat regelmäßig nur deklaratorischen Charakter und dient Beweiszwecken.[30]
Eine gesonderte Kündigung ist somit nicht mehr erforderlich.
Dies gilt auch dann, wenn der befristete Arbeitsvertrag mit einem Arbeitnehmer abgeschlossen wurde, dessen Arbeitsverhältnis einem besonderen Kündigungsschutz unterliegt, z.B. nach dem Mutterschutz- oder dem Schwerbehindertengesetz.[31] Folglich finden weder die allgemeinen noch die besonderen Kündigungsschutzbestimmungen auf befristete Arbeitsverträge Anwendung.

---

26 Vgl. BAG vom 21.4.1993 - 7 AZR 388/92, AP Nr. 148 zu § 620 BGB Befristeter Arbeitsvertrag; Annuß/Thüsing/Annuß, § 3 TzBfG Rn 5; APS/Backhaus, § 620 BGB Rn 174; KR/Bader, § 3 TzBfG Rn 46; Kittner/Zwanziger/Lakies, § 133 Rn 15; Tschöpe/Schmalenberg, Teil 3 I Rn 51.

27 Laut KR/Bader, § 3 TzBfG Rn 46 finden sich solche Verträge häufig in Schulverwaltungen: Zur Vertretung erkrankter / beurlaubter Arbeitnehmer wird „für die Zeit der Verhinderung des Arbeitnehmers ..., längstens jedoch bis zum ..." eingestellt. Entsprechendes empfehlen Schaub/Neef/Schrader, § 14 Rn 2 (Fn 5) und Sowka, DB 2002, S. 1158 (1161).

28 Zuletzt erneut BAG vom 27.6.2001 – 7 AZR 157/00, EzA § 620 BGB Nr. 179; vgl. auch BAG vom 21.4.1993 - 7 AZR 388/92, AP Nr. 148 zu § 620 BGB Befristeter Arbeitsvertrag; APS/Backhaus, § 620 BGB Rn 174; KR/Bader, § 3 TzBfG Rn 47; MK/Hesse, § 3 TzBfG Rn 15 und § 14 TzBfG Rn 8; SPV/Preis, I § 3 Rn 59.

29 BT-Drucks. 14/4374, S. 20, zu § 15 Abs. 1. An diesem Grundsatz ändert auch die Ankündigungsfrist von zwei Wochen für die Zweckerreichung gemäß dem eindeutigen Wortlaut des § 15 Abs. 2 Hs. 1 TzBfG nichts.

30 Eine Ausnahme bilden teilweise Bestimmungen der Tarifverträge im künstlerischen Bereich, z. B. die tarifliche Nichtverlängerungsanzeige im Bühnenrecht, nach denen sich das Arbeitsverhältnis ohne ausdrückliche Mitteilung der Beendigung um unbestimmte Zeit verlängert (vgl. Schimana/Glasz, AuR 2002, S. 365 (365 ff)).

31 BT-Drucks. 14/4374, S. 20, zu § 15 Abs. 1; APS/Backhaus, § 620 BGB Rn 7.

Kündigung und Kündigungsschutz werden durch den Fristablauf als Beendigungsgrund bei zulässigen Befristungen verdrängt.[32]
Allerdings besteht auch bei befristeten Arbeitsverträgen eine Art Kündigungsschutz, genauer gesagt Bestandsschutz, da das Arbeitsverhältnis bis zum Befristungsende grundsätzlich nicht gekündigt werden kann.

bb) ordentliche Kündigung
Gemäß § 15 Abs. 3 TzBfG unterliegt ein befristetes Arbeitsverhältnis nur dann der ordentlichen Kündigung, wenn dies einzelvertraglich oder im anwendbaren Tarifvertrag vereinbart ist. Eine ordentliche Kündigung ist bei einer entsprechenden Vereinbarung somit auch bei befristeten Arbeitsverträgen möglich. Dies entspricht der bisherigen Rechtsprechung.[33]
Aus der Formulierung „nur dann" lässt sich der Wille des Gesetzgebers entnehmen, dass dieses Kündigungsrecht die Ausnahme darstellen soll.
Die heutige Praxis zeigt jedoch, dass befristete Arbeitsverträge in der Regel eine Klausel enthalten, die eine vorzeitige ordentliche Kündigung ermöglicht.[34] Des Weiteren enthalten viele Tarifverträge Bestimmungen über vorzeitige Kündigungsmöglichkeiten und -fristen befristeter Arbeitsverträge.[35] Die ohne professionelle Personalabteilung arbeitenden Kleinbetriebe werden allerdings regelmäßig mangels genauer Kenntnis der rechtlichen Regeln nicht davon Gebrauch machen.[36]
Die vorzeitige Kündigung unterliegt den üblichen Regeln des Kündigungsschutzes.[37] Dieser Kündigungsschutz betrifft aber nicht die ursprünglich vereinbarte Beendigung des Arbeitsverhältnisses durch Zeitablauf, Zweckerreichung oder Bedingungseintritt, sondern nur eine etwaige vor diesem Beendigungszeitpunkt

---

32 V. Hoyningen-Huene/Linck, Einl. Rn 59, 62. Auch einer Beteiligung des Betriebrates gemäß § 102 BetrVG bedarf es mangels Kündigung nicht.

33 BAG vom 25.2.1998 – 2 AZR 279/97, AP Nr. 195 zu § 620 BGB Befristeter Arbeitsvertrag. Vgl. BT-Drucks. 14/4374, S. 20: „entsprechend der allgemeinen Rechtsauffassung".

34 Bode/Brose/Voswinkel, Regulierung der Deregulierung, S. 98; Otto, NJW 1985, S. 1807 (1808). Vgl. dazu zahlreiche Musterverträge: Winterfeld, Anhang 1, S. 235; Halbach, BeschFG 1985, Anhang, S. 87; Hunold, S. 96, § 13 Nr. 4; Schaub, Formularsammlung, § 3 Rn 4, 24, 42; Schaub/Neef/Schrader, § 14 Rn 3, 18, 33; Preis/Rolfs, Teil II B 10 Rn 26, 195; Tschöpe/Schmalenberg, Teil 3 I Rn 149.

35 Bode/Brose/Voswinkel, Regulierung der Deregulierung, S. 99. Zum Beispiel: BAT SR 2 y Protokollnotiz Nr. 6 d) und e) für die Kündigung in der Probezeit und für Arbeitsverhältnisse mit einer über 12 Monaten liegenden Dauer. (Allerdings kann ein Arbeitsverhältnis, das für eine Dauer von längstens 12 Monaten vereinbart wurde, nach Ablauf der Probezeit nur aus wichtigem Grund gekündigt werden.).

36 Vgl. BT-Drucks. 14/965, S. 79, kritische Stellungnahme von RA Rüdiger Helm, 3.2.3. zu § 15 Abs. 3. Auch in Preis/Rolfs, Teil II B 10 Rn 27 und 208, heißt es, dass eine entsprechende Vertragsklausel in der Praxis häufig vergessen werde.

37 Bode/Brose/Voswinkel, Regulierung der Deregulierung, S. 98; Tschöpe/Schmalenberg, Teil 3 I Rn 158; Hromadka, BB 2001, S. 674 (676).

ausgesprochene Kündigung, so dass auch bei besonderem Kündigungschutz (zum Beispiel gemäß § 9 MuSchG, § 15 KSchG, § 85 SGB IX oder § 18 BErzGG) das Arbeitsverhältnis mit Fristablauf, Zweckerreichung oder Bedingungseintritt endet.[38]
Durch die gemäß § 15 Abs. 3 TzBfG gewährte Kündigungsmöglichkeit findet praktisch eine Abkehr von dem für befristete Arbeitsverträge so typischen und sie ausmachenden automatischen Ende - und damit eine Vernichtung des normalerweise bestehenden Bestandsschutzes bis zu diesem Ende - statt.
Bezüglich formularmäßiger Vereinbarungen eines Kündigungsrechts werden neuerdings Bedenken erhoben, weil sie den Arbeitnehmer entsprechend § 310 Abs. 4 S. 2 BGB i.V.m. § 307 BGB unangemessen benachteiligen können.[39] Denn der Arbeitgeber könne ein unbefristetes Arbeitsverhältnis abschließen und sich damit die gesetzlichen Kündigungsmöglichkeiten eröffnen.[40] Die Kombination der Befristung mit einer zusätzlichen Kündigungsmöglichkeit stelle eine Verabsolutierung seiner Interessen dar, die vor § 307 Abs. 1 BGB keinen Bestand haben könne.[41]
Fraglich erscheint allerdings, ob die formularmäßig vereinbarte Kündigungsmöglichkeit tatsächlich eine unangemessene Benachteiligung darstellen kann, wenn die Vereinbarung eines Kündigungsrechts bei befristeten Arbeitsverträgen seit jeher anerkannt ist und praktiziert wird und mittlerweile sogar gesetzlich geregelt ist. Meines Erachtens kann es keinen Unterschied machen, ob der Arbeitgeber dieses Kündigungsrecht einzelvertraglich vereinbart oder er - aus Vereinfachungsgründen - vorformulierte Verträge benutzt, die auf die Kündigungsvorschriften eines Tarifvertrags verweisen. Bereits das Enthaltensein im Tarifvertrag spricht grundsätzlich gegen eine unangemessene Benachteiligung. Gleichzeitig wird dadurch die Voraussetzung der „Vereinbarung im anwendbaren Tarifvertrag" im Sinne von § 15 Abs. 3 TzBfG erfüllt.
Im Ergebnis ist somit auch eine im Wege von Allgemeinen Geschäftsbedingungen vereinbarte ordentliche Kündigungsmöglichkeit zulässig.

cc) außerordentliche Kündigung

Der befristete Arbeitsvertrag kann jederzeit durch eine außerordentliche Kündigung aus wichtigem Grund beendet werden, wenn die Voraussetzungen des § 626 Abs. 1 BGB vorliegen.[42] Einer gesonderten Vereinbarung bedarf es insoweit nicht.[43]

---

[38] Tschöpe/Schmalenberg, Teil 3 I Rn 158.
[39] Däubler/Dorndorf, Anhang zu § 307 BGB Rn 28 f.
[40] Däubler/Dorndorf, Anhang zu § 307 BGB Rn 29.
[41] Däubler/Dorndorf, Anhang zu § 307 BGB Rn 29.
[42] BAG vom 19.6.1980 – 2 AZR 660/78, AP Nr. 55 zu § 620 BGB Befristeter Arbeitsvertrag; Annuß/Thüsing/Maschmann, § 15 TzBfG Rn 11; ErfK/Müller-Glöge, § 15 TzBfG Rn 13; KR/Lipke, § 15 TzBfG Rn 23; Tschöpe/Schmalenberg, Teil 3 I Rn 154; Winter-

Dies lässt sich dem TzBfG zwar nicht unmittelbar entnehmen, folgt aber einerseits aus dem Umkehrschluss zu § 15 Abs. 3 TzBfG, der ausdrücklich nur für die „ordentliche“ Kündigung eine Vereinbarungsmöglichkeit bzw. Vereinbarungsnotwendigkeit vorsieht, in Verbindung mit der Überlegung, dass die viel strengeren Voraussetzungen unterliegende „außerordentliche“ Kündigung folglich erst recht - auch ohne Vereinbarung - möglich sein muss.
Andererseits ist dies ständige Rechtsprechung des BAG[44], welche nicht durch den Gesetzgeber des TzBfG angetastet werden sollte. Schließlich verweist dieser in den Gesetzgebungsmaterialien zum TzBfG darauf, dass das Recht zur außerordentlichen (fristlosen) Kündigung aus einem wichtigen Grund sich für befristete wie für unbefristete Arbeitsverträge wie bisher nach § 626 BGB bestimmt.[45]
Die Zulässigkeit der außerordentlichen Kündigung ist sinnvoll und notwendig, weil der Kündigungsgegner im Falle des Vorliegens eines wichtigen Grundes bzw. der § 626 BGB-Voraussetzungen nicht schützenswert ist und es unbillig wäre, ihm nur deshalb, weil bei „vertragsgemäßem Ablauf des Arbeitsverhältnisses“ ein festes Ende vorgesehen war, das außerordentliche Kündigungsrecht zu verwehren.
§ 626 BGB setzt voraus, dass die Fortsetzung des Arbeitsverhältnisses dem Kündigenden nicht zugemutet werden kann, und Unzumutbares kann von niemandem verlangt werden,[46] dementsprechend auch nicht von einem Arbeitnehmer mit einem befristeten Arbeitsvertrag.

dd) sonstige Beendigungstatbestände

Im Übrigen kann der befristete Arbeitsvertrag jederzeit einvernehmlich durch Vertragsaufhebung beendet werden.[47] Insoweit gelten die allgemeinen Grundsätze zum Aufhebungsvertrag.[48] Auch bezüglich anderer Beendigungstatbestände (z.B. Anfechtung des Arbeitsvertrages oder Tod des Arbeitnehmers) ergeben sich keine Besonderheiten.

---

feld, Art. 1 § 1 Rn 65; Hromadka, BB 2001, S. 674 (676); Kliemt, NZA 2001, S. 296 (302).

43 Annuß/Thüsing/Maschmann, § 15 TzBfG Rn 11; Tschöpe/Schmalenberg, Teil 3 I Rn 154; Hromadka, BB 2001, S. 674 (676).

44 BAG vom 19.6.1980 – 2 AZR 660/78, AP Nr. 55 zu § 620 BGB Befristeter Arbeitsvertrag.

45 BT-Drucks. 14/4374, S. 20, zu § 15 Absatz 3.

46 Vgl. Annuß/Thüsing/Maschmann, § 15 TzBfG Rn 11; Hromadka, BB 2001, S. 674 (676).

47 Winterfeld, Art. 1 § 1 Rn 70.

48 Winterfeld, Art. 1 § 1 Rn 70.

c) Abgrenzungen

aa) Arbeitsvertrag und Arbeitsverhältnis

Einige Juristen sprechen von „befristeten Arbeitsverträgen“, andere von „befristeten Arbeitsverhältnissen“. Die meisten Autoren benutzen nahezu ausschließlich die eine oder andere Bezeichnung, manche gebrauchen beide Ausdrücke synonym.[49] Im Europarecht werden beide Ausdrucke nebeneinander verwandt. In der EGB-UNICE-CEEP-Rahmenvereinbarung über befristete Arbeitsverträge heißt es in § 1 (Gegenstände): „Diese Rahmenvereinbarung soll: a) durch Anwendung des Grundsatzes der Nichtdiskriminierung die *Qualität befristeter Arbeitsverhältnisse* verbessern; b) einen Rahmen schaffen, der den Mißbrauch durch aufeinanderfolgende *befristete Arbeitsverträge oder -verhältnisse* verhindert.“ Ebenso in § 2 (Anwendungsbereich): (1) Diese Vereinbarung gilt *für befristet beschäftigte Arbeitnehmer mit einem Arbeitsvertrag oder -verhältnis* [...]. (2) b) *Arbeitsverträge und -verhältnisse,* [...].“ Entsprechende Ausdrücke finden sich in §§ 3 Nr. 2, 4 Abs. 1 und 5 Abs. 1. Aus § 2 scheint sich entnehmen zu lassen, dass die Ursache für diese begriffliche Uneinheitlichkeit in dem Verhälnis von Arbeitsvertrag und -verhältnis liegt und nichts mit der Befristung als solcher zu tun hat.

Mangels einer gesetzlichen Definition gibt es keine einheitliche Definition: Teilweise wird ein Arbeitsvertrag als der Vertrag definiert, durch den sich ein Arbeitnehmer gegenüber seinem Arbeitgeber zur entgeltlichen Arbeitsleistung verpflichtet.[50] Demgegenüber ist unter Arbeitsverhältnis das zwischen dem Arbeitnehmer und seinem Arbeitgeber bestehende Rechtsverhältnis zu verstehen, auf Grund dessen der Arbeitnehmer gegenüber dem Arbeitgeber zur Arbeitsleistung verpflichtet ist.[51]

Das Arbeitsverhältnis ist somit die Gesamtheit der durch einen Arbeitsvertrag begründeten Rechtsbeziehungen zwischen Arbeitnehmer und Arbeitgeber.

Häufiger wird folgendermaßen definiert: Der Arbeitsvertrag ist ein privatrechtlicher gegenseitiger Vertrag, durch den sich der Arbeitnehmer zur Leistung von Arbeit unter Leitung und nach Weisung des Arbeitgebers und der Arbeitgeber zur Zahlung der vereinbarten Vergütung verpflichtet.[52] Durch den Abschluss des Arbeitsvertrages wird ein Arbeitsverhältnis zwischen Arbeitgeber und Arbeitnehmer begründet.[53]

---

[49] Nach Kittner/Zwanziger/Kittner², § 4 Rn 1, werden die Begriffe Arbeitsverhältnis und Arbeitsvertrag vielfach sysnomym verwandt. Preis, S. 31, spricht von einer „profanen Abgrenzung“.

[50] Creifelds, Rechtswörterbuch, Rechtsbegriff „Arbeitsvertrag“, S. 94.

[51] Creifelds, Rechtswörterbuch, Rechtsbegriff „Arbeitsverhältnis“, S. 93.

[52] Küttner/Röller, Personalbuch 2006, Arbeitsvertrag, Rn 5.

[53] Küttner/Röller, Personalbuch 2006, Arbeitsvertrag, Rn 5.

In der Regel wird der Arbeitsvertrag für unbestimmte Zeit geschlossen, woraus ein Dauerschuldverhältnis resultiert. Dagegen ist bei befristeten Arbeitsverträgen auch das Arbeitsverhältnis befristet. Die Begrenzung bzw. Nichtbegrenzung der Laufzeit läuft also in der Regel parallel.
Umstritten war lange Zeit, wie das Arbeitsverhältnis begründet wird.
Nach der herrschenden Vertragstheorie wird es durch den Abschluss eines Arbeitsvertrages begründet.[54] Hiernach hängen die Begriffe Arbeitsvertrag und Arbeitsverhältnis so eng miteinander zusammen, was auch schon die obige Gemeinsamkeit in der Definition, die „Verpflichtung zur Arbeitsleistung", erkennen lässt, bzw. decken sich derart, dass sie nahezu austauschbar sind.
Dagegen entsteht das Arbeitsverhältnis nach der Eingliederungstheorie erst, wenn der Arbeitgeber den Arbeitnehmer eingestellt und dieser seine Arbeitskraft zur Verfügung gestellt hat.[55] Der Arbeitsvertrag als solcher begründe keine Arbeitsverhältnis, sondern sei ein rein schuldrechtlicher Vertrag, der den Arbeitgeber zur Einstellung, den Arbeitnehmer zum Eintritt in die Dienste des Arbeitgebers verpflichte.[56] Folgte man dieser Theorie, so müsste strenger zwischen den Begriffen Arbeitsvertrag und Arbeitsverhältnis unterschieden werden.
Dieser Streit ist jedoch für Befristungen nicht relevant, da die Befristungsabrede gemäß § 14 Abs. 4 TzBfG der Schriftform bedarf, um wirksam zu sein[57], und diese regelmäßig im Arbeitsvertrag enthalten ist.[58] Der Arbeitsbeginn ohne vorherige Befristung führt gemäß § 16 S. 1 TzBfG zum Zustandekommen eines unbefristeten Arbeitsverhältnisses.[59]
Für die Abgrenzung ist weiterhin von Bedeutung, dass ein sog. faktisches Arbeitsverhältnis vorliegt, wenn der Arbeitnehmer ohne oder ohne wirksamen bzw. mit fehlerhaftem Arbeitsvertrag für den Arbeitgeber Arbeit leistet.[60]
Hieran lässt sich erkennen, dass der Begriff des Arbeitsverhältnisses weiter ist als der des Arbeitsvertrages, denn in der Regel setzt ein Arbeitsverhältnis einen Arbeitsvertrag voraus.

---

54 BAG vom 9.7.1997 – 7 AZR 424/96, NZA 1998, S. 752 (752); ErfK³/Preis, § 611 BGB Rn 384; Hueck/Nipperdey, 1.Teil, § 21 II, S. 116; HbArbR/Richardi, § 40 Rn 2.

55 Nikisch, Arbeitsrecht, § 16 III, S. 81.

56 Nikisch, Arbeitsrecht, § 16 III, S. 81.

57 Der Arbeitsvertrag selbst muss jedoch nicht schriftlich geschlossen werden. Allein das Nachweisgesetz verlangt in § 2 Abs. 1 Satz 1 NachwG eine schriftliche Niederlegung, die jedoch nicht sofort, sondern spätestens einen Monat nach dem vereinbarten Beginn des Arbeitsverhältnisses erfolgen muss und für die Wirksamkeit des Arbeitsvertrages nicht von Bedeutung ist.

58 Vgl. auch Preis/Gotthardt, NZA 2000, S. 348 (359), der einen mündlichen Arbeitsvertrag mit schriftlicher Befristungsabrede für „kaum sinnvoll" hält.

59 Str., Näheres dazu in Abschnitt B).

60 BAG vom 7.12.1961 – 2 AZR 12/61, AP Nr. 1 zu § 611 BGB „Faktisches Arbeitsverhältnis"; Creifelds, Rechtswörterbuch, Rechtsbegriff „Arbeitsverhältnis", S. 93.

Letztlich entsteht nur dann ein „echtes Arbeitsverhältnis", wenn ein Arbeitsvertrag geschlossen wurde oder in naher Zukunft geschlossen werden soll.
Vorliegend soll grundsätzlich die Bezeichnung „befristeter Arbeitsvertrag" verwendet werden. Diese Bezeichnung ist meines Erachtens die richtige, da ein befristeter Arbeitsvertrag eine wirksame schriftliche Befristungsabrede im Arbeitsvertrag voraussetzt und damit zum Beispiel die faktischen Arbeitsverhältnisse gar nicht erfasst werden sollen.
Das, was befristet abgeschlossen wird, ist der Arbeitsvertrag. Damit werden die vertraglich vereinbarten Verpflichtungen befristet. Das befristete Arbeitsverhältnis, das man nicht „abschließen" kann, resultiert somit nur daraus. Primär befristet wird die Laufzeit des Arbeitsvertrages und damit der Arbeitsvertrag, sekundär das Arbeitsverhältnis. Der Begriff des befristeten Arbeitsverhältnisses ist damit weiter als er sein muss, um das zu bezeichnen, worum es geht, nämlich die durch den Kalender oder durch Zweckerreichung befristeten Verträge, also die befristeten Arbeitsverträge.

bb) Frist- oder Zeitvertrag und Zeitarbeit

Neben den Begriffen „befristetes Arbeitsverhältnis" oder „befristeter Arbeitsvertrag" finden sich noch andere Bezeichnungen, die zu einer begrifflichen Verwirrung führen und damit irritieren können. So werden befristete Arbeitsverträge manchmal Fristvertrag oder Zeit(arbeits)vertrag genannt, einige sprechen auch von Höchstdauer-Arbeitsverhältnissen.[61]
Nicht zu verwechseln ist der Begriff des „Zeitvertrages" insbesondere mit dem der „Zeitarbeit". Unter „Zeitarbeit" ist ausschließlich das Beschäftigungsverhältnis der Arbeitnehmerüberlassung nach dem AÜG zu verstehen, bei dem Arbeitgeber als Verleiher einem Dritten (Entleiher) einen Arbeitnehmer (Leiharbeitnehmer) gewerbsmäßig zur Arbeitsleistung überlassen.[62]
Leider verwendet mancher den Begriff „Zeitarbeit" als Oberbegriff der beiden Formen „befristeter Arbeitsvertrag" und „Leiharbeit bzw. Arbeitnehmerüberlas-

---

61 Vgl. die Bezeichnungen in: Kittner/Zwanziger/Lakies, § 133 Rn 1; KR/Lipke, § 620 BGB Rn 55; KR³/Weller, § 1 BeschFG 1985 Rn 74; Bruschke, Erster Teil A I, S. 21 f. und A II 1, S. 24; Keyser, S. 1; Walwei, S. 57; Winterfeld, Art. 1 § 1 Rn 43; Frohner/Pieper, AuR 1992, S. 97 (104).

62 Vgl. nur die Dissertation von Witten: „Vertragsgestaltung und Gesetzesbindung im Recht der Zeitarbeit", in der es ausschließlich um die Arbeitnehmerüberlassung geht, sowie diverse Handelsblatt-Artikel, z.B. Handelsblatt vom 8.7.2003, Nr. 128, S. 5; Handelsblatt vom 18./19.7.2003, Nr. 136, Karriere und Management, S. 4 (Verwendung des Begriffs „Zeitarbeit", weil die Zeitarbeitsfirmen ihre Mitarbeiter höchstens für 24 Monate an andere Firmen überlassen durften.); Handelsblatt vom 22.7.2003, Nr. 138, S. 10. Diese Beschäftigungsform wird auch als Leiharbeit, Arbeitnehmerüberlassung oder Arbeitskräfteleasing bezeichnet (vgl. Brose/Schulze-Böing/Meyer, Arbeit auf Zeit, S. 12).
Wiederum mit der - hier nicht behandelten - sog. Zeitarbeit nicht verwechselt werden darf die (neben den befristeten Arbeitsverträgen im TzBfG geregelte) Teilzeitarbeit.

sung".[63] Aber auch im Rechtswörterbuch steht der befristete Arbeitsvertrag als Stichwort unter dem Rechtsbegriff „Zeitarbeitsverhältnis".[64]
Neben dieser begrifflichen Verwirrung kann weiterhin der Umstand zu Missverständnissen führen, dass natürlich auch die Leiharbeitsverträge befristet abgeschlossen werden können.[65] Des Weiteren sind beides Formen einer „Flucht aus dem Normalarbeitsverhältnis", die zu einer Aufspaltung der Arbeitnehmerschaft in eine Stamm- und eine Randbelegschaft führen.[66] Die Randbelegschaft oder „betriebliche Randgruppe" bilden insbesondere die befristet Beschäftigten, Leiharbeitnehmer, Teilzeitkräfte und ABM-Kräfte.[67]
Um Missverständnissen vorzubeugen und Verwechslungen zu vermeiden, soll hier entsprechend der Begriffsverwendung in den Gesetzestexten[68] ausschließlich von „befristeten Arbeitsverträgen" die Rede sein.

2. Die Bedeutung der befristeten Beschäftigung

a) Vor- und Nachteile befristeter Arbeitsverträge

Befristete Arbeitsverträge erfreuen sich in der Praxis einiger Beliebtheit.[69] Dies hat entsprechend der unterschiedlichen Blickwinkel von Arbeitgeber und Arbeitnehmer gänzlich unterschiedliche Ursachen.

aa) für Arbeitgeber

Der Arbeitgeber schätzt befristete Arbeitsverträge, weil das Arbeitsverhältnis endet, ohne dass es einer Kündigung bedarf und damit alle an eine Kündigung anknüpfenden Beendigungsvoraussetzungen entfallen[70], es also weder der Einhaltung einer Kündigungsfrist noch eines Kündigungsgrundes, keiner Rücksichtnahme auf besondere Schutzvorschriften zugunsten werdender Mütter, Schwerbehinderter, Betriebsratsmitglieder usw. und keiner Anhörung des Betriebsrates bedarf.

---

63 Bode/Brose/Voswinkel, Regulierung der Deregulierung, S. 17, nach eigenen Angaben bewußt von anderen abweichend.

64 Creifelds, Rechtswörterbuch, Rechtsbegriff „Zeitarbeitsverhältnis", S. 1659.

65 Vgl. Brose/Schulze-Böing/Meyer, Arbeit auf Zeit, S. 33, Fn 1; Frik, NZA 2005, S. 386 (386 ff.).

66 Reinecke, Festschrift Däubler, S. 117; vgl. auch Bruschke, S. 224, 227. Nach Däubler, AuR 2005, S. 1 (1), sind nur noch zwei Drittel aller Beschäftigten im sog. Normalarbeitsverhältnis tätig, zwei Drittel haben einen prinzipiell geminderten Status hinsichtlich des arbeitsrechtlichen Schutzes.

67 Däubler, Arbeitsrecht 2, S. 891-973; Reinecke, Festschrift Däubler, S. 117.

68 TzBfG, HRG, AÜG, usw.

69 Preis/Rolfs, Teil II B 10 Rn 1.

70 Vgl. Däubler, Arbeitsrecht 2, S. 894 f: „Die „zeit- und kostenaufwendige Prozedur" der Kündigung fällt weg." Vgl. auch Wind/Schimana/Wichmann/Langer, Rn 505.

Auf diese Weise kann faktisch eine deutlich längere Probezeit vereinbart werden, als durch die sechsmonatige Wartezeit des § 1 Abs. 1 KSchG vorgesehen ist.[71] Für Unternehmer ergibt sich somit die Chance, neue Mitarbeiter ausgiebiger daraufhin zu testen, ob sie die Erwartungen hinsichtlich ihrer Produktivität erfüllen bzw. überhaupt zum Unternehmen passen.[72]
Durch den Abschluss befristeter Arbeitsverträge kann der Unternehmer flexibel auf Änderungen der Auftragslage reagieren, ohne sich durch die Festanstellung neuer Mitarbeiter einem unangemessenen Risiko auszusetzen.[73] Befristete Arbeitsverträge können daher eine Alternative zu Überstunden oder der Auslagerung von Unternehmensteilen ins Ausland darstellen.[74]
Im Übrigen kann der Arbeitgeber dadurch bestimmte Arbeitnehmer für die Dauer der Befristung an sich binden, wenn er von der Vereinbarung eines ordentlichen Kündigungsrechts absieht. Dies kommt zum Beispiel in Betracht, wenn der Arbeitgeber dem Arbeitnehmer eine Aus- oder Fortbildung finanziert hat.[75]
Langfristige Dispositionen bezüglich qualifizierter und erfahrener Arbeitnehmer ermöglichen dem Arbeitgeber allerdings nur unbefristete Arbeitsverträge.[76] Zwar können die Arbeitnehmer auch selbst kündigen, sie haben aber grundsätzlich keinen Grund, sich nach anderen Beschäftigungsmöglichkeiten umzusehen, wenn keine Bedenken bezüglich einer langfristigen Beschäftigung bestehen. Infolge der größeren Bindung an das Unternehmen bei Bestehen eines unbefristeten Arbeitsvertrages kann die Arbeitseinstellung und die Leistungsfähigkeit wesentlich positiver ausfallen als bei befristeten Verträgen.[77] Insofern stehen den oben beschriebenen Vorteilen mitunter Nachteile gegenüber, die bei der Wahl der Vertragsform nicht außer Acht gelassen werden sollten.

bb) für Arbeitnehmer

In den Arbeitgebervorteilen sind für den Arbeitnehmer - als Gegenpartei - grundsätzlich Nachteile zu sehen. Der durch die automatische Beendigung des Arbeitsverhältnisses fehlende Kündigungsschutz stellt für den Arbeitnehmer ei-

---

71 Vgl. Preis/Rolfs, Teil II B 10 Rn 1. Vgl. zur Probezeit v. Hoyningen-Huene/Linck, § 1 KSchG Rn 64 f.

72 BT-Drucks. 14/965, S. 57, Stellungnahme Institut der deutschen Wirtschaft, Köln, B 1.

73 BT-Drucks. 14/965, S. 57, Stellungnahme Institut der deutschen Wirtschaft, Köln, B 1. Dies gilt insbesondere für die Möglichkeit, befristete Arbeitsverträge ohne Angabe eines sachlichen Grundes abzuschließen.

74 BT-Drucks. 14/965, S. 57, Stellungnahme Institut der deutschen Wirtschaft, Köln, B 1.

75 Vgl. Preis/Rolfs, Teil II B 10 Rn 199, der aber wegen des gemäß § 888 Abs. 2 ZPO nicht vollstreckbaren Anspruchs auf Arbeitsleistung dazu rät, den Weg der Vereinbarung einer Vertragsstrafe oder den der Rückzahlung der Ausbildungskosten zu wählen.

76 Vgl. BT-Drucks. 10/2102, S. 16; Frohner/Pieper, AuR 1992, S. 97 (107).

77 Vgl. Frohner/Pieper, AuR 1992, S. 97 (105) m.w.N. zu den auch effizienzsteigernden Wirkungen des Kündigungsschutzes.

ne erhebliche Schlechterstellung zur regulären, unter das KSchG fallenden Dauerbeschäftigung dar.
Ob es zu einer Weiterbeschäftigung kommt, hängt grundsätzlich allein von der freien Entscheidung des Arbeitgebers ab, um dessen Wohlwollen man daher besonders bemüht sein muss.[78]
Für Arbeitnehmer kann die Befristung daher Ängste, ihren Arbeitsplatz zu verlieren und einen enormen Leistungsdruck auslösen; eine längerfristige Arbeits- und Lebensplanung ist nicht möglich.[79] Die Ungewissheit der beruflichen Zukunft kann zu erheblichen seelischen Problemen führen und sich dadurch negativ auf die Leistungsfähigkeit der Arbeitnehmer auswirken. Insbesondere, wer jahrelang einen befristeten Arbeitsvertrag hat, droht auf Grund der ständigen Angst, seinen Job zu verlieren, „auszubrennen".[80]
Der Druck, Rechte nicht wahrzunehmen und sich mit jedweden Arbeitsbedingungen zu arrangieren ist evident.[81]
Neben diesen unmittelbaren Nachteilen kann die Befristung auch negative Folgen außerhalb des Arbeitsverhältnisses haben, beispielsweise wenn der Nachweis eines gesicherten Einkommens verlangt wird und der Arbeitnehmer einen solchen lediglich bis zum vereinbarten Fristende erbringen kann.[82]
Befristungen bedeuten Unsicherheit und sind somit weder beziehungs-, noch familienfördernd. Da die Dauer der Tätigkeit ungewiss ist, sehen Paare teilweise von einer gemeinsamen Wohnung ab. Auf Kinder wird häufig bisweilen verzichtet, weil das gesicherte Einkommen fehlt.
Der Verzicht auf den üblichen Bestandsschutz ist aus diesen Gründen allenfalls dann erträglich, wenn - wie bei Schülern, Studenten und Rentnern - die wirtschaftliche Existenz auf andere Weise gesichert ist.[83]

Befristete Arbeitsverträge können jedoch auch für Arbeitnehmer Vorteile haben. Teilweise haben Arbeitnehmer Interesse an einer lediglich befristeten Beschäftigung, wenn sie beispielsweise nur die Zeit bis zum Antritt des Wehr- oder Zivildienstes, bis zum Beginn des Studiums oder bis zur Aufnahme einer neuen Stelle überbrücken wollen oder andere persönliche Belange einer Dauerstellung entgegenstehen.[84] In den vorgenannten Fällen ist es auch dem Arbeitnehmer angenehmer, das Ende gleich rechtsverbindlich festsetzen zu können und nicht mehr kündigen zu müssen.

---

78 Däubler, Arbeitsrecht 2, S. 894; vgl. Löwisch, BB 2005, S. 1625 (1626).
79 BT-Drucks. 14/965, S. 47, Stellungnahme der HBV, 1. b).
80 „Junge Karriere" 08/05, S. 116 zum sog. Burnout-Syndrom.
81 Wolter, NZA 2003, S. 1068 (1075); vgl. dazu Däubler, Arbeitsrecht 2, S. 895.
82 Vgl. Wolter, NZA 2003, S. 1068 (1075), der auf die Bewerbung um einen Kleinkredit oder eine Mietwohnung verweist.
83 Däubler, Arbeitsrecht 2, S. 894.
84 Vgl. Preis/Rolfs, Teil II B 10 Rn 2.

Dementsprechend wurde nach einer Repräsentativbefragung von Arbeitnehmern festgestellt, dass die Untersuchungsergebnisse zu einer Korrektur des Bildes von befristeter Beschäftigung als in jedem Falle einseitig von der Arbeitgeberseite aufgezwungenen Vertragsform führen.[85] Dies zeigt auch die Tatsache, dass der Wunsch des Arbeitnehmers von der Rechtsprechung als Befristungsgrund anerkannt ist.[86] Nachteile auf Grund befristeter Arbeitsverträge ergeben sich somit nur dort, wo die einseitige Machtverteilung zwischen Arbeitgeber und Arbeitnehmer zum Tragen kommt. Soweit kein Kündigungsrecht vereinbart wurde[87], erhält der Arbeitnehmer für die Zeit der Befristung sogar einen stärkeren Bestandsschutz, als das KSchG gewährt. Denn der neue Arbeitgeber kann das Arbeitsverhältnis, in dem der Arbeitnehmer in den ersten sechs Monaten keinen Kündigungsschutz genießt, nicht alsbald kündigen.[88]
Arbeitnehmern und vormals Arbeitslosen wird die Möglichkeit gegeben, wertvolle Berufserfahrung in der Praxis zu sammeln.[89] Des Weiteren erhält der Arbeitnehmer die Möglichkeit, sich zu bewähren und - bestenfalls – für den Arbeitgeber unverzichtbar zu machen, so dass die beste Möglichkeit besteht, im Anschluss in ein unbefristetes Arbeitsverhältnis zu gelangen.[90] Der „Arbeitsvertrag auf Zeit" kann also die Eintrittskarte in das Dauerarbeitsverhältnis bilden.[91]

cc) für Arbeitslose

Bei Arbeitgebern besteht teilweise eine psychologische Hemmschwelle gegen Neueinstellungen vor allem in Klein- und Mittelbetrieben.[92] Arbeitgeber sind auf Grund nachteiliger Erfahrungen mit dem Kündigungsschutzrecht teilweise eher geneigt, befristete Arbeitsverträge zu schließen als unbefristet einzustellen,

---

85 Büchtemann/Höland, S. 319.

86 Vgl. BAG vom 4.6.2003 - 7 AZR 406/02, AP Nr. 1 zu § 17 TzBfG; BAG vom 12.10.1960 - GS 1/59 (3 AZR 65/56), AP Nr. 16 zu § 620 BGB Befristeter Arbeitsvertrag; BAG vom 22.3.1973 - 2 AZR 274/72, AP Nr. 38 zu § 620 BGB Befristeter Arbeitsvertrag; BAG vom 12.8.1976 - 3 AZR 502/75, AP Nr. 42 zu § 620 BGB Befristeter Arbeitsvertrag; BAG vom 26.4.1985 - 7 AZR 316/84, AP Nr. 91 zu § 620 BGB Befristeter Arbeitsvertrag. Seit Inkrafttreten des TzBfG wird der substantiiert vorgebrachte Wunsch des Arbeitnehmers, der sich auf die Befristung selbst beziehen muss, unter § 14 Abs. 1 S. 2 Nr. 6 TzBfG subsumiert.

87 Zu einer planmäßigen Nichtvereinbarung kommt es laut Preis/Rolfs, Teil II B 10 Rn 199, in aller Regel dann, wenn der Arbeitnehmer (etwa als besonders qualifizierte Fachkraft oder nach Abwerbung von einem anderen Unternehmen) die Vertragsbedingungen wesentlich zu beeinflussen vermag.

88 Preis/Rolfs, Teil II B 10 Rn 199.

89 BT-Drucks. 14/965, S. 57, Stellungnahme Institut der deutschen Wirtschaft, Köln, B 1.

90 Preis/Gotthardt, DB 2000, S. 2065 (2072).

91 Laut „Junge Karriere" 12/03, S. 38 sei dies sogar „nicht selten" der Fall: „In über der Hälfte aller Fälle habe der zufriedene Chef nach einem Jahr das Gastspiel zu einer unbefristeten Anstellung „verlängert"."

92 Vgl. Bruschke, S. 227; Otto, NJW 1985, S. 1807 (1812).

so dass sich durch ein erleichtertes Befristungsrecht theoretisch insgesamt ein größeres Arbeitsplatzangebot ergeben kann. Dadurch können sich erhöhte Chancen für Arbeitslose ergeben, wieder einen Arbeitsplatz zu finden und sich dann aus dem Job herausbewerben zu können oder bestenfalls übernommen zu werden. Eine Sicherheit besteht diesbezüglich selbstverständlich nicht.
Im Übrigen verringert die dem Arbeitsplatzbesitzer dank des Kündigungsschutzes gewährte Sicherheit die Aussichten des Arbeitslosen, einen Arbeitsplatz zu erhalten.[93] Insofern kann die lediglich befristete Einstellung anderer Arbeitnehmer und der daher gegebenenfalls erfolgende Austausch von Arbeitnehmern den Arbeitslosen zumindest vorübergehend zugute kommen.

b) Bedeutung in Zahlen
Um die wirtschaftliche Bedeutung befristeter Arbeitsverträge einschätzen zu können, sollen ein paar Zahlen zu ihrem Umfang und ihrer Struktur genannt werden.

aa) Deutschland/Vergleich Europa
Befristete Arbeitsverträge sind in der Praxis relativ weit verbreitet.[94] 1998 lag die Befristungsquote gemessen in % aller abhängig Beschäftigten bei 12,2 %, 1999 bei 13,1 %.[95] Im April 2002 hatten 12,6 % in Deutschland eine Arbeitsstelle auf Zeit, eine Zahl von 12,9 % wurde für den März 2004 ermittelt, was real 4.060.000 befristeten Arbeitnehmern von insgesamt 31.405.000 abhängig Erwerbstätigen entsprach.[96]
Da unter die abhängig Erwerbstätigen auch Auszubildende und Beamte zählen, sind die Angaben des Mikrozensus / IAB regelmäßig auf Arbeiter und Angestellte beschränkt.[97] Auszubildende werden häufig nicht berücksichtigt, da sie die Befristungszahlen künstlich anheben; denn Berufsausbildungsverhältnisse enden gemäß § 21 Abs. 1 BBiG mit dem Ablauf der Ausbildungszeit und sind damit von Gesetzes wegen befristet.
Beamte werden wegen ihrer Sonderstellung nicht eingerechnet. Im Übrigen werden auch Beamte im Vorbereitungsdienst und Wehrpflichtige, die stets befristete Stellen haben, unter dem Oberbegriff „Beamte“ zusammengefasst.

---

93 Weiler, BB 1985, S. 934 (937).

94 HbArbR, Erg./Wank, § 116 Rn 1; KR/Lipke, § 620 BGB Rn 55; KR[6]/Lipke, § 620 BGB Rn 19 b, 20; Däubler, Arbeitsrecht 2, S. 605, 894; Frohner/Pieper, AuR 1992, S. 97 (104); Koppenfels, AuR 2002, S. 241 (241).

95 Quelle: Mikrozensus, STATIS-Bund, Auswertung IAB Ber.6/Ru.; BT-Drucks. 14/965, S. 59, Stellungnahme Institut der deutschen Wirtschaft, Köln, B 1. f. Tabelle 9; Quelle: Statistisches Bundesamt, Mikrozensus.

96 Quelle: Statistisches Bundesamt, Fachserie 1, Reihe 4.1.1, 2002 und 2004.

97 IAB-Kurzbericht Nr. 12/2000, S. 4.

Unter Zugrundelegung dieser Beschränkung waren im April 1991 6,4 % (entspricht 1.888.900 von insgesamt 29.744.500 Arbeitern und Angestellten), im April 2001 8,0 % (entspricht 2.297.600 von insgesamt 28.811.200 Arbeitern und Angestellten) der Arbeiter und Angestellten in Deutschland befristet beschäftigt.[98] Für den März 2004 ergab sich eine Quote von 8,3 %, die real einer Zahl von 2.478.000 der 29.822.000 abhängig Erwerbstätigen ohne Auszubildende entsprach.
Fast durchweg war und ist eine gering steigende Tendenz bzgl. des Abschlusses befristeter Arbeitsverträge zu beobachten. Dabei ist auffällig, dass die Quoten in Ostdeutschland jeweils (fast) doppelt so hoch waren wie in Westdeutschland.
Berücksichtigt man Auszubildende und Personen in Maßnahmen des zweiten Arbeitsmarktes (Arbeitsbeschaffungsmaßnahmen bzw. Strukturanpassungsmaßnahmen) nicht, so ist die Befristungsquote nach einer Untersuchung des Statistischen Bundesamts kaum gestiegen.[99]
Auch die hohen Befristungsquoten in Ostdeutschland sind maßgeblich auf den hohen Anteil ABM-Beschäftigter in Ostdeutschland zurückzuführen.[100]

Innerhalb von Europa differieren die Befristungsquoten sehr stark.[101] Die europäische Liste der befristet Beschäftigten (einschließlich der Auszubildenden) in Prozent aller Erwerbstätigen führte im Jahre 1999 Spanien mit einer Quote von 32,7 % an, dahinter folgten Portugal mit 18,6 % und Finnland mit 18,2 %.[102] Das Schlusslicht bildete Luxemburg mit nur 3,4 % hinter Großbritannien mit einer 6,8 %-igen Befristungsquote.[103] Damit lag Deutschland 1999 mit der Quote von 13,1 % im Vergleich zu den EU-Mitgliedstaaten im oberen Mittelfeld, im Jahre 2003 mit 12,2 % demgegenüber unter dem europaweiten Durchschnitt von 12,8 %.

---

98 Quelle: Mikrozensus, STATIS-Bund, Auswertung IAB Ber.6/Ru.

99 BT-Drucks. 14/965, S. 58, Stellungnahme des Instituts der deutschen Wirtschaft, Köln, B 1. a. Tabelle 4; Quelle: Statistisches Bundesamt, Mikrozensus. Vgl. auch IAB-Kurzbericht Nr. 12/2000, S. 4 f., Abbildung 1 und Kittner/Zwanziger/Lakies, § 133 Rn 7.

100 BT-Drucks. 14/965, S. 58, Stellungnahme des Instituts der deutschen Wirtschaft, Köln, B 1. a.

101 So auch Kittner/Zwanziger/Lakies, § 133 Rn 9.

102 BT-Drucks. 14/965, S. 59, Stellungnahme des Instituts der deutschen Wirtschaft, Köln, B 1. f. Tabelle 9; Quellen: OECD Employment Outlook; Eurostat, European Labour Force Survey. Vgl. auch die Zahlen für das Jahr 1998 in IAB-Kurzbericht Nr. 12/2000, S. 7, Tabelle 3: Es führte Spanien mit einer Quote von 32,9 %, dahinter Finnland mit 17,7 % und Portugal mit 17,4 %. Das Schlusslicht bildete Luxemburg mit nur 2,9 % hinter Großbritannien mit einer 7 %-igen Befristungsquote.

103 Quelle: Mikrozensus, STATIS-Bund, Auswertung IAB Ber.6/Ru.; BT-Drucks. 14/965, S. 59, Stellungnahme des Instituts der deutschen Wirtschaft, Köln, B 1. f. Tabelle 9; Quellen: OECD Employment Outlook; Eurostat, European Labour Force Survey.

Ohne Auszubildende ergaben sich im Jahre 1998 in den EU-Mitgliedstaaten lediglich gering (0 bis 4,2 %, lediglich in Deutschland 5,8 %) unter diesen Werten liegende Zahlen. Spanien erreichte eine Quote von 31,6 %, Portugal 16,9 % und Finnland 16,1 %.[104] Das Schlusslicht bildete Luxemburg mit nur 2,0 % hinter Österreich mit 3,6 %, während Großbritannien mit einer 6,6 %-igen Befristungsquote und Deutschland mit 6,3 % eher ins untere Mittelfeld wandern.[105]
Bei diesem europäischen Zahlenvergleich ist auffällig, dass die Länder mit einem stark regulierten Arbeitsmarktregime (individueller und kollektiver Kündigungsschutz, Regulierung von Zeitarbeit und befristeter Beschäftigung) eine hohe Befristungsquote aufwiesen und umgekehrt.[106] Dies lässt sich damit erklären, dass die Arbeitgeber in einem Land ohne Kündigungsschutz einen verringerten Bedarf am Abschluss befristeter Arbeitsverträge haben, weil sie ihnen diesbezüglich keine Vorteile verschaffen. Demgegenüber können die Befristungen in einem Land mit einem relativ restriktiven Kündigungsschutz als legales Mittel zur Umgehung dieses Kündigungsschutzes angesehen werden.
Das Ausmaß befristeter Beschäftigung kann also vom Regulierungsumfeld des Normalarbeitsverhältnisses abhängig sein.
Entgegen der üblichen Vermutung ist der Umfang befristeter Arbeitsverhältnisse wenig aussagekräftig für die Beschäftigungserfolge einer Volkswirtschaft: So erreichte Spanien trotz der hohen Befristungszahlen im Jahr 1999 eine Arbeitslosenquote von 14, 2 %.[107]

bb) Sozial- und Gesellschaftsprofil

Befristete Arbeitsverträge sind überwiegend eine Erscheinung beim Berufseinstieg, so dass bei jüngeren Arbeitnehmern schon immer die höchsten Befristungsquoten zu beobachten waren.[108]
Nach den Erhebungen von 1998 lag die Befristungsquote gemessen in Prozent aller abhängig Erwerbstätigen (einschließlich Beamten) bei 12,2 %, wobei 5,8 % aller Verträge wegen Ausbildung befristet waren.[109] Die befristeten Ausbildungsverträge machten folglich fast die Hälfte der gesamten Befristungen aus.
Auch eine Betrachtung des Sozialprofils befristet Beschäftigter nach Altersgruppen macht deutlich, dass die Befristungsquote in der Gruppe der unter 25-Jährigen, in den Datenerhebungen sämtlicher Jahre mit Abstand am höchsten

---

104 Quelle: IAB-Kurzbericht Nr. 12/2000, S. 7, Tabelle 3.
105 Quelle: IAB-Kurzbericht Nr. 12/2000, S. 7, Tabelle 3.
106 BT-Drucks. 14/965, S. 59, Stellungnahme des Instituts der deutschen Wirtschaft, Köln, B 1. f. Tabelle 9; Quellen: OECD Employment Outlook; Eurostat, European Labour Force Survey.
107 Preis/Gotthardt, DB 2000, S. 2065 (2070).
108 IAB-Kurzbericht Nr. 12/2000, S. 5, Abbildung 2. Vgl. auch Infratest/WSI-Erhebung über beendete Arbeitsverhältnisse 2001, abgedruckt in Bielenski/Hartmann/Pfarr/Seifert, AuR 2003, S. 81 (84) und Kittner/Zwanziger/Lakies, § 133 Rn 6.
109 IAB-Kurzbericht Nr. 12/2000, S. 5 und S. 7, Tabelle 3.

gewesen ist.[110] Diese Quote, die 1991 bei 10,4 % lag (entspricht 405.100 von insgesamt 3.900.200 unter 25-jährigen Arbeitnehmern), stieg nahezu kontinuierlich bis auf 21,8 % aller Berufsanfänger unter den Arbeitern und Angestellten im Jahr 2001 an (entspricht 533.100 von insgesamt 2.444.300 unter 25-jährigen Arbeitnehmern).[111] Real wurden demnach im Verlauf dieses Zehnjahreszeitraumes immer weniger Jugendliche beschäftigt (hohe Jugendarbeitslosigkeit), aber kontinuierlich immer mehr Arbeitsverträge befristet.
Im Mai 2003 hatten von den unter 20-jährigen abhängig Beschäftigten (ohne Auszubildende, Wehr- und Zivildienstleistende) mehr als jeder Dritte (35 %) einen befristeten Arbeitsvertrag (im April 2001: 21 %).[112] Bei den 20- bis 24-Jährigen stieg die Befristungsquote um zwölf Prozentpunkte auf 24 %, bei den 25- bis 29-Jährigen um sechs Prozentpunkte auf 15 %. In den höheren Altersgruppen ab 35 Jahren arbeiten im Durchschnitt lediglich knapp 5 % der Beschäftigten auf Basis eines befristeten Arbeitsvertrages.[113]

1984 wurde in einer Marktanalyse der Befristung von ausländischen Arbeitnehmern die zahlenmäßig größte Bedeutung zugesprochen.[114] Auch heute noch sind prozentual regelmäßig mehr Ausländer als Deutsche befristet eingestellt: Im April 2001 und im März 2004 waren 11,5 % der in Deutschland beschäftigten ausländischen Arbeiter und Angestellten befristet beschäftigt (entspricht 305.000 von insgesamt 2.655.100 ausländischen Arbeitnehmern bzw. 287.000 von insgesamt 2.488.000 ausländischen Arbeitnehmern), aber nur 7,6 % der deutschen Arbeiter und Angestellten (entspricht 1.992.600 von insgesamt 26.156.000 deutschen Arbeitnehmern) im Jahre 2001 bzw. 8,0 % im Jahre 2004 (entspricht 2.191.100 von insgesamt 27.334.000 deutschen Arbeitnehmern).[115]

Über längere Zeit waren immer mehr Frauen als Männer befristet beschäftigt: Im April 2001 waren 8,5 % der beschäftigten weiblichen Arbeiter und Angestellten befristet eingestellt und 7,6 % der männlichen.[116] Dazu ist allerdings zu

---

110 Darauf wiesen 1994 schon Bode/Brose/Voswinkel, Regulierung der Deregulierung, auf S. 28 hin. Vgl. auch Büchtemann/Höland, S. VIII und Preis/Gotthardt, DB 2000, S. 2065 (2070).

111 Quelle: Mikrozensus, STATIS-Bund, Auswertung IAB Ber.6/Ru. Vgl. auch die Abbildung 2 im IAB-Kurzbericht Nr. 12/2000, S. 5.

112 Quelle: Statistisches Bundesamt, Mikrozensus 2003, Statement, S. 2.

113 Quelle: Statistisches Bundesamt, Mikrozensus 2003, Statement, S. 2.

114 Keyser, S. 2, 356 ff.

115 Quellen: Mikrozensus, STATIS-Bund, Auswertung IAB Ber.6/Ru, sowie Statistisches Bundesamt, Fachserie 1, Reihe 4.1.1, 2004.

116 Quelle: Mikrozensus, STATIS-Bund, Auswertung IAB Ber.6/Ru. Büchtemann/Höland, S. IX, wiesen dagegen im Jahre 1989 noch einen wesentlich größeren Unterschied aus: Nach ihren Angaben lag die Befristungsquote von Frauen bei 10,2 % und von Männern bei 6,2 %. Hierin spiegelten sich ihrer Ansicht nach weniger direkte Benachteiligungen

sagen, dass die Prozentwerte Anfang der neunziger Jahre jeweils um die 2 % auseinander lagen und sich dann so annäherten, dass zwischenzeitlich (im April 1998) mit 7,7 % ein Gleichstand erreicht wurde.[117] Für den März 2004 wurde nur noch ein Frauenanteil von 7,8 % gegenüber einem Männeranteil von 8,7 % festgestellt.[118]
Bezogen auf den Frauenanteil an der Gruppe der befristet Beschäftigten ergeben sich leicht über der 50 %-Grenze liegende Zahlen: Im Jahre 2001 betrug der Frauenanteil in Westdeutschland insgesamt 51 % und in Ostdeutschland 53 %.[119] Lediglich der Anteil in Betrieben mit bis zu 19 Beschäftigten sticht mit 55 % bzw. 59 % etwas hervor, während in Betrieben mit 500 oder mehr Beschäftigten mit einem Frauenanteil von 46 % bzw. 50 % im Ergebnis 2001 mehr Männer befristet beschäftigt waren.[120] Dies gleicht sich - wie an den obengenannten Prozentzahlen zu erkennen ist - jedoch innerhalb der Gesamtbetrachtung aus. Folglich tritt nicht etwa ein Diskriminierungsproblem auf. In den Jahren 1999 (48 % bzw. 50 %) und 2000 (48 % bzw. 51 %) lag sogar der Männeranteil insgesamt knapp über der 50 %-Grenze[121], 2004 sogar deutlicher einer Quote von 44,4 % bzw. 41,8 % weiblichen Befristungen.[122]
Auffällig ist der Unterschied der Geschlechter bezogen auf die geleisteten Arbeitsstunden. Während der Hauptschwerpunkt befristeter Arbeitsverträge bei Männern bei Arbeitsverhältnissen bis zu 20 Arbeitsstunden wöchentlich liegt, lässt er sich bei den Frauen kaum feststellen, weil die Prozentwerte bezogen auf die verschiedenen Wochenstunden ziemlich nahe beieinander liegen.[123]

Die höheren Befristungsquoten bei jüngeren Beschäftigten und bei Frauen in Betrieben mit bis zu 19 Beschäftigten resultieren mitunter daraus, dass befristete Beschäftigungen häufig als Nebenerwerb von „jobbenden" Schülern, Studenten, Hausfrauen (und in geringem Umfang Rentnern) ausgeübt werden.[124] Für das

---

bei Neueinstellungen als die Tatsache wider, dass Frauen - bedingt durch ihre häufigeren Erwerbsunterbrechungen - in größerem Umfang an den Bewegungsprozessen (d.h. Neueinstellungen und Personalabgängen) am Arbeitsmarkt beteiligt sind.

117 Quelle: Mikrozensus, STATIS-Bund, Auswertung IAB Ber.6/Ru.

118 Quelle: Statistisches Bundesamt, Fachserie 1, Reihe 4.1.1, 2004.

119 Quelle: IAB-Betriebspanel 1996-2001, Tabellen 11 und 12. Hierzu liegt leider keine gesamtdeutsche Statistik vor.

120 Quelle: IAB-Betriebspanel 1996-2001, Tabellen 11 und 12. Die zuerst genannten Werte beziehen sich auf Westdeutschland, die an zweiter Stelle genannten auf Ostdeutschland. Eine Erhebung hinsichtlich bestimmter Berufsgruppen, in denen vorrangig Arbeitnehmerinnen befristet werden, lagen nicht vor.

121 Quelle: IAB-Betriebspanel 1996-2001, Tabellen 11 und 12. Die zuerst genannten Werte beziehen sich auf Westdeutschland, die an zweiter Stelle genannten auf Ostdeutschland.

122 Quelle: Statistisches Bundesamt, Fachserie 1, Reihe 4.1.1, 2004.

123 Quelle: Mikrozensus, STATIS-Bund, Auswertung IAB Ber.6/Ru.

124 Büchtemann/Höland, S. VIII.

Jahr 1989 ergab sich für diese Personengruppe eine Befristungsquote von 28,5 % aller befristet Beschäftigten, sie machte also insgesamt mehr als ein Viertel aus.[125] Entsprechend gibt es unter den befristet beschäftigten Arbeitnehmern relativ viele Personen, die gleichzeitig über andere Einkommensquellen verfügen und zur Sicherung ihres Lebensunterhalts nicht voll auf ihr Erwerbseinkommen angewiesen sind.[126]

In den Diskussionen darüber, wie befristete Arbeitsverträge zu regulieren seien, wurde immer wieder die These aufgestellt, die Möglichkeit sachgrundloser Befristungen führe dazu, dass das Stammpersonal in großem Stil durch befristet eingestellte Arbeitskräfte ersetzt werde. Davon müssten logischerweise vorrangig die unteren Qualifikationsgruppen betroffen sein, da sie am leichtesten austauschbar sind und auch die größte Gruppe der Arbeitslosen, also der frei verfügbaren Arbeitskräfte, darstellen.[127] Denn es erscheint kaum denkbar, dass ein Arbeitgeber seine eingearbeiteten, mit dem Betrieb vertrauten Arbeitnehmer entlässt, um neue Arbeitnehmer befristet einzustellen, wenn diese erst eine langwierige, kostenintensive Einarbeitungszeit benötigen.
Nach einer Erhebung des Statistischen Bundesamtes sind es jedoch unabhängig davon, ob die Qualifikation nach Schul- oder Berufsausbildung gemessen wird, durchweg die hoch qualifizierten Arbeitnehmer, die befristete Verträge haben.[128] Dieses Ergebnis spricht somit gegen die befristungsfeindliche These, das Stammpersonal werde in großem Stil durch befristet eingestellte Arbeitskräfte ersetzt, da dieses hier gar nicht so einfach möglich ist.
Gegen diese These spricht auch die Entwicklung der Befristungsquoten, die keinen mit den gesetzlichen Erleichterungen zusammenhängenden großen „Ausschlag“ zeigte.
Bei den erfolgten Untersuchungen wurde jedoch nicht nach den den jeweiligen Befristungen zugrundeliegenden gesetzlichen Grundlagen differenziert, so dass sich insbesondere im Hochschulbereich eine Vielzahl hochqualifizierter Arbeitnehmer findet, auf die das TzBfG grundsätzlich[129] nicht anwendbar ist.
Aus diesem Grund erscheint es möglich, dass jedenfalls die dem TzBfG unterfallenden Arbeitnehmer (insbesondere die Aushilfen) doch vorrangig den unte-

---

125 Büchtemann/Höland, S. VIII.

126 Büchtemann/Höland, S. VIII.

127 So auch BT-Drucks. 14/965, S. 58, Stellungnahme des Instituts der deutschen Wirtschaft, Köln, B 1. c.

128 BT-Drucks. 14/965, S. 58, Stellungnahme des Instituts der deutschen Wirtschaft, Köln, B 1. c. Tabelle 6; Quelle: Statistisches Bundesamt, Mikrozensus. Vgl. auch Infratest/WSI-Erhebung über beendete Arbeitsverhältnisse 2001, abgedruckt in Bielenski/Hartmann/Pfarr/Seifert, AuR 2003, S. 81 (86).

129 Eine Ausnahme bilden Befristungen nach Ausschöpfung der zulässigen Befristungsdauer des Hochschulrahmengesetzes gemäß § 57 Abs. 2 S. 3 HRG.

ren Qualifikationsgruppen angehören, die leicht austauschbar sind.[130] Dies würde die obengenannte befristungsfeindliche These wiederum stützen.

cc) Wirtschaftssektoren

Zu den Wirtschaftssektoren, in denen seit Jahren hauptsächlich befristet eingestellt wird, zählen insbesondere die Bereiche „Öffentliche Verwaltung" mit 12,9 %, „Land- und Forstwirtschaft/Fischerei" mit 12,6 % und „Öffentliche und private Dienstleistungen" mit 12,3 % befristet beschäftigten abhängig Erwerbstätigen (ohne Auszubildende) innerhalb des jeweiligen Bereichs im März des Jahres 2004.[131]

Im Bereich „Land- und Forstwirtschaft/Fischerei" wird folglich etwa jeder 8. Arbeitnehmer (real 47.000 von 372.000 Beschäftigten) auf einem nur befristeten Arbeitsplatz eingestellt, so haben nur 7 von 8 Arbeitnehmern einen Dauerarbeitsplatz in diesen Branchen.[132] Die Ursache dafür ist in den ausgeprägten Saisontätigkeiten zu sehen.

Real sind die meisten Befristungen im Bereich „Öffentliche und private Dienstleistungen" zu finden, der im Jahre 2004 insgesamt 6.876.000 abhängig Erwerbstätigen (ohne Auszubildende) einen Arbeitsplatz bot, wovon 848.000 Arbeiternehmer befristet beschäftigt waren.[133] Da die zahlreichen Saisonbetriebe zum Bereich der privaten Dienstleistungen zählen, verwundert es nicht, dass sich hier entsprechende Zahlen ergeben.

In den Bereichen „Öffentliche Dienstleistungen" und „Öffentliche Verwaltung" sind Befristungen verbreitet, weil in den diesen Bereichen zuzuordnenden Hochschulen vielfach Nachwuchswissenschaftler grundsätzlich befristete, an konkreten Projekten festgemachte Verträge erhalten.[134] In anderen Bereichen des öf-

---

130 Vgl. zu dieser These: Büchtemann/Höland, S. IX, die bei Neueinstellungen in der Privatwirtschaft eine mit steigendem Ausbildungsniveau der Stellenbewerber deutlich abnehmende Befristungshäufigkeit beobachtet haben, während sie den hohen Anteil befristet beschäftigter Hochschulabsolventen überwiegend auf die Befristungspraxis im Öffentlichen Dienst zurückführen.

131 Quelle: Statistisches Bundesamt, Fachserie 4.1.1, 2004. Nach dem Mikrozensus, STATIS-Bund, Auswertung IAB Ber.6/Ru, bildeten diese Bereiche auch im April 2001 den prozentualen Schwerpunkt: Der Bereich „Land- und Forstwirtschaft/Fischerei" mit 17,7 %, der Bereich „Öffentliche und private Dienstleistungen" mit 13,1 % und der Bereich „Öffentliche Verwaltung" mit 9,1 % befristet beschäftigten Arbeitern und Angestellten.

132 Knapp jeder 6. Arbeitnehmer (real 73.400 von 414.500 Beschäftigten) war 2001 auf einem nur befristeten Arbeitsplatz eingestellt, so hatten nur 5 von 6 Arbeitnehmern einen Dauerarbeitsplatz in dieser Branche.

133 Im Jahre 2001 bot dieser Bereich insgesamt 5.987.600 Arbeitern und Angestellten einen Arbeitsplatz, wovon 781.400 Arbeiter und Angestellte befristet beschäftigt waren, und stellte ebenfalls den nach realen Zahlen größten Bereich dar. Ähnlich Scheriau, S. 11.

134 BT-Drucks. 14/965, S. 58, Stellungnahme des Instituts der deutschen Wirtschaft, Köln, B 1. c. Vgl. auch Kittner/Zwanziger/Lakies, § 133 Rn 8 und KR/Lipke, § 620 BGB Rn 58. Ausweislich der Begründung zum Regierungsentwurf zum BeschFG 1985 (BT-Drucks.

fentlichen Dienstes werden befristete Arbeitsverträge häufig aus haushaltsrechtlichen Erwägungen abgeschlossen.[135] Daneben kann die Tatsache zum Tragen kommen, dass Kündigungen hier außerordentlich erschwert sind.
Unterdurchschnittlich ist demgegenüber regelmäßig der Anteil der „Kreditinstitute und Versicherungen" mit 3,1 % und der „Energie- und Wasserversorgung" mit 5,0 % Befristungsanteil im März des Jahres 2004.[136]

dd) Betriebsgrößen
Betrachtet man die Anzahl befristeter Arbeitsverträge hinsichtlich verschiedener Betriebsgrößen, stechen die Betriebe mit bis zu 19 Beschäftigten hervor. Im Jahre 2001 betrug der Anteil befristet Beschäftigter an der betrieblichen Gesamtbeschäftigung dort in Ostdeutschland 23,5 % und in Westdeutschland 18,6 %, während die Quoten in den größeren Betrieben zwischen 9,6 % (500 und mehr Beschäftigte) und 13,5 % (100 bis 499 Beschäftigte) in Ostdeutschland und 7,7 % (500 und mehr Beschäftigte) und 13,6 % (20 bis 99 Beschäftigte) in Westdeutschland lagen.[137] Im Jahre 1989 waren es hingegen überwiegend mittlere und größere Betriebe, die von befristeten Verträgen Gebrauch machten.[138]

ee) Angaben zur Dauer befristeter Arbeitsverträge
Die vorgesehene Laufzeit bei Einstellung betrachtet, betrug die Dauer in der Privatwirtschaft der Bundesrepublik bei befristeten Neueinstellungen zwischen Mai 1985 und April 1987 in 70,2 % der Fälle nur bis zu 6 Monate, bei 28,2 % zwischen 6 und 18 Monaten und nur bei 1,5 % über 18 Monate.[139] Die faktische (ununterbrochene) Beschäftigungsdauer kann jedoch im Einzelfall deutlich höher liegen als die Dauer des laufenden befristeten Arbeitsvertrages.[140]

10/2283, S. 6) waren damals nahezu 80 % der wissenschaftlichen Mitarbeiter befristet beschäftigt.

135 KR/Lipke, § 620 BGB Rn 58.

136 Quelle: Statistisches Bundesamt, Fachserie 4.1.1, 2004. Nach Mikrozensus, STATIS-Bund, Auswertung IAB Ber.6/Ru., betrugen die entsprechenden Anteile in 2001 bei den „Kreditinstituten und Versicherungen" 3,8 % und der „Energie- und Wasserversorgung" 4, 7 %.

137 Quelle: Mikrozensus, IAB-Betriebspanel, Tabellen 13 und 15. Hierzu liegen leider weder eine gesamtdeutsche Statistik noch aktuellere Zahlen vor.

138 Büchtemann/Höland, S. X.

139 Bode/Brose/Voswinkel, Regulierung der Deregulierung, S. 30; Büchtemann/Höland, S. 135, 141 (Repräsentativbefragung von Betrieben in der Privatwirtschaft). Neuere Erhebungen vom März 2004 unterschieden lediglich zwischen Verträgen von einer Dauer bis zu 36 und über 36 Monaten: Hier ergab sich ungefähr ein Verhältnis von 7 zu 1 bei den abhängig Erwerbstätigen ohne Auszubildende (Quelle: Statistisches Bundesamt, Fachserie 1, Reihe 4.1.1, 2004).

140 Büchtemann/Höland, S. 135.

Dementsprechend überwogen aus der „Sicht der Bestandsperspektive“[141] die längerfristigen Verträge: So betrug der Anteil der befristeten Arbeitsverträge (1987/88) mit einer Laufzeit über 18 Monaten 34,6 %, zwischen 6 und 18 Monaten 26,5 % und bis zu 6 Monaten 21,4 %.[142] Bei 16,6 % gab es keine vereinbarte/festgelegte Laufzeit, was aus Zweckbefristungen und den nur Nebenerwerbstätigen resultiert.[143] Daraus ergab sich eine durchschnittliche Vertragslaufzeit befristet Beschäftigter von 15,8 Monaten.[144]
Folglich kommt es in der Praxis zu vielen Verlängerungen, die entweder nicht geplant waren oder die sich der Arbeitgeber bewusst vorbehalten hat, um flexibel auf den Arbeitsmarkt und / oder die Bewährung des jeweiligen Arbeitnehmers reagieren zu können.
Hinzuweisen ist darauf, dass faktisch auch ein Großteil der formal mit unbefristetem Arbeitsvertrag begonnenen Beschäftigungsverhältnisse laut Beschäftigungsstatistik der Bundesanstalt für Arbeit binnen relativ kurzer Zeit wieder endet und kurzfristige Beschäftigungsarrangements somit keineswegs auf den Bereich formal befristeter Arbeitsverhältnisse beschränkt sind.[145]

ff) Angaben zum Grund der Befristung

Von allen abhängig Erwerbstätigen, die im März 2004 befristet beschäftigt waren, gab die mit 44 % größte Gruppe die Ausbildung als Grund der Befristung des Arbeitsvertrages an. 12 % hatten einen befristeten Arbeitsvertrag, weil eine Dauereinstellung nicht zu finden war. 9 % waren zur Erprobung befristet. Lediglich 2 % wünschten keine Dauereinstellung. Den restlichen Befristungen lagen sonstige Gründe zugrunde.[146]

---

141 Darunter ist die Untersuchung in Hinblick auf den Bestand befristeter Arbeitsverträge bis zu ihrem tatsächlichen Ende, also inklusive aller Verlängerungen, zu verstehen. Der Blick auf die bei Vertragsschluss vorgesehene Laufzeit und derjenige rückwirkend auf den tatsächlichen Bestand bilden zwei ganz unterschiedliche Sichtweisen hinsichtlich der Dauer befristeter Arbeitsverträge.

142 Bode/Brose/Voswinkel, Regulierung der Deregulierung, S. 30 Fn 18, WZB-Untersuchung; Büchtemann/Höland, S. 141 stellte aufgrund seiner Repräsentativbefragung der Arbeitnehmer 1987/88 nahezu identische Zahlen fest (Anteil der befristeten Arbeitsverträge mit einer Laufzeit über 18 Monaten 33,3 %, zwischen 6 und 18 Monaten 24,4 % und bis zu 6 Monaten 21,6 %; keine vereinbarte/festgelegte Laufzeit bei 20,7 %.)

143 Bode/Brose/Voswinkel, Regulierung der Deregulierung, S. 30 Fn 18, WZB-Untersuchung; Büchtemann/Höland, S. 144 ff.

144 Bode/Brose/Voswinkel, Regulierung der Deregulierung, S. 30 Fn 18; Büchtemann/Höland, S. 146 f. (bezogen auf irgendwann vor dem Untersuchungszeitpunkt eingestellte Arbeitnehmer).

145 Büchtemann/Höland, S. 140 (Nicht einmal die Hälfte (46 %) der im Jahre 1983 neubegründeten sozialversicherungspflichtigen Beschäftigungsverhältnisse - einschließlich betrieblicher Ausbildungsverhältnisse - währte über ein Jahr.).

146 Quelle: Statistisches Bundesamt, Fachserie 4.1.1, 2004. Vgl. auch Scheriau, S. 11.

Nach einer Unternehmensbefragung im Herbst 2001 wurden im Bereich der gewerblichen Wirtschaft bei durchschnittlich 29 % aller Befristungsfälle (je nach Branche zwischen 24 und 32 %) auf die Ausnahmeregelung der sachgrundlosen Befristung zurückgegriffen.[147]

gg) Übernahmequoten

Überraschend hoch sind die Übernahmequoten: Von den in der ersten Hälfte des Jahres 2001 neu eingestellten befristet Beschäftigten wurden in Ostdeutschland insgesamt 38,1 % und in Westdeutschland 47,5 % in unbefristete Arbeitsverhältnisse übernommen.[148] Der Übernahmeanteil hinsichtlich aller befristet Beschäftigten betrug 2001 in Ostdeutschland dagegen nur 17,5 % und in Westdeutschland 22,1 %.[149] Das bedeutet, dass die Beschäftigten, die schon mehrmals befristet beschäftigt waren, am wenigsten mit einer zukünftig unbefristeten Beschäftigung rechnen können. Dementsprechend ist die Chance einer Übernahme für den erstmalig befristet eingestellten Arbeitnehmer am größten.

Die Chancen erhöhen sich nochmals, je kleiner der Betrieb ist, denn 2001 wurden in Betrieben mit bis zu 19 Beschäftigten in Ostdeutschland 67,9 % und in Westdeutschland 76,9 % aller befristet Beschäftigten übernommen.[150]

hh) Vergleich Befristung/andere Beendigungstatbestände

Zum Vergleich der Befristung zu anderen Beendigungstatbeständen lässt sich sagen, dass Arbeitsverhältnisse nach einer Befragung im März 2003 wie folgt endeten: 32 % der Arbeitnehmer wurden von ihrem Arbeitgeber entlassen (davon 15 % mit und 85 % ohne Abfindung), 39 % kündigten selbst, 20 % der Arbeitsverhältnisse endeten wegen Befristung (15 % Befristung auf Initiative des Arbeitgebers, 5 % auf Initiative des Arbeitnehmers) und in den übrigen Fällen kam es zu einer einvernehmlichen Aufhebung (davon 34 % mit und 66 % ohne Abfindung).[151]

---

147 Otto, ZTR 2002, S. 8 (10) mit Verweis auf eine DIHK-Unternehmensbefragung zu den Erfahrungen mit dem TzBfG.

148 Quelle: Mikrozensus, IAB-Betriebspanel, Tabellen 13 und 15; vgl. auch IAB-Kurzbericht Nr. 12/2000, S. 5: „Infratest schätzte die Übernahmequote von befristet beschäftigten Arbeitnehmern in Dauerarbeitsverhältnisse auf 35 % bis 50 %."

149 Quelle: Mikrozensus, IAB-Betriebspanel, Tabellen 13 und 15.

150 Quelle: Mikrozensus, IAB-Betriebspanel, Tabellen 13 und 15.

151 Bielenski/Hartmann/Pfarr/Seifert, AuR 2003, S. 81 (82, 84 f., 87 f.), Quelle: Infratest/WSI-Erhebung über beendete Arbeitsverhältnisse 2001. Basis: Alle zwischen September 1999 und November 2000 beendeten Arbeitsverhältnisse (ohne Abgänge in Rente, Mutterschaft/Erziehungsurlaub und Wehr-/Zivildienst).
Nahezu mit diesen Angaben übereinstimmend: IAB Betriebspanel 2001, Daten ebenfalls abgedruckt in Bielenski/Hartmann/Pfarr/Seifert, AuR 2003, S. 81 (82).

Leider sind Umfragen nicht immer repräsentativ, so gibt es nach anderen Angaben[152] ca. 3,5 Mio. Beendigungen von Arbeitsverhältnissen jedes Jahr, davon 2. Mio. (fast 60 %) Kündigungen durch den Arbeitgeber.[153]
Da rund 20 % der Arbeitsverhältnisse nach einer Befristung endeten, spielen befristete Arbeitsverträge damit für die gesamten Mobilitätsvorgänge am Arbeitsmarkt eine wesentlich bedeutsamere Rolle, als es ihrem nur relativ geringen Anteil von gut 8 % an sämtlichen Beschäftigungsverhältnissen entspricht.[154]
Die hohe Mobilitätsquote durch befristete Arbeitsverträge kann nicht überraschen, sondern ist logische Folge der vergleichsweise kurzen Beschäftigungsdauer in dieser Beschäftigungsform.[155]

II. Entstehung und Entwicklung der Befristungsregulierung

1. Regelung des § 620 Abs. 1 BGB als Ausgangspunkt

Nach § 620 Abs. 1 BGB endigt das Dienstverhältnis mit dem Ablaufe der Zeit, für die es eingegangen ist.
Der Arbeitsvertrag, für den es im BGB keine gesonderte Regelung gibt, ist eine besondere Art des Dienstvertrags[156], somit findet § 620 Abs. 1 BGB auf ihn Anwendung.[157] Diese Norm stellte bis 1985 die einzige Regelung zum befristeten Arbeitsvertrag dar[158] und bildete damit die Grundnorm, die auf Grund ihrer Formulierung und der Systematik des Gesetzes von dem befristeten Vertrag als Normalarbeitsvertrag[159] ausging.

---

152 Quelle: Internet: http://www.hessen.dgb.de/homepages/mittelhessen/standpunkte/ kuendigungsschutz.html.

153 Entsprechend anders werden auch die anderen Quoten ausfallen, zu denen die Quelle leider keine Angaben enthielt.

154 Bielenski/Hartmann/Pfarr/Seifert, AuR 2003, S. 81 (84).

155 Bielenski/Hartmann/Pfarr/Seifert, AuR 2003, S. 81 (84).

156 Creifelds, Rechtswörterbuch, Rechtsbegriff „Arbeitsvertrag", S. 94. Dies zeigt schon die Formulierung in § 621 und § 627 Abs. 1 BGB: „Bei einem Dienstverhältnis, das kein Arbeitsverhältnis im Sinne des § 622 ist, ...".

157 Gemünzt war § 620 BGB somit zunächst nicht auf das Arbeitsverhältnis. § 620 BGB befindet sich im Abschnitt Dienstvertragsrecht, in dem die Rechtssubjekte aufgrund freier Entschließung und ohne ökonomischen Druck Dienstleistungen vereinbaren. Letzteres verhält sich bei Arbeitsverträgen anders.

158 Bauschke, Rn 37; Bode/Brose/Voswinkel, Regulierung der Deregulierung, S. 92.

159 KR/Lipke, § 620 BGB Rn 55; Bode/Brose/Voswinkel, Regulierung der Deregulierung, S. 92; Säcker, RdA 1976, S. 91 (92).

Der historische Gesetzgeber hat in § 620 Abs. 1 BGB den Abschluss befristeter Arbeitsverträge - entsprechend der Einstellungs- und Kündigungsfreiheit - uneingeschränkt für zulässig erklärt.[160]
Jedoch stellte die zunehmende Entwicklung eines individuellen wie kollektiven Kündigungsschutzes die in § 620 Abs. 1 BGB vorausgesetzte, uneingeschränkte Zulässigkeit des Abschlusses befristeter Arbeitsverträge verstärkt in Frage.[161]
Weil die Kündigungsschutzbestimmungen auf befristete Arbeitsverträge keine Anwendung finden, bestand das Bedürfnis nach einer Regelung, die die Befristungen einschränkt, damit der Kündigungsschutz nicht dadurch umgangen werden kann, dass nur noch befristete Arbeitsverträge abgeschlossen werden.
Von einer Änderung oder Ergänzung dieser Regelung hat der Gesetzgeber trotzdem bewußt, d.h. in Kenntnis der entstandenen Spannungen zum Kündigungsschutz, jahrelang Abstand genommen.[162] Und dies, obwohl der Arbeitsvertrag nach heutigen Maßstäben gerade nicht für eine bestimmte Zeit, sondern dauerhaft eingegangen wird und der unbefristete Arbeitsvertrag sogar nach dem Willen des Gesetzgebers der Normalfall der Beschäftigung ist und - aus grundsätzlichen sozialpolitischen Gründen - auch in Zukunft bleiben soll.[163] Dieser gesetzgeberische Wille lässt sich daran erkennen, dass den tatsächlichen Verhältnissen des Abschlusses unbefristeter Arbeitsverträge in der übergroßen Mehrzahl, die regelmäßig die (einzige) Existenzgrundlage des Menschen bilden, in Form der besonderen Absicherung durch die Rechtsordnung Rechnung getragen wurde. Folglich ist der unbefristete Arbeitsvertrag auch die sozialrechtlich privilegierte Regelung.[164]
Erst zum 1. Januar 2001, also mit In-Kraft-Treten des TzBfG, wurde durch Art. 2 Nr. 1 b) des Gesetzes über Teilzeitarbeit und befristete Arbeitsverträge und zur Änderung und Aufhebung arbeitsrechtlicher Bestimmungen vom 21. Dezember 2000 ein § 620 Abs. 3 BGB angefügt, der bestimmt, dass für Arbeitsverträge, die auf bestimmte Zeit geschlossen werden, das TzBfG gilt.[165]
Damit kam der besagte gesetzgeberische Wille eindeutig zum Ausdruck, denn hiermit wurde das Regel-Ausnahme-Verhältnis für Arbeitsverträge umgekehrt, indem für sie auf das TzBfG verwiesen wird, also § 620 Abs. 1 BGB durch die Spezialregelungen des TzBfG verdrängt wird. Befristete Arbeitsverträge bilden nun auch nach den gesetzlichen Vorschriften die Ausnahme.

---

160 Siehe Motive zum BGB, § 564 (Ein „auf eine Zeit geschlossenes Dienstverhältnis" erforderte nicht die Einhaltung besonderer Voraussetzungen.); Heinze, DB 1986, S. 2327 (2327); vgl. auch Bode/Brose/Voswinkel, Regulierung der Deregulierung, S. 92.

161 Heinze, DB 1986, S. 2327 (2327).

162 Vgl. Heinze, DB 1986, S. 2327 (2327).

163 BT-Drucks. 14/4374, S. 12. Vgl. auch Bode/Brose/Voswinkel, Regulierung der Deregulierung, S. 92; Schröter, S. 179.

164 So schon BAG vom 26.11.1955 – 2 AZR 516/54, AP Nr. 14 zu § 1 KSchG 1951; Schröter, S. 118 m.w.N.; Frohner/Pieper, AuR 1992, S. 97 (98).

165 Seit dem 1.1.2001 gilt § 620 Abs. 1 BGB damit nur noch für sog. freie Dienstverträge.

2. Entwicklung der Rechtsprechung

Bis zum 1. Mai 1985, dem Tag des Inkrafttretens des BeschFG, wurde die Zulässigkeit der Befristung von Arbeitsverträgen allein von der Rechtsprechung reguliert.[166]

Die Entwicklung dieser Rechtsprechung, die eine Reaktion auf den Ausbau des Kündigungsschutzes darstellt[167], bildet die Grundlage für den Erlass der späteren Befristungsgesetze und soll daher in Grundzügen dargestellt werden.

a) Umgehungstheorie des RAG

Mit Einführung des Kündigungsschutzes durch das Betriebsrätegesetz vom 4. Februar 1920 und des speziellen Kündigungsschutzes für Schwerbehinderte mit den Gesetzen vom 6. April 1920 und vom 12. Januar 1923 war der Rechtsprechung die Aufgabe gestellt, das Verhältnis dieser Bestimmungen zu der generellen Zulässigkeit befristeter Arbeitsverhältnisse zu klären.[168] Denn Arbeitgeber unterliegen seit Bestehen der Schutzgesetze der Versuchung, den Bestandsschutz durch Abschluss befristeter Arbeitsverträge auszuschalten.[169]

Durch die zunehmende Entwicklung des Kündigungsschutzes bestand somit immer mehr das Bedürfnis, Befristungen - und damit den Grundsatz der Vertragsfreiheit[170] - einzuschränken.

Das gesetzliche Kündigungsrecht, das den Zweck verfolgt, dem Arbeitnehmer seinen Arbeitsplatz zu erhalten, gewährt nur einen Schutz gegen Kündigungen des Arbeitgebers.[171] Deswegen war es nicht möglich, den bestehenden Kündigungsschutz unmittelbar oder entsprechend auf befristete Arbeitsverträge auszudehnen.[172]

Daher hat das RAG, das zur Problematik der Zulässigkeit befristeter Arbeitsverträge erstmals 1928 Stellung nehmen musste[173], bei sog. Kettenarbeitsverträgen, das heißt beim Abschluss mehrerer unmittelbar aufeinanderfolgender befristeter

---

[166] Aufgrund der uneingeschränkten Zulässigkeit nach § 620 BGB kann darin keine Regulierungsnorm gesehen werden.

[167] Bode/Brose/Voswinkel, Regulierung der Deregulierung, S. 92: „eine richterrechtliche Einschränkung und Umdeutung der gesetzlichen Bestimmung des § 620 BGB als Reaktion auf den Ausbau des Kündigungsschutzes".

[168] APS/Backhaus, § 620 BGB Rn 37.

[169] Schröter, S. 4.

[170] KR/Lipke, § 620 BGB Rn 68.

[171] KR/Lipke, § 620 BGB Rn 68.

[172] RG vom 7.3.1928, ARS 2, 171, 175; RAG vom 19.5.1928, ARS 3, 3, 4; so auch später der Große Senat des BAG in BAGE 10, 65 (71) = EzA § 620 BGB Nr.2 = BAG GS vom 12.10.1960, AP Nr. 16 zu § 620 BGB Befristeter Arbeitsvertrag; ebenso BAG vom 29.8.1979, AP Nr. 50 zu § 620 BGB Befristeter Arbeitsvertrag; KR/Lipke, § 620 BGB Rn 68.

[173] APS/Backhaus, § 620 BGB Rn 37; Schröter, S. 3 f.: (RG vom 7.3.1928, ARS 2, 171 und) RAG vom 19.5.1928, ARS 3, 3.

Arbeitsverträge, die Befristung dann für unzulässig erachtet, wenn sie in der Absicht erfolgte, zwingende Kündigungsschutzvorschriften zu umgehen.[174]
Dabei wurde darauf abgestellt, ob die Befristung ausschließlich dem Zweck diente, zwingendes Kündigungsrecht zu umgehen.[175] Das RAG legte seiner Rechtsprechung damit den „subjektiven Begriff der Gesetzesumgehung" zugrunde.[176] Eine Umgehung (bzw. eine Umgehungsabsicht) wurde verneint, wenn Gründe vorlagen, die eine Befristung rechtfertigen konnten. Bei Fehlen eines solchen objektiven Grundes sprach einiges für einen Umgehungswillen des Arbeitgebers.[177] Als Rechtsfolge der Unzulässigkeit war die der Umgehung dienende Befristung gemäß § 134 BGB nichtig und der Vertrag galt als unbefristet.[178]
Eine einmalige Befristung eines Arbeitsvertrages konnte allerdings ohne Rücksicht auf seine Dauer mit dieser Rechtsprechung nicht beanstandet werden.[179]
Die Beschränkung auf Kettenarbeitsverträge resultiert daraus, dass bei ihnen die Umgehung klarer auf der Hand lag als beim einfach befristeten Vertrag.[180] Außerdem sah sich das Reichsarbeitsgericht insoweit als durch § 620 Abs. 1 BGB gebunden an.[181]
Diese Rechtsprechung konnte sich jedoch u.a. deshalb nicht halten, da das Kriterium der Umgehungsabsicht erhebliche Beweisschwierigkeiten mit sich brachte, welche noch dadurch verstärkt wurden, dass das RAG nur Indizien angab, wann eine solche Absicht nicht vorliegt, ohne jedoch bei Abschluss eines Kettenvertrages eine Umgehungsabsicht zu vermuten und die Beweislast umzukehren.[182]

---

174 Erstmals RAGE 1, 361, Urteil vom 19.5.1928, ARS 3, 3, 4 f.; vgl. ferner RAG, Urteil vom 27.6.1928, ARS 3, 114, 115 f.; RAG vom 9.4.1930, ARS 9, 350, 351; RAG, Urteil vom 28.11.1930, ARS 10, 549, 552; RAG, Urteil vom 2.7.1932, ARS 16, 66, 68; RAG, Urteil vom 2.12.1936, ARS 28, 343, 345; RAG, Urteil vom 20.12.1933, ARS 19, 272, 278; RAG, Urteil vom 5.1.1938, ARS 32, 174, 175 f, 178.

175 RAG, Urteil vom 28.11.1930, RAGE 7, 93, 97; RAG, Urteil vom 20.12.1933, ARS 19, 272, 278.

176 RAG, Urteil vom 2.12.1936, ARS 28, 343, 345; RAG, Urteil vom 5.1.1938, ARS 32, 174, 178 („um zu umgehen").

177 KR/Lipke, § 620 BGB Rn 63; APS/Backhaus, § 620 BGB Rn 38.

178 RAG, Urteil vom 10.9.1931, ARS 13, 42, 47; RAG, Urteil vom 20.12.1933, 19, 272, 278; vgl. auch RAG, Urteil vom 4.2.1931, ARS 11, 233, 236 f. (Hier wurde des Weiteren § 139 BGB angewandt, der aber nicht zur Nichtigkeit des Vertrages führte, da die Parteien bei Kenntnis der Nichtigkeit den Vertrag auch ohne die Fristbestimmung abgeschlossen hätten. Dies ist jedoch regelmäßig gerade nicht der Fall, weshalb später nicht mehr auf § 139 BGB, sondern ausschließlich auf § 134 BGB abgestellt wurde.). Zusammenfassend: BAGE 1, 128 (130), vom 21.10.1954 - 2 AZR 25/53.

179 KR/Lipke, § 620 BGB Rn 63; Däubler, Arbeitsrecht 2, S. 895; Frohner/Pieper, AuR 1992, S. 97 (99); Säcker, RdA 1976, S. 91 (94).

180 Schröter, S. 8.

181 Heinze, DB 1986, S. 2327 (2327).

182 Schröter, S. 17; Frohner/Pieper, AuR 1992, S. 97 (100).

b) Frühere Rechtsprechung des BAG

Das BAG stellte in einer Grundsatzentscheidung fest, dass die Rechtsordnung den Fall des Kettenvertrages – eine Ausnahme des auf unbestimmte Zeit geschlossenen Arbeitsvertrages – außer acht lasse, und die Lücke durch Rechtsfortbildung zu schließen sei.[183] Die grundsätzliche Zulässigkeit befristeter Arbeitsverträge folge aus § 620 Abs. 1 BGB und dem Grundsatz der Vertragsfreiheit.[184] Eine uneingeschränkte Zulässigkeit könne gleichwohl nicht richtig sein, denn dadurch würde der insbesondere nach dem KSchG bestehende Bestandsschutz verletzt, der in seinem Bereich den in Art. 20 Abs. 1 und 28 Abs. 1 S. 1 GG niedergelegten und gemäß Art. 79 Abs. 3 GG verfassungsfesten Sozialstaatsgrundsatz verwirkliche.[185]

Nach dieser „neuen, vom GG und der Regelung des KSchG ausgehenden Sicht“[186] wurde die Befristung [im Rahmen von Kettenverträgen] für unwirksam erachtet, wenn sie dem Arbeitnehmer objektiv den Kündigungsschutz nahm und ein verständiger Arbeitgeber anstelle eines befristeten einen Arbeitsvertrag auf unbestimmte Zeit geschlossen hätte.[187] Es mussten also Umstände vorliegen, die die Befristung objektiv rechtfertigen konnten (sog. sachliche Gründe).[188] Denn es gehe nicht an, den aus dem KSchG zu entnehmenden Gedanken des Bestandsschutzes grundsätzlich außer acht zu lassen und nur im Falle einer Umgehungsabsicht oder bei einer Verletzung der Fürsorgepflicht des Arbeitgebers Schutz zu gewähren.[189] Demnach war die Fristbestimmung bei Kettenverträgen als Verstoß gegen ein gesetzliches Verbot nach § 134 BGB nichtig, wenn sie mit dem im KSchG zum Ausdruck gebrachten Grundsatz des Bestandsschutzes nicht vereinbar war.[190] Der Arbeitsvertrag selbst blieb gültig, indem er zum In-

---

183 BAGE 1, 128 (132), vom 21.10.1954 - 2 AZR 25/53 = AP Nr. 6 zu § 620 BGB Befristeter Arbeitsvertrag. Vgl. auch MK/Hesse, § 14 TzBfG Rn 2 und Schröter, S. 31.

184 BAGE 1, 128 (131 f.), vom 21.10.1954 - 2 AZR 25/53.

185 BAGE 1, 128 (132), vom 21.10.1954 - 2 AZR 25/53; BAGE 10, 65 (68).

186 BAGE 1, 128 (131), vom 21.10.1954 - 2 AZR 25/53; vgl. KR/Lipke, § 620 BGB Rn 64 und Frohner/Pieper, AuR 1992, S. 97 (99).

187 BAGE 1, 128, vom 21.10.1954 - 2 AZR 25/53; BAG vom 26.3.1957, 3 AZR 608/54, AP Nr. 29 zu § 1 KSchG 1951 = AP Nr. 7 zu § 620 BGB Befristeter Arbeitsvertrag; vgl. KR/Lipke, § 620 BGB Rn 64; Schröter, S. 34.

188 BAGE 1, 128 (134 f.), vom 21.10.1954 - 2 AZR 25/53; teilweise auch „sachlich rechtfertigende“ oder „besondere“ (BAGE 1, 136 (138 f.), vom 21.10.1954 - 2 AZR 40/53 = AP Nr. 1 zu § 620 Befristeter Arbeitsvertrag) Gründe genannt.

189 BAGE 1, 128 (133), vom 21.10.1954 - 2 AZR 25/53; vgl. auch KR/Lipke, § 620 BGB Rn 64 und BAGE 10, 65 (68).

190 BAGE 1, 128 (133), vom 21.10.1954 - 2 AZR 25/53; BAGE 1, 136 (139), vom 21.10.1954 - 2 AZR 40/53. Denn die Rechtsfolge der Nichtigkeit des Arbeitsvertrages (nach § 139 BGB) würde den Arbeitnehmer genauso belasten wie die Nichtanwendung der Kündigungsschutzvorschriften, in aller Regel sogar noch schlechter stellen (vgl. BAGE 1, 128 (133) und BAGE 1, 136 (139) mit Verweis auf RGZ 146, 116 (119)) und wäre damit widersinnig.

halt hatte, dass er unbefristet war, also nur durch Kündigung beendet werden konnte.[191]
Erstmalig wurden auch einfach befristete Verträge in diese Kontrolle der Zulässigkeit einbezogen.[192] Auch wenn keine Kettenverträge vorlagen, wurde die Befristung als unwirksam angesehen, wenn keine besonderen Gründe dafür sprachen, von der regelmäßigen Einstellung der Arbeitnehmer auf unbestimmte Zeit abzusehen.[193] Denn die Befristung dürfe nicht dazu missbraucht werden, das Unternehmerrisiko auf den Arbeitnehmer abzuwälzen.[194]

c) Entscheidung des Großen Senates 1960
Der große Senat hat die Wirksamkeit der Befristung nach dem Rechtsbegriff der objektiven Gesetzesumgehung beurteilt.[195] Mit seiner Entscheidung vom 12.10.1960[196], deren Grundsätze seither ständig vom BAG angewandt[197] und weiter ausgestaltet worden sind, hat er einen Schlusspunkt in der Entwicklung der höchstrichterlichen Rechtsprechung gesetzt.[198]
Danach liegt eine Gesetzesumgehung vor, wenn der Zweck einer zwingenden Rechtsnorm [des Kündigungsschutzes] objektiv dadurch vereitelt wird, dass andere rechtliche Gestaltungsmöglichkeiten missbräuchlich verwendet werden.[199]
Es kommt nicht mehr darauf an, ob dem Arbeitgeber eine Umgehungsabsicht vorzuwerfen ist.[200] Eine unabdingbar gestaltende Rechtsnorm muss vielmehr

---

191 BAGE 1, 128 (133), vom 21.10.1954 - 2 AZR 25/53; BAGE 1, 136 (139), vom 21.10.1954 - 2 AZR 40/53.

192 BAGE 1, 136 (138), vom 21.10.1954 - 2 AZR 40/53.

193 BAGE 1, 136 (138 f.), vom 21.10.1954 - 2 AZR 40/53.

194 BAGE 1, 136 (139), vom 21.10.1954 - 2 AZR 40/53.

195 BAGE 10, 65 (70); vgl. dazu KR/Lipke, § 620 BGB Rn 66; Bruschke, Erster Teil A II, S. 23 ff; APS/Backhaus, § 620 BGB Rn 42.

196 BAG, Großer Senat, Beschluss vom 12.10.1960, GS 1/59 (3 AZR 65/56); abgedruckt in: BAGE 10, S. 65-75; EzA § 620 BGB Nr. 2; BAG GS, AP Nr. 16 zu § 620 BGB Befristeter Arbeitsvertrag.

197 Darauf verweisen z.B.: BAG vom 2.12.1965 - 2 AZR 91/65, AP Nr. 27 zu § 620 Befristeter Arbeitsvertrag; BAG vom 15.3.1966 - 2 AZR 211/65, AP Nr. 28 zu § 620 Befristeter Arbeitsvertrag; BAG vom 29.8.1979 - 4 AZR 863/77, AP Nr. 50 zu § 620 BGB Befristeter Arbeitsvertrag; BAG vom 17.3.1980 - 7 AZR 177/78, EzA § 4 KSchG Nr. 17; BAG vom 4.4.1990 - 7 AZR 259/89, EzA § 620 BGB Nr. 107; BAG vom 21.4.1993 - 7 AZR 388/92, AP Nr. 148 zu § 620 BGB Befristeter Arbeitsvertrag.

198 Bruschke, S. 23; Häfele, S. 55; APS/Backhaus, § 620 BGB Rn 39; KR/Lipke, § 620 BGB Rn 65. Gemäß § 45 Abs. 2 ArbGG ist ein anderer Senat des BAG ohne erneute Vorlage beim Großen Senat nicht berechtigt, von dieser Entscheidung abzuweichen.

199 BAGE 10, S. 65 (70); vgl. dazu auch KR/Lipke, § 620 BGB Rn 66 und Frohner/Pieper, AuR 1992, S. 97 (100).

200 BAGE 10, S. 65 (70); vgl. dazu Bruschke, S. 25; KR/Lipke, § 620 BGB Rn 66.

auch dann durchgesetzt werden, wenn es an einer Umgehungsabsicht oder an einem Bewusstsein der Umgehung fehlt.[201]
Ob eine Gesetzesumgehung vorliegt, ist zunächst an dem Zweckgehalt der unverzichtbaren Bestimmungen des Kündigungsrechts zu messen.[202] Maßstab dafür ist in erster Linie die Regelung des Kündigungsschutzes nach dem KSchG, daneben ist der gesetzliche Kündigungsschutz besonderer Personengruppen zu berücksichtigen, aber auch die gesetzlichen Bestimmungen über Mindestkündigungsfristen oder die durch Tarifvertrag oder Betriebsvereinbarung geregelten unabdingbaren Bestimmungen über Mindestkündigungsfristen oder den Ausschluss der Kündigung können durch eine Befristung betroffen sein.[203]
Befristete Arbeitsverträge müssen im Gefüge der Grundprinzipien des deutschen Arbeitsrechts einen verständigen sachlich gerechtfertigten Grund haben.[204] Die wirtschaftlichen oder sozialen Verhältnisse der Parteien oder jedenfalls einer Partei müssen für eine Befristung sprechen.[205] Hierbei ist auf die Üblichkeit im Arbeitsleben und darauf abzustellen, was verständige und verantwortungsbewusste Parteien zu vereinbaren pflegen.[206] Wenn ein sachlicher Grund für die Befristung zum Zeitpunkt des Vertragsschlusses fehlt oder nur vorgeschoben ist, ist der Vertrag objektiv funktionswidrig, sofern er dem Arbeitnehmer den Bestandsschutz seines Arbeitsverhältnisses nimmt.[207] Dann liegt der Tatbestand der Umgehung des Gesetzes vor.[208]
Die Vereitelung einer Umgehung wurde dadurch erreicht, dass die umgangene Norm auf den Arbeitsvertrag Anwendung findet, d.h., dass an die Stelle des befristeten Arbeitsverhältnisses ein Arbeitsverhältnis auf unbestimmte Dauer tritt, auf das die (umgangenen) Kündigungsschutzbestimmungen zur Anwendung gelangen.[209] Der Arbeitgeber konnte sich in diesem Falle dem Arbeitnehmer gegenüber nicht auf die sachlich nicht gerechtfertigte Befristung [und damit auf die Beendigung] berufen.[210]

---

201 BAGE 10, S. 65 (70).
202 BAGE 10, S. 65 (70 f.).
203 BAGE 10, S. 65 (71); zusammenfassend: KR/Lipke, § 620 BGB Rn 67.
204 BAGE 10, S. 65 (71).
205 BAGE 10, S. 65 (71); vgl. dazu APS/Backhaus, § 620 BGB Rn 43; KR/Lipke, § 620 BGB Rn 68.
206 BAGE 10, S. 65 (72); vgl. dazu APS/Backhaus, § 620 BGB Rn 43; KR/Lipke, § 620 BGB Rn 68; Frohner/Pieper, AuR 1992, S. 97 (100).
207 BAGE 10, S. 65 (72); vgl. KR/Lipke, § 620 BGB Rn 68.
208 BAGE 10, S. 65 (72); vgl. KR/Lipke, § 620 BGB Rn 68.
209 BAGE 10, S. 65 (73); vgl. APS/Backhaus, § 620 BGB Rn 44; KR/Lipke, § 620 BGB Rn 70; Schröter, S. 42.
210 BAGE 10, S. 65 (72 f.); BAG vom 2.12.1965 - 2 AZR 91/65, AP Nr. 27 zu § 620 Befristeter Arbeitsvertrag (für den umgekehrten Fall, dass sich der Arbeitnehmer auf die Unwirksamkeit der Kündigung beruft, um sich vom Vertrag lösen zu können); KR/Lipke, § 620 BGB Rn 70; Schröter, S. 42.

Später ließ das BAG eine nähere Begründung ganz dahingestellt, indem es behauptete, dass das Arbeitsverhältnis fortgesetzt werde, „sei es, weil sich der Arbeitgeber auf die Befristung des letzten Vertrages nicht berufen durfte oder sei es, weil das Arbeitsverhältnis als unbefristetes gemäß § 625 BGB fortgesetzt worden ist".[211]
Das BAG verstand seine Lösung bislang als Auslegung des § 620 BGB, nach der sich die Notwendigkeit des sachlichen Grundes für die Befristung „gesetzesimmanent" aus § 620 BGB ergeben soll.[212]

3. Stand der Rechtsprechung und der Literatur vor Verabschiedung des ersten Beschäftigungsförderungsgesetzes (BeschFG 1985)

Diese Rechtsprechung des BAG, die grundsätzlich sachgrundlose Befristungen als unzulässig ansah und nur Befristungen mit Sachgrund zuließ, entsprach der zur Zeit der Verabschiedung des BeschFG vorherrschenden und auch bei Verabschiedung des TzBfG noch bestehenden ganz herrschenden Meinung.[213]

a) Kritik an der BAG-Rechtsprechung

Eine weitverbreitete Auffassung lehnte zwar den Begriff der objektiven Gesetzesumgehung ab, die meisten Vertreter gelangten aber über den Topos der „teleologischen Reduktion des § 620 BGB"[214] oder der „Rechtsanalogie" zu weitgehend gleichen Ergebnissen wie die Rechtsprechung.[215]
Nur vereinzelt sind Stimmen aufgetreten, die sich grundsätzlich gegen eine Befristungskontrolle und für eine im wesentlichen uneingeschränkte Vertragsfreiheit aussprechen, die das Kündigungsschutzrecht analog auf die Beendigung durch Fristablauf anwenden wollen oder die § 620 BGB grundsätzlich für auf

---

211 BAG vom 15.3.1966 - 2 AZR 211/65, AP Nr. 28 zu § 620 Befristeter Arbeitsvertrag; Schröter, S. 42.

212 BAG vom 29.8.1979 - 4 AZR 863/77, AP Nr. 50 zu § 620 BGB Befristeter Arbeitsvertrag: „Die Regel des § 620 Abs. 1 BGB und der Grundsatz der Vertragsfreiheit wurden soweit eingeschränkt, dass befristete Arbeitsverhältnisse nur zulässig sind, wenn ein sachlicher Grund für die Befristung besteht. Damit wurde durch gesetzesimmanente Rechtsfortbildung § 620 BGB [...] ausgelegt."; BAG vom 17.3.1980 – 7 AZR 177/78, EzA § 4 KSchG Nr. 17.

213 Vgl. dazu die Verweise in APS/Backhaus, § 620 BGB Rn 47, 216 und in HbArbR, Erg./Wank, § 116 Rn 8.

214 Vgl. dazu nur EK²/Müller-Glöge, § 1 Rn 12 BeschFG und § 620 BGB Rn 37 BGB.

215 Vgl. dazu die Verweise in APS/Backhaus, § 620 BGB Rn 47. Auf eine Darstellung der einzelnen Vertreter und ihrer Begründungen wird aufgrund des gleichen Ergebnisses und in Anbetracht des heute gültigen TzBfG bewußt verzichtet.

Arbeitsverträge unanwendbar halten, sich also gegen befristete Arbeitsverträge aussprechen.[216]
Der Meinungsstreit um die richtige dogmatische Begründung für die Inhaltskontrolle befristeter Arbeitsverträge ist mittlerweile im wesentlichen dadurch überholt, dass § 14 Abs. 1 TzBfG nunmehr das Erfordernis des sachlichen Grundes normiert hat und eine ganze Reihe von sachlichen Gründen aufzählt.[217]

Nach der neueren ständigen Rechtsprechung des BAG[218] wird bei Kettenverträgen grundsätzlich[219] nur die Befristung des letzten Arbeitsvertrages auf ihre sachliche Rechtfertigung hin überprüft. Durch den Abschluss eines weiteren befristeten Arbeitsvertrages stellen die Parteien ihr Arbeitsverhältnis nach der Ansicht des BAG auf eine neue Rechtsgrundlage, die künftig für ihre Rechtsbeziehungen allein maßgebend sein soll, womit zugleich ein etwaiges unbefristetes Arbeitsverhältnis aufgehoben wird.
Diese Rechtsprechung ist auf Kritik gestoßen.[220] Denn, dass das BAG einen neuen (vorbehaltslosen) Vertragsschluss als konkludente Aufhebung eines früheren unbefristeten Vertrages und damit als konkludenten Verzicht auf die aus dem vorherigen Vertrag entstandenen Rechte interpretiert, widerspricht einer sonst auch vom BAG[221] anerkannten Erfahrungsregel, dass kein vernünftig denkender Mensch ohne Gegenleistung ein Geschäft eingeht, das für ihn mit nachteiligen Folgen verbunden ist.[222] Allerdings ist dieser Streit durch die Einführung einer gesetzlichen Klagefrist praktisch weitgehend obsolet geworden.[223] Denn nach Ablauf von drei Wochen nach dem vereinbarten Ende des befristeten Arbeitsvertrages gilt die Befristung als rechtswirksam[224], so dass es - mit Ausnahme fristgerechter, erfolgreicher Klagen - praktisch nicht mehr zu den prob-

---

216 Vgl. dazu die Verweise in APS/Backhaus, § 620 BGB Rn 50. Auch auf diese Ansichten soll nicht näher eingegangen werden, da sie aufgrund der Regelung in § 14 TzBfG als überholt bezeichnet werden müssen. Vgl. im Übrigen Bauschke, Rn 32 f. und Häfele, S. 58 ff..

217 HbArbR, Erg./Wank, § 116 Rn 9.

218 Seit BAG vom 8.5.1985 - 7 AZR 191/84, AP Nr. 97 zu § 620 BGB Befristeter Arbeitsvertrag: Mit dieser Entscheidung gab der Siebte Senat des BAG seine bisherige Auffassung, nach der für jeden Vertrag geprüft werden musste, ob die Befristung sachlich gerechtfertigt war, auf.

219 Eine Ausnahme bildet der Fall, dass die vorangegangenen Befristungen jeweils innerhalb der dreiwöchigen Klagefrist gesondert angegriffen wurden: BAG vom 26.7.2000 – 7 AZR 43/99, NZA 2001, S. 264 (265).

220 Vgl. dazu die Verweise in APS/Backhaus, § 620 BGB Rn 57.

221 BAG vom 18.4.1985, 2 AZR 197/84, AP Nr. 20 zu § 622 BGB.

222 APS/Backhaus, § 620 BGB Rn 57.

223 APS/Backhaus, § 620 BGB Rn 57.

224 Früher gemäß § 1 Abs. 5 BeschFG 1986, heute gemäß § 17 TzBfG.

lematischen vorhergehenden unwirksamen Befristungen und damit ggf. entstandenen unbefristeten Arbeitsverträgen kommen kann.
Hingewiesen wurde weiterhin unter anderem darauf, dass der Arbeitgeber mit dem „Berufen" auf die Befristung kein Gestaltungsrecht ausübe, und dies somit zu keiner unzulässigen Rechtsausübung führen könne.[225] Die Wirksamkeit der Befristung sei vielmehr nach dem Zeitpunkt des Vertragsschlusses zu beurteilen; das Ende des ursprünglich wirksam befristeten Arbeitsvertrages trete automatisch ein.[226]

b) Rechtfertigung der Dauer der Befristung

Einigkeit in Literatur und Rechtsprechung bestand damals und besteht noch heute, dass auch die gewählte Dauer der Befristung für deren Zulässigkeit von Belang ist, da mit zunehmender Dauer der Beschäftigung die Abhängigkeit des Arbeitnehmers wachse.[227] Dementsprechend sind mit zunehmender Dauer der Befristung, welche sich unmittelbar aus der Art bzw. dem Zweck der Arbeitsleistung ergeben muss, strengere Anforderungen an deren sachliche Begründung zu stellen.[228] Die vereinbarte Dauer ist somit grundsätzlich an den Sachgründen für die Befristung zu orientieren.[229] Rechtfertigen im engeren Sinne muss der Sach-

---

225 APS/Backhaus, § 620 BGB Rn 220.

226 APS/Backhaus, § 620 BGB Rn 220 in Kritik zu BAG vom 28.11.1963 – 2 AZR 140/63; AP Nr. 26 zu § 620 BGB Befristeter Arbeitsvertrag (Inhalt: Wenn ein Probezeit vereinbart wurde und die Arbeitnehmerin sich voll bewährt habe, sei eine Berufung auf die Probezeit der nun schwangeren Arbeitnehmerin eine unzulässige Rechtsausübung.). „Obwohl man geneigt sein mag, der BAG-Entscheidung im Ergebnis zuzustimmen, ist der dogmatische Ausgangspunkt des BAG nicht haltbar." Das BAG hat sich in seiner Entscheidung vom 16.3.1989 – 2 AZR 325/88, AP Nr. 8 zu § 1 BeschFG 1985, selbst kritisiert und als zu weitgehend bezeichnet.

227 BAG vom 30.11.1977 - 5 AZR 561/76, AP Nr. 44 zu § 620 BGB Befristeter Arbeitsvertrag; Keyser, S. 376.

228 BAG vom 30.11.1977 - 5 AZR 561/76, AP Nr. 44 zu § 620 BGB Befristeter Arbeitsvertrag; Kittner/Zwanziger/Lakies, § 133 Rn 65; Staudinger/Preis, § 620 BGB Rn 52; Büchtemann/Höland, S. 134.

229 BAG vom 16.6.1976 - 2 AZR 630/74, AP Nr. 40 zu § 620 BGB Befristeter Arbeitsvertrag; BAG vom 10.1.1980 - 2 AZR 25/78, AP Nr. 56 zu § 620 BGB Befristeter Arbeitsvertrag; BAG vom 30.9.1981 - 7 AZR 467/79, AP Nr. 62 zu § 620 BGB Befristeter Arbeitsvertrag; BAG vom 3.12.1982 - 7 AZR 622/80, AP Nr. 72 zu § 620 BGB Befristeter Arbeitsvertrag; BAG vom 26.8.1988 - 7 AZR 101/88, AP Nr. 124 zu § 620 BGB Befristeter Arbeitsvertrag; BAG vom 31.8.1994 - 7 AZR 983/93, AP Nr. 163 zu § 620 BGB Befristeter Arbeitsvertrag; BAG vom 23.6.2004 - 7 AZR 636/03, DB 2004, S. 2585 (2585); Kittner/Zwanziger/Lakies, § 133 Rn 80; Bruschke, S. 40; Winterfeld, Art. 1 § 1 Rn 40, 54.

grund nach neuerer Rechtsprechung jedoch nur noch die Befristung als solche, nicht zusätzlich deren Dauer.[230]
Den Ausgangspunkt für die Beurteilung der Befristungsdauer bilden generelle Merkmale, und zwar die Üblichkeit im Arbeitsleben und das, was verantwortungsbewusste Parteien zu vereinbaren pflegen.[231] Darüberhinaus sind die Umstände des Einzelfalles bedeutsam, wenn die damit verbundenen Interessen ein solches Gewicht haben, dass es geboten ist, sie vor den generellen Umständen zu berücksichtigen.[232]
In diesem Rahmen der Berücksichtigung der Umstände des Einzelfalles ist von Bedeutung, ob es sich bereits um eine wiederholte Befristung handelt, da mit zunehmender Zahl die Anforderungen, die an den sachlichen Grund zu stellen sind, steigen, weil das Interesse des Arbeitnehmers an einem Dauerbestand des Arbeitsverhältnisse mit der Zahl der Befristungen zunimmt.[233] Es werde für ihn schwerer, anderweitig Arbeit zu finden und er sei mehr und mehr auf den Fortbestand seines Arbeitsverhältnisses angewiesen.[234] Des Weiteren können wiederholte Befristungen auf Seiten des Arbeitnehmers zu einer nicht mehr tragbaren Ungewissheit führen.[235] Mit zunehmender Betriebszugehörigkeit wüchsen deshalb auch der Bestandsschutz eines Arbeitnehmers und die soziale Verantwortung des Arbeitgebers.[236] Aus diesen Gründen müsse nach langjähriger Beschäftigung bei einer ins Auge gefassten weiteren Befristung besonders sorgfältig geprüft werden, ob auf Grund der schutzwürdigen Interessen des Arbeitnehmers eine künftige Dauerbeschäftigung geboten ist.[237]

---

230 Rechtsprechung seit der Entscheidung des BAG vom 26.8.1988 - 7 AZR 101/88, AP Nr. 124 zu § 620 Befristeter Arbeitsvertrag; BAG vom 31.8.1994 - 7 AZR 983/93, AP Nr. 163 zu § 620 BGB Befristeter Arbeitsvertrag; BAG vom 22.11.1995 - 7 AZR 252/95, AP Nr. 178 zu § 620 BGB Befristeter Arbeitsvertrag; BAG vom 11.11.1998 - 7 AZR 328/97, AP Nr. 204 zu § 620 BGB Befristeter Arbeitsvertrag; BAG vom 23.6.2004 - 7 AZR 636/03, DB 2004, S. 2585 (2585); BAG vom 13.10.2004 - 7 AZR 654/03, NZA 2005, S. 469 (469); BAG vom 13.10.2004 - 7 AZR 654/03, AP Nr. 13 zu § 14 TzBfG: „Die Befristungsdauer bedarf (für sich allein) keiner eigenen sachlichen Rechtfertigung."; Annuß/Thüsing/Maschmann, § 14 TzBfG Rn 24; Kittner/Zwanziger/Lakies[1], § 133 Rn 42.

231 BAG vom 4.12.1969 - 5 AZR 84/69, AP Nr. 32 zu § 620 BGB Befristeter Arbeitsvertrag; Winterfeld, Art. 1 § 1 Rn 54.

232 BAG vom 30.9.1981 - 7 AZR 602/79, AP Nr. 63 zu § 620 BGB Befristeter Arbeitsvertrag; Winterfeld, Art. 1 § 1 Rn 54.

233 BAG vom 30.9.1981 - 7 AZR 602/79, AP Nr. 63 zu § 620 BGB Befristeter Arbeitsvertrag; Winterfeld, Art. 1 § 1 Rn 54.

234 BAG vom 30.11.1977 - 5 AZR 561/76, AP Nr. 44 zu § 620 BGB Befristeter Arbeitsvertrag; Keyser, S. 376.

235 BAG vom 7.5.1980 - 5 AZR 593/78, AP Nr. 36 zu § 611 BGB Abhängigkeit.

236 BAG vom 30.11.1977 - 5 AZR 561/76, AP Nr. 44 zu § 620 BGB Befristeter Arbeitsvertrag; Keyser, S. 376.

237 BAG vom 30.11.1977 - 5 AZR 561/76, AP Nr. 44 zu § 620 BGB Befristeter Arbeitsvertrag.

Die Rechtsprechung erhöht die Anforderungen an diese Prognose bei Mehrfachbefristungen, insbesondere aus Gründen des vorübergehenden Bedarfs, der Vertretung oder Haushaltsgründen, des Weiteren, weil die Häufigkeit der Befristung und die bisherige Gesamtbefristungsdauer Indizien für das Fehlen eines Sachgrundes sein können.[238]

c) Zulässigkeit sachgrundloser Befristungen

Die konsequente Annahme der Gesetzesumgehung durch die arbeitsgerichtliche Rechtsprechung führte dazu, dass eine Umgehung des KSchG nur vorliegen konnte, wenn das Gesetz unter Hinwegdenken der Befristungsabrede an sich anwendbar gewesen wäre.[239]

Daher ist darauf hinzuweisen, dass es auch zur Zeit dieser Rechtsprechung und damit vor Inkrafttreten des BeschFG (und des TzBfG) Arbeitsverträge gab, die ohne sachlichen Grund befristet werden durften.

Zum einen betraf dies befristete Arbeitsverträge in Kleinbetrieben mit bis zu fünf Arbeitnehmern, da der Kündigungsschutz hier gemäß § 23 Abs. 1 S. 2 KSchG nicht griff und daher auch nicht umgangen werden konnte.[240] Gleiches war gemäß § 1 Abs. 1 KSchG bei Arbeitsverhältnissen, die weniger als sechs Monate bestanden, der Fall,[241] Verlängerungen bzw. mehrere aneinandergereihte befristete Arbeitsverträge bis zu einer Gesamtdauer von sechs Monaten eingeschlossen.[242] Für die Frage der Anrechung der Zeiten früherer Arbeitsverhältnisse mit demselben Arbeitgeber kam es auf den „engen sachlichen Zusammenhang“ mit dem früheren Arbeitsverhältnis an, wobei insbesondere auf Anlass und Dauer der Unterbrechung sowie die Art der Weiterbeschäftigung abgestellt

---

238 BAG vom 11.12.1991 - 7 AZR 431/90, AP Nr. 141 zu § 620 BGB Befristeter Arbeitsvertrag; BAG vom 11.11.1998 - 7 AZR 328/97, AP Nr. 204 zu § 620 BGB Befristeter Arbeitsvertrag; Staudinger/Preis, § 620 BGB Rn 52.

239 Staudinger[13]/Preis, § 620 BGB Rn 48; vgl. auch Bruschke, S. 34.

240 BAGE 1, 128 (131), vom 21.10.1954 - 2 AZR 25/53; APS/Backhaus, § 620 BGB Rn 74; Staudinger[13]/Preis, § 620 BGB Rn 48; Winterfeld, Art. 1 § 1 Rn 17 f; Bauschke, Rn 89; Bruschke, S. 36; Halbach, BeschFG 1985, S. 5 f; Schröter, S. 33; Otto, NJW 1985, S. 1807 (1812).

241 BAGE 1, 128 (131), vom 21.10.1954 - 2 AZR 25/53; BAG vom 11.11.1982 - 2 AZR 552/81, AP Nr. 71 zu § 620 BGB Befristeter Arbeitsvertrag; BAG vom 17.2.1983 - 2 AZR 208/81, AP Nr. 74 zu § 620 BGB Befristeter Arbeitsvertrag; APS/Backhaus, § 620 BGB Rn 64; Buschmann/Dieball, § 14 TzBfG Rn 10; Staudinger[13]/Preis, § 620 BGB Rn 48; Winterfeld, Art. 1 § 1 Rn 19; Bruschke, S. 34, 147; Büchtemann/Höland, S. XII; Halbach, BeschFG 1985, S. 5 f; Wind/Schimana/Wichmann/Langer, Rn 505; Otto, NJW 1985, S. 1807 (1812).

242 BAG vom 11.11.1982 – 2 AZR 552/81, AP Nr. 71 zu § 620 BGB Befristeter Arbeitsvertrag; BAG vom 12.9.1996 – 7 AZR 790/95, AP Nr.182 zu § 620 BGB Befristeter Arbeitsvertrag; APS/Backhaus, § 620 BGB Rn 64. Das erste Arbeitsverhältnis einer die sechs Monate überschreitenden Kette erforderte hingegen einen sachlichen Grund.

wurde.[243] Zu beanstanden konnten somit allerdings auch Befristungen bis zur Dauer von sechs Monaten sein, wenn eine vorausgegangene Beschäftigung in die Wartezeit des § 1 Abs. 1 KSchG einzubeziehen war,[244] des Weiteren Befristungen unter 5 Monaten, sofern in der betreffenden Dienststelle ein Personalrat bestand.[245]

Befristete Arbeitsverträge mit Hausangestellten waren ebenfalls unbedenklich, weil für Familienhaushalte der Kündigungsschutz nicht greift, da kein Betrieb im Sinne des § 23 KSchG vorliegt.[246]
Da für arbeitnehmerähnliche Personen der allgemeine Kündigungsschutz nicht greift, war auch ihnen gegenüber die Befristung eines Beschäftigungsverhältnisses leichter möglich, wobei nach der Rechtsprechung jedoch eine Ankündigungsfrist zu wahren war.[247]

Weiterhin ohne sachlichen Grund zulässig waren Befristungen mit Teilzeitbeschäftigten, die lediglich eine Nebentätigkeit ausübten (z.B. Zeitungsträger, Studentenarbeit mit wenigen Wochenstunden, Verkaufshilfen).[248] Diese nebenberuflich tätigen Arbeitnehmer waren sozial weniger schutzbedürftig als diejenigen, für die die Teilzeitbeschäftigung die Grundlage ihrer wirtschaftlichen Exis-

---

243 BAG vom 11.11.1982 – 2 AZR 552/81, AP Nr. 71 zu § 620 BGB Befristeter Arbeitsvertrag; BAG vom 17.2.1983 – 2 AZR 208/81, AP Nr. 74 zu § 620 BGB Befristeter Arbeitsvertrag; APS/Backhaus, § 620 BGB Rn 67 f.; Staudinger[13]/Preis, § 620 BGB Rn 49; Winterfeld, Art. 1 § 1 Rn 20.

244 BAG vom 10.5.1989 – 7 AZR 450/88, AP Nr. 7 zu § 1 KSchG 1969 Wartezeit. Diese Rechtsprechung wurde fortgeführt: BAG vom 12.9.1996 – 7 AZR 790/95, AP Nr. 182 zu § 620 BGB Befristeter Arbeitsvertrag, BAG vom 22.3.2000 – 7 AZR 581/98, AP Nr. 1 zu § 1 BeschFG 1996 und BAG vom 26.7.2000 - 7 AZR 51/99, AP Nr. 4 zu § 1 BeschFG 1996.

245 Däubler, Arbeitsrecht 2, S. 896.

246 Schaub, § 128 Rn 8; Staudinger[13]/Preis, § 620 BGB Rn 48.

247 BAG vom 7.1.1971, 5 AZR 221/70, AP Nr. 8 zu § 611 BGB Abhängigkeit; BAG vom 8.6.1967, 5 AZR 461/66, AP Nr. 6 zu § 611 BGB Abhängigkeit; Staudinger[13]/Preis, § 620 BGB Rn 48 mit Hinweis auf die Fristen des § 29 HAG, soweit diese günstiger sind als die nach § 621 BGB.

248 BAG vom 14.1.1982 – 2 AZR 254/81, AP Nr. 65 zu § 620 BGB Befristeter Arbeitsvertrag; BAG vom 17.2.1983 – 2 AZR 208/81, AP Nr. 74 zu § 620 BGB Befristeter Arbeitsvertrag; Winterfeld, Art. 1 § 1 Rn 57.

tenz bildet.[249] Damit bestand bei diesen keine Gefahr der Umgehung des Zwecks des KSchG.[250]

4. Beschäftigungsförderungsgesetz (BeschFG)

Das Beschäftigungsförderungsgesetz vom 26. April 1985 (BeschFG 1985) hat die oben dargestellte Rechtsprechung des Bundesarbeitsgerichts korrigiert[251] und durch die Möglichkeit des Abschlusses sachgrundloser Befristungen die Regel des § 620 Abs. 1 BGB – Zulässigkeit der sachgrundlosen Befristung – wieder hergestellt.[252] Man kann das BeschFG 1985 somit als eine Art Kritik des Gesetzgebers an der die Vertragsfreiheit zu sehr einschränkenden BAG-Rechtsprechung bezeichnen.

Die Möglichkeit des Arbeitgebers, befristete Arbeitsverträge auch ohne Vorliegen eines die Befristung rechtfertigenden sachlichen Grundes abschließen zu können, wurde vom Gesetzgeber auf Grund der hohen Arbeitslosenzahlen[253] für erforderlich gehalten. Dadurch sollte Beschäftigungsförderung betrieben werden: Es habe sich „während der jahrelangen, bedrückenden Arbeitslosigkeit immer deutlicher gezeigt, dass zu starre Reglementierungen und Regeln Neueinstellungen in dem gewünschten Umfang erschweren".[254] Auch in einer Phase der Hochkonjunktur würden Arbeitgeber nur sehr zögerlich neue Arbeitnehmer einstellen, weil die umfangreichen Vorschriften zum Bestandsschutz des Arbeitsverhältnisses eine Auflösung desselben erheblich erschwerten und oft nur zu nicht unwesentlichen Abfindungen ermöglichten.[255]

---

249 BAG vom 14.1.1982 – 2 AZR 254/81, AP Nr. 65 zu § 620 BGB Befristeter Arbeitsvertrag; BAG vom 17.2.1983 – 2 AZR 208/81, AP Nr. 74 zu § 620 BGB Befristeter Arbeitsvertrag; Staudinger/Preis, § 620 BGB Rn 68; Winterfeld, Art. 1 § 1 Rn 61.

250 BAG vom 14.1.1982 – 2 AZR 254/81, AP Nr. 65 zu § 620 BGB Befristeter Arbeitsvertrag; BAG vom 17.2.1983 – 2 AZR 208/81, AP Nr. 74 zu § 620 BGB Befristeter Arbeitsvertrag; Winterfeld, Art. 1 § 1 Rn 61.

251 Annuß/Thüsing/Maschmann, § 14 TzBfG Rn 1; APS/Backhaus, § 620 BGB Rn 6; Walwei, S. 59; Frohner/Pieper, AuR 1992, S. 97 (98); Heinze, DB 1986, S. 2327 (2328): „materielle Derogation"; Hromadka, NJW 2001, S. 400 (403); Weiler, BB 1985, S. 934 (934); ähnlich auch Frey, NZA 1986, S. 513 (513): „aufgelockert" und Hanau, NZA 1984, S. 345 (346): „erweitert".

252 Annuß/Thüsing/Maschmann, § 14 TzBfG Rn 1; KR/Lipke, § 14 TzBfG Rn 21; Hromadka, BB 2001, S. 621(621); Weiler, BB 1985, S. 934 (938).

253 Laut BR-Drucks. 167/85, S. 1 vom 19.04.1985: „seit 1979 steil angestiegene und auf hohem Niveau verharrende Arbeitslosigkeit". In den 70er Jahren gab es unter 200 000 Arbeitslose. Dann stiegen die Zahlen auf weit über 1 Million an. (Diese Angaben entstammen: BR Stenographischer Bericht, 550. Sitzung 26.4.1985, S. 212.)

254 BR-Drucks. 167/85, S. 1 vom 19.04.1985.

255 Vgl. BR-Drucks. 393/84, S. 15 vom 24.08.1984; BT-Drucks. 10/3206, S. 26 vom 17.04.1985.

Durch das Beschäftigungsförderungsgesetz (BeschFG) sollte daher der Weg zu Neueinstellungen – ohne, dass dabei Arbeitsschutzrechte der Beschäftigten in ihrer Substanz berührt werden – erleichtert werden.[256] In den Betrieben und Unternehmen der privaten Wirtschaft sowie der öffentlichen Hand sollten Dauerüberstunden durch Neueinstellungen abgebaut werden.[257] Dazu bot die erweiterte Zulässigkeit befristeter Arbeitsverhältnisse nach Ansicht des Bundestages ein geignetes Instrumentarium, auch in allen den Fällen, in denen derzeit eine dauerhafte Verbesserung der Beschäftigung noch nicht mit Sicherheit zu erwarten sei.[258]

Daher wurde die Möglichkeit eröffnet, für die Dauer von bis zu 18 Monaten, in einigen Fällen auch bis zu zwei Jahren, Zeitverträge abzuschließen, „ohne dass diese gleich mit den vollen Kündigungsschutzbestimmungen usw. befrachtet sind".[259]

Gegen die sozialdemokratische Kritik an diesem „Abbau sozialer Errungenschaften" wurde eingewandt, dass der Kündigungsschutz dem Arbeitslosen nichts nütze; für ihn sei entscheidend, ob er Arbeit bekomme.[260] Der Kündigungsschutz habe sich in Zeiten der Arbeitslosigkeit als ein Hindernis zur Neueinstellung von Arbeitnehmern herausgestellt hat, auch dann, wenn es betriebswirtschaftlich gesehen möglich wäre, solche Arbeitnehmer neu einzustellen.[261] Der Arbeitgeber wolle lieber Sonderschichten und Überstunden bezahlen.[262]

Der damalige Ministerpräsident Niedersachsens, Albrecht, gab weiterhin zu bedenken, dass „der Kündigungsschutz in einer Zeit konzipiert wurde, als wir eine hohe Beschäftigung hatten".[263] Er sei zweifellos nützlich für Arbeitsplatzinhaber; es gehe nun aber darum, den Arbeitslosen den Wiedereinstieg zu erleichtern.[264]

Arbeitsminister Blüm äußerte Ähnliches:[265] „Für mich ist befristete Arbeit immer noch besser als unbefristet arbeitslos. Wenn der DGB erklärt, der Kündigungsschutz würde durch den befristeten Arbeitsvertrag für die Arbeitnehmer aufgelöst, so kann ich dazu nur sagen: Die Arbeitlosen haben überhaupt keinen Kündigungsschutz. Das muss man sehen. Es ist eine Freudsche Fehlleistung, alles durch die Brille derjenigen zu betrachten, die in Arbeit sind."

---

256 BR-Drucks. 167/85, S. 1 vom 19.04.1985.

257 BR-Drucks. 167/85, S. 1 vom 19.04.1985; BR-Drucks. 393/84, S. 15 vom 24.08.1984; BT-Drucks. 10/2102, S. 14, 15 vom 11.10.1984.

258 BR-Drucks. 167/85, S. 1 vom 19.04.1985.

259 BR Stenographischer Bericht, 550. Sitzung vom 26.4.1985, S. 213 (Albrecht).

260 BR Stenographischer Bericht, 550. Sitzung vom 26.4.1985, S. 214 (Albrecht).

261 BR Stenographischer Bericht, 550. Sitzung vom 26.4.1985, S. 214 (Albrecht).

262 BR Stenographischer Bericht, 550. Sitzung vom 26.4.1985, S. 214 (Albrecht).

263 BR Stenographischer Bericht, 550. Sitzung vom 26.4.1985, S. 214 (Albrecht).

264 BR Stenographischer Bericht, 550. Sitzung vom 26.4.1985, S. 214 (Albrecht).

265 BR Stenographischer Bericht, 550. Sitzung vom 26.4.1985, S. 222 (Blüm).

Daher wurde am 26. April 1985 das „Gesetz über arbeitsrechtliche Vorschriften zur Beschäftigungsförderung“[266], kurz „Beschäftigungsförderungsgesetz“ oder „BeschFG 1985“, verabschiedet, das zum 1. Mai 1985 in Kraft trat und zunächst bis zum 1. Januar 1990 befristet war. Inhalt dieses Gesetzes war die erleichterte Zulassung von zeitlich befristeten Arbeitsverträgen bei Neueinstellungen und im Anschluss an eine Berufsausbildung bis zu 18 Monaten bzw. bei bestimmten Unternehmensneugründungen bis zu zwei Jahren. Somit wurden erstmals verbindliche Höchstgrenzen für die Dauer befristeter Arbeitsverträge geschaffen.[267]
Die in § 1 BeschFG enthaltenen Regelungen wurden zum Zweck der Entlastung des Arbeitsmarktes durch Gesetz vom 22. Dezember 1989[268] bis zum 31. Dezember 1995 und durch das „Gesetz zur Verlängerung beschäftigungsfördernder Vorschriften“ vom 26. Juli 1994[269] abermals bis zum 31. Dezember 2000 verlängert.
Eine Änderung des § 1 BeschFG erfolgte vor Ablauf des neuen Gültigkeitszeitraumes durch das „Arbeitsrechtliche Beschäftigungsförderungsgesetz“ vom 25. September 1996[270], womit die mehrmalige Befristung ohne Sachgrund bis zur Gesamtdauer von zwei Jahren unter bestimmten Voraussetzungen erleichtert wurde. Die Laufzeit des BeschFG 1996 wurde in § 1 Abs. 6 BeschFG bis zum 31. Dezember 2000 befristet.

5. Teilzeit- und Befristungsgesetz (TzBfG)

a) Umsetzung der Richtlinie 1999/70/EG

Im Einklang mit der Richtlinie 1999/70/EG vom 28. Juni 1999, die auf den Rahmenvereinbarungen der europäischen Sozialpartner vom 18. März 1999 beruht, wollte das „Gesetz über Teilzeitarbeit und befristete Arbeitsverträge“ vom 21. Dezember 2000, kurz „Teilzeit- und Befristungsgesetz“ oder „TzBfG“, eine gesetzliche Regelung des Rechtes der befristeten Arbeitsverträge schaffen, die die Inanspruchnahme befristeter Arbeitsverträge auf einer für Arbeitgeber und Arbeitnehmer akzeptablen Grundlage ermöglicht.[271]
Daher wurde mit dem TzBfG - erstmals - eine allgemeine Regelung zur Befristung von Arbeitsverträgen aus sachlichen Gründen geschaffen.[272] Die Zulässig-

---

266 BGBl. I, S. 710.
267 Allerdings galten diese nur für die im BeschFG geregelten Befristungen ohne Sachgrund. Bezüglich der Befristungen mit Sachgrund ergibt sich also gegenüber der Rechtsprechung keine Neuerung.
268 BGBl. I, S. 2406.
269 BGBl. I, S. 1786.
270 BGBl. I, S. 1476.
271 BT-Drucks. 14/4374, S. 13; Boewer, § 1 TzBfG Rn 31, S. 39.
272 BT-Drucks. 14/4374, S. 13; Boewer, § 1 TzBfG Rn 31, S. 39.

keit der Befristung ohne sachlichen Grund wurde - ohne Begrenzung der Geltungsdauer der Regelung - auf den Fall der Neueinstellung beschränkt.[273]
Im Interesse höherer Rechtssicherheit für Arbeitnehmer und Arbeitgeber wurde das Recht der befristeten Arbeitsverhältnisse zusammenhängend geregelt.[274] Denn die bisherigen Vorschriften für befristete Arbeitsverträge, §§ 620, 623 bis 625 BGB, § 1 BeschFG, wurden als lückenhaft und in ihrem Zusammenhang schwer verständlich angesehen, was die Rechtssicherheit für Arbeitnehmer und Arbeitgeber beeinträchtigte und zu unnötigen Streitfällen vor den Arbeitsgerichten führte.[275] Außerdem genügten die bestehenden Vorschriften nicht den Erfordernissen der Richtlinie zur Beschränkung von Mehrfachbefristungen.[276]
Durch die neue, zusammenhängende Regelung sollte ein ausgewogenes Verhältnis zwischen flexibler Organisation der Arbeit und Sicherheit für die Arbeitnehmer erreicht werden.[277] Insbesondere wurde geregelt, dass befristete Arbeitsverträge schriftlich zu schließen sind und klargestellt, dass die unzulässige Befristung eines Arbeitsvertrages zu einem unbefristeten Arbeitsverhältnis führt.[278]
Die Unterzeichnerparteien der Rahmenvereinbarung mussten anerkennen, dass unbefristete Verträge, welche zur Lebensqualität der betreffenden Arbeitnehmer und zur Verbesserung ihrer Leistungsfähigkeit beitragen, die übliche Form des Beschäftigungsverhältnisses zwischen Arbeitgebern und Arbeitnehmern darstellen und weiter darstellen werden, sowie, dass befristete Beschäftigungsverträge unter bestimmten Umständen (sprich in bestimmten Branchen, Berufen und Tätigkeiten, für die sie charakteristisch sind) den Bedürfnissen von Arbeitgebern und Arbeitnehmern entsprechen.[279] Aus den allgemeinen Erwägungen der Rahmenvereinbarung über befristete Arbeitsverträge ergibt sich die Ansicht der europäischen Sozialpartner, dass die aus objektiven Gründen erfolgende Inanspruchnahme befristeter Arbeitsverträge helfe, Mißbrauch zu vermeiden.[280]
Des Weiteren enthält die Richtlinie 1999/70/EG ein Diskriminierungsverbot: Entsprechend regelt § 4 TzBfG, dass ein befristet beschäftigeter Arbeitnehmer gegenüber einem unbefristet beschäftigten grundsätzlich nicht schlechter behandelt werden darf, wovon auch nicht - vgl. § 22 TzBfG - zuungunsten des befristet beschäftigten Arbeitnehmers abgewichen werden darf.[281]

---

273 BT-Drucks. 14/4374, S. 14; Boewer, § 1 TzBfG Rn 31, S. 39.
274 BT-Drucks. 14/4374, S. 14; Boewer, § 1 TzBfG Rn 31, S. 40.
275 BT-Drucks. 14/4374, S. 13; vgl. auch Preis/Gotthardt, DB 2000, S. 2065 (2065).
276 BT-Drucks. 14/4374, S. 13: Insbesondere das grundsätzliche Erfordernis eines sachlichen Grundes ergab sich allein aus der Rechtsprechung des Bundesarbeitsgerichts.
277 BT-Drucks. 14/4374, S. 13; Boewer, § 1 TzBfG Rn 31, S. 40.
278 Boewer, § 1 TzBfG Rn 31, S. 40.
279 Präambel und allgemeine Erwägungen der Rahmenvereinbarung über befristete Arbeitsverträge, vgl. Anhang. Vgl. dazu auch Schaub, § 39 Rn 1.
280 Allgemeine Erwägungen der Rahmenvereinbarung über befristete Arbeitsverträge.
281 BT-Drucks. 14/4374, S. 13.

Letztlich müssen die Mitgliedstaaten nach der Richtlinie 1999/70/EG Maßnahmen treffen, die den Übergang befristet beschäftigter Arbeitnehmer in eine unbefristete Beschäftigung fördern.[282] Daher verplichtet das TzBfG den Arbeitgeber in § 18 zur Information der Arbeitnehmer über Dauerarbeitsplätze, in § 19 zur Ermöglichung der Teilnahme an angemessenen Aus- und Weiterbildungsmaßnahmen und in § 20 zur Information der Arbeitnehmervertretung.

b) Zielsetzung des Gesetzgebers bei Erlass des TzBfG

Der Gesetzgeber hat seine Zielsetzung in § 1 TzBfG niedergelegt.

Danach ist es Ziel des Gesetzes, Teilzeitarbeit zu fördern, die Voraussetzungen für die Zulässigkeit befristeter Arbeitsverträge festzulegen und die Diskriminierung von teilzeitbeschäftigten und befristet beschäftigten Arbeitnehmern zu verhindern.

Verwunderlich erscheint, dass die Beschäftigungsförderung, die als Ziel der Vorgängerregelung, dem BeschFG, diesem sogar seinen Namen gab, nicht in § 1 enthalten ist.

Im 5. und 6. Grund der Richtlinie 1999/70/EG des Rates zu der EGB-UNICE-CEEP-Rahmenvereinbarung über befristete Arbeitsverträge vom 28. Juni 1999 heißt es jedoch: „(5.) Entsprechend den Schlußfolgerungen des Europäischen Rates von Essen sind Maßnahmen „zur Steigerung der Beschäftigungsintensität des Wachstums, insbesondere durch eine flexiblere Organisation der Arbeit, die sowohl den Wünschen der Arbeitnehmer als auch den Erfordernissen des Wettbewerbs gerecht wird," erforderlich. (6.) In der Entschließung des Rates vom 9. Februar 1999 zu den beschäftigungspolitischen Leitlinien für 1999 werden die Sozialpartner aufgefordert, auf allen geeigneten Ebenen Vereinbarungen zur Modernisierung der Arbeitsorganisation, darunter auch anpassungsfähige Arbeitsregelungen, auszuhandeln, um die Unternehmen produktiv und wettbewerbsfähig machen und ein ausgewogenes Verhältnis zwischen Anpassungsfähigkeit und Sicherheit zu erreichen."

In der allgemeinen Erwägung Nr. 11 der Rahmenvereinbarung über befristete Arbeitsverträge heißt es weiterhin: „Diese Vereinbarung berücksichtigt die Notwendigkeit, die sozialpolitischen Rahmenbedingungen zu verbessern, die Wettbewerbsfähigkeit der Wirtschaft der Gemeinschaft zu fördern und verwaltungstechnische, finanzielle oder rechtliche Zwänge zu vermeiden, die die Gründung und Entwicklung von kleinen und mittleren Unternehmen behindern könnten." Demnach ist die Beschäftigungsförderung schon auf Grund dieser Vorgaben (weiterhin) Teil der Zielsetzung, auch wenn diese weder in § 1 TzBfG noch in § 1 der Rahmenvereinbarung ausdrücklich aufgeführt ist.

Dementsprechend ergibt sich aus den Gesetzgebungsmaterialien, dass es den Unternehmen durch die Aufrechterhaltung der Zulässigkeit sachgrundloser Be-

---

282 Boewer, § 1 TzBfG Rn 35, S. 41.

fristungen, insbesondere auch Existenzgründern und Klein- und Mittelunternehmen, weiterhin ermöglicht werden sollte, auf eine unsichere und schwankende Auftragslage und wechselnde Marktbedingungen, also in Fällen, die die Rechtsprechung nicht als sachliche Befristungsgründe anerkannt hat, durch Neueinstellungen flexibel zu reagieren und damit ihre Wettbewerbsfähigkeit zu sichern.[283] Dies wurde zugleich als beschäftigungspolitisch sinnvolle Alternative zur Überstundenarbeit und zum sog. Outsourcing (Übertragung von Tätigkeitsbereichen des Unternehmens auf andere Unternehmen, zum Teil auch auf solche im Ausland, sowie Kauf von Vorprodukten statt eigener Herstellung[284]) angesehen.[285]
Durch die Beschränkung der sachgrundlosen Befristungen auf Neueinstellungen sollte im Unterschied zum bisherigen Recht die theoretisch unbegrenzte Aufeinanderfolge befristeter Arbeitsverträge (Kettenverträge) ausgeschlossen werden.[286]
Nach dem Willen des Gesetzgebers besteht die Chance, dass der befristete Arbeitsvertrag in einen unbefristeten mündet, wenn sich die konjunkturelle Erholung fortsetzt.[287] Daher wurden erleichterte Befristungsmöglichkeiten als im Interesse der Flexibilität der Beschäftigung und als Brücke zu unbefristeten Arbeitsverhältnissen weiterhin gebraucht angesehen.[288]
Der Gesetzgeber meint erkannt zu haben, dass (sachgrundlose) Befristungen als eine Form sinnvoller, flexibler Reaktionsmöglichkeiten des Arbeitgebers nicht mehr wegzudenken sind. So kam man von dem - noch 1985 und 1996 vorlie-

283 BT-Drucks. 14/4374, S. 13 f..
284 Däubler, AuR 2005, S. 1 (1).
285 BT-Drucks. 14/4374, S. 14.
286 BT-Drucks. 14/4374, S. 14.
287 BT-Drucks. 14/4374, S. 1. Entsprechend war die Ausgangslage beim BeschFG 1985 (vgl. BT-Drucks. 10/2102, S. 15; BR-Drucks. 393/84, S. 16; vgl. auch Bruschke, S. 17).
288 BT-Drucks. 14/4374, S. 1; vgl. auch BT-Drucks. 14/4103, S. 4. Andere (KR[5]/Lipke, § 1 BeschFG 1996 Rn 4; Bruschke, S. 197; Büchtemann/Höland, S. XIII f.; Däubler, ZIP 2000, S. 1961 (1965); Otto, NJW 1985, S. 1807 (1812); Wlotzke, DB 1985, S. 754 (758); Wolter, NZA 2003, S. 1068 (1075)) hatten bzw. haben Zweifel am Sinn eines solchen, erleichterte Befristungen zulassenden Gesetzes. Diese Zweifel beruh(t)en zum Teil auf einer älteren Untersuchung, nach der auf die sachgrundlose Befristung nach § 1 BeschFG lediglich 13 % aller Arbeitnehmer entfallen waren. In 87 % der Fälle wäre eine Befristung also auch auf Grundlage der BAG-Rechtsprechung möglich gewesen. Allerdings war nach Infratest der rechtstechnische Vereinfachungseffekt des BeschFG quantitativ bedeutsamer als die Eröffnung von Möglichkeiten zum Abschluss neuer Verträge. Wie weit sich durch den höheren Bekanntheitsgrad und durch die Gesetzesänderung von 1996 etwas an dieser Situation geändert hat, blieb allerdings offen (vgl. zu diesen Angaben: IAB-Kurzbericht Nr. 12/2000, S. 5).

genden - Gedanken ab, auf sachgrundlose Befristungen nach einem Aufschwung wieder verzichten zu können.[289]
Außerdem hatten sich seiner Ansicht nach die ursprünglichen Bedenken, dass die Erleichterung von Befristungen zu einer Inflation befristeter Beschäftigung führen könnte, nicht bestätigt.[290]
Das TzBfG wurde somit als Dauerregelung ausgestaltet, da es nicht - wie damals das BeschFG - einen nur vorübergehenden Aufschwung und mehr Beschäftigung bewirken sollte, der sich aus eigenem Antrieb weiterentwickelt, sondern entsprechend der Richtlinie die Grenzen der Befristung einheitlich und dauerhaft regeln soll.
Der Gesetzgeber ging sogar noch weiter und ermöglichte durch eine tarifliche Öffnungsklausel erweiterte branchenspezifische Lösungen in Bezug auf bestimmte gesetzliche Höchstgrenzen.[291] Des Weiteren wurde die bereits bestehende erleichterte Möglichkeit des Abschlusses befristeter Arbeitsverträge mit älteren Arbeitnehmern unter anderem durch eine Herabsetzung der Altersgrenze erweitert.[292]
Diesen Regelungen liegt allensamt der Gedanke der Beschäftigungsförderung, sprich der Senkung der Arbeitslosenzahlen durch eine Verbesserung der Arbeitsmarktsituation, zugrunde.

---

289 Vgl. BT-Drucks. 10/2102, S. 15, deshalb nur befristete Geltungsdauer („für eine Übergangszeit") der Erleichterungen.

290 BT-Drucks. 14/4374, S. 13; vgl. auch BT-Drucks. 14/4103, S. 4.
Nach anderer Ansicht (Frohner/Pieper, AuR 1992, S. 97 (104)) war dem BeschFG, ohne dass vom ihm wesentliche Zusatzeinstellungseffekte ausgegangen wären, eine erhebliche Schubwirkung zuzuschreiben. Große Bedeutung hätten dabei die Substitutionseffekte gehabt: Befristet vorgenommene Neueinstellungen wäre ansonsten wahrscheinlich unbefristet erfolgt, des Weiteren wurden befristet Beschäftigte auf ursprünglich unbefristeten Dauerstellen eingesetzt.

291 Vgl. BT-Drucks. 14/4374, S. 14.

292 Vgl. BT-Drucks. 14/4374, S. 14.

B) Inhalt und Bedeutung des § 14 Abs. 2 TzBfG

I. Der Inhalt der Regelung des § 14 Abs. 2 TzBfG

§ 14 TzBfG ist die zentrale Bestimmung des neuen Befristungsrechts. Sie faßt die typischen Sachgrundbefristungen, die das BAG auf der Grundlage der Rechtsprechung seines Großen Senates vom 12.10.1960 entwickelt und anerkannt hat, und die sachgrundlosen Befristungen nach dem bisherigen BeschFG zusammen und bildet damit die erste zusammenhängende gesetzliche Regelung[293] zur Befristung von Arbeitsverträgen.

1. Das Verhältnis von § 14 Abs. 1 und 2 TzBfG

Um auf den zu untersuchenden Absatz 2 des § 14 TzBfG eingehen zu können, muss zunächst das Verhältnis zu Abs. 1 und - um dieses zu verstehen - dessen Inhalt erläutert werden.

a) Inhalt des § 14 Abs. 1 TzBfG

§ 14 Abs. 1 TzBfG regelt die Zulässigkeit der Befristung von Arbeitsverträgen, die durch einen sachlichen Grund gerechtfertigt sind, sprich die Befristung aus einem sachlichen Grund.

Gemäß § 14 Abs. 1 S. 1 TzBfG bedarf es zur Zulässigkeit einer Befristung grundsätzlich der Rechtfertigung durch Vorliegen eines sachlichen Grundes.[294] Das Prinzip der Rechtsprechung wurde somit beibehalten. Acht Beispiele für solche sachlichen Gründe enthält § 14 Abs. 1 S. 2 TzBfG. Durch die Nummern 1 bis 8 wird der Begriff des sachlichen Grundes konkretisiert.

Die Aufzählung enthält im Wesentlichen die Befristungsgründe, die in der Rechtsprechung bislang anerkannt waren, es handelt sich mithin um „in Gesetzesform geronnene Rechtsprechung“[295]. Danach darf insbesondere befristet werden, wenn

1. der betriebliche Bedarf an der Arbeitsleistung nur vorübergehend besteht[296],

---

[293] BT-Drucks. 14/4374, S. 13.

[294] Der sachliche Grund muss im Zeitpunkt des Vertragssbschlusses vorliegen. Später eintretende Ereignisse sind nach BAG vom 17.2.1983 – 2 AZR 481/81, AP Nr. 14 zu § 15 KSchG 1969, ohne Einfluß auf die Wirksamkeit der Befristung.

[295] Dr. Frank Wertheimer, Freiburg, Quelle: Internet: http://www.inputmagazin.de/ hauptrubriken1.php3?beitrag=146&rubrik=11&offset=4849.

[296] Dies setzt nach der Rechtsprechung voraus, dass zum Zeitpunkt des Vertragsabschlusses der Arbeitgeber aufgrund greifbarer Tatsachen mit hinreichender Sicherheit annehmen kann, dass der Arbeitskräftebedarf in Zukunft wegfallen wird (BAG vom 12. 9. 1996 – 7 AZR 790/95, AP Nr. 182 zu § 620 BGB befristeter Arbeitsvertrag). Ein vorübergehender betrieblicher Bedarf liegt vor, wenn er zukünftig wegfällt oder nur vorübergehend erhöht ist, und der Arbeitnehmer gerade zur Deckung dieses Mehrbedarfs eingestellt wird, bei-

2. die Befristung im Anschluss an eine Ausbildung oder ein Studium erfolgt, um den Übergang des Arbeitnehmers in eine Anschlussbeschäftigung zu erleichtern[297],
3. der Arbeitnehmer zur Vertretung eines anderen Arbeitnehmers beschäftigt wird[298],
4. die Eigenart der Arbeitsleistung die Befristung rechtfertigt[299],
5. die Befristung zur Erprobung erfolgt[300],
6. in der Person des Arbeitnehmers liegende Gründe die Befristung rechtfertigen[301],

---

spielsweise bei Aushilfskräften für Schlußverkäufe, Weihnachtsgeschäft, Inventur, Eilaufträge, Inbetriebnahme neuer technischer Anlagen, Abwicklungsarbeiten bis zur Betriebsschließung, Zusatzarbeiten infolge gesetzlicher Umstellungen und Tätigkeiten in Saison- und Kampagnebetrieben (Freibad, Hotel/Restaurant/Skilift im Feriengebiet, ...).

297 Diese Zielsetzung entspricht vielen tariflichen Regelungen (z.B. § 23 Abs. 5 des Manteltarifvertrages für Auszubildende, nach der die Tarifvertragsparteien darauf hinwirken sollen, dass Auszubildende nach erfolgreich bestandener Abschlussprüfung für mindestens zwölf Monate in ein Arbeitsverhältnis übernommen werden oder Nr. 3 des Tarifvertrages zur Beschäftigungssicherung für die Metallindustrie Nordwürttemberg/Nordbaden vom 10.3.1994, nach dem Arbeitgeber verpflichtet sind, dem Auszubildenden die Übernahme für die Dauer von 6 Monaten anzubieten), vgl. Boewer, § 14 TzBfG Rn 112; KDZ/Däubler, § 14 TzBfG Rn 53.

298 Insbesondere wenn wegen des zeitweiligen Ausfalls eines Arbeitnehmers (z.B. wegen Krankheit, Beurlaubung, Mutterschutz, Elternzeit, Einberufung zum Wehrdienst, Abordnung ins Ausland, Freistellung von Betriebsrats-/Personalratsmitgliedern) ein vorübergehender Bedarf einer Beschäftigung eines anderen Arbeitnehmers besteht. In Abgrenzung zu § 14 Abs. 1 S. 2 Nr. 1 TzBfG handelt es sich bei Nr. 3 nicht um die Bewältigung eines vorübergehenden betrieblichen Mehr- oder Zusatzbedarfs, sondern um die Abdeckung eines Ersatzbedarfs (Aushilfen zur Vertretung ausfallender Mitarbeiter).

299 Hiermit sind hauptsächlich programmgestaltende Mitarbeiter bei Rundfunk- und Fernsehen (Regisseure, Moderatoren, Kommentatoren, Wissenschaftler, Künstler, ...) und Künstler im Theater- und Bühnenbereich (Schauspieler, Solosänger, Tänzer, Souffleusen, Dramaturgen, Kapellmeister, ...) gemeint, die Regelung bezieht sich aber auch auf Berufe, in denen ein gewisses Abwechslungsbedürfnis aufgrund sog. Verschleißtatbestände (z.B. Sporttrainer) besteht.

300 Erprobungszwecke sind zum Beispiel die Feststellung der fachlichen und persönlichen Qualifikation, der Leistungsfähigkeit und/oder Belastbarkeit des Arbeitnehmers oder die Erprobung der Arbeitsbedingungen, welche gemäß § 14 Abs. 4 TzBfG der Schriftform bedürfen. Grundsätzlich liegen Erprobungsgründe nur bei Neueinstellungen bzw. neuen Tätigkeitsbereichen und bis zu einem halben Jahr (nach dem Vorbild der gesetzlichen Probezeit (§ 1 Abs. 1 KSchG) und der Regelung in § 622 Abs. 3 BGB; bei besonderen Anforderungen des Arbeitsplatzes ggf. länger) vor. Eine faktische Verlängerung auf 10 Monate ist jedoch gemäß BAG vom 7.3.2002 - 2 AZR 93/01 möglich.
Abzugrenzen ist dieses befristete Probearbeitsverhältnis von einem unbefristeten Arbeitsverhältnis mit einer vorgeschalteten Probezeit (vgl. dazu Küttner/Kania, Personalbuch 2006, Probearbeitsverhältnis, Rn 4-9).

7. der Arbeitnehmer aus Haushaltsmitteln vergütet wird, die haushaltsrechtlich für eine befristete Beschäftigung bestimmt sind, und er entsprechend beschäftigt wird[302] oder
8. die Befristung auf einem gerichtlichen Vergleich beruht[303].

b) Einordnung der Aufzählung in § 14 Abs. 1 S. 2 TzBfG

Unterschiedliche Ansichten bestehen bezüglich der Frage, ob es sich bei der Aufzählung um einen Beispielkatalog[304] oder um Regelbeispiele[305] handelt. Einigkeit besteht jedenfalls darüber, dass die Formulierung „insbesondere" bedeutet, dass die acht aufgezählten Gründe nicht abschließend sind.[306]
Meines Erachtens ist hier von einem Beispielkatalog auszugehen. Denn „insbesondere" heißt nicht „in der Regel". „Insbesondere" könnte man als „dann und

---

301 Wenn der Arbeitnehmer aus sozialen Gründen vorübergehend beschäftigt wird, z.B. um die Zeit bis zum Beginn einer bereits feststehenden anderen Beschäftigung, des Wehrdienstes oder eines Studiums überbrücken zu können, aufgrund eines objektiv nachvollziehbaren Wunsches des Arbeitnehmers, bis zur Erreichung gesetzlicher oder tariflicher Altersgrenzen, für die Zeit einer ABM oder weil eine befristete Aufenthaltserlaubnis höchstwahrscheinlich nicht verlängert wird. § 14 Abs. 1 S. 2 Nr. 2 TzBfG bildet einen Sonderfall sozialer Überbrückung und geht der Nr. 6 bei Vorliegen der Voraussetzungen als speziellere Regelung vor.

302 Diese Fallgruppe ist bei Forschungsprojekten und befristeten Planstellen einschlägig. Nach ständiger Rechtsprechung des BAG ist allein die Abhängigkeit von Zuschüssen und Haushaltsmitteln kein Sachgrund, da die Unsicherheit der finanziellen Entwicklung ein typisches Unternehmerrisiko darstellt, das nicht auf die Arbeitnehmer abgewälzt werden kann (BAG vom 4.6.2003 – 7 AZR 489/02, NZA 2003, S. 1143 (1144) m.w.N.). Bei § 14 Abs. 1 S. 2 Nr. 7 TzBfG handelt es sich um eine Sondervorschrift zur Privilegierung des öffentlichen Dienstes; auf privatrechtlich organisierte Arbeitgeber findet Nr. 7 keine Anwendung.

303 Die Parteien vereinbaren zur Beilegung einer Rechtsstreitigkeit ein befristetes Arbeitsverhältnis. Da das Arbeitsgericht das ordnungsgemäße Zustandekommen dieses Vergleichs gewährleistet, bedarf es keiner weiteren Befristungskontrolle.

304 Boewer, § 14 TzBfG Rn 102, 126; Ring, § 14 TzBfG Rn 29; Schliemann/Dörner, § 620 BGB Rn 62; Richardi/Annuß, BB 2000, S. 2201 (2205).

305 Buschmann/Dieball, § 14 TzBfG Rn 10; Kliemt, NZA 2001, S. 296 (297); Preis/Gotthardt, DB 2000, S. 2065 (2070).

306 Adam/Bauer/Bettenhausen, § 30 TVöD Rn 3; HbArbR, Erg./Wank, § 116 Rn 10; Kittner/Zwanziger/Lakies, § 133 Rn 114; Palandt/Weidenkaff, § 620 BGB Rn 17; Preis/Rolfs, Teil II B 10 Rn 21; Schliemann/Dörner, § 620 BGB Rn 62; Dörner, NZA 2003, SB zu Heft 16, S. 33 (35); Preis/Gotthardt, DB 2000, S. 2065 (2070); Richardi/Annuß, BB 2000, S. 2201 (2204 f.). Bei Buschmann/Dieball, § 14 TzBfG Rn 10 (erster Satz) hört sich dies zwar anders an („§ 14 Abs. 1 trifft eine abschließende Regelung zu sachlich gerechtfertigten Befristungen [...] "), er korrigiert sich aber fünf Sätze später (gleiche Rn: „Der in den 8 Regelbeispielen aufgestellte Katalog möglicher sachlicher Gründe ist zwar nicht abschließend, gibt aber eine Struktur und ein Gewicht an, die es unmöglich machen, daneben beliebig weitere Sachgründe zu schaffen.") und bestätigt damit die allgemeine Ansicht.

in vergleichbaren Fällen“ definieren, wohingegen „in der Regel“ eher mit „regelmäßig dann, auch in gleichgearteten Fällen, aber widerlegbar“ übersetzt werden muss. Gerade aber die Widerlegbarkeit, die eine Besonderheit der Regelbeispiele darstellt[307], kann kaum im Sinne des Gesetzgebers gewesen sein, da die sachlichen Gründe im Wesentlichen Niederschriften der langjährigen Rechtsprechung des BAG sind, und in diesen Fällen nun nicht auf Grund der gesetzlichen Niederlegung von der Rechtsprechung durch eine eventuelle Widerlegung abgewichen werden soll. Der Gesetzgeber wollte die Rechtsprechung nicht einschränken, was sich eindeutig aus den Gesetzgebungsmaterialien zum TzBfG[308] ergibt. Es sollten weder bisher von der Rechtsprechung akzeptierte Sachgründe ausgeschlossen werden noch das BAG daran gehindert werden, neue Sachgründe zu entwickeln.[309] Sondern der Praxis und den Gerichten sollte durch die Nennung typischer, anerkannter Befristungsgründe eine Orientierungshilfe gegeben werden, welche Gründe als gerechtfertigt anzusehen sind.[310]
Folglich dokumentiert der Gesetzgeber mit der durch den Begriff „insbesondere“ eingeleiteten, nicht abschließenden Aufzählung der Befristungsgründe in § 14 Abs. 1 TzBfG, dass nach wie vor die Möglichkeit besteht, weitere sachliche Gründe zu entwickeln, die dann zu einer zulässigen Befristung führen. In den Fällen des § 14 Abs. 1 S. 2 TzBfG wird der Sachgrund unwiderleglich vermutet.

c) Regel-Ausnahme-Verhältnis

Das Verhältnis der Absätze 1 und 2 stellt ein Regel-Ausnahme-Verhältnis dar.[311] Nach dem Willen des Gesetzgebers müssen die Befristungen von Arbeitsverträgen sich grundsätzlich durch einen sachlichen Grund rechtfertigen lassen.[312] Nur

---

307 Ring, § 14 TzBfG Rn 29; Richardi/Annuß, BB 2000, S. 2201 (2205, Fn 27); vgl. auch Preis/Rolfs, Teil II B 10 Rn 20.

308 BT-Drucks, 14/4374, S. 13, 18.

309 So auch Boewer, § 14 TzBfG Rn 102; Schliemann/Dörner, § 620 BGB Rn 62. In der Gesetzesbegründung BT-Drucks. 14/4374, S. 18, zu § 14 Abs. 1 TzBfG, werden sogar ausdrücklich ABM und Strukturanpassungsmaßnahmen nach dem Dritten Buch Sozialgesetzbuch sowie die übergangsweise Beschäftigung auf einem für einen anderen Mitarbeiter - z. B. bis zur abgeschlossenen Ausbildung - freigehaltenen Arbeitsplatz genannt.

310 Boewer, § 14 TzBfG Rn 102; Preis/Gotthardt, DB 2000, S. 2065 (2070).

311 Vgl. Gesetzesbegründung BT-Drucks. 14/4374, S. 13; Kittner/Zwanziger/Lakies[1], § 133 Rn 174; Annuß/Thüsing/Maschmann, § 14 TzBfG Rn 2; Kania, Rn 18; Preis/Gotthardt, DB 2000, S. 2065 (2070, 2073); Raab, SAE 2002, S. 184 (188); Schlachter, NZA 2003, S. 1180 (1183).

312 Annuß/Thüsing/Maschmann, § 14 TzBfG Rn 2; BBDW/Bader, § 620 BGB Rn 44; Clemens/Scheuring/Steingen/Wiese, BAT, Anhang 1 zur SR 2y - TzBfG, Erl. 3 zu § 14; Kittner/Zwanziger/Lakies[1], § 133 Rn 277; MK/Hesse, § 14 TzBfG Rn 3; Koppenfels, AuR 2002, S. 241 (242); Hromadka, NJW 2001, S. 400 (403) und BB 2001, S. 621 (622); Preis/Gotthardt, DB 2000, S. 2065 (2070, 2073); Raab, SAE 2002, S. 184 (188); Schlachter, NZA 2003, S. 1180 (1183).

ausnahmsweise und nur innerhalb der Grenzen des § 14 Abs. 2 TzBfG ist die Befristung eines Arbeitsvertrags auch ohne sachlichen Grund möglich.
Aus Arbeitgebersicht besteht jedoch ein Regel-Ausnahme-Verhältnis umgekehrt zum Gesetzesaufbau: Der Regelfall der Befristung sei - wie auch schon zur Zeit des BeschFG - die Befristung ohne sachlichen Grund.[313] Nur wenn der Zweijahreszeitraum überschritten wird oder eine Befristung ohne Sachgrund im Hinblick auf ein früheres Arbeitsverhältnis gemäß § 14 Abs. 2 S. 2 TzBfG nicht in Frage kommt, sei aus Arbeitgebersicht ein sachlicher Grund für die Befristung erforderlich.[314]

d) Anwendungsbereich
Durch eine vergleichende Betrachtung der Absätze 1 und 2 des § 14 TzBfG ergibt sich, dass der Abs. 1 im Gegensatz zu Abs. 2 nicht auf eine bestimmte Befristungart - etwa Zweckbefristungen - beschränkt ist. Daraus folgt, dass § 14 Abs. 1 TzBfG für beide Befristungarten des § 3 Abs. 1 TzBfG gilt. Aufgrund des Verweises in § 21 TzBfG findet § 14 Abs. 1 TzBfG auch auf auflösend bedingte Arbeitsverträge Anwendung.

2. Grundregelung für kalendermäßige Befristungen ohne Vorliegen eines sachlichen Grundes in § 14 Abs. 2 S. 1 TzBfG
§ 14 Abs. 2 S. 1 TzBfG beinhaltet die Grundregelung für kalendermäßige Befristungen ohne Vorliegen eines sachlichen Grundes. Es handelt sich hierbei um eine sog. erleichterte Befristung, da - anders als in Abs. 1 und in Abweichung von der früheren Rechtsprechung - kein Grund vorliegen muss, der die Befristung rechtfertigt.

a) maximale Befristungsdauer
Nach § 14 Abs. 2 S. 1 1. Hs. TzBfG ist die kalendermäßige Befristung eines Arbeitsvertrages ohne Vorliegen eines sachlichen Grundes bis zur Dauer von zwei Jahren zulässig.
Die zulässige Vertragsdauer von zwei Jahren bemisst sich nach dem vereinbarten Beginn und Ende des Arbeitsverhältnisses.[315] Für die Berechnung gelten die §§ 187 Abs. 2, 188 Abs. 2 und 3 BGB.[316]

---

313 Ring, § 14 TzBfG Rn 99; Kania, Rn 18. Vgl. auch Wolter, NZA 2003, S. 1068 (1075): „Die sachgrundlose Befristung, stets als Ausnahme proklamiert, ist auf dem Weg zum Normal- und Regelfall."
314 KR/Lipke, § 14 TzBfG Rn 284; Kania, Rn 18.
315 KR/Lipke, § 14 TzBfG Rn 281.
316 KR/Lipke, § 14 TzBfG Rn 281; HbArbR, Erg./Wank, § 116 Rn 180; Osnabrügge, NZA 2003, S. 639 (640).

b) Anzahl der erlaubten Verlängerungen

§ 14 Abs. 2 S. 1 2. Hs. TzBfG bestimmt, dass bis zu dieser Gesamtdauer von zwei Jahren auch die höchstens dreimalige Verlängerung eines kalendermäßig befristeten Arbeitsvertrages zulässig ist. Es können innerhalb der zwei Jahre also maximal vier aufeinander folgende Befristungen vereinbart werden.

Der ursprüngliche Gesetzesentwurf, der zu Mißverständnissen in der Kombinierbarkeit der zwei Jahre und der maximal drei Verlängerungen hätte führen können[317], wurde durch die Anfügung dieses zweiten Halbsatzes verändert und der Wille des Gesetzgebers damit klargestellt.

Diese Regelung gibt dem Arbeitgeber die Möglichkeit, den Arbeitnehmer über die von der Rechtsprechung anerkannte Erprobungszeit von 6 Monaten hinaus zu testen, ohne sich dabei schon bei Vertragsabschluss auf zwei Jahre festlegen zu müssen. Des Weiteren kann er auf zunächst nicht vorhandenen, aber später eintretenden Arbeitskräftebedarf flexibel reagieren.[318] Er kann beispielsweise zunächst für 3 Monate befristen, dann um 6 Monate verlängern, noch mal um 6 Monate verlängern und schließlich noch einmal um maximal 9 Monate verlängern.

c) Beschränkung des Abs. 2 auf kalendermäßige Befristungen

Die sog. erleichterte oder sachgrundlose Befristung von Arbeitsverträgen i.S.d. § 14 Abs. 2 S. 1 TzBfG ist auf kalendermäßige Befristungen beschränkt. Somit können Zweckbefristungen nach dem eindeutigen Wortlaut nicht unter den erleichterten Bedingungen des § 14 Abs. 2 S. 1 TzBfG vereinbart werden. Ebenso ist die besagte Regelung nicht auf auflösend bedingte Arbeitsverträge anwendbar. Dies folgt zum einen daraus, dass sie den Zweckbefristungen grundsätzlich gleichgestellt sind[319] und zum anderen aus der fehlenden Verweisung des § 21 TzBfG auf § 14 Abs. 2 TzBfG.

Bereits zur Zeit des BeschFG wurde teilweise behauptet, § 1 Abs. 1 BeschFG verlange eine kalendermäßige Bestimmtheit oder Bestimmbarkeit des Befristungszeitraumes.[320] Hiernach konnten Zweckbefristungen oder auflösende Befristungen nicht im Rahmen des § 1 Abs. 1 BeschFG vereinbart werden.[321] Diese Ansicht ist nun in Form des § 14 Abs. 2 S. 1 TzBfG gesetzlich niedergelegt worden.

---

317 BT-Drucks. 14/965, S. 65, Stellungnahme von Bauer, II. 2. c): Nach der Auslegung nach dem Wortlaut wären sachgrundlose Befristungen von bis zu vier Jahren möglich gewesen. Ähnlicher Hinweis von HbArbR, Erg./Wank, § 116 Rn 183; Richardi/Annuß, BB 2000, S. 2201 (2204).

318 So auch ErfK²/Müller-Glöge, § 1 BeschFG Rn 33; Koppenfels, AuR 2002, S. 241 (241).

319 Siehe oben, Abschnitt A) I. 1. a) bb).

320 ErfK²/Müller-Glöge, § 1 BeschFG Rn 27.

321 ErfK²/Müller-Glöge, § 1 BeschFG Rn 27.

Die ausdrückliche Begrenzung auf den kalendermäßig befristeten Arbeitsvertrag wird als die Rechtssicherheit erhöhend begrüßt.[322]
Die Beschränkung des § 14 Abs. 2 S. 1 TzBfG erklärt sich damit, dass einer Zweckbefristung immer ein bestimmter Zweck, mit dessen Erreichen das Arbeitsverhältnis enden soll, zugrunde liegt[323], der regelmäßig[324] auch einen Sachgrund im Sinne von § 14 Abs. 1 TzBfG darstellt und auch darstellen muss, damit eine wirksame Zweckbefristung vorliegt.
Mancher setzt sogar die Befristung aus einem sachlichen Grund mit der Zweckbefristung gleich.[325] Allerdings ist nur das Gegenteil richtig: Wirksame Zweckbefristungen stellen immer Sachgrundbefristungen dar.[326] Aber viele Sachgrundbefristungen (zum Beispiel zur Erleichterung des Übergangs eines Auszubildenden oder Studenten in eine Anschlussbeschäftigung nach Nr. 2 oder zur Erprobung nach Nr. 5, also auch Befristungen zu einem bestimmten Zweck) enden zu einem kalendermäßig bestimmten Zeitpunkt. Lässt man ein Arbeitsverhältnis, das zu einem bestimmten Zweck befristet wurde, - zum Beispiel aus dem praktischen Grund der besseren Planbarkeit und der Planungssicherheit - zu einem kalendermäßig bestimmten Termin enden, liegt gerade keine Zweckbefristung, sondern eine kalendermäßige Befristung vor; denn es kommt für die Unterscheidung ja nicht auf das Vorliegen eines Zweckes an, sondern darauf, wie der Beendigungszeitpunkt bestimmt ist bzw. wie er sich bestimmen lässt.
Im Gegensatz zur Zweckbefristung wird bei der kalendermäßigen Befristung - neben einem gegebenenfalls vorliegenden Sachgrund - immer eine bestimmte Zeitdauer angegeben. Eine sachgrundlose Befristung ist gerade von dieser Zeit-

322 Preis/Gotthardt, DB 2000, S. 2065 (2072).

323 Dies ergibt sich bereits aus § 3 Abs. 1 S. 2 TzBfG. Bei Zweckbefristungen (und auflösenden Befristungen) ist die Angabe eines Befristungsgrundes systemimmanent und damit erforderlich (SPV/Preis, I § 3 Rn 69). Ebenso: Kittner/Zwanziger/Lakies, § 133 Rn 75; Staudinger/Preis, § 620 BGB Rn 176; Richardi/Annuß, BB 2000, S. 2201 (2204).

324 Allerdings wird nicht jeder denkbare Zweck von den in § 14 Abs. 1 S. 2 Nr. 1-8 TzBfG genannten Beispielen erfaßt und damit rechtlich anerkannt. Insbesondere zählen Zwecke, die wirtschaftliche Unsicherheiten ausgleichen sollen, zum Risikobereich des Arbeitgebers.

325 Creifelds, Rechtswörterbuch, Rechtsbegriff „Zeitbestimmung", S. 1660. Fraglich ist allerdings, ob dies bewusst geschah, denn die kalendermäßige Befristung wird nicht definiert und als Definition für die Befristung aus einem sachlichen Grund ist die Zweckbefristung falsch. Außerdem werden auch auflösend bedingte Arbeitsverträge unter befristete Arbeitsverträge subsumiert, was ebenfalls nicht korrekt ist, da diese nach § 21 TzBfG nur gleichgestellt, aber nicht das gleiche sind, was insgesamt dafür spricht, dass sich der Autor vertan hat und nicht etwa eine juristische Spitzfindigkeit einbauen wollte.

326 Vgl. Tschöpe/Schmalenberg, Teil 3 I Rn 5: „Zweckbefristungen sind nur bei Verträgen mit Sachgrund möglich." Vgl. auch Staudinger/Preis, § 620 BGB Rn 176. Regelmäßig sind dies Sachgrundbefristungen im Sinne von § 14 Abs. 1 S. 2 Nr. 1 und Nr. 3, ggf. Nr. 6 TzBfG.

bestimmung geprägt, während bei Zweck- und damit Sachgrundbefristungen der Zweck/Sachgrund den wichtigsten Punkt des Vertrages bildet.
Eine Einbeziehung der Zweckbefristung wäre nicht sinnvoll und kaum denkbar, da die sachgrundlose Befristung eine Höchstdauer von zwei Jahren vorsieht, also auf eine Zeitbefristung abstellt, wohingegen bei der Zweckbefristung keine Höchstgrenze gesetzt werden kann, weil es gerade unsicher ist, wann der Zweck erreicht werden wird.
Die oben beschriebenen Doppelbefristungen sind gerade keine reinen Zweckbefristungen, sondern haben nur auf Grund der Kombination mit der kalendermäßigen Befristung eine Höchstgrenze. Dann hätte man jedoch letztlich wieder eine Zeitbefristung, für die § 14 Abs. 2 S. 1 TzBfG ohnehin gilt. Die Zweckbefristung wäre hier insofern überflüssig bzw. der Zweck als solcher irrelevant.
Die einzig denkbare Möglichkeit der Einbeziehung wären solche Arten von Zweckbefristungen, deren Ende zwar nicht auf den Tag genau, aber doch gewissermaßen vorhersehbar ist und mit Sicherheit unter der Zweijahresgrenze bleiben würde (Beispiel: Einstellung einer Aushilfe bis zum Wegfall des vorübergehenden Bedarfs, der durch einen Schlußverkauf oder das Weihnachtsgeschäft anfällt). Hier erscheint eine Ermöglichung sachgrundloser Befristungen im Sinne von § 14 Abs. 2 S. 1 TzBfG aber gerade nicht erforderlich, da das Decken eines vorübergehenden Bedarfs einen typischen Sachgrund darstellt, der die Befristung eines Arbeitsvertrages - auch mehrmals - gemäß § 14 Abs. 1 S. 2 Nr. 1 TzBfG rechtfertigt.
Im Übrigen paßt die Möglichkeit der Verlängerung nicht auf die Zweckbefristungen, da man nur eine Zeitspanne verlängern kann, jedoch nicht das tatsächliche Erreichen eines Zweckes. Letzteres unterliegt gerade nicht dem Willen der Vertragsparteien, sondern hängt von anderen Umständen ab. Insofern ist eine Einbeziehung der Zweckbefristungen überflüssig und umpassend, womit deren Ablehnung durch den Gesetzgeber zugestimmt werden muss.
Für die Ablehnung spricht im Übrigen, dass, wenn mit dem Zweck ein Sachgrund vorliegt, auch eine Befristung aus einem sachlichen Grund gemäß § 14 Abs. 1 TzBfG vorgenommen werden sollte. Dieser Wille des Gesetzgebers lässt sich dem Regel-Ausnahme-Verhältnis zwischen § 14 Abs. 1 und 2 TzBfG entnehmen, nach dem die durch einen sachlichen Grund gerechtfertigte Befristung die Regel und die sachgrundlose Befristung die Ausnahme bildet.
Im Übrigen sollte § 14 Abs. 2 TzBfG einen Anreiz zu Neueinstellungen in Form von zunächst befristeten Arbeitsverträgen schaffen, weshalb gerade kein Sachgrund für die Befristung vorausgesetzt wurde. Für die Fälle, in denen ein die Befristung rechtfertigender sachlicher Grund vorliegt, wurde die Regelung des § 14 Abs. 2 TzBfG somit gerade nicht geschaffen.
Deshalb bildet der § 14 Abs. 1 TzBfG zu Recht die für die Zulässigkeit von Zweckbefristungen allein relevante Regelung.

3. Beschränkung des S. 1 auf Neueinstellungen in § 14 Abs. 2 S. 2 TzBfG

a) Inhalt des sog. Anschlussverbotes

Durch § 14 Abs. 2 S. 2 TzBfG wird die relativ befristungsfreundliche Regelung des § 14 Abs. 2 S. 1 TzBfG durch eine „Negativformulierung" wieder eingeschränkt. Hiernach ist eine Befristung nach Satz 1 nicht zulässig, wenn mit demselben Arbeitgeber bereits zuvor ein befristetes oder unbefristetes Arbeitsverhältnis bestanden hat.

Grundsätzlich bedeutet diese Einschränkung, die auch Anschlussverbot genannt wird, dass für Befristungen ohne sachlichen Grund eine Neueinstellung[327] vorliegen muss. Folglich darf der Arbeitnehmer vorher nicht bei diesem Arbeitgeber beschäftigt gewesen sein. Der mehrfache Neuabschluss sachgrundlos befristeter Arbeitsverträge ist daher - auch innerhalb des Zweijahreszeitraums - nicht zulässig.[328]

Diese Voraussetzung erscheint auf den ersten Blick recht unproblematisch, wirft jedoch so viele juristische Fragen auf, dass dem § 14 Abs. 2 S. 2 TzBfG ein ganzer Abschnitt gewidmet werden soll.[329]

b) Abgrenzung Neuabschluss/Verlängerung

Die Verlängerung der Befristung ist abzugrenzen von dem Neuabschluss eines befristeten Arbeitsvertrages.[330] Denn eine Verlängerung einer sachgrundlosen Befristung im Sinne von § 14 Abs. 2 S. 1 TzBfG und ein Neuabschluss eines befristeten Arbeitsvertrages schließen sich gegenseitig aus. Eine Neueinstellung i.S.v. § 14 Abs. 2 S. 2 TzBfG kann nicht vorliegen, wenn die Möglichkeit einer rechtswirksamen Verlängerung besteht. Denn gerade dann bestand ja schon zuvor ein Arbeitsverhältnis, was die sachgrundlose Befristung unzulässig erscheinen lässt.

Handelt es sich also um einen Neuabschluss und nicht um eine Verlängerung, ist wegen des vorangegangenen befristeten Arbeitsverhältnisses mit demselben Arbeitgeber eine erneute erleichterte Befristung unzulässig, da „zuvor" bereits ein Arbeitsverhältnis mit demselben Arbeitgeber bestand.[331] Im Gegensatz dazu fallen Verlängerungen gerade nicht unter das Anschlussverbot des § 14 Abs. 2 S. 2 TzBfG; sie werden schon von S. 1 erfaßt und sind bis zur Höchstgrenze von zwei Jahren zulässig. In Form einer Verlängerung ist die sachgrundlose Befris-

---

327 BAG vom 15.1.2003 - 7 AZR 535/02, AP Nr. 1 zu § 14 TzBfG; Kittner/Zwanziger/Lakies, § 133 Rn 219; Küttner/Kania, Personalbuch 2006, Befristetes Arbeitsverhältnis, Rn 11; Ring, § 14 TzBfG Rn 97, 134; Zerres, JURA 2002, S. 512 (518).

328 BAG vom 15.1.2003 - 7 AZR 535/02, AP Nr. 1 zu § 14 TzBfG.

329 Zu einzelnen Problemen siehe den folgenden Abschnitt D.

330 BAG vom 15.1.2003 - 7 AZR 535/02, AP Nr. 1 zu § 14 TzBfG; SPV/Preis, I § 3 Rn 112; Hopfner, BB 2001, S. 200 (201).

331 So auch SPV/Preis, I § 3 Rn 112.

tung folglich nach § 14 Abs. 2 S. 1 TzBfG zulässig und § 14 Abs. 2 S. 2 TzBfG kommt nicht zur Anwendung.
Die Abgrenzung erfolgt derart, dass das Vorliegen einer Verlängerung eines sachgrundlos befristeten Arbeitsvertrages geprüft wird. Ist eine solche nicht anzunehmen, kommt nur ein Neuabschluss eines befristeten Arbeitsvertrages in Betracht und ist zu prüfen, ob gegen das Anschlussverbot des § 14 Abs. 2 S. 2 TzBfG verstoßen wurde.
Bei der Prüfung der Rechtswirksamkeit einer „Verlängerung" sind folgende, zum Teil umstrittene Voraussetzungen zu beachten.

aa) unmittelbarer Anschluss/Zeitpunkt der Vereinbarung
Problematisch ist zunächst, ob sich die Anschlussbefristung unmittelbar, d.h. ohne zeitliche Unterbrechung, an den zu verlängernden Vertrag anschließen muss, um eine rechtswirksame Verlängerung darstellen zu können. Damit im Zusammenhang steht die Frage, wann die Anschlussbefristung vereinbart werden muss.

(1) enge Ansicht
Nach einer Ansicht, die sowohl die herrschende Meinung darstellt als auch der Auffassung des BAG entspricht, führen bereits kurzfristige Unterbrechungen, auch von nur einem arbeitsfreien Tag[332] oder einem Wochenende[333] dazu, dass es sich nicht mehr um eine Verlängerung handelt. Danach muss die Verlängerung an dem auf den letzten Tag des vorangegangenen Arbeitsverhältnisses folgenden Tag beginnen.[334] Dementsprechend muss die Verlängerung nach herrschender Meinung bereits vor Ablauf des zu verlängernden Vertrages erfol-

---

332 Annuß/Thüsing/Maschmann, § 14 TzBfG Rn 64; KDZ/Däubler, § 14 TzBfG Rn 163; Rolfs, § 14 TzBfG Rn 97; SPV/Preis, I § 3 Rn 113; Däubler, ZIP 2001, S. 217 (223); Kliemt, NZA 2001, S. 296 (299); Rolfs, NZA 1996, S. 1134 (1137) und Preis, NJW 1996, S. 3369 (3373) noch zu § 1 Abs. 1 BeschFG. Der Gesetzgeber wollte diesbezüglich die bestehende Rechtslage fortschreiben (BT-Drucks. 14/4374, S. 19: „wie bisher"), so dass die zu § 1 Abs. 1 S. 2 BeschFG 1996 ergangenen Entscheidungen und die Äußerungen im Schriftum auf den nahezu identischen § 14 Abs. 2 S. 1 TzBfG übertragbar sind.

333 KDZ/Däubler, § 14 TzBfG Rn 163; Rolfs, § 14 TzBfG Rn 97 und Dörner, NZA 2003, SB zu Heft 16, S. 33 (39); Rolfs, NZA 1996, S. 1134 (1137) und Preis, NJW 1996, S. 3369 (3373) noch zu § 1 Abs. 1 BeschFG.

334 BBDW/Bader, § 620 BGB Rn 55; SPV/Preis, I § 3 Rn 113; Hunold, S. 103; Ring, § 14 TzBfG Rn 104, 106; Rolfs, § 14 TzBfG Rn 97; Preis/Gotthardt, DB 2001, S. 145 (152); Preis, NJW 1996, S. 3369 (3373); Däubler, ZIP 2001, S. 217 (223) und Kliemt, NZA 2001, S. 296 (299) sprechen von einem „nahtlosen Anschluss"; Tschöpe/Schmalenberg, Teil 3 I Rn 20 und v. Hoyningen-Huene/Linck, § 1 Rn 610 sowie APS/Backhaus, § 14 TzBfG Rn 371 und Richardi/Annuß, BB 2000, S. 2201 (2204) betonen die "nahtlose Weiterbeschäftigung"; Rolfs, NZA 1996, S. 1134 (1137) verlangt ein „unmittelbares Anschließen"; Wisskirchen, DB 1998, S. 722 (723) spricht von „lückenloser Aneinanderreihung".

gen.[335] Dies wurde damit begründet, dass nur etwas, was noch besteht, verlängert werden könne.[336]
Die Zweijahresfrist des § 14 Abs. 2 S. 1 TzBfG könne nicht in der Weise genutzt werden, dass mehrere befristete Arbeitsverhältnisse geschlossen werden, die durch jeweils mehr oder minder lange Zwischenräume unterbrochen werden.[337]
Argumentiert wird damit, dass sich aus § 14 Abs. 2 S. 2 TzBfG schließen lässt, dass vom Begriff der Verlängerung nur die nahtlose Weiterbeschäftigung erfaßt ist.[338] Denn nach einer Unterbrechung läge eine erneute Beschäftigung und keine Weiterbeschäftigung auf Grund einer Verlängerung vor, was zur Folge hätte, dass eine sachgrundlose Befristung mangels Neueinstellung gar nicht möglich wäre.[339] Damit läge ein Verstoß gegen das Anschlussverbot vor. Daraus ergäbe sich die Rechtsunwirksamkeit der Befristung und der befristete Arbeitsvertrag würde gemäß § 16 S. 1 1. Hs. TzBfG als auf unbestimmte Zeit geschlossen gelten. Würde man den Begriff der Verlängerung weit interpretieren, könnte das Anschlussverbot umgangen werden.[340]
Dem Ziel, befristete Arbeitsverhältnisse als „Brücke zu Dauerarbeitsverhältnissen" zu nutzen und Kettenarbeitsverträge zu verhindern werde man nur gerecht, wenn man unter „Verlängerung" ausschließlich ein unmittelbares Anschließen zweier befristeter Arbeitsverhältnisse aneinander akzeptiert.[341]

---

335 BAG vom 15.1.2003 - 7 AZR 535/02, AP Nr. 1 zu § 14 TzBfG; BAG 26.7.2000 - 7 AZR 51/99, AP Nr. 4 zu § 1 BeschFG 1996; BAG 25.10.2000 - 7 AZR 483/99, AP Nr. 6 zu § 1 BeschFG 1996; APS/Backhaus, § 14 TzBfG Rn 371; Annuß/Thüsing/Maschmann, § 14 TzBfG Rn 64; BBDW/Bader, § 620 BGB Rn 55; ErfK²/Müller-Glöge, § 1 BeschFG Rn 36; KDZ/Däubler, § 14 TzBfG Rn 163; Kittner/Zwanziger/Lakies, § 133 Rn 217; KR/Lipke, § 14 TzBfG Rn 286 und § 1 BeschFG 1996 Rn 102; HbArbR, Erg./Wank, § 116 Rn 184; SPV/Preis, I § 3 Rn 113; v. Hoyningen-Huene/Linck, § 1 Rn 610; Hunold, S. 103; Ring, § 14 TzBfG Rn 104; Tschöpe/Schmalenberg, Teil 3 I Rn 20; Bauer, BB 2001, 2473 (2475); Kliemt, NZA 2001, S. 296 (299); Koppenfels, AuR 2003, S. 241 (243); Hopfner, BB 2001, S. 200 (200); Osnabrügge, NZA 2003, S. 639 (640).

336 KDZ/Däubler, § 14 TzBfG Rn 163; Hunold, NZA 1997, S. 741 (742); Koppenfels, AuR 2003, S. 241 (243).

337 SPV/Preis, I § 3 Rn 113. Vgl. auch Rolfs, NZA 1996, S. 1134 (1137) und Preis, NJW 1996, S. 3369 (3373) noch zu § 1 Abs. 1 BeschFG.

338 KDZ/Däubler, § 14 TzBfG Rn 163; Kittner/Zwanziger/Lakies¹, § 133 Rn 299; Kliemt, NZA 2001, S. 296 (299); Koppenfels, AuR 2003, S. 241 (243); Richardi/Annuß, BB 2000, S. 2201 (2204).

339 Annuß/Thüsing/Maschmann, § 14 TzBfG Rn 64; KDZ/Däubler, § 14 TzBfG Rn 163; SPV/Preis, I § 3 Rn 112; Koppenfels, AuR 2003, S. 241 (241, 243);

340 Rolfs, NZA 1996, S. 1134 (1137) noch zu § 1 Abs. 1 BeschFG. Ähnlich auch Dörner, NZA 2003, SB zu Heft 16, S. 33 (39).

341 Rolfs, NZA 1996, S. 1134 (1137) und Preis, NJW 1996, S. 3369 (3373) noch zu § 1 Abs. 1 BeschFG. Ähnlich auch Zerres, JURA 2002, S. 512 (518).

(2) weite Ansicht

Nach anderer Ansicht ist eine Verlängerung auch dann gegeben, wenn die befristeten Arbeitsverhältnisse sich nicht nahtlos aneinander reihen.[342] Eine Unterbrechnung von zwei oder drei Tagen sei noch mit dem Wortlaut vereinbar.[343] Insbesondere das Dazwischenliegen eines Wochenendes könne nicht stören[344], solange am nächsten Arbeitstag weitergearbeitet wird und keine tatsächliche Unterbrechung der Beschäftigung erkennbar ist.

Erst recht müsse eine nachträgliche, aber rückwirkende Verlängerungsvereinbarung möglich sein, wenn sie einen nahtlosen Anschluss an den vorherigen Vertrag bewirkt.[345]

Teilweise wurden zum alten Recht sogar längere Unterbrechungen für unschädlich gehalten, solange die Gesamtbefristungsdauer von zwei Jahren eingehalten wurde.[346] Der Zwischenraum sei auf Grund der nachträglichen Verlängerung wie eine Zeit der Suspendierung der vertraglichen Leistungspflichten zu behandeln.[347] Argumentiert wurde mit § 190 BGB, nach dem „im Falle der Verlängerung einer Frist die neue Frist von dem Ablauf der vorherigen Frist an berechnet wird", zu dem anerkannt sei, dass materielle Fristen auch nach deren Ablauf verlängert werden könnten.[348] Des Weiteren wurde auf § 224 Abs. 3 ZPO verwiesen und argumentiert, dass auch prozessuale Fristen nach gängiger Praxis der Zivilgerichte - sofern ein Antrag vor Fristablauf gestellt ist - noch nach deren Ablauf verlängert werden können.[349]

(3) vermittelnde Ansicht

Nach einer vermittenden Ansicht ist zwar ein unmittelbares rechtliches Anschließen des jeweils weiteren befristeten Arbeitsvertrages an das Ende des vo-

---

342 Schiefer, DB 2000, S. 2118 (2122); Sowka, DB 2000, S. 2427 (2427).

343 Zum gleichlautenden § 1 Abs. 1 S. 2 BeschFG 1996: KPK/Sowka, Teil F Rn 52; Sowka, BB 1997, S. 677 (678), der aber der Praxis rät, sich an die herrschende Meinung zu halten, um kein Risiko einzugehen.

344 Sowka, BB 1997, S. 677 (678).

345 Zum gleichlautenden § 1 Abs. 1 S. 2 BeschFG 1996: KPK/Sowka, Teil F Rn 52; selbstkritischer Vorschlag (Gefahr, dass durch die Rückwirkung des Befristungsbeginns das Anschlussverbot unterlaufen werde) als „vermittelnde Lösung": Wisskirchen, DB 1998, S. 722 (723 f); ähnlich auch Wohlleben, RdA 1998, S. 277 (278).

346 Heise/Lessenich/Merten, Arbeitgeber 1997, S. 94 (94): Unterbrechungen von weniger als vier Monaten seien rechtlich unbedenklich (denn ab vier Monaten war in der Regel mangels sachlichen Zusammenhangs auch eine erneute Befristung möglich). Auch Sowka, BB 1997, S. 677 (678) spricht sich für eine Anrechnung auf den Zweijahreszeitraum aus, hält aber eine Unterbrechung von einer Woche und mehr aufgrund des Wortlauts für schädlich.

347 Heise/Lessenich/Merten, Arbeitgeber 1997, S. 94 (94 f.).

348 Heise/Lessenich/Merten, Arbeitgeber 1997, S. 94 (94) mit Verweis auf BGHZ 21, 43 (46).

349 Heise/Lessenich/Merten, Arbeitgeber 1997, S. 94 (94).

rangegangenen erforderlich, dieses könne indes noch nach einem dazwischen liegenden Wochenende oder Feiertage am ersten Folgearbeitstag vereinbart werden.[350] Die §§ 190 BGB, 224 Abs. 3 ZPO sprächen dafür, dass nach juristischen Sprachgebrauch auch etwas verlängert werden könne, was schon abgelaufen ist.[351] Diese Normen beträfen aber nur die Verlängerung von Fristen, nicht die eines wechselseitigen Vertrages mit laufenden Hauptpflichten.[352] Ein synallagmatischer Dauervertrag könne nachträglich nur „verlängert" werden, solange bei rückwirkend nahtlosem Anknüpfen Hauptpflichten noch nicht fällig geworden sind, was praktisch nur in Frage komme, wenn das neue Arbeitsverhältnis am ersten Folgearbeitstag mit Rückwirkung (d.h. auch mit Lohnzahlungspflicht des Arbeitgebers für einen etwa dazwischenliegenden Feiertag) wiederbegründet wird.[353] Dafür, eine gewisse Großzügigkeit walten zu lassen, spreche auch die ratio legis, wie sie in der Gesetzesbegründung für die Verlängerungsmöglichkeit in § 1 BeschFG 1996 zum Ausdruck gekommen sei.[354]

(4) Stellungnahme

Für die Unschädlichkeit des Dazwischenliegens eines Feiertags oder eines Wochenendes könnten tatsächlich die §§ 190 BGB, 224 Abs. 3 ZPO sprechen, nach denen man die neue Frist vom Ablauf der alten Frist an berechnen muss. Wenn der letzte Tag der Frist auf einen Sonntag oder einen allgemeinen Feiertag fällt, dann beginnt die neue Frist erst mit dem Ablauf des nächstfolgenden Werktags an zu laufen.[355] Allerdings endete die Frist gerade nicht an den besagten Tagen, sondern vorher und dann folgten diese. Im Gegensatz dazu gibt es keine Regel, die den Fristbeginn z.B. nach einem Feiertag, auf den vor diesem Feiertag liegenden Tag zurückverlagert.

Das Wort „Ablauf" in Zusammenhang mit dem Begriff „Verlängerung" spräche zwar für die generelle Möglichkeit eines bereits erfolgten Fristablaufs, jedoch heißt es auch „von dem Ablauf an", was wiederum das Voraussetzen eines unmittelbaren Anschlusses nahe legt.

---

350 APS/Backhaus, § 1 BeschFG Rn 18, in APS/Backhaus, § 14 TzBfG Rn 371 ausdrücklich aufgegebene Auffassung. Vgl. auch die „vermittelnde Lösung" von Wisskirchen, DB 1998, S. 722 (723 f), die allerdings eine längere Pause ohne Lohnzahlungspflicht für zulässig hält.

351 APS/Backhaus, § 1 BeschFG Rn 18.

352 APS/Backhaus, § 1 BeschFG Rn 18; zustimmend Koppenfels, AuR 2003, S. 241 (243). So auch BAG vom 26.7.2000 – 7 AZR 51/99, AP Nr. 4 zu § 1 BeschFG 1996.

353 APS/Backhaus, § 1 BeschFG Rn 18; zustimmend Koppenfels, AuR 2003, S. 241 (243). Auch Wohlleben, RdA 1998, S. 277 (278) will eine Verlängerung nur annehmen, wenn die wechselseitigen Leistungspflichten ohne Unterbrechung perpetuiert wurden.

354 APS/Backhaus, § 1 BeschFG Rn 18 zu BT-Drucks. 13/4612, S. 12. Gemeint ist, dass eine weite Auslegung am besten dem Ziel der Beschäftigungsförderung dient.

355 Baumbach/Hartmann, § 224 ZPO Rn 10.

Im Übrigen spricht das Gesetz jeweils von „neuer Frist“, so dass argumentiert wird, dass in den genannten Fällen nicht die ursprüngliche Frist verlängert, sondern eine neue vereinbart werde.[356] Zudem wurde der Mindermeinung entgegengehalten, die Normen des BGB zu Fristen seien Auslegungsregeln, seien also unanwendbar, wenn durch Gesetz oder Rechtsgeschäft etwas anderes bestimmt ist, wie es beim BeschFG 1996 der Fall gewesen sei.[357] Im Übrigen besteht tatsächlich ein großer Unterschied zwischen einer Verlängerung von Fristen und einer Verlängerung eines synallagmatischen Vertrages mit laufenden Hauptpflichten. Bei letzterer gestaltet sich eine Rückwirkung wesentlich komplizierter. Außerdem ist dem Argument zuzustimmen, dass dem Sprachsinne nach nur etwas verlängert werden kann, was noch läuft/existiert. Denn ein ausgelaufener Vertrag kann nicht nachträglich zum Leben erweckt werden, verbunden mit der Fiktion, in der Zwischenzeit hätten die Leistungspflichten der Parteien geruht.

Dafür, nicht einen unmittelbaren Anschluss zu verlangen, könnte allerdings sprechen, dass auch bei der Befristung nach § 14 Abs. 1 S. 2 Nr. 2 TzBfG, nach dem die Befristung „im Anschluss an eine Ausbildung oder ein Studium erfolgt, um den Übergang des Arbeitnehmers in eine Anschlussbeschäftigung zu erleichtern“, der „Anschluss“ nicht daran scheitern muss, dass zwischen Studium und befristetem Arbeitsvertrag ein kurzer zeitlicher Zwischenraum liegt.[358] Dagegen spricht jedoch, dass der Wortlaut des § 14 Abs. 2 S. 1 TzBfG gerade nicht von „Anschluss“, sondern von „Verlängerung“ spricht. Entsprechend wird auch der Begriff der Verlängerung nicht „deckungsgleich“ mit dem der Anschlussbefristung verwendet.[359] Außerdem verlangt auch § 14 Abs. 1 S. 2 Nr. 2 TzBfG nur einen „Anschluss“ und nicht etwa einen „unmittelbaren Anschluss“.
Für das Erfordernis eines unmittelbaren Anschlusses spricht des Weiteren, dass bezüglich des Anschlusses an eine Ausbildung sogar etwas anderes gilt als für den Anschluss an ein Studium: Um die Auswirkungen des § 24 BBiG, das Arbeitsverhältnis auf unbestimmte Zeit, zu vermeiden, muss die befristete Einstellung im Anschluss an die Berufsausbildung unmittelbar danach folgen und darf keine Unterbrechung aufweisen, was in der Praxis durch eine Regelung vor Ab-

---

356 Hunold, NZA 1997, S. 741 (742).

357 Wisskirchen, DB 1998, S. 722 (723). Entsprechendes müsste dann auch für das heutige TzBfG gelten.

358 Tschöpe/Schmalenberg, Teil 3 I Rn 45: „nahtlose Verlängerung nicht erforderlich; jedoch stellt eine längere Unterbrechung den verfolgten Zweck in Frage“. Vgl. auch KDZ/Däubler, § 14 TzBfG Rn 54; Backhaus, NZA 2001, SB zu Heft 24, S. 8 (10); Däubler, ZIP 2001, S. 217 (223); Hromadka, BB 2001, S. 621 (623); Kliemt, NZA 2001, S. 296 (297). Hromadka, BB 2001, S. 621 (623); hält sogar eine Anschlussbeschäftigung bei einem anderen Arbeitgeber für möglich. Hier wäre denkgesetzlich gar keine Verlängerung möglich, wenn nicht etwa vorher ein Betriebsübergang erfolgt ist.

359 Das LAG Düsseldorf vom 6.12.2001 – 11 Sa 1204/01, AuR 2002, S. 270 (272), unterscheidet zwischen „Verlängerungsvertrag und nicht gestattetem Anschlussvertrag“.

schluss der Ausbildung sicherzustellen ist.[360] Sonst ist die Befristung unwirksam.
Außerdem führt die strenge Kausalitätsprüfung bei § 14 Abs. 1 S. 2 Nr. 2 TzBfG dazu, dass die übrigen Tatbestandsmerkmale großzügig ausgelegt werden können. Entsprechende Tatbestandsmerkmale enthält § 14 Abs. 2 S. 1 Hs. 2 TzBfG gerade nicht. Folglich spricht auch der Blick auf § 14 Abs. 1 S. 2 Nr. 2 TzBfG nicht für eine weite Auslegung des Wortes Verlängerung.

Für die herrschende Ansicht sprechen die Abgrenzungsprobleme zum Anschlussverbot: Wäre eine Verlängerung noch nach Ablauf des zu verlängernden Vertrages zulässig, wäre eine zuverlässige Abgrenzung zwischen einer statthaften Verlängerung und einem verbotenen Neuabschluss wenigstens erschwert, wenn nicht unmöglich.[361] Die Bestimmung wäre faktisch dem Willen der Parteien überlassen und einer Umgehung des Anschlussverbots damit Tür und Tor geöffnet.[362] Der Arbeitnehmer würde durch Unterbrechungen im Ungewissen gehalten, ob eine Anschlussbefristung noch möglich ist oder nicht.[363]
Aus Gründen der Rechtssicherheit ist daher eine klare Abgrenzung zu befürworten. Eine solche erreicht man dadurch, dass man eine eindeutige Festsetzung trifft, wie es die Rechtsprechung getan hat. Eine Regelung, die einen ein bis zwei Tage, vielleicht auch eine Woche oder länger dauernden Zwischenraum zulässt und rückwirkende Anschlüsse nicht ausschließt, würde zu erheblicher Rechtsunsicherheit führen[364] und dem Willen des Gesetzgebers gerade nicht gerecht werden. Zwar wollte er mit sämtlichen Befristungsgesetzen die Beschäftigung fördern, jedoch nicht um den Preis, dass die Arbeitnehmer dem Willen ihres Arbeitgebers derart ausgeliefert sind und statt der Alternative der Arbeitslosigkeit nur noch die Alternative der befristeten Beschäftigung angeboten bekommen (und zur Not den Arbeitnehmer gegen einen anderen austauschen, den sie befristet beschäftigen können). Denn gerade eine solche Denkweise führt nie zu dem angestrebtem Wechsel in Dauerarbeitsverhältnisse. Die ratio legis ist gerade, Kettenbefristungen zu verhindern. Dem wird man aber nur gerecht, wenn man keine Unterbrechungen zulässt.[365]

Auf den ersten Blick möchte der juristische Laie der Mindermeinung recht geben. Es erscheint unverständlich, eine Verlängerung nicht mehr zuzulassen, wenn sich in der Betriebspraxis gar keine Unterbrechung des Arbeitsverhältnis-

360 Tschöpe/Schmalenberg, Teil 3 I Rn 8.
361 Dörner, NZA 2003, SB zu Heft 16, S. 33 (39). Ähnlich auch Hopfner, BB 2001, S. 200 (200): „Zeitpunkt der Einigung als wesentliches Abgrenzungsmerkmal".
362 Ähnlich Wisskirchen, DB 1998, S. 722 (723) zu § 1 BeschFG 1996.
363 Vgl. KR[6]/Lipke, § 1 BeschFG 1996 Rn 102.
364 So auch KR[6]/Lipke, § 1 BeschFG 1996 Rn 102; Hunold, NZA 1997, S. 741 (742).
365 So auch Koppenfels, AuR 2003, S. 241 (243); Zerres, JURA 2002, S. 512 (518).

ses zeigt. Der Laie meint vielleicht, es handele sich hierbei um übertriebenen Formalismus, und sowohl dem Arbeitnehmer als auch dem Arbeitgeber würde Unrecht getan, wenn man eine entsprechende Verlängerung nicht zuließe. Deshalb muss man sich vor Augen führen, welche Folgen aus der Nichtzulassung verspäteter Verlängerungen für die Praxis resultieren:
Zum einen müsste der Arbeitgeber sich vor Ablauf der Befristung und damit früher entscheiden, ob er den Arbeitnehmer weiterbeschäftigen will. Der Arbeitnehmer wüsste damit spätestens an seinem letzten Arbeitstag, regelmäßig aber früher, ob sein Arbeitsverhältnis weiterhin Bestand hat. So würde eine gewisse Planungssicherheit erreicht werden. Es sind also keine besonderen Nachteile für den Arbeitgeber oder den Arbeitnehmer erkennbar, die gegen die Verneinung einer Verlängerung sprechen würden.
Man muss auch nicht – sollte in der Praxis eine zu späte „Verlängerung“ erfolgt sein – den Arbeitnehmer durch die Annahme einer Verlängerung schützen. Denn er wird durch das Gesetz geschützt, das bei einer (mangels Verlängerungsmöglichkeit auf Grund des Anschlussverbotes gegebenenfalls) unwirksamen Befristung gemäß § 16 S. 1 TzBfG einen unbefristeten Vertrag vorsieht. Möchte man jetzt dagegen argumentieren, dass - wenn diese Folge des unbefristeten Vertrages eintritt - der Arbeitgeber, um diese „Gefahr“ zu umgehen, lieber gar nicht mehr verlängert, sondern den Arbeitnehmer entlässt, so ist dem entgegen zu halten, dass dies gerade nicht passieren wird, wenn der Arbeitgeber den (eingearbeiteten) Arbeitnehmer eigentlich weiterbeschäftigen möchte. Denn ist dies so, muss er sich an die Regeln halten und wird den befristeten Arbeitsvertrag entsprechend früher verlängern oder den Arbeitnehmer unbefristet weiterbeschäftigen.
Dass man die Arbeitgeber durch eine strenge Rechtsprechung tatsächlich zur Einhaltung bestimmter Regeln bringen kann, zeigen auch die Schriften der Mindermeinung, in denen den Arbeitgebern - nach der Darstellung ihrer gegenteiligen Auffassung - nicht umsonst zumeist geraten wird, sich an die herrschende Meinung zu halten, um kein Risiko (einer unwirksamen Befristung) einzugehen. Der Arbeitgeber kann sich im Übrigen ohne größere Umstände[366] an die Regeln halten und ist somit nicht schützenswert.

Demgegenüber hätte die Zulassung späterer Verlängerungen für den Arbeitnehmer erhebliche Nachteile. Sie würde zu einer erheblichen Unsicherheit des Arbeitnehmers über seine berufliche und finanzielle Zukunft führen. Im Gegensatz dazu würde dem Arbeitgeber sehr viel Freiraum und Zeit gegeben, seine Ent-

---

366 Den „Verwaltungsaufwand“ der Beachtung der Befristungsenden hatte er bereits bei Abschluss des befristeten Arbeitsvertrages in Kauf genommen. So erscheint es nicht aufwendiger, rechtzeitig eine Verlängerung zu vereinbaren, als z. B. dem gegebenenfalls nach Fristablauf weiterarbeitenden Arbeitnehmer gemäß § 15 Abs. 5 TzBfG zu widersprechen.

scheidung über eine Verlängerung des befristeten Arbeitsvertrages hinauszuzögern. Solange er noch meint, eventuell auf einen Arbeitnehmer verzichten zu können, würde er sich nicht entscheiden, wenn er dies nicht muss. Er würde die ihm zugestandene Zeit ausnutzen und für den Arbeitnehmer entsteht eine „Zeit des Hoffens und Bangens", ob sein Arbeitsvertrag verlängert wird oder ob er anderweitig Arbeit finden muss. Möchte man dies dem Arbeitnehmer nicht zumuten, setzt man einen Endpunkt, an dem sich der Arbeitgeber entschieden haben muss. Dies gibt dem Arbeitnehmer die nötige Planungssicherheit und schafft im Übrigen Rechtsklarheit und -sicherheit. Denn nach Ablauf der alten Befristung ist keine Verlängerung mehr möglich und eine erneute sachgrundlose Befristung scheitert am Anschlussverbot des § 14 Abs. 2 S. 2 TzBfG.

(5) Ergebnis

Die Anschlussbefristung stellt nur dann eine Verlängerung im Sinne des § 14 Abs. 2 S. 1 TzBfG dar, wenn sie unmittelbar, d.h. ohne jegliche zeitliche Unterbrechung, an den zu verlängernden Vertrag anschließt und bereits vor Ablauf des zu verlängernden Vertrages vereinbart wurde.

bb) Form der Vereinbarung

Die Verlängerung eines befristeten Vertrages musste seit dem 1.5.2000 bis zum 31.12.2000 gemäß § 623 BGB a. F. und muss seit dem 1. Januar 2001 gemäß § 14 Abs. 4 TzBfG in schriftlicher Form erfolgen.[367] Denn die Schriftform ist grundsätzlich auch bei der Änderung eines formbedürftigen Rechtsgeschäfts zu beachten.[368] Bei einer Verlängerung liegt die Änderung der Befristungsabrede vor und die Befristung ist gemäß der obengenannten Norm ein formbedürftiges Rechtsgeschäft.[369] Im Übrigen spricht § 14 Abs. 4 TzBfG von „Befristung" und auch die Verlängerung eines befristeten Vertrags ist eine Befristung[370], so dass

[367] LAG Düsseldorf vom 6.12.2001 – 11 Sa 1204/01, AuR 2002, S. 270 (272); Annuß/Thüsing/Maschmann, § 14 TzBfG Rn 66; KDZ/Däubler, § 14 TzBfG Rn 182; Rolfs, § 14 TzBfG Rn 95; APS/Backhaus, § 14 TzBfG Rn 465 und § 1 BeschFG Rn 18; v. Hoyningen-Huene/Linck, § 1 Rn 611; Preis/Gotthardt, NZA 2000, S. 348 (357); KR/Lipke, § 14 TzBfG Rn 286; Preis/Rolfs, Teil II B 10 Rn 107; Tschöpe/Schmalenberg, Teil 3 I Rn 121; Koppenfels, AuR 2003, S. 241 (243); Osnabrügge, NZA 2003, S. 639 (640); Rolfs, NJW 2000, S. 1227 (1228).

[368] LAG Düsseldorf vom 6.12.2001 – 11 Sa 1204/01, AuR 2002, S. 270 (272); Soergel/Hefermehl, § 125 BGB Rn 16; Staudinger/Preis, § 620 BGB Rn 169; Koppenfels, AuR 2003, S. 241 (243); Preis/Gotthardt, NZA 2000, S. 348 (357, 358).

[369] Ähnlich Staudinger/Preis, § 620 BGB Rn 169; Koppenfels, AuR 2003, S. 241 (243); Preis/Gotthardt, NZA 2000, S. 348 (357).

[370] BAG vom 15.1.2003 – 7 AZR 535/02, AP Nr. 1 zu § 14 TzBfG (Hier wird die Verlängerungsvereinbarung des Weiteren als „eigenständiges Rechtsgeschäft" bezeichnet.); BAG

das Schriftformerfordernis schon deshalb besteht. Die Anforderungen an die gesetzliche Schriftform richten sich nach § 126 BGB.[371]

Problematisch ist, ob eine mündliche Verlängerungsvereinbarung vor Ablauf der Befristung zur Einhaltung der in § 14 Abs. 2 S. 1 und Abs. 4 TzBfG normierten Voraussetzungen ausreicht, wenn die Bestätigung in Schriftform zu Beginn der Laufzeit der neuen Befristung nachgeholt wird.

(1) weite Ansicht

Nach einem Urteil des LAG Düsseldorf liegt eine wirksame Verlängerung i. S. d. § 1 Abs. 1 S. 2 BeschFG 1996 [identisch mit § 14 Abs. 2 S. 1 TzBfG] auch dann vor, wenn der Verlängerungsvertrag unter Beibehaltung der bisherigen Vertragsbedingungen mündlich vor Ablauf des zu verlängernden Vertrages vereinbart, aber erst am ersten Tag seiner Laufzeit schriftlich bestätigt wird.[372] Der Sinn und Zweck [der Schriftform] des § 623 BGB a. F. und n. F. bestehe ausweislich der Gesetzesbegründung (BT-Drucks. 14/626, S. 11) darin, größtmögliche Rechtssicherheit hinsichtlich der von ihm erfassten Auflösungstatbestände zu gewährleisten.[373] Der Vorschrift komme vornehmlich Beweisfunktion darüber zu, ob [...] eine Befristung des Arbeitsverhältnisses bzw. deren Verlängerung vereinbart worden ist.[374] Dabei nehme eine mit Hilfe von § 623 BGB zu bekämpfende Rechtsunsicherheit über den arbeitsrechtlichen Status des Arbeitnehmers naturgemäß in dem Maße zu, wie sich die zeitlichen Abstände zum Zeitpunkt der Vornahme der von der Vorschrift erfassten Rechtsgeschäfte vergrößern.[375] Soweit ein solcher Abstand aber gänzlich fehlt, gehe der auf Rechtssicherheit durch Beweisbarkeit bezogene Sinn und Zweck des § 623 BGB ins Leere, wirke sein konstitutives Schriftformerfordernis überschießend.[376] Zumindest in diesem Fall sei eine teleologische Reduktion der Vorschrift geboten.[377]

(2) enge Ansicht

Nach anderer Ansicht muss die Verlängerungsvereinbarung vor Ablauf der vorhergehenden Befristung schriftlich fixiert werden.[378] Eine schriftliche Fixierung

---

vom 15.1.2003 – 7 AZR 346/02, AP Nr. 2 zu § 14 TzBfG. Manche sprechen statt von „Verlängerung" auch von „Anschlussbefristung".

371 Staudinger/Preis, § 620 BGB Rn 170.

372 LAG Düsseldorf vom 6.12.2001 – 11 Sa 1204/01, AuR 2002, S. 270 (272); zustimmend Mayer, AiB 2003, S. 61 (61).

373 LAG Düsseldorf vom 6.12.2001 – 11 Sa 1204/01, AuR 2002, S. 270 (272).

374 LAG Düsseldorf vom 6.12.2001 – 11 Sa 1204/01, AuR 2002, S. 270 (272).

375 LAG Düsseldorf vom 6.12.2001 – 11 Sa 1204/01, AuR 2002, S. 270 (272).

376 LAG Düsseldorf vom 6.12.2001 – 11 Sa 1204/01, AuR 2002, S. 270 (272).

377 LAG Düsseldorf vom 6.12.2001 – 11 Sa 1204/01, AuR 2002, S. 270 (272).

378 Meinel/Heyn/Herms[2], § 14 TzBfG Rn 86; Tschöpe/Schmalenberg, Teil 3 I Rn 128; v. Hoyningen-Huene/Linck, § 1 Rn 611; Osnabrügge, NZA 2003, S. 639 (640). So auch die

erst nach mündlicher Vereinbarung führe nicht rückwirkend zu einer wirksamen Befristung.[379] Denn die mündliche Vereinbarung sei zwar rechtzeitig, da vor Ablauf des Vertrages, erfolgt, genüge aber nicht der Schriftform, während die schriftliche Vereinbarung zwar der Schriftform genüge, aber zu spät erfolge und damit keine Verlängerung mehr im Sinne des § 1 Abs. 1 S. 2 BeschFG bzw. des § 14 Abs. 2 S. 1 TzBfG darstelle.[380]

(3) Stellungnahme

Wenn man der obigen Argumentation zustimmt, nach der die Verlängerung bereits vor Ablauf des zu verlängernden Vertrages zu erfolgen hat, und die Voraussetzung hinzu nimmt, dass sie in schriftlicher Form vereinbart werden muss, so erscheint es selbstverständlich, dass die Voraussetzungen gemeinsam vorliegen müssen. Denn mangels Einhaltung der Schriftform vor Ablauf des vorhergehenden befristeten Vertrages wäre auf Grund der Formunwirksamkeit rechtlich gar keine Verlängerungsvereinbarung gegeben. Dies folgte für die Formvoraussetzung des § 623 BGB aus § 125 S. 1 BGB, nach dem das Fehlen der gesetzlichen Form zur Nichtigkeit des Rechtsgeschäfts, hier also der Verlängerungsvereinbarung, führt. Für die Formvoraussetzung des § 14 Abs. 4 TzBfG lässt sich dies aus § 16 S. 1 Hs. 1 TzBfG entnehmen, der als Folge der Rechtsunwirksamkeit die Fiktion eines unbefristeten Arbeitsvertrages vorsieht.[381] § 16 S. 2 TzBfG macht von diesem Grundsatz für die Unwirksamkeit wegen des Mangels der Schriftform keine Ausnahme, sondern ermöglicht - auch ohne einzel- oder tarifvertragliche Vereinbarung - eine vorzeitige ordentliche Kündigung. Die rechtsunwirksame Befristung auf Grund eines Formmangels wird somit privilegiert, was im Umkehrschluss bedeutet, dass der Gesetzgeber auch bei diesem Mangel hinsichtlich dessen Rechtsfolge eine „harte Vorgehensweise" wünschte.

Gegen die Ansicht des LAG Düsseldorf kann man argumentieren, dass sich die Nichtigkeit auch durch eine restriktive Auslegung nicht vermeiden lässt, da die gesetzliche Formvorschrift ohne die Rechtsfolge der Nichtigkeit wertlos wäre.[382] Eine „Heilung" der Formnichtigkeit durch „Erfüllung" sieht das Gesetz nur für bestimmte Fälle[383] vor, die hier nicht einschlägig sind.[384] Das Weiterarbeiten des

Rechtsprechung zur Befristung allgemein: Arbeitsaufnahme vor schriftlicher Niederlegung der mündlich vereinbarten Befristung führt gemäß § 16 TzBfG zu einem unbefristeten Arbeitsverhältnis: BAG vom 22.10.2003 - 7 AZR 113/03; BAG vom 1.12.2004 – 7 AZR 198/04.

379 KDZ/Däubler, § 14 TzBfG Rn 163; Tschöpe/Schmalenberg, Teil 3 I Rn 128.

380 Koppenfels, AuR 2003, S. 241 (243).

381 Zu beachten ist allerdings, dass die Rechtsunwirksamkeit der Befristung gemäß § 17 S. 1 TzBfG (früher gemäß § 1 Abs. 5 BeschFG) innerhalb von drei Wochen nach dem vereinbarten Ende des befristeten Arbeitsvertrages gerichtlich geltend gemacht werden muss.

382 Vgl. die allgemeine Anmerkung bei Soergel/Hefermehl, § 125 BGB Rn 25.

383 Zum Beispiel in § 313 S. 2 BGB, § 518 Abs. 2 S. 2 BGB oder § 766 S. 2 BGB.

Arbeitnehmers nach Ablauf des bisherigen Vertrages kann somit nicht etwa den Schriftmangel heilen, sondern führt gemäß § 15 Abs. 5 TzBfG gar zu einer Verlängerung auf unbestimmte Zeit (also zu der gleichen Rechtsfolge wie § 16 S. 1 Hs. 1 TzBfG). Allein auf Grund dieser Spezialregelung erscheint nur das Ergebnis der Nichtigkeit der Verlängerungsvereinbarung gesetzeskonform. Daher kommt auch keine Einschränkung der Nichtigkeitsfolge mit dem Grundsatz von Treu und Glauben in Betracht, welche die Rechtsprechung ohnehin nur in seltenen Fällen anerkennt.[385]

Entsprechend obiger Argumentation sprechen auch hier die allgemeine Rechtssicherheit und die Planungssicherheit des Arbeitnehmers dafür, dass eine zunächst nur mündlich erfolgte Verlängerungsvereinbarung nicht ausreichen kann. Einen hinreichenden Beweis für die Rechtzeitigkeit der Vereinbarung bietet nur eine Verlängerungsvereinbarung in Schriftform. Und auch der Arbeitnehmer hat nur eine entsprechende Sicherheit, wenn er die Vereinbarung „schwarz auf weiß" hat. Auf eine bloß mündlich erfolgte Vereinbarung möchte sich ein Arbeitnehmer ungern verlassen müssen. Allerdings könnte er eine Verlängerungsvereinbarung in Schriftform nicht verlangen, wenn es sogar rechtlich möglich wäre, diese „nachzuholen". Daher sprechen auch die Arbeitnehmerschutzerwägungen für das Erfordernis einer „sofortigen" Vereinbarung in Schriftform.

Durch eine andere Annahme würde der von der Formvorschrift intendierte Arbeitnehmerschutz auch im Hinblick auf die Warnfunktion bezüglich des fehlenden Bestandsschutzes in sein Gegenteil verkehrt.[386] Durch die Entscheidung des LAG Düsseldorf wurde dem Arbeitnehmer der Schutz, den die Rechtsfolge des unbefristeten Arbeitsverhältnisses gewährt, entzogen, indem die Schriftform doch als wirksam anerkannt wird und damit ein wirksam befristetes Arbeitsverhältnis vorliegt.[387]

Im Übrigen bestand auch nach dem Willen des Gesetzgebers der Zweck des Schriftformerfordernisses primär in einer Klarstellungs- und Beweisfunktion.[388] Diesem Zweck darf nicht einfach aus Praktikabilitätsgründen oder ähnlichen Erwägungen, wie sie das LAG Düsseldorf anstellt, widersprochen werden.

---

384 Zu diesem Ergebnis kommt auch Osnabrügge, NZA 2003, S. 639 (641), der im Übrigen darauf hinweist, dass die Heilung nur es nunc wirke und damit nicht zu einer rückwirkenden Gültigkeit (der Verlängerung) führen könne. Darauf, dass eine Bestätigung eines nichtigen Vertrages nach § 141 Abs. 2 BGB (die man in der späteren schriftlichen Fixierung sehen könnte) keine rückwirkende Kraft hat, weist Tschöpe/Schmalenberg, Teil 3 I Rn 128 hin.

385 Beispielsweise um ein schlechthin untragbares Ergebnis zu vermeiden, vgl. die Verweise bei Soergel/Hefermehl, § 125 BGB Rn 37 in Fn 154.

386 So auch Koppenfels, AuR 2003, S. 241 (244 f) mit eindeutigen Votum gegen eine ausnahmsweise als unbeachtlich anzusehende Formnichtigkeit.

387 Koppenfels, AuR 2003, S. 241 (245).

388 BT-Drucks. 14/4625, S. 21.

Die laut der Gesetzesbegründung zu gewährleistende größtmögliche Rechtssicherheit ist nur dann gegeben, wenn die Schriftform bereits vor Ablauf der vorhergehenden Befristung eingehalten wurde. Ansonsten stellt sich wieder die bereits oben diskutierte Frage, wo man die Grenze der möglichen Nachholung ziehen will.[389] Gerade auch die Verspätung um einen Tag stellt entgegen der Ansicht des LAG Düsseldorf einen zeitlichen Abstand dar.
Aus diesen Gründen ist der zweiten Ansicht zu folgen.

(4) Ergebnis
Die Verlängerungsvereinbarung muss zur Einhaltung der in § 14 Abs. 2 S. 1 und Abs. 4 TzBfG normierten Voraussetzungen bereits vor Ablauf des zu verlängernden Vertrages schriftlich vereinbart werden.

cc) Änderung der Vertragsbedingungen
Umstritten ist weiterhin, ob eine Verlängerung auch dann gegeben ist, wenn sich die bisherigen Vertragsbedingungen ändern.

(1) enge Ansicht
Die überwiegende Ansicht im Schrifttum spricht sich gegen die Annahme einer Verlängerung bei geänderten Vertragsbedingungen aus, da eine Verlängerung inhaltlich identische Arbeitsverträge voraussetze.[390] Hiernach müssen insbesondere die Dauer der Arbeitszeit, aber auch die Vergütung und sonstige Gegenleistungen des Arbeitgebers unverändert bleiben.[391] Auch das BAG geht davon aus, dass mit dem Begriff der Verlängerung eine inhaltliche Änderung der Vertragsbedingungen nicht vereinbar sei.[392]

---

389 Ähnlich auch Koppenfels, AuR 2003, S. 241 (244).

390 Annuß/Thüsing/Maschmann, § 14 TzBfG Rn 65; ErfK/Müller-Glöge, § 14 TzBfG Rn 114; ErfK²/Müller-Glöge, § 1 BeschFG Rn 35; KDZ/Däubler, § 14 TzBfG Rn 164; Kittner/Zwanziger/Lakies, § 133 Rn 217; KR/Lipke, § 14 TzBfG Rn 287 ff; KR⁶/Lipke, § 1 BeschFG 1996 Rn 103; MK/Hesse, § 14 TzBfG Rn 84; Hunold, S. 103 (plädiert für Vorsicht in seinen Musterverträgen wegen der Rechtsprechung des 7. Senats des BAG, steht dem aber kritisch gegenüber); Hopfner, BB 2001, S. 200 (200); Koppenfels, AuR 2003, S. 241 (241); Preis/Gotthardt, DB 2001, S. 145 (152); Wisskirchen, DB 1998, S. 722 (724); im Ergebnis auch: Ring, § 14 TzBfG Rn 104; Bauer, BB 2001, 2473 (2475); Däubler, ZIP 2001, S. 217 (223); Osnabrügge, NZA 2003, S. 639 (640); Zerres, JURA 2002, S. 512 (518).

391 KDZ/Däubler, § 14 TzBfG Rn 163; Däubler, ZIP 2001, S. 217 (223); Kliemt, NZA 2001, S. 296 (299).

392 BAG vom 15.1.2003 – 7 AZR 535/02, AP Nr. 1 zu § 14 TzBfG; BAG 26.7.2000 – 7 AZR 51/99, AP Nr. 4 zu § 1 BeschFG 1996; BAG 25.10.2000 – 7 AZR 483/99, AP Nr. 6 zu § 1 BeschFG 1996; BAG vom 26.7.2000 – 7 AZR 51/99, DB 2000, S. 1572 (1572).

Zur Begründung wird angeführt, der Wortlaut spreche von *einem* Arbeitsvertrag; mit jeder Verlängerung werde also nicht ein neuer Vertrag geschlossen, sondern der alte mit neuer Befristung fortgeführt.[393] Dafür spreche schon der Begriff der Verlängerung, der sich lediglich auf die Laufzeit des Vertrages beziehe.[394] Jede Veränderung zum vorangegangenen Arbeitsvertrag mache eine Verlängerung desselben Vertrages „denkgesetzlich unmöglich".[395]

(2) weite Ansicht

Nach anderer Ansicht ist eine Verlängerung auch bei einer Beschäftigung auf einem anderen Arbeitsplatz oder zu anderen Arbeitsbedingungen gegeben.[396] Die herrschende Auffassung wird dementsprechend teilweise für nicht sonderlich überzeugend gehalten.[397] Sie komme nur mit Ausnahmen zu sinnvollen Ergebnissen.[398] Es müßten die alten Arbeitsvertragsbedingungen nicht fortgeschrieben werden, die Befristungen könnten auch mit neuen Vertragsinhalten versehen werden.[399]

Dafür wird argumentiert, dass sich weder aus der Entstehungsgeschichte noch aus dem Gesetzeszweck Anhaltspunkte für eine derart restriktive Interpretation ableiten lassen.[400] Die Gegenansicht sei doch reichlich gekünstelt, zumal eine Änderung der Arbeitsentgelte, also einem sehr wichtigen Vertragsbestandteil, zum Teil[401] für unschädlich gehalten wird, wohingegen zum Beispiel der Wechsel von Vollzeit auf Teilzeit schädlich sein soll.[402]

---

393 Wisskirchen, DB 1998, S. 722 (724).

394 BAG vom 15.1.2003 – 7 AZR 535/02, AP Nr. 1 zu § 14 TzBfG; BAG 26.7.2000 – 7 AZR 51/99, AP Nr. 4 zu § 1 BeschFG 1996; BAG 25.10.2000 – 7 AZR 483/99, AP Nr. 6 zu § 1 BeschFG 1996; Annuß/Thüsing/Maschmann, § 14 TzBfG Rn 65; ErfK/Müller-Glöge, § 14 TzBfG Rn 114; KR/Lipke, § 14 TzBfG Rn 287.

395 KR[6]/Lipke, § 1 BeschFG 1996 Rn 103, der aber gleichzeitig eine Änderung der Arbeitsentgelte dadurch nicht für ausgeschlossen hält. In der neuen Auflage, KR/Lipke, § 14 TzBfG Rn 290, befürwortet er sogar ausgiebig die Zulässigkeit des Versprechens eines höheren Lohnes im Zuge einer Verlängerungsvereinbarung, bleibt jedoch bei der grundsätzlichen Ablehnung von Änderungen (Rn 287). Im Ergebnis zustimmend: Däubler, ZIP 2001, S. 217 (223); Kliemt, NZA 2001, S. 296 (299).

396 APS/Backhaus, § 1 BeschFG Rn 19; Backhaus, NZA 2001, SB zu Heft 24, S. 8 (10 f); Schiefer, DB 2000, S. 2118 (2122); Sowka, DB 2000, S. 1916 (1916) und BB 1997, S. 677 (678).

397 APS/Backhaus, § 14 TzBfG Rn 374; SPV/Preis, I § 3 Rn 113.

398 Staudinger/Preis, § 620 BGB Rn 162; SPV/Preis, I § 3 Rn 113.

399 APS/Backhaus, § 14 TzBfG Rn 374; KPK/Sowka, Teil F Rn 52.

400 APS/Backhaus, § 1 BeschFG Rn 19; APS/Backhaus, § 14 TzBfG Rn 374; KPK/Sowka, Teil F Rn 52; Sowka, BB 1997, S. 677 (678).

401 So z.B. KR[5]/Lipke, § 1 BeschFG 1996 Rn 103; KR/Lipke, § 14 TzBfG Rn 290.

402 So die Kritik von KPK/Sowka, Teil F Rn 52 an der uneinheitlichen Lösung von KR[5]/Lipke, § 1 BeschFG 1996 Rn 103. Ähnlich auch HbArbR, Erg./Wank, § 116 Rn 185, nach dem zumindest „bestimmte Änderungen" wie der Fall der Gehaltserhöhung bei

Ob ein Inhaltsschutz, der so weit geht, dass bei Verlängerungen der hier fraglichen Art außer dem Endtermin der Befristung rein gar nichts geändert werden darf, befristungsrechtlich nötig ist, wird angezweifelt, weil es doch primär um Bestandsschutz gehe.[403] Kritisch wird die Frage aufgeworfen, ob es die Funktion des Merkmals „Verlängerung" darstelle, eine Bestandssicherung der ursprünglich vereinbarten Vertragsbedingungen zu gewährleisten.[404] Verneine man dies, werde der Regelung ein Stück ihrer Flexibilität genommen, weil bereits durch eine angesichts der Vertragsverlängerung vorgenommene Gehaltserhöhung die Verlängerung unzulässig würde.[405] Insbesondere die Schädlichkeit einer Entgelterhöhung wird für absurd gehalten.[406] Auch im Falle eines arbeitnehmerseitigen Wunsches, die Arbeitszeit zu verändern oder die Urlaubstage zu erhöhen, erscheint die strikte Haltung der Gegenansicht unsinnig.[407]
Für das Vorliegen einer Verlängerung auch bei einer Umstellung von Vollzeit auf Teilzeit wird argumentiert, dass es dem Gesetzgeber erkennbar allein um die Regelung der Zulässigkeit und Dauer von Befristungen gegangen sei, nicht dagegen um einen derart weitgehenden Vertragsinhaltsschutz.[408]

(3) vermittelnde Ansicht

Eine andere Auffassung verlangt, dass zumindest die „wesentlichen" Vertragsbedingungen beibehalten werden müssen.[409] Dies folge aus dem Begriff der Verlängerung und dem Umstand, dass das Gesetz eine Verlängerung eines Arbeitsvertrages und nicht lediglich eines Arbeitsverhältnisses voraussetzt.[410]
Während manche Vertreter dieser Ansicht[411] nicht aufzeigen, was „wesentlich" sein soll, nennen andere[412] die Dauer einer Befristung, die Lohnhöhe und die Wochenarbeitszeit als Beispiele für „wesentlichen Vertragsbedingungen".
Wiederum andere definieren eine „wesentliche Änderung" als eine Änderung, die über das Direktionsrecht des Arbeitgebers hinausgeht.[413] Ergäbe sich eine

---

sonst gleichbleibenden Vertragsbedingungen und die Verringerung der Stundenzahl unschädlich sein sollen.

403 Hunold, S. 103; ähnlich auch SPV/Preis, I § 3 Rn 113; KPK/Sowka, Teil F Rn 52; Backhaus, NZA 2001, SB zu Heft 24, S. 8 (10); Sowka, DB 2000, S. 1916 (1916).

404 Staudinger/Preis, § 620 BGB Rn 162; SPV/Preis, I § 3 Rn 113.

405 SPV/Preis, I § 3 Rn 113; Hunold, S. 103.

406 APS/Backhaus, § 14 TzBfG Rn 374; Meinel/Heyn/Herms², § 14 TzBfG Rn 87; Backhaus, NZA 2001, SB zu Heft 24, S. 8 (10); Sowka, DB 2000, S. 1916 (1916).

407 APS/Backhaus, § 14 TzBfG Rn 374; Backhaus, NZA 2001, SB zu Heft 24, S. 8 (10).

408 KPK/Sowka, Teil F Rn 52; Sowka, DB 2000, S. 1916 (1916). Ähnlich auch Backhaus, NZA 2001, SB zu Heft 24, S. 8 (10).

409 BBDW/Bader, § 620 BGB Rn 55; Tschöpe/Schmalenberg, Teil 3 I Rn 20; Heise/Lessenich/Merten, Arbeitgeber 1997, S. 94 (94).

410 Tschöpe/Schmalenberg, Teil 3 I Rn 20.

411 Tschöpe/Schmalenberg, Teil 3 I Rn 20.

412 Wisskirchen, DB 1998, S. 722 (724).

solche wesentliche Änderung, handle es sich nicht mehr um eine Verlängerung, sondern um einen neuen befristeten Arbeitsvertrag.[414] Seien während der Dauer der ersten Befristung geänderte Vertragsbedingungen vereinbart worden und wurden diese dann auch noch während der ersten Befristung umgesetzt, stehe der Annahme einer Verlängerung aber nichts im Wege.[415] Es dürfe sich aber nicht nur um einen formalen „Aufhänger" für die zweite Befristung mit geänderten Vertragsbedingungen handeln.[416]

(4) Stellungnahme

Gegen die vermittelnde Ansicht spricht, dass die „wesentlichen Vertragsbedingungen" zunächst verbindlich festgelegt werden müßten, da diese Ansicht ansonsten zu erheblicher Rechtsunsicherheit führen würde. Von der Verwendung eines solchen, unbestimmten Rechtsbegriffs bei der Definition des gesetzlichen Merkmals der Verlängerung ist daher meines Erachtens abzuraten. Die vermittelnde Ansicht führt eher zu weiterer Verwirrung als dass sie zur Klärung der Abgrenzungsprobleme beiträgt.

Gegen das Argument der Vertreter der engen Ansicht, dass der Wortlaut von *einem* Arbeitsvertrag spreche, lässt sich einwenden, dass das Gesetz nicht anders formulierbar war. Im Gegensatz dazu hätte eine Formulierung wie „die Verlängerung des befristeten Arbeitsvertrages" eher für einen konkreten, unveränderten Arbeitsvertrag und damit für die enge Ansicht gesprochen.
Allerdings spricht für die Notwendigkeit der Beibehaltung der bisherigen Vertragsbedingungen, dass § 14 Abs. 2 S. 1 TzBfG von „Verlängerung eines Arbeits*vertrages*" spricht, während beispielsweise in S. 2 der Begriff des „Arbeits*verhältnisses*" verwendet wird.[417] Verlängert werden kann also nach dem Wortlaut nur der konkrete Arbeitsvertrag. Eine Verlängerung des Arbeits*verhältnisses* zwischen Arbeitgeber und Arbeitnehmer allein genügt demnach nicht, sprich es kommt gerade nicht auf die bloße Aufrechterhaltung der arbeitsrechtlichen Beziehung als solcher an.

Die Vertreter der engen Ansicht argumentieren, dass trotz des engen Verständnisses des Begriffs der Verlängerung dem Arbeitgeber nicht die Hände gebun-

---

413 BBDW/Bader, § 620 BGB Rn 55. Auch Heise/Lessenich/Merten, Arbeitgeber 1997, S. 94 (94) und Wisskirchen, DB 1998, S. 722 (724) unterscheiden für die Zulässigkeit von Änderungen danach, ob sie im Wege des Direktionsrechts durchgesetzt werden können.

414 BBDW/Bader, § 620 BGB Rn 55.

415 BBDW/Bader, § 620 BGB Rn 55; ähnlich auch KDZ/Däubler, § 14 TzBfG Rn 164, der den Abschluss eines Änderungsvertrages vor oder nach der Verlängerungsvereinbarung für möglich hält. Lediglich die Verknüpfung Verlängerung – veränderte Arbeitsbedingungen solle unterbleiben.

416 BBDW/Bader, § 620 BGB Rn 55.

417 So auch KR[5]/Lipke, § 1 BeschFG 1996 Rn 102, zur entsprechenden Vorgängerregelung.

den seien, da er bei Vertragsschluss die Möglichkeit habe, sein Direktionsrecht weit anzulegen und den Arbeitnehmer als „Aushilfe" oder „Springer" zu verpflichten.[418]
Dem ist zuzustimmen. Denn das Direktionsrecht des Arbeitgebers, das das Recht umfasst, die Arbeitspflicht durch einseitige Weisungen näher auszugestalten, was insbesondere Zeit(-einteilung), Ort und Inhalt sowie Art und Weise der zu leistenden Arbeit betrifft[419], wird insbesondere durch detaillierte Tätigkeitsbeschreibungen und sonstige vertragliche Festlegungen, z.B. in zeitlicher und örtlicher Hinsicht, stark verkürzt.[420] Bewege sich der Arbeitgeber im Rahmen seines Direktionsrechts und bleibe der Vertragsinhalt ansonsten unverändert, so liege in dem nach Verlängerung der Befristung vorgenommenen abweichenden Einsatz des Arbeitnehmers kein Verstoß gegen das Gebot, die materiellen Arbeitsbedingungen beizubehalten.[421] In durch den Arbeitsvertrag gesteckten Grenzen lassen sich die Arbeitsbedingungen also durch einfache Weisung des Arbeitgebers ändern.[422]
Außerdem bestehe, wenn diese Grenzen überschritten werden und es nicht zu einer einvernehmlichen Neuregelung des Arbeitsverhältnisses kommt, die Möglichkeit einer Änderungskündigung nach § 2 KSchG, soweit im Arbeitsvertrag eine ordentliche Kündigung zugelassen sei.[423] Darüber hinaus könne er jederzeit in eine Befristung mit sachlichem Grund oder in ein unbefristetes Arbeitsverhältnis mit gleichen oder veränderten Vertragsinhalten wechseln.[424]
Dagegen spricht jedoch die Schlechterstellung des Arbeitnehmers, wenn dem Arbeitgeber kein Sachgrund zur Seite steht und er partout keine unbefristeten Verträge schließen will.

Eine Änderung, die auch während der Dauer eines Arbeitsverhältnisses jederzeit auf Grund des Direktionsrechts vorgenommen werden könnte, ohne dass gleich von einem neuen Arbeitsverhältnis auszugehen ist, darf meines Erachtens bei

---

418 KR⁵/Lipke, § 1 BeschFG 1996 Rn 103 und KR/Lipke, § 14 TzBfG Rn 292; ähnlich auch Wisskirchen, DB 1998, S. 722 (724).

419 Küttner/Griese, Personalbuch 2006, Weisungsrecht, Rn 2; Schaub, § 31 Rn 31; Wind/Schimana/Wichmann/Langer, Rn 440.

420 Küttner/Griese, Personalbuch 2006, Weisungsrecht, Rn 8 ff; Wind/Schimana/Wichmann/Langer, Rn 440. Daher empfehlen auch Heise/Lessenich/Merten, Arbeitgeber 1997, S. 94 (94), die Verwendung schlanker Verträge, die ein nicht zu eng bemessenes Direktionsrecht des Arbeitgebers sichern.

421 ErfK/Müller-Glöge, § 14 TzBfG Rn 114; KR/Lipke, § 14 TzBfG Rn 292; ähnlich auch Heise/Lessenich/Merten, Arbeitgeber 1997, S. 94 (94).

422 Küttner/Eisemann, Personalbuch 2006, Änderungskündigung, Rn 1.

423 KR⁵/Lipke, § 1 BeschFG 1996 Rn 103; Küttner/Eisemann, Personalbuch 2006, Änderungskündigung, Rn 1; Wind/Schimana/Wichmann/Langer, Rn 586; Wisskirchen, DB 1998, S. 722 (724).

424 KR⁵/Lipke, § 1 BeschFG 1996 Rn 103.

einem befristeten Arbeitsverhältnis nicht zur Ablehnung einer Verlängerung führen. Es darf keinen Unterschied machen, dass die Änderung letztlich im Zuge der Verlängerung vereinbart und gleichzeitig schriftlich fixiert wird.
Trotzdem wird teilweise verlangt, dass die Verknüpfung Verlängerung – veränderte Arbeitsbedingung unterbleiben solle.[425] Diese Forderung erscheint doch recht praxisfern: Es würde einen erheblichen Verwaltungsaufwand bedeuten, wenn man dafür zwei getrennte schriftliche Verträge fordern würde, für den es keinen Anlass gibt.
Die Grenze, ab der keine Verlängerung mehr anzunehmen ist, bilden somit Änderungen, die einer Änderungskündigung bedürften und damit zu einem Abschluss eines neuen Arbeitsvertrages zu geänderten Bedingungen führen würden.[426] Denn ein neuer Vertrag stellt natürlich keine Verlängerung des alten Vertrages dar.

Gegen die „denkgesetzliche Unmöglichkeit“ einer inhaltlichen Veränderung bei einer Verlängerung wird argumentiert, dass auch nach einer Änderung einzelner Bedingungen noch von einem einheitlichen Vertrag gesprochen werden könne, da es im Arbeitsleben geradezu üblich sei, neue Arbeitsbedingungen in einem „Änderungsvertrag zum Arbeitsvertrag vom ...“ zu vereinbaren.[427] Dies drücke selbst in der Laiensphäre aus, dass es sich weiterhin um denselben, neu gestalteten Vertrag handelt.[428] Auch denkgesetzlich werde die Identität eines Gegenstandes nicht dadurch beseitigt, dass an ihm Änderungen vorgenommen werden.[429]
Dem ist recht zugeben, aber hinzuzufügen, dass es wirklich noch Änderungen sein müssen, die die „Identität des Vertrages“ nicht berühren. Die „Verlängerung“ darf nicht zu einer grundlegenden Änderung des Vertrages führen.[430] Ist der ursprüngliche Arbeitsvertrag nicht mehr als solcher erkennbar, weil dem Arbeitnehmer zum Beispiel gänzlich andere Tätigkeitsbereiche „zugewiesen“ wurden, gegebenenfalls neben einer Änderung der Arbeitszeit und des Gehalts, erscheint die Annahme eine Verlängerung doch eher abwegig. Dann würde der Arbeitsvertrag den Anschein machen, dass die Befristungsregeln umgangen werden sollten. Ein solcher „Änderungsvertrag“ wäre kein solcher und entspre-

---

425 KDZ[5]/Däubler, § 14 TzBfG Rn 164. In der Neuauflage spricht KDZ/Däubler, § 14 TzBfG Rn 164, nur noch von der Verknüpfung Verlängerung – *schlechtere* Arbeitsbedingung. Auf den Streit kommt es somit auch nach der hier vertretenen Ansicht nicht (mehr) an.
426 So im Ergebnis auch Wisskirchen, DB 1998, S. 722 (724).
427 APS/Backhaus, § 1 BeschFG Rn 19; vgl. Wind/Schimana/Wichmann/Langer, Rn 494.
428 APS/Backhaus, § 1 BeschFG Rn 19.
429 APS/Backhaus, § 1 BeschFG Rn 19.
430 So auch Heise/Lessenich/Merten, Arbeitgeber 1997, S. 94 (94).

chende Änderungen somit auch nicht im Zusammenhang mit einer Verlängerung möglich.
Im Übrigen scheint das Argument der „denkgesetzlichen Unmöglichkeit" insofern schwach, als eine inhaltliche Veränderung im Zuge einer Verlängerung nicht einerseits „denkgesetzlich unmöglich" sein kann, andererseits aber Ausnahmen gemacht werden sollen können, weil der Schutzzweck nicht berührt sei. Eine solche Argumentation ist in sich widersprüchlich.

Dem Argument der Vertreter der weiten Ansicht, es sei nicht die Funktion des Merkmals „Verlängerung", eine Bestandssicherung der ursprünglich vereinbarten Vertragsbedingungen zu gewährleisten, ist meines Erachtens zuzustimmen. Denn dem Gesetzgebers ging es in erster Linie darum, den Arbeitgebern einen Anreiz zur Einstellung neuer Arbeitnehmer zu geben, verbunden mit der Hoffnung, dass diese später in unbefristete Arbeitsverhältnisse umgewandelt werden. Es kommt jedoch bei der Auslegung eines Merkmals nicht lediglich auf die gesetzgeberische Funktion an, wenn der Wortlaut ersichtlich eng ist: Verlängern kann man in er Tat nur etwas, das noch Bestand hat. Besteht ein Rechtsverhältnis nicht mehr, muss man erst wieder ein neues begründen und kann nicht mehr an das alte anknüpfen.

Für die weite Ansicht könnte jedoch eine Regelung im KSchG sprechen: Nach § 1 Abs. 2 S. 2 Nr. 1 b) KSchG ist die Kündigung auch sozial ungerechtfertigt, wenn der Arbeitnehmer an einem anderen Arbeitsplatz in demselben Betrieb [...] weiterbeschäftigt werden kann [...]. Gemäß § 1 Abs. 2 S. 3 KSchG gilt S. 2 entsprechend, wenn [...] eine Weiterbeschäftigung des Arbeitnehmers unter geänderten Arbeitsbedingungen möglich ist und der Arbeitnehmer sein Einverständnis hiermit erklärt hat.
Diese Regelung wirkt zugunsten des Arbeitnehmers, denn eine Weiterbeschäftigung auf einem anderen Arbeitsplatz oder eine Weiterbeschäftigung des Arbeitnehmers unter geänderten Arbeitsbedingungen geht einer Beendigungskündigung vor, und deren Möglichkeit spricht für die Sozialwidrigkeit der Kündigung. Deshalb könnte man überlegen, ob eine solche Möglichkeit der Weiterbeschäftigung auch im Befristungsrecht, das sich auf Grund des Kündigungsschutzrechts entwickelt hat, zugunsten des Arbeitnehmers wirken müsste, mit dem Ergebnis, dass eine Verlängerung zu bejahen wäre.
Allerdings verfolgt das KSchG hier das Prinzip, dass jede Weiterbeschäftigung, auch eine solche unter schlechteren Bedingungen, besser ist als eine Kündigung. Da der Arbeitnehmer bei der Annahme einer unwirksamen Verlängerung jedoch durch die Fiktion eines unbefristeten Arbeitsvertrages gemäß § 16 S. 1 TzBfG geschützt wird, ist diese Regelung des KSchG hier nicht übertragbar.
Außerdem ist eine Weiterbeschäftigung gerade nicht deckungsgleich mit einer Verlängerung. Hier wird aber eine Weiterbeschäftigung des Arbeitnehmers an

einem anderen Arbeitsplatz mit einer Weiterbeschäftigung des Arbeitnehmers unter geänderten Arbeitsbedingungen gleichgesetzt. Beides stellt damit gerade keine mit einer Verlängerung vergleichbare Situation dar. Gemäß § 2 S. 1 KSchG ist eine Änderungskündigung - die oben als Grenze für Vertragsveränderungen genannt wurde - eine Kündigung mit dem gleichzeitigen Angebot der Fortsetzung des Arbeitsverhältnisses zu geänderten Arbeitsbedingungen. Dies spricht eher dafür, dass im Falle der Änderung der Arbeitsbedingungen gerade keine Verlängerung vorliegen kann. Umso weniger kann dies bei einem Wechsel des Arbeitsplatzes der Fall sein.

Für ein grundsätzliches Beibehalten der materiellen Arbeitsbedingungen im Zusammenhang mit einer Verlängerung wird argumentiert, dass die Verlängerung nicht zum Anlass genommen werden darf, die einmal vereinbarten Arbeitsbedingungen zu verschlechtern.[431] Eine Änderung berühre den zu gewährenden Änderungsschutz innerhalb eines befristeten Arbeitsverhältnisses, dem wegen des im Übrigen gelockerten Bestandsschutzes besondere Beachtung zu schenken sei.[432]
Dieser Argumentation ist grundsätzlich zuzustimmen, da der Vorteil des befristeten Arbeitsvertrages gerade in dem Bestandsschutz bis zum Befristungsende liegt. Insbesondere auf Grund der in der Regel recht kurzen Befristungsdauer vertraut der Arbeitnehmer darauf, dass sich seine Arbeitsbedingungen bis zum (zunächst vereinbarten) Befristungsende nicht ändern werden. Ab diesem können sich grundsätzlich kleine oder größere Vertragsveränderungen ergeben oder einfache Verlängerungen der Befristungsdauer vorgenommen werden. Der Arbeitnehmer hat jedoch weder ein Anrecht auf eine Verlängerung noch auf eine Weiterbeschäftigung unter veränderten Vertragsbedingungen, so dass er diesbezüglich kein Vertrauen aufbauen kann und ihm auch kein Änderungsschutz gewährt werden kann.
Allerdings trete der ansonsten bei einer Verlängerung strikt zu beachtende Inhaltsänderungsschutz zurück, soweit die einzelne Arbeitsbedingung für den Arbeitnehmer eindeutig günstiger ist.[433] Der Schutzzweck, die materiellen Arbeitsbedingungen beizubehalten, sei dann nicht berührt, da der Arbeitnehmer nicht der Gefahr ausgesetzt sei, eine Verlängerung auf Kosten einer Verschlechterung

---

431 KDZ/Däubler, § 14 TzBfG Rn 164.

432 KR/Lipke, § 14 TzBfG Rn 287.

433 KR/Lipke, § 14 TzBfG Rn 290. Auch die logische Konsequenz der Ansicht von KDZ⁵/Däubler, § 14 TzBfG Rn 164, müsste sein, dass eine Verbesserung der Arbeitsbedingungen nicht schaden kann. In der Neuauflage, KDZ/Däubler, § 14 TzBfG Rn 164, stellt er nun klar: „Eine Verbesserung etwa in Form einer Gehaltserhöhung ist aber möglich." So auch Annuß/Thüsing/Maschmann, § 14 TzBfG Rn 65. Ähnlich auch Backhaus, NZA 2001, SB zu Heft 24, S. 8 (10) und Bauer, BB 2001, 2473 (2475).

von Arbeitsbedingungen hinnehmen zu müssen.[434] Ebenso könne eine vom Arbeitnehmer herrührende Initiative, seine Arbeitszeit zu verändern, nicht den Schutzzweck des § 14 Abs. 2 S. 1 TzBfG verletzen.[435]
Dieser Argumentation ist voll und ganz zuzustimmen. Insbesondere kann und darf meines Erachtens eine Gehaltserhöhung[436] der Verlängerung nicht schaden, da es sich bei der Einschränkung der Verlängerungsmöglichkeiten um eine Arbeitnehmer-Schutzbestimmung handelt, diese Auslegung dann aber dem gesetzgeberischen Willen widersprechen würde. Der eigentliche verfolgte Arbeitnehmerschutz würde nämlich in der betrieblichen Praxis letztendlich eine Gehaltserhöhung verhindern, weil jeder Arbeitgeber auf Gehaltserhöhungen verzichten würde, wenn dies zur Folge hätte, dass er einen befristeten Arbeitsvertrag deshalb nicht verlängern kann.[437]
Man kann daher nicht argumentieren, dass es für den Arbeitnehmer ja gerade positiv wäre, keine Verlängerung eines befristeten Arbeitsvertrages, sondern - weil eine sachgrundlose Befristung wegen des Anschlussverbotes unwirksam ist - einen gemäß § 16 S. 1 TzBfG unbefristeten Vertrag zu erhalten. In der Praxis würde es lediglich dazu kommen, wenn der Arbeitgeber die Rechtslage nicht kennt. Kennt er sie, wird es ihm die Gehaltserhöhung nicht wert sein, ein Risiko einzugehen.
Sollte - wider Erwarten - eine Gehaltserhöhung im Rahmen einer Verlängerung erfolgen, müsste man die Art des Arbeitsvertrages als generell den materiellen Arbeitsbedingungen (wie dem Gehalt) vorrangig einordnen, um die Rechtsfolge des unbefristeten Arbeitsvertrages als positiv einzustufen. Dies wäre jedoch - auch wenn sowohl der deutsche Gesetzgeber als auch der europäische Rat den unbefristeten Arbeitsvertrag als den normalen, anzustrebenden Arbeitsvertrag ansehen - abhängig von der Sicht des jeweiligen Arbeitnehmers, was ihm im konkreten Fall wichtiger bzw. positiver erscheint. Wurde der Arbeitsvertrag beispielsweise auf seinen Wunsch befristet (was grundsätzlich auch bei einer auf § 14 Abs. 2 S. 1 TzBfG gestützten Befristung möglich ist), würde er der Gehaltsfrage den Vorrang einräumen. Auch objektiv hätte diese in einem solchen Falle Vorrang.
Außerdem ist der befristete Arbeitsvertrag immer dann als „günstigere“ Alternative einzustufen, wenn der Arbeitgeber nicht bereit ist, einen Arbeitnehmer un-

---

434 KR/Lipke, § 14 TzBfG Rn 290.
435 KR/Lipke, § 14 TzBfG Rn 291.
436 Das Höhe des Entgelts ist ein wesentlicher Vertragsbestandteil. § 77 Abs. 3 BetrVG spricht von „Arbeitsentgelte und sonstige Arbeitsbedingungen ...“ und macht damit deutlich, dass es sich beim Entgelt um eine (materielle) Arbeitsbedingung handelt. In § 1 Abs. 1 und 2 des Gesetzes über die Festsetzung von Mindestarbeitsbedingungen heißt es ebenfalls „... Regelung von Entgelten und sonstigen Arbeitsbedingungen ...“. Folglich handelt es sich hierbei unzweifelhaft um eine Arbeitsbedingung.
437 So auch Backhaus, NZA 2001, SB zu Heft 24, S. 8 (10).

befristet auf dem entsprechenden Arbeitsplatz zu beschäftigen. Ein unbefristeter Arbeitsvertrag erscheint also aus Arbeitnehmersicht nicht immer positiver. Andererseits kann der Arbeitgeber dies nahezu immer behaupten und daher einen entsprechenden Wunsch des Arbeitnehmers auf eine befristete Beschäftigung „entspringen lassen", weshalb die Rechtsprechung den nicht substantiiert vorgebrachten Wunsch auch nicht als Sachgrund im Sinne von § 14 Abs. 1 S. 2 Nr. 6 TzBfG anerkennt.[438]
Deshalb muss es darauf ankommen, dass die geänderte Arbeitsbedingung objektiv positiv ist bzw. dem nachweisbaren Wunsch des Arbeitnehmers[439] entspricht. Die zu § 14 Abs. 1 S. 2 Nr. 6 TzBfG (Wunsch des Arbeitnehmers) entwickelten Grundsätze der Rechtsprechung sind hier nutzbar.[440] Ein Vorteil kann somit nicht in der sonst erfolgenden Entlassung mangels Befristungsmöglichkeit gesehen werden[441], es muss sich schon um einen messbaren Vorteil, zum Beispiel um eine Gehaltserhöhung oder eine Stundenzahlveränderung mit Wunsch des Arbeitnehmers handeln. Ein solcher läge dementsprechend nicht vor, wenn der Arbeitnehmer eine Verlängerung nur durch den vom Arbeitgeber angebotenen Wechsel von der Voll- zur Teilzeitarbeit erreichen kann.[442]

Für die Unschädlichkeit der Verringerung der Stundenzahl wird argumentiert, es würde einen Wertungswiderspruch bedeuten, wenn der Arbeitnehmer gemäß § 8 TzBfG eine Verringerung der Stundenzahl verlangen kann und dies gleichzeitig dazu führen würde, dass keine wirksame Verlängerung vorliegt.[443]
Dem ist meines Erachtens zustimmen, denn es wäre widersinnig, wenn der Arbeitnehmer dies nach (oder bereits vor) der Verlängerung verlangen müsste, damit eine solche vorliegt bzw. gar nicht verlangen könnte, weil sein Arbeitgeber ihn sonst gegebenenfalls nicht mehr befristet weiterbeschäftigen könnte (und dadurch gegebenenfalls gar nicht mehr weiterbeschäftigen würde). Das Recht des Arbeitnehmers auf Umstellung des Arbeitsverhältnisses gemäß § 8 TzBfG kann ja wohl nicht dazu führen, dass der Arbeitnehmer seinen Arbeitsplatz verliert, weil der Arbeitgeber nur bereit ist, ihn befristet zu beschäftigen. Die gewollte Verbesserung würde sich in eine Verschlechterung umwandeln.
Aus Arbeitgebersicht kann das Ergebnis auch nicht stimmen, da der Arbeitnehmer schon einen (gegebenenfalls recht unangenehmen) Wunsch durchsetzt und dies ihm dann noch eine weitere Besserung in Form eines unbefristeten Arbeits-

---

438 Nach der ständigen Rechtsprechung des BAG muss sich der Wunsch gerade auf die Befristung als solche beziehen und nicht auf die Beschäftigung.
439 So auch KR/Lipke, § 14 TzBfG Rn 291.
440 KR/Lipke, § 14 TzBfG Rn 290.
441 Ähnlich auch KR/Lipke, § 14 TzBfG Rn 290; Wisskirchen, DB 1998, S. 722 (724).
442 KR/Lipke, § 14 TzBfG Rn 290.
443 APS/Backhaus, § 14 TzBfG Rn 374; HbArbR, Erg./Wank, § 116 Rn 185; Backhaus, NZA 2001, SB zu Heft 24, S. 8 (10).

verhältnisses mangels Wirksamkeit der Verlängerung einbringt. Wäre dies die Rechtsfolge würden sich die Arbeitgeber noch mehr dagegen sperren, dem Anspruch aus § 8 TzBfG zu entsprechen oder gar nicht mehr verlängern, sondern die Arbeitnehmer (noch schneller) austauschen, was für beide Seite eine unbefriedigende Lösung darstellen würde.[444]

Im Übrigen regelt § 5 TzBfG, dass der Arbeitgeber einen Arbeitnehmer nicht wegen der Inanspruchnahme von Rechten nach diesem Gesetz benachteiligen dürfe. Dazu wäre er jedoch bei der Inanspruchnahme des Teilzeitanspruchs nach § 8 Abs. 1 TzBfG im Rahmen der Verlängerungsvereinbarung mittelbar gezwungen, wenn er nicht einen unbefristeten Arbeitsvertrag „riskieren" will.[445] Dies würde letztlich auch § 6 TzBfG, nach dem der Arbeitgeber den Arbeitnehmern Teilzeitarbeit nach Maßgabe dieses Gesetzes zu ermöglichen hat, widersprechen.

Es wird häufig betont, dass der Arbeitnehmer mit einem befristeten Arbeitsvertrag nicht besser gestellt werden darf als der mit einem unbefristeten, dass mehr als ein „Ausgleich des fehlenden Kündigungsschutzes" also nicht gewährt werden könne.
Hier wäre genau das Gegenteil der Fall: Der Arbeitnehmer mit einem befristeten Arbeitsvertrag würde im Ergebnis schlechter gestellt, wenn man positive Veränderungen im Zuge einer Vertragsverlängerung verbieten würde. Denn bei unbefristeten Verträgen kann es ja gerade nicht zu einer Verlängerung kommen und Änderungen können damit theoretisch jederzeit vorgenommen werden.
Gemäß § 4 Abs. 2 S. 1 TzBfG darf jedoch ein befristet beschäftigter Arbeitnehmer wegen der Befristung nicht schlechter behandelt werden, wenn keine sachlichen Gründe eine unterschiedliche Behandlung rechtfertigen.[446] S. 2 bestimmt dies insbesondere für den Umfang des Arbeitsentgelts.[447] Der befristet beschäftigte Arbeitnehmer würde aber - wie oben bereits dargelegt - im Endeffekt schlechter behandelt, wenn der Arbeitgeber bei befristeten Arbeitsverträgen auf Gehaltserhöhungen verzichten würde.

---

[444] Auch MK/Hesse, § 14 TzBfG Rn 84 will solche Vertragsänderungen in Hinblick auf § 8 TzBfG noch als Verlängerung verstehen.

[445] Es sei denn, er könnte die gewünschte Arbeitszeitverkürzung ablehnen, wie das z.B. wegen entgegenstehender betrieblicher Gründe gemäß § 8 Abs. 4 S. 1 und 2 TzBfG bei befristeten Arbeitsverhältnissen als möglich erscheint.

[446] Auf das Diskriminierungsverbot verweist auch KR/Lipke, § 14 TzBfG Rn 289.

[447] Teilweise wird § 4 Abs. 2 S. 2 sogar so verstanden, dass für das Arbeitsentgelt keine Differenzierungsmöglichkeit aus sachlichem Grund vorgesehen ist (vgl. KDZ/Däubler, § 4 Rn 31 m.w.N.). Dieses Verständnis erscheint insofern schlüssig, als das Arbeitsentgelt ohnehin von S. 1 umfaßt gewesen wäre und es somit keiner Aufführung bedurft hätte. Im Übrigen spricht die Systematik des § 4 Abs. 2 dafür, denn in S. 3 wird – wie in S. 1 – am Ende die Differenzierungsmöglichkeit angefügt, die in S. 2 fehlt.

Das gilt erst recht für tarifvertragliche Vereinbarungen: Die während der Laufzeit eines ohne Sachgrund befristeten Arbeitsvertrages anfallenden allgemeinen Tariflohnerhöhungen stehen dem Arbeitnehmer ebenso zu wie der Stammbelegschaft.[448] Das Diskriminierungsverbot würde auch dann greifen, wenn eine allgemeine Lohnerhöhung im Betrieb mit dem Verlängerungszeitpunkt zusammenfiele.[449] Aus tarifvertraglichen Änderungen der Arbeitsbedingungen können sich keine Rechtsprobleme ergeben, da diese nicht Gegenstand abändernder Vereinbarungen zwischen den Arbeitsvertragsparteien sind.[450]

Damit der Arbeitgeber eine weite Auslegung des Begriffs der Verlängerung nicht zur Umgehung der Befristungsregeln nutzen kann, sind allein positive oder auf nachvollziehbaren Wunsch des Arbeitnehmers vorgenommene Änderungen der Arbeitsbedingungen möglich. Insoweit erscheint eine teleologische Ergänzung des Begriffs der Verlängerung zweckmäßig.

(5) Ergebnis
Im Ergebnis sind somit objektiv positive oder auf nachvollziehbaren Wunsch des Arbeitnehmers vorgenommene Änderungen eines befristeten Arbeitsvertrages im Zuge der Verlängerung gemäß § 14 Abs. 2 S. 1 TzBfG möglich.

4. Tarifdisponibilität in § 14 Abs. 2 S. 3 TzBfG i.V.m. § 22 Abs. 1 TzBfG

Gemäß § 14 Abs. 2 S. 3 TzBfG kann die Anzahl der Verlängerungen oder die Höchstdauer der Befristung durch Tarifvertrag abweichend von Satz 1 festgelegt werden. Im Geltungsbereich eines solchen Tarifvertrages können gemäß § 14 Abs. 2 S. 4 TzBfG nicht tarifgebundene Arbeitgeber und Arbeitnehmer die Anwendung der tariflichen Regelungen vereinbaren.
Eine Abweichung durch Betriebsvereinbarung ist hingegen nicht zulässig.[451]

Die Frage, ob „abweichend festlegen" auch eine Abweichung zuungunsten des Arbeitnehmers heißen kann, beantwortet § 22 Abs. 1 TzBfG, der besagt, dass unter anderem außer in dem Fall des § 14 Abs. 2 Satz 3 und 4 TzBfG von den

---

448 BAG vom 24.1.2001 – 7 AZR 567/99, NV; KR/Lipke, § 14 TzBfG Rn 289 a; im Ergebnis auch MK/Hesse, § 14 TzBfG Rn 84.

449 KR/Lipke, § 14 TzBfG Rn 289 a. Zu dem gleichen Ergebnis kommt auch Dörner, ZTR 2001, S. 485 (488), nach dem eine mit der Verlängerung vollzogene Entgelterhöhung nach dem vereinbarten Tarifvertrag keine Änderung der Arbeitsbedingungen darstellt.

450 KR/Lipke, § 14 TzBfG Rn 289 b; ähnlich auch Annuß/Thüsing/Maschmann, § 14 TzBfG Rn 65.

451 Osnabrügge, NZA 2003, S. 639 (640).

Vorschriften dieses Gesetzes nicht zuungunsten des Arbeitnehmers abgewichen werden kann.
Im Umkehrschluss kann also immer zugunsten des Arbeitnehmers von den Vorschriften des TzBfG abgewichen werden.[452] Da der Bestandsschutz immer als günstiger angesehen wird, können durch Tarifvertrag oder Einzelvertrag die Befristungsmöglichkeiten eingeengt werden.[453] So kann für Befristungen mit Sachgrund eine Höchstdauer oder ein generelles Sachgrunderfordernis festgelegt werden.[454] Des Weiteren kann eine Beschränkung auf bestimmte sachliche Gründe stattfinden, eine bestimmte Befristungsquote festgeschrieben werden oder das Formerfordernis um die Angabe des sachlichen Grundes erweitert werden.[455]

Für den § 14 Abs. 2 TzBfG bedeutet die Regelung des § 22 Abs. 1 TzBfG, dass sowohl die Gesamtdauer von zwei Jahren überschritten werden darf, als auch die Verlängerungsanzahl über der Anzahl drei liegen darf. Es ist sogar eine Kombination in der Form möglich, dass Gesamtbefristungsdauer und Verlängerungsanzahl erhöht werden.
Sonstige tarifvertragliche Abmachungen zu Lasten des Arbeitnehmers, wie etwa solche, die eine Zweckbefristung ohne Sachgrund oder „Verlängerungen" mit zeitlichen Unterbrechungen zwischen den einzelnen Verträgen zulassen, sind ausgeschlossen.[456]
Ob diese Öffnungsklausel praktische Bedeutung erlangen wird, ist eher mit Zurückhaltung einzuschätzen.[457] Nach der bisherigen Tarifpraxis waren Verlängerungen des Zwei-Jahreszeitraumes unüblich.[458] Soweit ersichtlich sind die in § 14 Abs. 2 S. 3 TzBfG vorgesehenen Möglichkeiten bisher in keinem Tarifbereich umgesetzt worden.[459] Von einer Umsetzung ist auf Grund der ablehnenden

---

452 Vgl. dazu KDZ/Däubler, § 22 TzBfG Rn 4; Kittner/Zwanziger/Lakies[1], § 133 Rn 314; Meinel/Heyn/Herms, § 22 TzBfG Rn 1; SPV/Preis, I § 3 TzBfG Rn 134: TzBfG als grundsätzlich einseitig zwingende Norm.

453 Tschöpe/Schmalenberg, Teil 3 I Rn 130.

454 Beide Erfordernisse sind beispielsweise in der Sonderregelung 2y zum BAT festgelegt. Vgl. dazu KDZ/Däubler, § 22 TzBfG Rn 5, 9 sowie Kittner/Zwanziger/Lakies[1], § 133 Rn 314. Zur sog. Abbedingung des § 14 Abs. 2 TzBfG vgl. auch Staudinger/Preis, § 620 BGB Rn 56.

455 KDZ/Däubler, § 22 TzBfG Rn 6, 8, 13.

456 KDZ/Däubler, § 22 TzBfG Rn 23.

457 Ebenso: Dr. Frank Wertheimer, Freiburg, Quelle: Internet: http://www.inputmagazin.de/hauptrubriken1.php3?beitrag=146&rubrik=11&offset=4849. Bisher konnte der Verfasser noch keinen von dieser Öffnungsklausel Gebrauch machenden Tarifvertrag ausfindig machen.

458 Annuß/Thüsing/Maschmann, § 14 TzBfG Rn 67; vgl. auch Engel/Gussone, S. 47. Ebenso die Aussage von ver.di bezüglich einer Anfrage per E-Mail.

459 So auch Wind/Schimana/Wichmann/Langer, Rn 518.

Haltung der Gewerkschaften bezüglich der derzeitigen Regelung auch in Zukunft nicht auszugehen. Wer bereits die geltende Rechtslage als zu weitgehend bezeichnet[460], wird sich kaum freiwillig auf eine noch weitergehende Regelung einlassen.

II. Das Verhältnis zu § 14 Abs. 2 a TzBfG

Der im Rahmen des Gesetzes zu Reformen am Arbeitsmarkt[461] am 24.12.2003 verabschiedete und zum 1. Januar 2004 in Kraft getretene § 14 Abs. 2 a TzBfG stellt eine weitere Ausnahmeregelung zu § 14 Abs. 1 TzBfG dar und erleichtert sachgrundlose Befristungen für Existenzgründer in noch weitergehendem Maße als § 14 Abs. 2 TzBfG.

Existenzgründer sollen in der Aufbauphase einen zusätzlichen personalpolitischen Spielraum erhalten, der die Entscheidung zur Einstellung von Mitarbeitern erleichtert, da für sie die weitere Entwicklung ihres Vorhabens mit besonders hohen Ungewissheiten verbunden ist.[462]

1. Inhalt des § 14 Abs. 2 a S. 1 TzBfG

Nach § 14 Abs. 2 a S. 1 Hs. 1 TzBfG ist in den ersten vier Jahren nach der Gründung eines Unternehmens die kalendermäßige Befristung eines Arbeitsvertrages ohne Vorliegen eines sachlichen Grundes bis zur Dauer von vier Jahren – statt bis zu zwei Jahren – zulässig.

Wie § 14 Abs. 2 S. 1 TzBfG gilt die Regelung lediglich für kalendermäßige Befristungen, nicht aber für zweckbefristete oder auflösend bedingte Arbeitsverträge.

Bis zu dieser Gesamtdauer von vier Jahren ist gemäß § 14 Abs. 2 a S. 1 Hs. 2 TzBfG auch die mehrfache Verlängerung eines kalendermäßig befristeten Arbeitsvertrages zulässig. Anders als bei § 14 Abs. 2 S. 1 TzBfG wird keine maximale Verlängerungsanzahl für den Vierjahreszeitraum vorgegeben.

a) unbegrenzte Verlängerungsmöglichkeit

Theoretisch sind damit auch Eintagesarbeitsverhältnisse möglich, die fortwährend verlängert werden.[463] Praktisch ist jedoch nicht davon auszugehen, dass ein

---

460 Vgl. beispielsweise DGB, Informationen zum Arbeitsrecht, 5-12/2000, S. 2.

461 BGBl. I, S. 3002; Gesetzentwurf der Fraktionen SPD und BÜNDNIS 90/DIE GRÜNEN vom 24.06.2003, BT-Drucks. 15/1204.

462 BT-Drucks. 15/1204, S. 10, 14; HaKo/Mestwerdt, § 14 TzBfG Rn 185; KDZ/Däubler, § 14 TzBfG Rn 174 a; Meinel/Heyn/Herms, § 14 TzBfG Rn 97 a.

463 Vgl. zur unbegrenzten Verlängerungsmöglichkeit: HaKo/Mestwerdt, § 14 TzBfG Rn 186; ErfK/Müller-Glöge, § 14 TzBfG Rn 130 a; Heumann, FuR 2004, S. 97 (101);

Arbeitgeber von dieser Möglichkeit Gebrauch macht, da diese insbesondere auf Grund des Schriftformerfordernisses des § 14 Abs. 4 TzBfG einen erheblichen Verwaltungsaufwand bedeuten würden und eine Unterbrechung von nur einem Tag gemäß § 14 Abs. 2 S. 2 TzBfG i.V.m. § 16 S. 1 TzBfG zu einem unbefristeten Vertrag führen würde. Denn gemäß § 14 Abs. 2 a S. 4 TzBfG finden die Regelungen in § 14 Abs. 2 S. 2 bis 4 TzBfG für Existenzgründer entsprechende Anwendung.[464]

Einmonatsarbeitsverhältnisse sind hingegen ohne weiteres denkbar, so dass nach dem Wortlaut theoretisch 48 entsprechende Befristungen stattfinden könnten.[465]

b) Bedeutung des Verweises auf § 14 Abs. 2 S. 2 bis 4 TzBfG

Ob der Verweis des § 14 Abs. 2 a S. 4 TzBfG auf die Regelungen in § 14 Abs. 2 S. 2 bis 4 TzBfG praktisch relevant werden wird, wird sich zeigen. Es ist jedenfalls davon auszugehen, dass die entsprechende Anwendung des Neueinstellungserfordernisses des Satzes 2 keine derartige Bedeutung erlangen wird, wie sie bezüglich Absatz 2 innehat. Denn erstens ist das Erfordernis der Neueinstellung wegen des auf vier Jahre begrenzten Zeitraumes weniger angreifbar als ein lebenslanges Verbot sachgrundloser Befristungen. Zweitens ist die mehrmalige sachgrundlose Befristung für den Arbeitgeber weniger interessant, weil er sogar für vier Jahre sachgrundlos befristen darf und auch die Verlängerungsanzahl nicht auf drei beschränkt ist, sondern die Befristungszeiten flexibel den erst einmal zu erprobenden Bedürfnissen angepasst werden können. Drittens handelt es sich um Neugründungen, so dass es regelmäßig keine frühere Beschäftigung eines Arbeitnehmers geben wird.[466] Dementsprechend wird das sog. Anschlussverbot des § 14 Abs. 2 S. 2 TzBfG bei Existenzgründern voraussichtlich lediglich dann eingreifen, wenn - etwa auf Grund einer Unterbrechung oder einer für den Arbeitnehmer negativen Vertragsänderung innerhalb der vier Jahre - keine wirksame Verlängerung vorliegt[467] oder wenn ausnahmsweise derselbe Arbeitgeber den Arbeitnehmer schon einmal beschäftigt hat.[468]

Bei der Überschreitung der vierjährigen Höchstbefristungsdauer oder der Neugründungsphase wäre eine Befristung bereits gemäß § 14 Abs. 2 a S. 1 TzBfG unzulässig und ein Rückgriff auf die Verweisung daher nicht nötig.

Lembke, NJW 2006, S. 325 (330); scheinbar auch Bader, NZA 2004, S. 65 (76), Meinel, DB 2003, S. 1438 (1439) und Thüsing, ZfA 2004, S. 67 (94).

464 Sehr kritisch zum Verweis auf Satz 2: Löwisch, NZA 2003, S. 689 (694).

465 Vgl. Dörner, Rn 594 i.

466 So auch Bader, NZA 2004, S. 65 (76); ähnlich Biehl, JA 2004, S. 822 (822); Hanau, ZIP 2004, S. 1169 (1178); Löwisch, NZA 2003, S. 689 (694) für neu gegründete juristische Personen.

467 Diese Möglichkeit übersieht allerdings Löwisch, NZA 2003, S. 689 (694).

468 Vgl. KDZ/Däubler, § 14 TzBfG Rn 174 g und Löwisch, NZA 2003, S. 689 (694): „Zu denken ist an Unternehmensgründungen durch natürliche Personen, die zuvor schon andere Unternehmen geführt haben."

Es ist auf Grund der relativ weitgehenden Möglichkeiten entsprechend der oben dargestellten ablehnenden Haltung der Gewerkschaften auch bezüglich der Existenzgründer nicht zu erwarten, dass Gebrauch von der Tariföffnungsklausel in § 14 Abs. 2 S. 3 TzBfG gemacht werden wird.
Der Verweis auf § 14 Abs. 2 S. 3 TzBfG wirkt ohnehin nur in eine Richtung, da durch § 14 Abs. 2 a TzBfG gerade keine Anzahl von Verlängerungen festgelegt ist.[469] Einer Erweiterung der Höchstbefristungsdauer über vier Jahre hinaus dürften die Gewerkschaften erst recht nicht zustimmen.

c) Dauer des Rechtsvorteils/Bestehen eines Höchstrahmens

Nach dem Wortlaut kann theoretisch noch am letzten Tage der ersten vier Jahre nach der Gründung ein befristeter Arbeitsvertrag, der bis zur Gesamtdauer von vier Jahren verlängerbar ist, geschlossen werden.[470] Im Ergebnis können Existenzgründer somit knapp acht Jahre lang von der uneingeschränkten Verlängerungsmöglichkeit der einzelnen Verträge bis zur Gesamtdauer von jeweils vier Jahren Gebrauch machen.[471]
Bezüglich der sachgrundlosen Befristung einzelner Arbeitnehmer besteht jedoch - um dies klarzustellen - die Beschränkung auf vier Jahre, weil § 14 Abs. 2 S. 2 TzBfG Anwendung findet. Der gegenüber anderen Unternehmen bestehende Rechtsvorteil kann bei geschickter Anwendung jedoch insgesamt bis zu acht Jahre bestehen.[472]
Man kann § 14 Abs. 2 a S. 1 TzBfG nicht etwa so interpretieren, dass die vier Jahre nach der Gründung sich mit den vier Jahren, die die sachgrundlose Befristung maximal dauern darf, decken müssen.[473] Denn S. 1 Hs. 1 erklärt „in den

---

469 Vgl. Meinel/Heyn/Herms, § 14 TzBfG Rn 97 i.

470 So auch Annuß/Thüsing/Maschmann, § 14 TzBfG Rn 92; APS/Backhaus, § 14 TzBfG Rn 415 k; Küttner/Kania, Personalbuch 2006, Befristetes Arbeitsverhältnis, Rn 12; Dörner, Rn 594 f; Kleinebrink, ArbRB 2004, S. 59 (60); Lembke, NJW 2006, S. 325 (330); Lipinski, BB 2004, S. 1221 (1222); Preis, DB 2004, S. 70 (79); Preis in Bauer/Preis/Schunder, NZA 2004, S. 195 (197); Schübel, Newsletter 108, S. 2; wohl auch HaKo/Mestwerdt, § 14 TzBfG Rn 186 f; einschränkend: Gaul/Bonanni, ArbRB 2004, S. 48 (50); a.A. KDZ/Däubler, § 14 TzBfG Rn 174 h und Bader, NZA 2004, S. 65 (76).

471 So auch APS/Backhaus, § 14 TzBfG Rn 415 k; ErfK/Müller-Glöge, § 14 TzBfG Rn 130 c; Dörner, Rn 594 f; Scheriau, S. 75; Preis, DB 2004, S. 70 (79); Bauer und Preis in Bauer/Preis/Schunder, NZA 2004, S. 195 (197); Biehl, JA 2004, S. 822 (822); Buschmann, AuR 2005, S. 298 (305) und AuR 2004, S. 1 (3); Hanau, ZIP 2004, S. 1169 (1178); Kleinebrink, ArbRB 2004, S. 59 (60); Schübel, Newsletter 108, S. 2; Thüsing, ZfA 2004, S. 67 (96). Anderer Ansicht sind allerdings KR/Lipke, § 14 TzBfG Rn 330 und KDZ/Däubler, § 14 TzBfG Rn 174 h, die eine solche Auslegung des Gesetzeswortlautes für möglich halten, die entsprechende Folge aber ablehnen.

472 So auch Preis, DB 2004, S. 70 (79).

473 So scheinbar aber Bader, NZA 2004, S. 65 (76), der der Ansicht ist, dass die vier Jahre ab Neugründung des Unternehmens den Höchstrahmen für die sachgrundlosen kalendermä-

ersten vier Jahren nach der Gründung [...] die kalendermäßige Befristung [...]" bis zur Dauer von vier Jahren für zulässig und erfordert somit lediglich, dass die „Befristung" innerhalb dieser ersten vier Jahre nach der Gründung erfolgen muss. Für eine Begrenzung eines nicht am Gründungstag abgeschlossenen befristeten Arbeitsvertrages ergeben sich aus der Norm keinerlei Anzeichen. Auch die Verlängerungsregelung des S. 1 Hs. 2 lässt Verlängerungen „bis zu dieser Gesamtdauer von vier Jahren", also Bezug nehmend auf die maximale Befristungsdauer von vier Jahren, zu. Hätte der Gesetzgeber die Gesamtdauer auf die „vierjährige Gründungsphase" beschränken wollen, hätte er dies deutlich zum Ausdruck bringen können und müssen. Die zweimal auf vier Jahre festgesetzte Frist ist eher zufällig und bedeutet keinerlei zwingenden Gleichklang in Form einer gegenseitigen Beschränkung.[474]

Unabhängig vom eindeutigen Wortlaut spricht für diese Auslegung, dass auch nach § 1 Abs. 2 BeschFG 1985 eine für „seit höchstens sechs Monaten eine Erwerbstätigkeit aufgenommen habende Arbeitgeber" geltende Regelung existierte, die die damalige Befristungshöchstdauer für sachgrundlose Befristungen von achtzehn Monaten auf zwei Jahre verlängerte. Hier hätte es gar keinen Sinn gemacht, eine Begrenzung durch die Existenzgründungszeit zu diskutieren, weil die Regelung sonst praktisch ins Leere gelaufen wäre. Entsprechend kann man nun nicht aus einer zufälligen Begrenzung beider Fristen auf vier Jahre (statt auf ein halbes Jahr und zwei Jahre) einer Begrenzung der einen Dauer durch die andere ins Leben rufen.

Weiterhin kann man dafür argumentieren, dass es auch für die Wirksamkeit einer Befristung mit Sachgrund auf das Bestehen des Sachgrundes zum Zeitpunkt des Vertragsschlusses ankommt.[475] Bei einem späteren Wegfall der Gründe fällt die Befristung nicht von selbst weg und wandelt sich das befristete Arbeitsverhältnis nicht von selbst in ein unbefristetes um.[476] Dies gebietet die Rechtsklarheit.[477] Entsprechendes gilt auch für den Abschluss befristeter Arbeitsverträge durch neugegründete Unternehmen.

Letztlich spricht dafür, dass der Gesetzgeber pauschal von „der Regelung", von der alle Unternehmen Gebrauch machen können, die zum Zeitpunkt des Inkraft-

---

ßigen Befristungen darstellen. Ihm zustimmend auch KDZ/Däubler, § 14 TzBfG Rn 174 h, da ein Hinausschieben des Eintritts des normalen Kündigungsschutzes für einen Zeitraum von knapp acht Jahren sich nicht mehr mit einem „Neugründerprivileg" rechtfertigen lasse. Wie hier: Lembke, NJW 2006, S. 325 (330).

474 Ähnlich Annuß/Thüsing/Maschmann, § 14 TzBfG Rn 92.

475 BAG vom 20.2.2002 - 7 AZR 748/00, AP Nr. 18 zu § 620 BGB Altersgrenze; BAG vom 24.10.2001 - 7 AZR 542/00, AP Nr. 229 zu § 620 BGB Befristeter Arbeitsvertrag; BAG vom 26.7.2000 - 7 AZR 51/99, AP Nr. 4 zu § 1 BeschFG 1996; BAGE 10, S. 65 (72); APS/Backhaus, § 620 BGB Rn 220; ErfK/Müller-Glöge, § 14 TzBfG Rn 21.

476 BAG vom 15.8.2001 - 7 AZR 144/00, EzA Nr. 182 zu § 620 BGB; ErfK/Müller-Glöge, § 14 TzBfG Rn 21.

477 ErfK/Müller-Glöge, § 14 TzBfG Rn 21.

tretens des Gesetzes noch nicht älter als vier Jahre sind, sprach[478], ohne etwa auf eine verkürzte Frist hinzuweisen. Nach der amtlichen Begründung können auch Unternehmen, die in einem Zeitraum von weniger als vier Jahren vor In-Kraft-Treten des Abs. 2 a gegründet wurden, noch Verträge nach § 14 Abs. 2 a TzBfG abschließen.[479] Das Befristungsprivileg gilt somit auch für Unternehmen, die vor dem 1. Januar 2004 gegründet worden sind.[480]

Die Annahme einer Fristverkürzung wäre insbesondere hier nicht sinnvoll, da - angenommen, das Unternehmen besteht bereits zwei Jahre - aus der Neuregelung des § 14 Abs. 2 a S. 1 TzBfG kein wirklicher[481] Vorteil resultieren würde, weil eine zweijährige sachgrundlose Befristung auch nach § 14 Abs. 2 S. 1 TzBfG möglich ist und § 14 Abs. 2 S. 2 TzBfG für beide gleichermaßen gilt.

Ein Verweis auf den „bis zum Erreichen von vier Jahren noch übrig gebliebenen Zeitraum“[482] ist meines Erachtens daher nicht sinnvoll.

Würde man die vierjährige Gründungsphase als Höchstrahmen verstehen, würde dies sogar die Regelung der vierjährigen Befristungshöchstdauer überflüssig machen; die Regelung der vier Jahre ab der Unternehmensgründung hätte ausgereicht. Folglich existiert keine entsprechende Begrenzung, sondern die sachgrundlosen Befristungen dürfen tatsächlich pro Arbeitnehmer bis zu vier Jahre dauern.

d) Zeitpunkt der Verlängerungsvereinbarung

Aus dem Wortlaut kann man auch nicht entnehmen, dass der Zeitpunkt einer Verlängerungsvereinbarung noch innerhalb des vierjährigen Gründungszeitraums liegen muss.[483] Zwar ist auch die Verlängerung eine „Befristung“[484], so dass man argumentieren könnte, dass sie als Befristung nach § 14 Abs. 2 a S. 1 TzBfG nur in diesem Zeitraum vereinbart werden darf.[485] Jedoch meint der erste

---

478 BT-Drucks. 15/1204, S. 14.

479 BT-Drucks. 15/1204, S. 14.

480 HaKo/Mestwerdt, § 14 TzBfG Rn 189.

481 Lediglich in der zulässigen „mehrfachen“ statt der „höchstens dreimaligen“ Verlängerung bestünde ein kleiner Vorteil.

482 KDZ/Däubler, § 14 TzBfG Rn 174 j.

483 So auch: HaKo/Mestwerdt, § 14 TzBfG Rn 187: „Die Verlängerung eines während der ersten vier Jahre geschlossenen befristeten Arbeitsvertrages nach Ablauf der Gründungsphase ist [- weil es nur auf den Abschluss innerhalb dieser Phase ankommt -] zulässig.“ Dörner, Rn 594 i; Gaul, S. 33; Bauer in Bauer/Preis/Schunder, NZA 2004, S. 195 (197); Bauer, NZA 2003, SB zu Heft 21, S. 47 (51); Lembke, NJW 2006, S. 325 (330).

484 Siehe oben, Abschnitt B) I. 3. b) bb). Vgl. BAG vom 15.1.2003 – 7 AZR 535/02, AP Nr. 1 zu § 14 TzBfG; BAG vom 15.1.2003 - 7 AZR 346/02, AP Nr. 2 zu § 14 TzBfG.

485 Möchten eine Verlängerung nach Ablauf der vierjährigen Gründungszeit nicht zulassen: KDZ/Däubler, § 14 TzBfG Rn 174 h; ErfK/Müller-Glöge, § 14 TzBfG Rn 130 c; Lipinski, BB 2004, S. 1221 (1222); Gaul/Bonanni, ArbRB 2004, S. 48 (50 f); Hanau, ZIP 2004, S. 1169 (1178); scheinbar auch Preis in Bauer/Preis/Schunder, NZA 2004, S. 195 (197) und Thüsing, ZfA 2004, S. 67 (96): „hineinreichen“. Dies widerspricht jedoch

Halbsatz des § 14 Abs. 2 a S. 1 TzBfG mit der „Befristung" ersichtlich die Erstbefristung[486], so dass sich die Voraussetzung „in den ersten vier Jahren nach der Gründung" nicht auf die Verlängerung bezieht. Entscheidend ist nach dem Wortlaut nur, dass innerhalb des Vierjahreszeitraums die Grundbefristung vorgenommen wurde.[487] Bis zum Ablauf der Höchstbefristungsdauer von vier Jahren sind somit Verlängerungen nach dem Gesetzeswortlaut unbegrenzt zulässig.[488]

Die zweiten Halbsätze des § 14 Abs. 2 a S. 1 TzBfG und des § 14 Abs. 2 S. 1 TzBfG sind von ihrer Systematik her identisch; auch bei letzterem muss lediglich ein verlängerbarer[489] kalendermäßig befristeter Arbeitsvertrag vorliegen und darf die maximale Befristungsdauer von zwei Jahren (sowie zusätzlich die maximale Verlängerungsanzahl) noch nicht erreicht sein, damit eine wirksame Befristung im Sinne des ersten Halbsatzes gegeben ist.[490]

Aus diesem Grunde kann man aber nicht bei einer insoweit gleichlautenden Regelung andere Voraussetzungen hinzuziehen, auf die sich der Halbsatz gar nicht bezieht. Diese insoweit identische Systematik der beiden Regelungen verdeutlicht im Übrigen der Verweis des § 14 Abs. 2 a S. 4 TzBfG auf § 14 Abs. 2 S. 2 bis 4 TzBfG. Die Voraussetzung „bis zu dieser Gesamtdauer" bezieht sich somit allein auf die vierjährige Höchstbefristungsdauer und nicht etwa auf die vierjährige Existenzgründungsphase.

Im Ergebnis sprechen sowohl der Wortlaut als auch die Systematik des Gesetzes dafür, dass es auch für die Verlängerung keinen Höchstrahmen gibt, sie also nicht zeitlich gebunden ist, sondern lediglich eine wirksame, die maximale Höchstdauer von vier Jahren noch nicht ausgeschöpft habende Existenzgründerbefristung im Sinne von § 14 Abs. 2 a TzBfG vorliegen muss.

Auch aus dem Sinn und Zweck der Regelung, Neugründer zu privilegieren, ergibt sich meines Erachtens grundsätzlich nichts Gegenteiliges, da ansonsten die

---

grundsätzlich dem Wortlaut und dem Sinn und Zweck des Gesetzes, den Existenzgründern Befristungen über die Möglichkeiten des § 14 Abs. 2 TzBfG hinaus zu erleichtern.

486 Vgl. dazu auch die Rechtsprechung, die für die Frage der Wirksamkeit der Verlängerung einer Befristung auf die deutliche Unterscheidung zwischen Befristung und Verlängerung in § 14 Abs. 2 TzBfG hinweist: BAG vom 15.1.2003 - 7 AZR 346/02, AP Nr. 2 zu § 14 TzBfG; LAG Rheinland-Pfalz vom 12.4.2002, 3 Sa 1469/01, NZA 2002, S. 1037 (1037).

487 HaKo/Mestwerdt, § 14 TzBfG Rn 187; Bauer, NZA 2003, SB zu Heft 21, S. 47 (51).

488 HaKo/Mestwerdt, § 14 TzBfG Rn 186; Scheriau, S. 75; Bauer in Bauer/Preis/Schunder, NZA 2004, S. 195 (197); Bauer, NZA 2003, SB zu Heft 21, S. 47 (51); für eine unbegrenzte Zahl (bis zum Ende der vierjährigen Existenzgründungszeit) scheinbar auch Bader, NZA 2004, S. 65 (76); Schübel, Newsletter 108, S. 2, der aber darauf hinweist, dass die Rechtsprechung eine unbegrenzte Anzahl von Verlängerungen nicht für zulässig erachten könnte.

489 Siehe oben, Abschnitt B) I. 3. b). Es darf beispielsweise keine Unterbrechung vorliegen.

490 Vgl. BAG vom 15.1.2003 - 7 AZR 346/02, AP Nr. 2 zu § 14 TzBfG; LAG Rheinland-Pfalz vom 12.4.2002, 3 Sa 1469/01, NZA 2002, S. 1037 (1038).

Vorteile, die bei einer sachgrundlosen Befristung nach § 14 Abs. 2 a TzBfG im Vergleich zu einer sachgrundlosen Befristung nach § 14 Abs. 2 TzBfG bestehen, beseitigt würden.

e) Zeitpunkt des vierjährigen Befristungbeginns

Keine Aussage trifft das Gesetz hinsichtlich der Frage, ob bezüglich des Beginns der vierjährigen Befristung auf den Zeitpunkt des Vertragsschlusses oder auf den der Arbeitsaufnahme abzustellen ist.

Stellt man auf den Zeitpunkt der Arbeitsaufnahme ab, würde es nicht ausreichen, noch am letzten Tage der vierjährigen Gründungsphase einen Vertrag zu schließen, wenn nicht auch noch die Arbeitsaufnahme auf diesen Tag und damit in die Gründungsphase fällt.

Nach einer der knappen Gesetzesbegründung zu entnehmenden Aussage des Gesetzgebers soll es für den Beginn des Vierjahreszeitraumes nicht auf den Abschluss des Arbeitsvertrages, sondern auf den Zeitpunkt der vereinbarten Arbeitsaufnahme ankommen.[491] Dies lässt sich dem Wortlaut jedoch nicht entnehmen. Es hätte im Gesetzestext von „Einstellung in den ersten vier Jahren" und nicht von „Befristung in den ersten vier Jahren" die Rede sein müssen.[492] Das Begriff „Befristung" ohne einen klarstellenden Zusatz spricht meines Erachtens eher für die Befristungsabrede als solche. Entsprechend wird teilweise auf den Vertragsschluss innerhalb der vierjährigen Gründungsphase abgestellt und lediglich für den Beginn des vierjährigen Befristungszeitraumes auf den Zeitpunkt der vereinbarten Arbeitsaufnahme.[493]

Bezüglich der Frage, wie der Zeitpunkt der Gründung eines Unternehmens im Sinne des § 14 Abs. 2 a S. 1 TzBfG zu bestimmen ist, trifft das Gesetz selbst eine eindeutige Aussage. Maßgebend für den Zeitpunkt der Gründung des Unternehmens ist gemäß § 14 Abs. 2 a S. 3 TzBfG die Aufnahme einer Erwerbstätigkeit, die nach § 138 AO der Gemeinde oder dem Finanzamt mitzuteilen ist. Die Mitteilung ans Finanzamt als solche und deren Zeitpunkt ist ohne Bedeutung, es kommt nur darauf an, wann eine Erwerbstätigkeit aufgenommen worden ist, die nach § 138 AO meldepflichtig ist.[494] Ab diesem Zeitpunkt der Aufnahme beginnt die Frist von vier Jahren zu laufen.

---

491 BT-Drucks. 15/1204, S. 14. Darauf verweisen: APS/Backhaus, § 14 TzBfG Rn 415 k; KDZ/Däubler, § 14 TzBfG Rn 174 h; KR/Lipke, § 14 TzBfG Rn 326, der jedoch zugibt, dass der Gesetzeswortlaut missverständlich ist.

492 So auch die Stellungnahme der Bundesrechtsanwaltskammer, Ausschuss Arbeitsrecht, zum Arbeitsmarktreformgesetz, S. 13 f.

493 ErfK/Müller-Glöge, § 14 TzBfG Rn 130 c; HaKo/Mestwerdt, § 14 TzBfG Rn 187.

494 BT-Drucks. 15/1204, S. 14; BR-Drucks. 421/03, S. 22; ErfK/Müller-Glöge, § 14 TzBfG Rn 130 b; DKK/Däubler, §§ 112, 112 a BetrVG Rn 34; HaKo/Mestwerdt, § 14 TzBfG Rn 188; KDZ/Däubler, § 14 TzBfG Rn 174 d; KR/Lipke, § 14 TzBfG Rn 323; Bader, NZA 2004, S. 65 (76); Bauer, NZA 2003, SB zu Heft 21, S. 47 (51); Braun, RiA 2004, S.

Zwischen der Aufnahme der Erwerbstätigkeit des Unternehmers gemäß § 14 Abs. 2 a S. 3 TzBfG und der Arbeitsaufnahme des befristet beschäftigten Arbeitnehmers ist streng zu unterscheiden, da dies zwei verschiedene Sachverhalte sind. Aus dem Abstellen auf die „Aufnahme der Erwerbstätigkeit" in § 14 Abs. 2 a S. 3 TzBfG lässt sich daher nicht auf ein Abstellenmüssen auf die „Arbeitsaufnahme" schließen.

Eine dem § 14 Abs. 2 a S. 3 TzBfG entsprechende Aussage hätte der Gesetzgeber auch bezüglich der Arbeitsaufnahme der befristet beschäftigten Arbeitnehmer treffen können, was er jedoch entgegen dementsprechender, zum Gesetzesentwurf vom 24.6.2003 gemachter Verbesserungsvorschläge[495] nicht tat. Stattdessen spricht er an einer anderen Stelle der Gesetzesbegründung - entsprechend dem Gesetzeswortlaut - vom Abschluss befristeter Arbeitsverträge innerhalb der Gründungsphase von vier Jahren.[496]

Der Gesetzgeber würde sich dann nicht selbst widersprechen, wenn man das einmalige Abstellen auf die vereinbarte Arbeitsaufnahme als Zusatz zur besonderen Vereinfachung für neugegründete Unternehmen versteht, die bereits vor ihrer Gründung im Sinne des § 14 Abs. 2 a S. 3 TzBfG befristete Arbeitsverträge abgeschlossen haben.

Ohne diese Klarstellung in der Gesetzesbegründung würden die Befristungserleichterungen bereits abgeschlossenen befristeten Arbeitsverträgen nach dem Wortlaut des § 14 Abs. 2 a S. 1 TzBfG nicht zugute gekommen, weil die Befristung bereits vor dem Gründungstermin vereinbart wurde.[497] Denn der Wortlaut verlangt eine „Befristung" „in den ersten vier Jahren *nach* der Gründung". Aufgrund dieser Klarstellung des Gesetzgebers reicht es aus, dass die Arbeitsaufnahme innerhalb der vierjährigen Gründungsphase liegt.[498]

Für diese Auslegung spricht, dass dem Gesetzgeber die große Reichweite dieser Regelung sehr wichtig war. Dies kann man unter anderem daran erkennen, dass er klarstellte, dass von der neuen Regelung alle Unternehmen Gebrauch machen können, die zum Zeitpunkt des Inkrafttretens des Gesetzes noch nicht älter als vier Jahre sind[499], obwohl der Wortlaut eindeutig alle neugegründeten Unternehmen einschließt und kein Zusammenhang mit der gesetzlichen Neuregelung bestehen muss.

---

118 (123); Kleinebrink, ArbRB 2004, S. 59 (59); Preis, DB 2004, S. 70 (78). Ungenau Heumann, FuR 2004, S. 97 (101).

495 Bundesrechtsanwaltskammer, Ausschuss Arbeitsrecht, S. 13 f.

496 BT-Drucks. 15/1204, S. 10. Hier ist explizit von der Möglichkeit, „in den ersten vier Jahren [...] abzuschließen", die Rede. Es geht nicht etwa – wie auf S. 14, Zu Artikel 2, ganz oben – lediglich generell um den „Abschluss befristeter Arbeitsverträge".

497 Ähnlich Bader, NZA 2004, S. 65 (76), der eine bereits vor der Gründung erfolgte Vereinbarung für „vielfach durchaus zweckmäßig" hält.

498 Vgl. ErfK/Müller-Glöge, § 14 TzBfG Rn 130 c; Dörner, Rn 594 m; Bader, NZA 2004, S. 65 (76).

499 BT-Drucks. 15/1204, S. 14.

Das ausnahmsweise Abstellen auf die Arbeitsaufnahme stellt somit eine weitere Erleichterung für neugegründete Unternehmen dar. Aus diesem Grunde kann der Hinweis des Gesetzgebers nicht zum Nachteil der „jüngeren“[500] Existenzgründer ausgelegt und in ihn eine Beschränkung der Vertragslaufzeit hineininterpretiert werden bzw. er so ausgelegt werden, dass es entgegen des Wortlautes „Befristung [...] zulässig“ nicht ausreicht, dass der Abschluss des befristeten Arbeitsvertrages innerhalb der Gründungsphase liegt. Dafür spricht auch der Sinn und Zweck des Gesetzes, Unternehmen die schwierige Aufbauphase zu erleichtern[501], da die Aufbauphase sich in der heutigen Zeit durchaus länger hinziehen kann. Nicht grundlos scheint der Gesetzgeber die Existenzgründungszeit statt auf sechs Monate - wie im BeschFG 1985 - auf vier Jahre angesetzt zu haben.

Man könnte lediglich argumentieren, dass auf den Abschluss in nächster Zeit auch die Arbeitsaufnahme folgen muss und es den Existenzgründern nicht möglich sein kann, Monate oder Jahre im voraus befristete Arbeitsverträge unter den erleichterten Bedingungen abzuschließen. Dann hätte der Gesetzgeber nämlich nicht den Zeitraum auf vier Jahre beschränken müssen bzw. dies nicht getan, wenn er eine weit über diese Zeit hinausgehende „Aufbauphase“ gewollt hätte. Eine klare Begrenzung des Vorteils der Existenzgründer lässt sich somit scheinbar nur erzielen, wenn man auf die Arbeitsaufnahme abstellt, da ansonsten viele Manipulationsmöglichkeiten existierten und die Rechtssicherheit gefährdet wäre. Außerdem soll die Aufbauphase erleichtert werden, die der Gesetzgeber in den ersten vier Jahren sieht. Befristungen, die faktisch noch nicht mal am letzten Tag dieser Phase beginnen, verdienen nach dem Sinn und Zweck des Gesetzes keine Erleichterung mehr.

Da ein Abstellen auf die Arbeitsaufnahme aber dem Gesetzeswortlaut widerspricht, weil ausdrücklich auf die „Befristung“ abgestellt wird, und weil die oben dargestellten Gründe für ein Abstellen auf den Zeitpunkt der Befristungsvereinbarung sprechen, muss von letzterem ausgegangen werden.
Aus dem Sinn und Zweck des Gesetzes, den neugegründeten Unternehmen lediglich eine gewisse Zeit des Aufbaus zu erleichtern, kann in Anbetracht der nicht zu vernachlässigenden Arbeitnehmerinteressen eine Art Verwirkungsfrist hergeleitet werden. Wenn die Arbeitsaufnahme nicht in einer gewissen Nähe zur Befristungsvereinbarung erfolgt und damit weit über den Vierjahreszeitraum hinausgeht, ist die Befristung nicht mehr von § 14 Abs. 2 a TzBfG gedeckt. Denn mit einem solchen Verhalten würde das Unternehmen die bestehende Begrenzung zu umgehen versuchen, so dass sich sein Verhalten als rechtsmissbräuchlich darstellt. Dies hätte zur Folge, dass eine solche sachgrundlose Befristung gemäß § 14 Abs. 2 TzBfG, dessen geringere Voraussetzungen gleichzeitig

---

500 Sprich der Unternehmen, die erst nach dem 1.1.2004 gegründet worden sind.
501 Vgl. BT-Drucks. 15/1204, S. 10, 14.

vorliegen werden, wenn eine Existenzgründerbefristung an dem verspäteten Beginn scheitert, lediglich für zwei Jahre zulässig wäre.
Es wäre aber fraglich, ab welchem Zeitraum von einer Verwirkung ausgegangen werden müsste. Um Rechtssicherheit zu erreichen und trotzdem eine Aushöhlung der Regelung zu vermeiden, könnte man verlangen, dass, wenn die Arbeitsaufnahme zwar außerhalb der Gründungsphase liegt, der Abschluss des befristeten Arbeitsvertrages aber innerhalb dieser erfolgte, der Arbeitsvertrag längstens bis vier Jahre nach dem letzten Tag der Gründungsphase dauern darf. Dadurch würde der Arbeitgeber veranlasst, die Befristung noch innerhalb der Gründungsphase beginnen zu lassen, weil er ansonsten selbst seinen Rechtsvorteil verkürzt und eine klare Begrenzung des Rechtsvorteils der Existenzgründer erreicht. Arbeitgeber könnten bei dieser Lösung den Rechtsvorteil nicht durch ein Hinausschieben der Arbeitsaufnahme entgegen des Gesetzeszwecks verlängern und trotzdem würde entsprechend des Gesetzeswortlautes auf die Befristung abgestellt.
Den Arbeitgebern kann nicht durch ein Abstellen auf die Arbeitsaufnahme ein nach dem Gesetzeswortlaut zustehendes Recht genommen werden. Dies wäre aber der Fall, wenn man bei einer nach dem Ende der Gründungsphase erfolgten Arbeitsaufnahme von einer unzulässigen „Existenzgründerbefristung" ausgehen würde und eine sachgrundlose Befristung lediglich nach § 14 Abs. 2 TzBfG für zwei Jahre zulassen würde. Nach der obigen Lösung findet zwar auch eine Einschränkung von Rechten statt; diese ist aber vom Gesetzeszweck her geboten und ermöglicht letztlich die Begrenzung, die durch das Abstellen auf die Arbeitsaufnahme erreicht werden soll, jedoch ohne gleich gänzlich von einer unzulässigen „Existenzgründerbefristung" ausgehen zu müssen.

f) Verlängerbarkeit bestehender Befristungen

Fraglich erscheint lediglich, ob auch bereits vor der Existenzgründung vereinbarte Befristungen eines sich noch in der Gründungsphase befindenden Unternehmens unbegrenzt bis zu einer Dauer von insgesamt vier Jahren verlängerbar sind.
Der erste Halbsatz des § 14 Abs. 2 a TzBfG stellt eindeutig auf eine Befristung nach der Gründung ab. Der von ihm nur durch ein Semikolon getrennte zweite Halbsatz bezieht sich auf dessen Verlängerung, wie auch die Bezugnahme „bis zu dieser Gesamtdauer" zeigt. Er kann aber auch einzeln gelesen werden, da hier wiederholender Weise von „Verlängerung eines befristeten Arbeitsvertrages" die Rede ist. Aufgrund dieser allgemeinen Formulierung kann man vertreten, dass auch bereits abgeschlossene befristete Arbeitsverträge eines neugegründeten Unternehmens mehrfach bis zur Gesamtdauer von vier Jahren verlängerbar sind.
Dies muss auch bei bereits zum Zeitpunkt des Inkrafttretens des § 14 Abs. 2 a TzBfG bestehenden Befristungen von neugegründeten Unternehmen der Fall

sein. Auf Unternehmen, die noch nicht älter als vier Jahre alt sind, verweist der Gesetzgeber für die „Möglichkeit des Gebrauchmachens von der Regelung".[502] Zu „der Regelung" gehört aber auch die erweiterte Verlängerungsmöglichkeit. Bis zu der vierjährigen Höchstbefristungsdauer können deshalb auch vor dem 1. Januar 2004 nach Maßgabe des § 14 Abs. 2 TzBfG geschlossene befristete Arbeitsverträge in neugegründeten Unternehmen nach § 14 Abs. 2 a TzBfG verlängert werden.[503]
Voraussetzung ist allerdings, dass die Befristung noch während der vierjährigen Gründungsphase vereinbart worden ist.[504]
Auch hier besteht somit keine Begrenzung durch die vierjährige Gründungsphase in der Art und Weise, dass nach Ablauf dieser Phase keine Verlängerung mehr möglich ist, obwohl die maximale Höchstdauer von vier Jahren noch nicht erreicht ist. Schon das Gleichbehandlungsgebot erfordert, dass Existenzgründer insofern gleichgestellt werden. Dass Gründung und Befristung bereits vor dem Inkrafttreten des Gesetzes erfolgten, kann ihnen nicht zum Nachteil gereichen. Im Gegenteil erscheinen sie aus diesem Grunde erst recht förderungswürdig, weil das Gesetz kein Anlass für die Einstellung war.
Letztlich kann man dafür argumentieren, dass auch unter Geltung des BeschFG 1996 wirksam befristete Arbeitsverträge nach § 14 Abs. 2 S. 1 Hs. 2 TzBfG bis zu einer Gesamtdauer von zwei Jahren verlängerbar waren.[505] Auch hier fanden - unabhängig von den Voraussetzungen für die Erstbefristung - die gegenwärtig gültigen Vorschriften für die Verlängerung Anwendung.

g) Kompensation eines abgewälzten Risikos?

Nach einer Ansicht läuft die neue Regelung darauf hinaus, dass Existenzgründer ihre Risiken zum Teil auf die Beschäftigten abwälzen können.[506] Dies möge rechtspolitisch zu begrüßen sein, doch müsse man dann auch Vorkehrungen dafür treffen, dass bei erfolgreichen Vorhaben das von den Arbeitnehmern übernommene, über die Normalsituation hinausgehende Risiko durch Beteiligung an den Erträgen kompensiert wird.[507]

---

502 BT-Drucks. 15/1204, S. 14.

503 HaKo/Mestwerdt, § 14 TzBfG Rn 189.

504 Sonst könnte sich jedes relativ neue Unternehmen auf die Verlängerungsregelung des § 14 Abs. 2 a S. 1 Hs. 2 (etwa statt auf § 14 Abs. 2 S. 1 Hs. 2) berufen. Vorliegen müssen, wie auch bei einer Verlängerung nach § 14 Abs. 2 S. 1 Hs. 2 TzBfG die Voraussetzungen des Hs. 1 (kalendermäßige Befristung). Zu diesen gehört bei § 14 Abs. 2 a TzBfG die kalendermäßige Befristung innerhalb der ersten vier Jahre nach der Gründung des Unternehmens.

505 BAG vom 15.1.2003 - 7 AZR 115/02 - 7 AZR 346/02, NZA 2003, S. 914 (915); BAG vom 15.1.2003 - 7 AZR 535/02, NZA 2003, S. 1092 (1093); LAG Rheinland-Pfalz vom 12.4.2002, 3 Sa 1469/01, NZA 2002, S. 1037 (1037).

506 KDZ/Däubler, § 14 TzBfG Rn 174 c.

507 KDZ/Däubler, § 14 TzBfG Rn 174 c.

Dies ist meines Erachtens zu weitgehend. Man kann zwar von einer Art Abwälzung des Risikos auf die Arbeitnehmer sprechen, da die Arbeitgeber für einen Zeitraum von acht Jahren besondere Freiheiten erhalten, die unsichere Anfangsphase sich jedoch auf einen wesentlich kürzeren Zeitraum erstrecken dürfte. Andererseits können die Arbeitnehmer froh sein, dass der Existenzgründer überhaupt einen Arbeitsplatz geschaffen hat. Hätten die Arbeitnehmer bessere Angebote zur Zeit der Arbeitsaufnahme gehabt, hätten sie sicherlich diese angenommen. Wenn ein neugegründetes Unternehmen Erfolg hat und sich am Markt behaupten kann, so profitiert auch der Arbeitnehmer, denn seine Chancen auf eine - bestenfalls unbefristete - Weiterbeschäftigung steigen enorm, insbesondere dann, wenn er sich bewährt hat. Eine Beteiligung an den Erträgen ist nicht erforderlich und Vorkehrungen dafür - etwa deren gesetzliche Anordnung - ohnehin kaum durchsetzbar. Lediglich freiwillig könnten Arbeitgeber einen entsprechenden Passus in den befristeten Arbeitsvertrag aufnehmen (etwa eine Verpflichtung zur unbefristeten Weiterbeschäftigung gegebenenfalls mit erhöhtem Gehalt für den Fall des Unternehmenserfolges). Allerdings ist eine solche freiwillige Verpflichtung erstens in der Praxis kaum vorstellbar und zweitens geht doch jeder Existenzgründer von dem Erfolg seines Unternehmens aus. Drittens ist dieser eher schwer zu messen (bzw. das Ergebnis leicht manipulierbar) und zu hohe Verpflichtungen gegenüber mehreren Arbeitnehmern könnten ihn in Schwierigkeiten bringen.

Ein Arbeitnehmer, der ein der Norm entsprechend kleines Unternehmen mit aufgebaut und zum Erfolg geführt hat, wird durch eine feste Stellung und ein angemessenes Gehalt eine Art Entschädigung erhalten. Dies können die eher familiären Beziehungen innerhalb eines kleineren Unternehmens günstig beeinflussen.

Im Übrigen besteht für den Arbeitnehmer eines Existenzgründers im Sinne von § 14 Abs. 2 a TzBfG nicht unbedingt ein größeres Risiko als für Arbeitnehmer anderer befristeter Arbeitsverhältnisse. Auch erstere müssen mit einer Entlassung auf Grund einer missglückten Unternehmensgründung und letztere mit einer Nichtverlängerung ihres Vertrages rechnen.

2. Ausnahmen nach § 14 Abs. 2 a S. 2 TzBfG

Von der Befristungserleichterung des § 14 Abs. 2 a S. 1 TzBfG sind nach § 14 Abs. 2 a S. 2 TzBfG Ausnahmen vorgesehen. Sie gilt nicht für Neugründungen im Zusammenhang mit der rechtlichen Umstrukturierung von Unternehmen und Konzernen.

a) Neugründung eines Unternehmens

Das Gesetz stellt ausdrücklich auf die Gründung eines Unternehmens ab. Von der Regelung erfasst werden Einzelpersonen, Gesellschaften bürgerlichen

Rechts, Personengesellschaften und juristische Personen.[508] Die Befristungserleichterung gilt auf Grund des Unternehmensneugründungserfordernisses nicht, wenn ein bestehendes Unternehmen lediglich einen weiteren Betrieb eröffnet.[509] Es muss sich nach dem Willen des Gesetzgebers um ein unternehmerisches Neuengagement handeln.[510] Ausgenommen von der Regelung des § 14 Abs. 2 a S. 1 TzBfG sind gemäß S. 2 Neugründungen im Zusammenhang mit der rechtlichen Umstrukturierung von Unternehmen und Konzernen. Eine Umstrukturierung soll den Unternehmen hinsichtlich des Befristungsrechts nicht zugute kommen können. Es muss sich also um eine „echte Neugründung" handeln.

b) Anknüpfung an die Regelung in § 112 a Abs. 2 BetrVG

Laut Erklärung des Gesetzgebers knüpft § 14 Abs. 2 a TzBfG hinsichtlich des Begriffs des neu gegründeten Unternehmens an die - im Rahmen des BeschFG 1985 eingeführte[511] - Regelung in § 112 a Abs. 2 BetrVG an.[512] Tatsächlich sind die Sätze 2 und 3 des § 14 Abs. 2 a TzBfG und des § 112 a Abs. 2 BetrVG nahezu identisch.

Auch § 112 a Abs. 2 S. 1 BetrVG enthält eine Existenzgründerklausel, die den Betrieben eines Unternehmens in den ersten vier Jahren nach seiner Gründung Erleichterungen insofern gewährt, als § 112 Abs. 4 und 5 BetrVG keine Anwendung findet und damit Sozialpläne nicht erzwingbar sind (sog. Sozialplanprivileg[513]).

Als sozialplanpflichtige - und damit von der Befristungserleichterung ausgenommene - Neugründungen im Zusammenhang mit der rechtlichen Umstrukturierung von Unternehmen und Konzernen in Betracht kommen die Verschmelzung von Unternehmen zur Neugründung (§§ 2 Nr. 2, 36 ff UmwG), die Auf- und Abspaltung zur Neugründung (§§ 123 Abs. 1 Nr. 2, Abs. 2 Nr. 2, 135 ff UmwG) sowie die Ausgliederung von Unternehmensteilen (§ 123 Abs. 3 Nr. 2 UmwG) und außerhalb des UmwG die Übertragung des Vermögens eines Unternehmens auf ein neu gegründetes Unternehmen einschließlich der Sachgründung.[514]

---

508 Bader, NZA 2004, S. 65 (76, Fn 164); ähnlich auch Bauer, NZA 2003, S. 366 (368).

509 DKK/Däubler, §§ 112, 112 a BetrVG Rn 34; Fitting, §§ 112, 112 a BetrVG Rn 89; Bader, NZA 2004, S. 65 (76); Hanau, ZIP 2004, S. 1169 (1178); Preis, DB 2004, S. 70 (78).

510 BT-Drucks. 15/1204, S. 10.

511 BR-Drucks. 393/84, S. 8; BT-Drucks. 10/2102, S. 7.

512 BT-Drucks. 15/1204, S. 14; darauf verweisen: KDZ/Däubler, § 14 TzBfG Rn 174 b; Bader, NZA 2004, S. 65 (76); Lipinski, BB 2004, S. 1221 (1221); Preis, DB 2004, S. 70 (79); Thüsing, ZfA 2004, S. 67 (94).

513 DKK/Däubler, §§ 112, 112 a BetrVG Rn 36; Löwisch/Kaiser, § 112 a BetrVG Rn 6; Richardi/Richardi/Annuß, § 112 a BetrVG Rn 13, 14, 15, 17.

514 Vgl. DKK/Däubler, §§ 112, 112 a BetrVG Rn 37; ErfK/Müller-Glöge, § 14 TzBfG Rn 130 b; Fitting, §§ 112, 112 a BetrVG Rn 92; HaKo/Mestwerdt, § 14 TzBfG Rn 190;

Bereits an einer Neugründung fehlt es beim identitätswahrenden Formwechsel gemäß § 190 UmwG, weil hier ein bestehendes Unternehmen lediglich eine neue Rechtsform erhält.[515]
Zusammenfassend sind somit alle Fälle der Gesamtrechtsnachfolge und der Identitätswahrung erfasst.[516] Darüber hinaus können die maßgebenden wirtschaftlichen Verflechtungen des neugegründeten Unternehmens zu bereits bestehenden Unternehmen dazu führen, dass erstere unter die Ausnahmeregelung des § 112 a Abs. 2 S. 2 BetrVG fallen.[517]
Entsprechendes gilt auf Grund der Anlehnung und der Bezugnahme des Gesetzgebers auch für § 14 Abs. 2 a TzBfG.[518]

c) Anwendbarkeit des Privilegs des § 112 a Abs. 2 BetrVG

Das Privileg § 112 a Abs. 2 S. 1 BetrVG gilt nach einer Ansicht jedoch, wenn eine Betriebsänderung in einem Betrieb durchgeführt wird, den das neu gegründete Unternehmen nach § 613 a BGB übernommen hat, auch wenn dieser Betrieb selbst länger als vier Jahre besteht, da lediglich ein noch nicht länger als vier Jahre bestehendes Unternehmen Voraussetzung ist.[519]
Nach einer anderen Auffassung darf das Privileg hier nicht zur Geltung kommen.[520] Denn zum einen lasse sich bei einem schon länger als vier Jahre existierenden Betrieb sehr viel leichter eine Prognose abgeben, ob voraussichtlich ein Sozialplan nötig sein wird und was er kosten kann.[521] Der Sinn und Zweck des

---

KDZ/Däubler, § 14 TzBfG Rn 174 e; Löwisch/Kaiser, § 112 a BetrVG Rn 8; Richardi/Richardi/Annuß, § 112 a BetrVG Rn 17, 18; Thüsing, ZfA 2004, S. 67 (94).

515 Löwisch/Kaiser, § 112 a BetrVG Rn 9; im Ergebnis auch Fitting, §§ 112, 112 a BetrVG Rn 93; Richardi/Richardi/Annuß, § 112 a BetrVG Rn 18 und Thüsing, ZfA 2004, S. 67 (94).

516 Fitting, §§ 112, 112 a BetrVG Rn 93.

517 Fitting, §§ 112, 112 a BetrVG Rn 91, 93.

518 HaKo/Mestwerdt, § 14 TzBfG Rn 191.

519 BAG vom 13.6.1989 - 1 ABR 14/88, AP Nr. 3 zu § 112 a BetrVG 1972, bestätigt in BAG vom 10.12.1996 - 1 ABR 32/96, AP Nr. 11 zu § 112 a BetrVG 1972; ErfK/Müller-Glöge, § 14 TzBfG Rn 130 b; HaKo/Mestwerdt, § 14 TzBfG Rn 192; Löwisch/Kaiser, § 112 a BetrVG Rn 6; Richardi/Richardi/Annuß, § 112 a BetrVG Rn 15; Biehl, JA 2004, S. 822 (822); wohl auch Gaul/Bonanni, ArbRB 2004, S. 48 (51); im Ergebnis auch Bauer, NZA 2003, SB zu Heft 21, S. 47 (51) und Thüsing, ZfA 2004, S. 67 (94), die jedoch eine Ausnahme bei rechtsmissbräuchlichem Verhalten, also wenn der Betrieb nur zum Zwecke erweiterter Befristungsmöglichkeiten auf ein neu gegründetes Unternehmen übertragen wird, annehmen wollen.

520 APS/Backhaus, § 14 TzBfG Rn 415 h; DKK/Däubler, §§ 112, 112 a BetrVG Rn 35; Fitting, §§ 112, 112 a BetrVG Rn 95 f; Rumpff/Boewer, Teil I. Rn 59, S. 361 f.; Lipinski, BB 2004, S. 1221 (1222); Preis, DB 2004, S. 70 (79). Kritisch auch Bader, NZA 2004, S. 65 (76).

521 DKK/Däubler, §§ 112, 112 a BetrVG Rn 35; ähnlich Fitting, §§ 112, 112 a BetrVG Rn 95.

Privilegs, diese für Neugründungen schwer einzuschätzenden Risikofaktoren zu beseitigen[522], würde auf Grund der bereits gesammelten Erfahrungen nicht erreicht werden können.
Zum anderen werde durch die erste Ansicht der Grundgedanke des § 613 a BGB verletzt, da sie entgegen der eindeutigen Intention des Gesetzgebers, dass bei einem Inhaberwechsel keine rechtliche Verschlechterung eintreten soll, für die betroffenen Beschäftigten zu einer Verschlechterung führen würde.[523]
Diese bezüglich § 112 a Abs. 2 BetrVG geäußerte Kritik solle nach einer Literaturansicht bezüglich § 14 Abs. 2 a TzBfG erst recht gelten.[524] Es bestehe eine Einladung zur Manipulation, wenn die Regelungen auch Anwendung finden, wenn etwa ein lange bestehender Betrieb auf ein neu gegründetes Unternehmen außerhalb des Konzerns übertragen wird.[525] Auch einer anderen Ansicht zufolge müsse verhindert werden, dass „Schein-Existenzgründungen" durch Neugründung eines Unternehmens im Zusammenhang mit einem Betriebsübergang erfolgen und damit ein alter Betrieb auf einmal zum Existenzgründer wird.[526]
Dem ist auf Grund der zu § 112 a Abs. 2 BetrVG dargelegten, übertragbaren Argumentation zuzustimmen. Aufgrund der Erfahrung der älteren Betriebe gibt es keine schwierige Aufbauphase, in der der Personalbedarf, seine Kosten und der wirtschaftliche Erfolg nicht richtig eingeschätzt werden können, so dass hier auch keine Befristungserleichterungen vonnöten sind.[527]
Ebenso verhält es sich, wenn ein Konzern ein neues Unternehmen gründet, das einen eigenen Betrieb aufbaut oder wenn ein seit längerem bestehendes Unternehmen einen neuen Betrieb ins Leben ruft.[528] Auch hier ist vom Sinn der Vorschrift her keine Privilegierung geboten, da die Entscheidungsträger von ihren Vorkenntnissen wie von ihrer wirtschaftlichen Grundlage her nicht mit einem Existenzgründer vergleichbar sind.[529]

---

522 Vgl. BT-Drucks. 10/2102, S. 17; DKK/Däubler, §§ 112, 112 a BetrVG Rn 33; Fitting, §§ 112, 112 a BetrVG Rn 95.

523 DKK/Däubler, §§ 112, 112 a BetrVG Rn 35; ähnlich Fitting, §§ 112, 112 a BetrVG Rn 95.

524 Buschmann, AuR 2004, S. 1 (3), ähnlich Bader, NZA 2004, S. 65 (76); Preis, DB 2004, S. 70 (79).

525 Buschmann, AuR 2004, S. 1 (3 f).

526 Preis in Bauer/Preis/Schunder, NZA 2003, S. 704 (706).

527 Zustimmend bezüglich des Personalbedarfs: Bader, NZA 2004, S. 65 (76); Preis, DB 2004, S. 70 (79). An der Aufbauphase zweifelt auch Buschmann, AuR 2004, S. 1 (4).

528 KDZ/Däubler, § 14 TzBfG Rn 174 e.

529 KDZ/Däubler, § 14 TzBfG Rn 174 e.

3. Vereinbarkeit mit Europa- und Verfassungsrecht

a) Richtlinie 99/70/EG

Entsprechende Kettenbefristungen sind nicht nach der Richtlinie 99/70/EG unzulässig, da eine maximal zulässige Befristungsdauer aufeinander folgender Arbeitsverträge gesetzlich fixiert wurde.[530] Man könnte aber vertreten, dass der § 14 Abs. 2 a TzBfG den europäischen Zielen zuwiderläuft, da sich die Unterzeichner der Rahmenvereinbarung zum unbefristeten Vertrag als üblicher Form des Beschäftigungsverhältnisses zwischen Arbeitgebern und Arbeitnehmern bekannt hatten und sich der nationale Gesetzgeber davon ein weiteres Stück entfernt hat.[531] Jedoch bleibt § 14 Abs. 2 a TzBfG wegen seines Verhältnisses gegenüber § 14 Abs. 1 TzBfG die Ausnahme.[532]

b) Art. 12 Abs. 1 GG

Fraglich erscheint die Vereinbarkeit dieser weitreichenden Befristungsmöglichkeiten des Arbeitgebers mit dem verfassungsrechtlichen Mindestbestandsschutz jedes Arbeitnehmers. Nach der Entscheidung des BVerfG zur Kleinbetriebsklausel gilt die unternehmerische Freiheit nicht schrankenlos, da es dem Staat als Folge der ebenfalls durch Art. 12 Abs. 1 GG geschützten Berufswahlfreiheit obliege, einen Mindestbestandsschutz für Arbeitsverhältnisse sicherzustellen.[533] Insofern sind die Gerichte verpflichtet, die zivilrechtlichen Generalklauseln nach §§ 138, 242 BGB zur Ausschaltung von Missbrauch und Willkür anzuwenden.[534]

Die unbegrenzte Aneinanderreihung kurzfristiger Beschäftigungen über einen Zeitraum von vier Jahren durch § 14 Abs. 2 a TzBfG eröffnet dem Arbeitgeber jedoch Vertragsgestaltungsmöglichkeiten, die zu Missbrauch und Willkür einladen können[535], so dass die Rechtsprechung nach Art. 1 Abs. 3 GG verpflichtet ist, mögliche Auswüchse verfassungskonform im Sinne von Menschenwürde und Mindestbestandsschutz zu unterbinden.[536] Sollte es im einzelnen Falle zu extremen Mehrfachbefristungen kommen, wäre dies jedenfalls nach § 242 BGB

---

530 Annuß/Thüsing/Maschmann, § 14 TzBfG Rn 89.

531 Vgl. KR/Lipke, § 14 TzBfG Rn 319.

532 So auch Annuß/Thüsing/Maschmann, § 14 TzBfG Rn 89.

533 BVerfG vom 27.1.1998 - 1 BvL 15/87, BVerfGE 97, 169 ff; BAG vom 26.9.2002 - 2 AZR 636/01, AP Nr. 124 zu § 1 KSchG 1969 Betriebsbedingte Kündigung; BAG vom 21.2.2001 - 2 AZR 15/00, AP Nr. 12 zu § 242 BGB Kündigung; vgl. Däubler, AiB 2004, S. 7 (8).

534 KDZ/Däubler, § 242 BGB Rn 25; Däubler, AiB 2004, S. 7 (8).

535 KR/Lipke, § 14 TzBfG Rn 321.

536 KR/Lipke, § 14 TzBfG Rn 330. Keine verfassungsrechtlichen Bedenken haben Annuß/Thüsing/Maschmann, § 14 TzBfG Rn 89.

unzulässig. Die nach dem Gesetzeswortlaut unbeschränkte Verlängerungsanzahl muss aufgrund verfassungskonformer Auslegung eingeschränkt werden.[537] Gleiches gilt nach einer Ansicht auch für die scheinbar aus Gesetzeswortlaut und Systematik hervorgehende Privilegierung von acht Jahren. Der Gesetzgeber beschränkte die Zeitphase der Existenzgründung auf vier Jahre.[538] Eine großzügigere Auslegung im Sinne einer doppelten Vierjahresfrist widerspräche dem verfassungsrechtlich gewährleisteten Mindestkündigungsschutz.[539] Wenn man so weit nicht gehen möchte, weil pro Arbeitnehmer lediglich eine vierjährige Befristung möglich ist, so kann man zumindest durch eine teleologische Reduktion des § 14 Abs. 2 a TzBfG zu dem Ergebnis kommen, dass über den vierjährigen Gründungszeitraum hinaus keine Verlängerungen mehr möglich sein sollten.

c) Art. 3 Abs. 1 GG

aa) Privilegierung von Neugründungen

Die Ungleichbehandlung von Neugründungen im Verhältnis zu bestehenden Unternehmen ist auf Grund der schwierigen Aufbauphase, in der der Personalbedarf und die wirtschaftlichen Aussichten unsicher sind, verfassungsrechtlich gerechtfertigt.

Die starke Zunahme der Zahl der Selbständigen ohne Beschäftigte von 1,4 Millionen im April 1991 auf knapp 2 Millionen im Mai 2003 (von insgesamt 3,7 Millionen Selbständigen)[540] rechtfertigt den Versuch, durch eine entsprechende Privilegierung die Schaffung neuer Arbeitsplätze zu begünstigen. Der Gesetzgeber hat grundsätzlich eine weite Einschätzungsprärogative. Eine Eingrenzung des Experimentierspielraums des Gesetzgebers kommt hier meines Erachtens noch nicht in Betracht: Bei Existenzgründern halten es sogar die Gewerkschaften für möglich, dass erweiterte Befristungsmöglichkeiten zu mehr Beschäftigung führen.[541] Insbesondere wer als einzelne natürliche Person das Risiko einer Existenzgründung auf sich nimmt, braucht erweiterte Möglichkeiten, da er die Entwicklung seines Unternehmens nicht abzuschätzen vermag und tatsächlich Scheu vor Einstellungen hat.

Die Idee einer erleichterten Befristungsmöglichkeit ist daher grundsätzlich zu befürworten, da die Flexibilität der Existenzgründer eine Chance für die Arbeitsuchenden darstellt.

---

537 Vgl. Schübel, Newsletter 108, S. 2, der darauf hinweist, dass die Rechtsprechung eine unbegrenzte Anzahl von Verlängerungen nicht für zulässig erachten könnte.

538 KR/Lipke, § 14 TzBfG Rn 330.

539 KR/Lipke, § 14 TzBfG Rn 330.

540 Quelle: Statistisches Bundesamt, Mikrozensus 2003, Statement, S. 2.

541 Rehwald, NZA 2003, SB zu Heft 21, S. 46 (46).

Diese Idee darf aber nicht zu missbräuchlichen und willkürlichen Vertragsgestaltungen führen. Vier Jahre Unsicherheit sind für einen Arbeitnehmer eine sehr lange Zeit. Ein Arbeitgeber wird regelmäßig jedoch, selbst wenn genug Arbeit vorhanden ist, nicht früher als nötig einen unbefristeten Vertrag abschließen. Gerade in der heutigen Arbeitsmarktsituation muss er auf Grund der Befristung auch nicht mit einer Abwanderung des Arbeitnehmers rechnen. Lediglich besonders qualifizierte, definitiv weiterhin benötigte Arbeitnehmer dürften vorzeitig unbefristete Arbeitsverträge erhalten, um sie zu binden.
Meines Erachtens hat ein Existenzgründer nach ungefähr zwei Jahren genug Erfahrungen gesammelt, eine weitere Bevorzugung ist meines Erachtens nicht erforderlich.
Ohnehin dürften die meisten Neugründungen den Bereich der Kleinbetriebsklausel des § 23 Abs. 1 S. 2 und 3 KSchG fallen, so dass § 1 KSchG keine Anwendung findet und sie eigentlich gar nicht auf Befristungen zurückgreifen müssen. Zur Umgehung des besonderen Kündigungsschutzes sollten die Befristungen der Existenzgründer aber gerade nicht erfolgen.
Des Weiteren bestehen bestehen bereits ausreichende Befristungsmöglichkeiten: Die in § 14 Abs. 2 TzBfG geregelte Begrenzung der sachgrundlosen Befristungsmöglichkeit auf zwei Jahre gilt ja nicht generell, sondern nur auf den einzelnen Arbeitnehmer bezogen. Letztlich sind häufig auch Befristungen mit Sachgrund nach § 14 Abs. 1 TzBfG möglich.

bb) keine Privilegierung von juristischen Personen

Weil der Verweis in § 14 Abs. 2 a TzBfG auf das Anschlussverbot des § 14 Abs. 2 S. 2 TzBfG hauptsächlich bei natürlichen Personen, die ein Unternehmen gründen, vorkommt, da neu gegründete juristische Personen vorher nicht existent waren, wird teilweise eine ungerechtfertigte Ungleichbehandlung von natürlichen und juristischen Personen und damit ein Verstoß gegen Art. 3 Abs. 1 GG gesehen.[542] Aus diesem Grunde wird eine verfassungskonforme Auslegung dahingehend befürwortet, dass auch Unternehmen, die aus natürlichen Personen gebildet sind, von der Privilegierung des § 14 Abs. 2 a TzBfG im Falle einer Neugründung Gebrauch machen können.[543] Von einer Ansicht wird das Abstellen auf neue Gewerbe- oder Handelsregisteranmeldungen vorgeschlagen.[544]
Meines Erachtens liegt hier kein Verstoß gegen Art. 3 Abs. 1 GG vor. Aufgrund der Herausnahme der Umstrukturierungen aus dem Anwendungsbereich des § 14 Abs. 2 a TzBfG in S. 2, machte der Gesetzgeber deutlich, dass es sich um ein Neuengagement handeln muss. Aufgrund dieser Zielsetzung und des Bestandsschutzes der Arbeitnehmer ist es verfassungsrechtlich geboten, Neuenga-

---

542 Biehl, JA 2004, S. 822 (822); Löwisch, BB 2004, S. 154 (162).
543 Biehl, JA 2004, S. 822 (822); Lipinski, BB 2004, S. 1221 (1222); Löwisch, BB 2004, S. 154 (162).
544 Hanau, ZIP 2004, S. 1169 (1178).

gements nur in engen Grenzen anzuerkennen. Lässt man infolgedessen für gesellschaftsrechtliche Umstrukturierungen keine Anwendung des § 14 Abs. 2 a TzBfG zu, kann sich kein Verstoß gegen Art. 3 Abs. 1 GG ergeben.[545]

III. Das Verhältnis zu § 14 Abs. 3 TzBfG

Die Regelung des § 14 Abs. 3 TzBfG stellt eine weitere Ausnahmeregelung zu § 14 Abs. 1 TzBfG dar, da sie - wie der Abs. 2 - keinen sachlichen Grund für die Befristung eines Arbeitsvertrages verlangt.

1. Inhalt der Regelung

Einzige Voraussetzung der Befristung nach § 14 Abs. 3 S. 1 TzBfG ist, dass der Arbeitnehmer bei Beginn des befristeten Arbeitsverhältnisses das 58. Lebensjahr vollendet hat. Gemäß dem durch das Erste Gesetz für moderne Dienstleistungen am Arbeitsmarkt vom 23. Dezember 2002[546] eingefügten Satz 4 ist Satz 1 bis zum 31. Dezember 2006 mit der Maßgabe anzuwenden, dass an die Stelle des 58. Lebensjahres das 52. Lebensjahr tritt. Für sachgrundlose Befristungen mit älteren Arbeitnehmern gibt es dementsprechend weder eine Begrenzung der Befristungshöchstdauer noch der Anzahl der zulässigen Verlängerungen.[547]
Im Gegensatz zu § 14 Abs. 2 S. 2 TzBfG ist das Anschlussverbot des § 14 Abs. 3 S. 2 TzBfG wesentlich enger gefasst und die Befristungsmöglichkeiten damit weiter. Hiernach ist eine Befristung lediglich dann nicht zulässig, wenn zu einem vorhergehenden unbefristeten Arbeitsvertrag mit demselben Arbeitgeber ein enger sachlicher Zusammenhang besteht. Ein solcher ist gemäß § 14 Abs. 3 S. 3 TzBfG insbesondere - aber nicht nur dann - anzunehmen, wenn zwischen den Arbeitsverträgen ein Zeitraum von weniger als sechs Monaten liegt. Ein vorhergehender befristeter Arbeitsvertrag schadet somit dem Abschluss eines (erneuten) befristeten Arbeitsvertrages mit einem älteren Arbeitnehmer nicht.

2. Rechtsfolgen der Regelung

Insofern ist es den Arbeitgebern grundsätzlich möglich, einen Arbeitnehmer seit dem 52. bzw. 58 Lebensjahr durchgehend oder mit Unterbrechungen bis zum Ausscheiden aus dem Erwerbsleben sachgrundlos zu befristen. Bei älteren Arbeitnehmern braucht der Arbeitgeber somit nicht auf die Regelung des § 14 Abs. 2 TzBfG zurückzugreifen. Er kann dies allerdings ab dem 50. bzw. 56 Lebens-

---

545 KR/Lipke, § 14 TzBfG Rn 321.

546 Veröffentlicht am 30.12.2002: BGBl. I, S. 4607 ff und 4621 ff. Dieses Gesetz basiert auf den Empfehlungen der sog. Hartz-Kommission.

547 Gerade deshalb wird diese Regelung als problematisch im Hinblick auf die Vereinbarkeit mit der EG-Befristungsrichtlinie angesehen und den Arbeitgebern vom Abschluss von Vereinbarungen auf der Grundlage des § 14 Abs. 3 TzBfG abgeraten.

jahr für zwei Jahre tun und im Anschluss an diese sachgrundlose Befristung sachgrundlos gemäß § 14 Abs. 3 TzBfG weiterbefristen.[548] Handelt es sich bei dem Arbeitgeber um einen Existenzgründer, ermöglichen ihm § 14 Abs. 2 a und 3 TzBfG sogar die sachgrundlose Beschäftigung ab der Vollendung des 48. Lebensjahres.[549]

3. Vereinbarkeit mit Europarecht

Seit dem Inkrafttreten bzw. schon bei dem Entwurf des § 14 Abs. 3 TzBfG wurden jedoch europarechtliche Bedenken[550] geäußert. Ein Abstellen allein auf das Alter wurde als europarechtswidrig im Hinblick auf die Richtlinie 1999/70/EG und/oder auf die Richtlinie 2000/78/EG angesehen und damit vielfach den Arbeitgebern von einer Anwendung des § 14 Abs. 3 TzBfG abgeraten.[551]

---

548 So auch Bauer, NZA 2002, S. 529 (531); Bauer, NZA 2003, S. 30 (30) und S. 366 (367, Fn 6) unter Hinweis auf die Regierungserklärung des Kanzlers vom 14.3.2003 vor dem Deutschen Bundestag, in der von „über 50jährigen Arbeitnehmern" die Rede war; Sievers, RdA 2004, S. 291 (300); Wolter, NZA 2003, S. 1068 (1075). Vgl. BT-Drucks. 14/4374, S. 20.

549 Sievers, RdA 2004, S. 291 (300), der – meines Erachtens zu Recht – jedoch auf die verfassungs- und europarechtlichen Bedenken angesichts des den Arbeitnehmern zu gewährenden Mindestbestandsschutzes hinweist.

550 Vgl. insbesondere APS/Backhaus, § 14 TzBfG Rn 417; Dörner, Rn 611 ff; Gaul, S. 12; Buschmann, AuR 2005, S. 298 (303); Däubler, ZIP 2001, S. 217 (224); Kerwer, NZA 2002, S. 1316 (1317); Kreutz, AuR 2003, S. 41 (43); Nielebock, AiB 2003, S. 5 (7); Rehwald, NZA 2003, SB zu Heft 21, S. 46 (46); Sievers, RdA 2004, S. 291 (301); Wolter, NZA 2003, S. 1068 (1075 f); vgl. auch Tschöpe/Schmalenberg, Teil 3 I Rn 29 „im Hinblick auf Richtlinie 1999/70/EG und 2000/78/EG"; BDA, Ältere Mitarbeiter im Betrieb, S. 43; Richardi, Seite 1 der Einführung zur 69. Ergänzungslieferung mit Stand vom 1. April 2003 zu „Nipperdey I – Arbeitsrecht Textsammlung". Vgl. aber auch Bauer, NZA 2003, S. 30 (31) und S. 366 (367), sowie Koberski, NZA 2005, S. 79 (84), die die Regelung für europarechtskonform halten. Bei Annahme eines Verstoßes gegen europäisches Recht wäre die Regelung richtlinienkonform auszulegen (vgl. EuGH, Schlussantrag des Generalanwalts vom 30.6.2005 – Rs. C-144/04, AuR 2005, S. 330 (330)). Aufgrund der Zielsetzung, den Missbrauch aufgrund aufeinanderfolgender befristeter Arbeitsverträge zu vermeiden, dürften jedenfalls einmalige Befristungen mit älteren Arbeitnehmern zu rechtfertigen sein (vgl. APS/Backhaus, § 14 TzBfG Rn 417; vgl. auch Dörner, Rn 618 ff; kritisch zur Auslegbarkeit Sievers, RdA 2004, S. 291 (302 f)).

551 Vgl. APS/Backhaus, § 14 TzBfG Rn 417; Dörner, Rn 611 ff; Gaul, S. 12; Buschmann, AuR 2005, S. 298 (303); Däubler, ZIP 2001, S. 217 (224); Kerwer, NZA 2002, S. 1316 (1317); Kreutz, AuR 2003, S. 41 (43); Nielebock, AiB 2003, S. 5 (7); Rehwald, NZA 2003, SB zu Heft 21, S. 46 (46); Sievers, RdA 2004, S. 291 (301); Wolter, NZA 2003, S. 1068 (1075 f); vgl. auch Tschöpe/Schmalenberg, Teil 3 I Rn 29 „im Hinblick auf Richtlinie 1999/70/EG und 2000/78/EG"; BDA, Ältere Mitarbeiter im Betrieb, S. 43; Richardi, Seite 1 der Einführung zur 69. Ergänzungslieferung mit Stand vom 1. April 2003 zu „Nipperdey I – Arbeitsrecht Textsammlung".

Aufgrund bestehender Zweifel an der Vereinbarkeit des § 14 Abs. 3 TzBfG mit dem Gemeinschaftsrecht hat das Arbeitgericht München sein Verfahren ausgesetzt und dem EuGH entsprechende Fragen hinsichtlich der Europarechtswidrigkeit zur Vorabentscheidung vorgelegt.[552]
Mit Urteil vom 22. November 2005 hat der EuGH § 14 Abs. 3 TzBfG für europarechtswidrig erklärt.[553] Nach Ansicht des EuGH verstößt die Vorschrift zwar nicht gegen die mit der Richtlinie 1999/70/EG umgesetzte Rahmenvereinbarung über befristete Arbeitsverträge, wohl aber gegen Art. 6 Abs. 1 der Antidiskriminierungs-Richtlinie 2000/78/EG, der eine Ungleichbehandlung von älteren Arbeitnehmern verbiete.[554] Zwar seien Regelungen zur Verbesserung der Beschäftigungssituation von älteren Arbeitnehmern zulässig, jedoch müssen sie objektiv erforderlich und angemessen sein. Dies sei nach Ansicht des EuGH bei § 14 Abs. 3 TzBfG gerade nicht der Fall. Vielmehr laufe die Regelung in der Praxis darauf hinaus, dass den über 52-jährigen Arbeitnehmern bis zu ihrem Ruhestand nur noch befristete Arbeitsverträge angeboten würden, was eine unverhältnismäßige Altersdiskriminierung bedeute. Das Verbot der Altersdiskriminierung gelte als allgemeiner Grundsatz des Gemeinschaftsrechts auch ohne die Umsetzung der Antidiskriminierungs-Richtlinie in deutsches Recht.
Das BAG folgte daraufhin am 26. April 2006 dem Urteil des EuGH und gab der Klage eines zum Zeitpunkt seiner Einstellung 52-jährigen Arbeitnehmers statt.[555] An die Rechtsprechung des EuGH sei das BAG gebunden, so dass damit Arbeitsverträge nicht allein wegen des Alters des Arbeitnehmers befristet werden dürfen. Arbeitgeber können sich nicht darauf berufen, dass sie bis zum Urteil des EuGH auf die Gültigkeit der Regelung vertraut haben, denn die europarechtlichen Bedenken seien von Anfang an bekannt gewesen. Somit wird den Arbeitgebern kein Vertrauensschutz gewährt und die Möglichkeit der sachgrundlosen Befristung nach § 14 Abs. 3 TzBfG fällt faktisch weg.
Im Koalitionsvertrag vom 11. November 2006 haben CDU, CSU und SPD bereits eine gemeinschaftsrechtskonforme Neuregelung des § 14 Abs. 3 TzBfG angekündigt.[556] Bisher gibt es jedoch noch keinen Änderungsentwurf. Möglich und dem Gebot der Verhältnismäßigkeit als auch dem Gleichbehandlungsgrundsatz entsprechend wäre eine Regelung, die neben dem Alter an die - beispielsweise seit sechs Monaten bestehende - Arbeitslosigkeit des Arbeitnehmers anknüpft.[557]

---

552 EuGH vom 22.11.2005, Rs. C-144/04 (Mangold), ZIP 2005, S. 2171 (2172).
553 EuGH vom 22.11.2005, Rs. C-144/04, ZIP 2005, S. 2171 (2171).
554 Vgl. bereits die Schlussanträge des Generalanwalts Tizzano vom 30.6.2005 – Rs. C-144/04, AuR 2005, S. 330 (330).
555 BAG vom 26.4.2006 - 7 AZR 500/04, BB 2006, S. 1858 -1864; vgl. SZ vom 27.4.2006, S. 17.
556 Koalitionsvertrag CDU, CSU, SPD - 11.11.2005, S. 24.
557 Thüsing, ZIP 2005, S. 2149 (2151).

IV. Das Verhältnis zu bestehenden Spezialregelungen

1. gesetzliche Spezialregelungen

Befristete Arbeitsverhältnisse gibt es insbesondere bei Arbeitsverhältnissen für besondere Zwecke (wie z.B. zur Aushilfe und zur Vertretung) oder in bestimmten Berufen.[558] Zum großen Teil existieren hierfür besondere gesetzliche Regelungen, die gemäß § 23 TzBfG von den Vorschriften des TzBfG unberührt bleiben, sprich dem TzBfG als speziellere Regelungen vorgehen. Soweit diese reichen, wird das TzBfG als allgemeine Regelung verdrängt. Das subsidiäre TzBfG gilt damit jedoch auch in den speziell geregelten Bereichen, wenn und soweit eine entsprechende Regelung fehlt. Dementsprechend erlangen insbesondere das Diskriminierungsverbot des § 4 TzBfG, das Benachteiligungsverbot des § 5 TzBfG, das Schriftformerfordernis des § 14 Abs. 4 TzBfG und die Klagefrist des § 17 TzBfG auch hier Gültigkeit.
Des Weiteren kann es zur Anwendung des TzBfG in den speziell geregelten Bereichen kommen, wenn auf das TzBfG verwiesen wird, wie es zum Beispiel in § 57 b Abs. 2 S. 3 HRG der Fall ist.

Die wichtigsten anderen gesetzlichen Vorschriften über die Befristung von Arbeitsverträgen[559], die gemäß § 23 TzBfG unberührt bleiben, bilden die Befristungsbestimmungen in den §§ 57 a ff. Hochschulrahmengesetz, § 21 Bundeserziehungsgeldgesetz, § 8 Abs. 3 Altersteilzeitgesetz und die Regelungen des Gesetzes über befristete Arbeitsverträge mit Ärzten in der Weiterbildung.

a) §§ 57 a ff. Hochschulrahmengesetz (HRG)

Nach § 57 a Abs. 1 S. 5 HRG sind die arbeitsrechtlichen Vorschriften und Grundsätze über befristete Arbeitsverträge und deren Kündigung anzuwenden, soweit sie den Vorschriften der §§ 57 b bis 57 e HRG nicht widersprechen.
Gemäß § 57 b Abs. 1 S. 1 HRG ist der Abschluss eines befristeten Arbeitsvertrags mit dem in § 57 a Abs. 1 S. 1 HRG genannten Personal, also mit wissenschaftlichen und künstlerischen Mitarbeitern, bis zu einer Dauer von sechs Jahren zulässig, gemäß S. 3 mit wissenschaftlichen und künstlerischen Hilfskräften bis zu einer Dauer von vier Jahren. § 57 b Abs. 1 S. 2 HRG unterscheidet, ob eine Promotion bereits abgeschlossen wurde; dies ist für die Anrechnung vorhergehender Beschäftigungen auf die zulässige Befristungsdauer bzw. für deren Verlängerung relevant.[560]

---

[558] HbArbR, Erg./Wank, § 116 Rn 1; Koppenfels, AuR 2002, S. 241 (241).

[559] Vgl. Meinel/Heyn/Herms, § 23 TzBfG Rn 18 ff.

[560] So bleiben Nebenbeschäftigungen als Korrekturassistent anrechnungsfrei, während zum Zwecke der Anfertigung einer Promotion genutzte Beschäftigungszeiten anzurechnen sind. Wer schneller als in sechs Jahren zur Promotion gelangt, kann die eingesparte Zeit in der sog. Postdocphase des § 57 b Abs. 1 S. 2 HRG entsprechend anhängen. Damit ist

Für den Bereich Medizin gibt es gemäß § 57 b Abs. 1 S. 2 HRG Sonderregeln, die sogar eine Höchstbefristungsdauer von neun Jahren vorsehen.
Auf eine Rechtfertigung der Befristung durch einen sachlichen Grund kommt es seit der Neufassung der §§ 57 a bis 57 b HRG vom 16.2.2002[561] nicht mehr an.
Gemäß § 57 a Abs. 1 S. 3 HRG kann durch Tarifvertrag für bestimmte Fachrichtungen und Forschungsbereiche von den in § 57 b HRG vorgesehenen Fristen abgewichen und eine Anzahl zulässiger Verlängerungen befristeter Arbeitsverträge festgelegt werden.
Alternativ können mit dem unter den Geltungsbereich der §§ 57 a ff. HRG fallenden Personal auch befristete Arbeitsverträge nach den allgemeinen Regeln des TzBfG abgeschlossen werden.[562] Sie werden jedoch gemäß § 57 b Abs. 2 S. 2 HRG auf die Höchstbefristungsdauer des § 57 b HRG voll angerechnet. Daher und weil das HRG hinsichtlich der Dauer der Zeitbefristungen wesentlich weiter ist[563], erscheint eine Befristung nach § 14 TzBfG nicht vorteilhafter und wird regelmäßig auch nicht vorgenommen.[564] Ein Ausweichen auf das TzBfG könnte allerdings insofern interessant sein, als § 14 Abs. 1 TzBfG eine Zweckbefristung zulässt, die bei Projekten höchst nützlich ist.
Nach Ablauf der Höchstbefristungsdauer sind gemäß § 57 b Abs. 2 S. 3 HRG befristete Arbeitsverträge nur nach Maßgabe des TzBfG gerechtfertigt, wobei allein eine Befristung mit Sachgrund nach § 14 Abs. 1 TzBfG[565] in Frage kommt.
Die Befristung von Arbeitsverträgen mit studentischen Hilfskräften ist gemäß § 57 d S. 1 HRG bis zur Dauer von vier Jahren zulässig. Die Dauer wird gemäß S. 2 nicht auf die Befristungshöchstdauer des § 57 b Abs. 1 HRG angerechnet.
Für den Abschluss befristeter Arbeitsverträge mit wissenschaftlichem Personal an staatlichen, überwiegend staatlichen oder auf Grundlage des Art. 91 b GG finanzierten Forschungseinrichtungen gelten die Vorschriften der §§ 57 a bis 57 c HRG entsprechend.

---

eine Ausschöpfung der Höchstdauer von insgesamt 12 Jahren möglich (vgl. Tschöpe/Schmalenberg, Teil 3 I Rn 209, 210.)

561 BGBl. I, S. 693.

562 Dörner, Rn 659; Tschöpe/Schmalenberg, Teil 3 I Rn 201.

563 So weit, dass angesichts der Höchstdauern von 12 bzw. 15 Jahren Zweifel an der Verfassungsmäßigkeit bestehen (vgl. KDZ/Däubler, § 75 a HRG n.F. Rn 4 f).

564 Vgl. Dörner, Rn 659.

565 Der Ausschluss einer sachgrundlosen Befristung nach § 14 Abs. 2 TzBfG versteht sich mangels der Möglichkeit des Vorliegen einer Neueinstellung in diesem Falle von selbst. Eine sachgrundlose Befristung nach § 14 Abs. 3 TzBfG scheidet deshalb aus, weil das HRG bei den wissenschaftlichen und künstlerischen Hilfskräften oder Mitarbeitern (§ 53 HRG) unterstellt, dass deren Beschäftigung der eigenen Aus-, Fort- und Weiterbildung dient, was kaum bei älteren Arbeitnehmern im Sinne des § 14 Abs. 3 TzBfG der Fall sein wird.

b) § 21 Bundeserziehungsgeldgesetz (BErzGG)

Durch § 21 BErzGG wird die befristete Einstellung von Ersatzkräften für in Elternzeit (früher Mutterschutz) befindliche Arbeitnehmer ermöglicht.

Gemäß § 21 Abs. 1 BErzGG liegt ein die Befristung rechtfertigender sachlicher Grund vor, wenn ein Arbeitnehmer zur Vertretung eines anderen Arbeitnehmers für die Dauer eines Beschäftigungsverbotes nach dem Mutterschutzgesetz, der Elternzeit oder einer auf Tarifvertrag, Betriebsvereinbarung oder einzelvertraglicher Vereinbarung beruhenden Arbeitsfreistellung zur Betreuung eines Kindes oder für diese Zeiten zusammen oder für Teile davon eingestellt wird. Die Aushilfskraft muss nicht auf dem Arbeitsplatz des vertretenen Arbeitnehmers eingesetzt werden; die Elternzeit muss lediglich für die befristete Einstellung kausal sein.[566]

Über die Dauer der Vertretung hinaus ist die Befristung gemäß § 21 Abs. 2 BErzGG für notwendige Zeiten einer Einarbeitung zulässig.

Anstelle einer Befristung nach § 21 Abs. 1 BErzGG wäre bei Vorliegen der entsprechenden Voraussetzungen auch eine Befristung nach § 14 TzBfG möglich.[567] Im Verhältnis zu § 14 Abs. 1 S. 2 Nr. 3 TzBfG, der den Sachgrund der Vertretung eines anderen Arbeitnehmers regelt, stellt § 21 Abs. 1 BErzGG jedoch die speziellere Regelung dar.

c) § 8 Abs. 3 Altersteilzeitgesetz (ATG)

Nach § 8 Abs. 3 ATG ist eine Vereinbarung zwischen Arbeitnehmer und Arbeitgeber über die Altersteilzeitarbeit, die die Beendigung des Arbeitsverhältnisses ohne Kündigung zu einem bestimmten Zeitpunkt vorsieht, in dem der Arbeitnehmer Anspruch auf eine Rente nach Altersteilzeit hat, zulässig. Somit enthält das Gesetz einen besonderen Befristungstatbestand mit einem eigenständigem, auf dem gleitenden Übergang aus dem Erwerbsleben in den Ruhestand abgestimmten Sachgrund.[568] Dieser ist lex specialis zu § 41 SGB VI. Eine sachgrundlose Befristung scheidet aus, weil der Arbeitnehmer immer einen unbefristeten oder andersartig befristeten Arbeitsvertrag hat, wenn er Altersteilzeit vereinbart.[569] Eine Anwendung des § 14 Abs. 1 TzBfG ist jedoch möglich.

d) § 1 ÄArbVtrG (Ärzte in der Weiterbildung)

Nach § 1 Abs. 5 des Gesetzes über befristete Arbeitsverträge mit Ärzten in der Weiterbildung (ÄArbVtrG) vom 15.5.1986 sind die arbeitsrechtlichen Vorschriften und Grundsätze über befristete Arbeitsverträge nur insoweit anzuwenden, als sie den Vorschriften der Absätze 1 bis 4 nicht widersprechen. Diese

---

566 BAG vom 15.8.2001 - 7 AZR 263/00, DB 2002, S. 152 (153).

567 ErfK[5]/Müller-Glöge, § 21 BErzGG Rn 4; Dörner, Rn 841; Schliemann/Dörner, § 620 BGB Rn 439.

568 Dörner, Rn 847.

569 Dörner, Rn 847.

speziellen Vorschriften regeln die Rechtfertigung und die zulässige Dauer und deren Berechnung bei befristeten Arbeitsverträgen mit Ärzten in der Weiterbildung außerhalb von Hochschulen und staatlichen Forschungseinrichtungen. § 1 ÄArbVtrG findet damit keine Anwendung im Geltungsbereich des HRG, welches lex specialis gegen über dem ÄArbVtrG ist.
Gemäß § 1 Abs. 1 ÄArbVtrG liegt ein die Befristung eines Arbeitsvertrages mit einem Arzt rechtfertigender sachlicher Grund vor, wenn die Beschäftigung des Arztes seiner zeitlich und inhaltlich strukturierten Weiterbildung zum Facharzt oder dem Erwerb einer Anerkennung für einen Schwerpunkt oder dem Erwerb einer Zusatzbezeichnung, eines Fachkundennachweises oder einer Bescheinigung über eine fakultative Weiterbildung dient.
Die zulässige Dauer ist gemäß § 1 Abs. 3 S. 1 ÄArbVtrG grundsätzlich auf höchstens acht Jahre festgelegt; in bestimmten Fällen kann diese Zeit jedoch überschritten werden.
Neben § 1 ÄArbVtrG kann der Arbeitgeber die Befristung auf § 14 Abs. 1 TzBfG stützen, wenn die Befristung - zum Beispiel wegen einer nicht statthaften Zweckbefristung - nicht nach diesem Gesetz gerechtfertigt werden kann.[570]

e) § 9 Nr. 2 Arbeitnehmerüberlassungsgesetz (AÜG) a.F.

Nach § 9 Nr. 2 AÜG a.F., der gemäß § 19 S. 1 AÜG n.F. bis spätestens zum 31. Dezember 2003 (weiterhin) anzuwenden war, waren wiederholte Befristungen des Arbeitsverhältnisses zwischen Verleiher und Leiharbeitnehmer grundsätzlich unwirksam, es sei denn, dass sich für die Befristung aus der Person des Leiharbeitnehmers ein sachlicher Grund (im Sinne des § 14 Abs. 1 S. 2 Nr. 6 TzBfG) ergab, oder die Befristung für einen Arbeitsvertrag, der unmittelbar an einen mit demselben Verleiher geschlossenen Arbeitsvertrag anschließt, vorgesehen war.
Durch diese Vorschrift sollte verhindert werden, dass der Verleiher zwar formal das Beschäftigungsrisiko übernimmt, es aber durch den Abschluss befristeter Arbeitsverträge auf den Arbeitnehmer verlagert.[571] Denn der Leiharbeitgeber ist auch in der zwischen den Arbeitseinsätzen liegenden Zeit dazu verpflichtet, die Leiharbeiter zu bezahlen.[572] Wenn sich weitere befristete Arbeitsverträge nahtlos an den vorangegangenen Vertrag anschlossen, waren nach der 2. Alt. Kettenbefristungen ohne sachlichen Grund zulässig.[573] Eine dem § 14 Abs. 2 S. 1 TzBfG

---

570 Dörner, Rn 858.

571 Annuß/Thüsing/Lambrich[1], § 23 TzBfG Rn 112; Boemke, § 9 AÜG Rn 4, 27; ErfK[3]/Wank, § 3 AÜG Rn 16; Ulber[1], § 3 AÜG Rn 66 und § 9 AÜG Rn 33.

572 Annuß/Thüsing/Lambrich[1], § 23 TzBfG Rn 112; ErfK[3]/Wank, § 3 AÜG Rn 16.

573 Boemke, § 3 AÜG Rn 64 und § 9 AÜG Rn 30; Tschöpe/Schmalenberg, Teil 3 I Rn 217; Lembke, DB 2003, S. 2702 (2702); zum alten Recht: APS/Backhaus, § 1 BeschFG Rn 63; APS/Biebl, § 9 AÜG Rn 10.

entsprechende Begrenzung der Verlängerungsanzahl oder eine Befristungshöchstdauer gab es nach dem Wortlaut nicht.
Aufgrund erheblicher verfassungsrechtlicher Bedenken wurde daher teilweise eine teleologische Reduktion des Anwendungsbereichs befürwortet, um unbeschränkte, sachgrundlose Kettenbefristungen auszuschließen.[574] In Anbetracht dessen, dass vor der damaligen Neuregelung (mit Wirkung vom 1. April 1997) ein allgemeines Befristungsverbot existierte, dass sich laut der amtlichen Begründung[575] als zu weitgehend erwiesen hatte und daher nun einmalige Befristungen möglich sein sollten, war einer teleologischen Reduktion zuzustimmen. Im Übrigen war eine solche Reduktion auch durch die Richtlinie 1999/70/EG geboten, die den Missbrauch beim Abschluss befristeter Arbeitsverträge zu verhindern suchte.[576] Eine gemeinschaftsrechtskonforme Auslegung führte dazu, dass § 14 TzBfG grundsätzlich neben § 9 Nr. 2 AÜG zur Überprüfung der Rechtmäßigkeit eines befristeten Arbeitnehmerüberlassungsvertrages heranzuziehen war.[577]

Für Erstbefristungen fehlte nach dem Wortlaut eine Spezialregelung, weshalb Streit über die Kontrolle von Erstbefristungen[578] herrschte.
Nach einer Ansicht war die erstmalige Befristung seit dem 1. April 1997 ohne weiteres zulässig.[579] Der erste Arbeitsvertrag durfte hiernach gemäß § 9 Nr. 2 AÜG ohne sachlichen Grund befristet abgeschlossen werden und sei dabei nicht an die Befristungshöchstdauer des § 14 Abs. 2 S. 1 TzBfG von zwei Jahren gebunden gewesen, weil Nr. 2 als Sonderregelung dem TzBfG vorgegangen sei.[580] Nach anderer Ansicht mussten Erstbefristungen die Voraussetzungen des § 14 Abs. 1 oder 2 TzBfG einhalten.[581] Dafür wurde argumentiert, dass § 9 AÜG nur

574 Ulber[1], § 3 AÜG Rn 67 und § 9 AÜG Rn 36; ähnlich Annuß/Thüsing/Lambrich[1], § 23 TzBfG Rn 116 und KDZ[5]/Zwanziger, § 9 AÜG Rn 7b.

575 BT-Drucks. 13/4941, S. 249.

576 Vgl. dazu KDZ[5]/Zwanziger, § 9 AÜG Rn 7c, 7d; KR/Bader § 23 TzBfG Rn 6; Meinel/Heyn/Herms, § 23 TzBfG Rn 37. An der Vereinbarkeit mit der Richtlinie zweifeln auch APS/Backhaus, § 23 TzBfG Rn 9; KDZ/Däubler, § 23 TzBfG Rn 2; Preis/Gotthardt, DB 2000, S. 2065 (2074).

577 KR/Bader § 23 TzBfG Rn 6; Meinel/Heyn/Herms, § 23 TzBfG Rn 37; APS/Backhaus, § 23 TzBfG Rn 9.

578 SPV/Preis, I § 3 Rn 137.

579 Boemke, § 9 AÜG Rn 28 mit vielen Verweisen.

580 Boemke, § 3 AÜG Rn 58; § 9 AÜG Rn 28; Tschöpe/Schmalenberg, Teil 3 I Rn 217; Lembke, DB 2003, S. 2702 (2702); ähnlich ErfK[3]/Wank, § 9 AÜG Rn 13, der jedoch nicht speziell auf die Anwendbarkeit des § 14 Abs. 2 TzBfG eingeht, sondern allgemein eine gerichtliche Befristungskontrolle verneint.

581 Annuß/Thüsing/Lambrich, § 23 TzBfG Rn 114; KR/Bader § 23 TzBfG Rn 5; Meinel/Heyn/Herms, § 23 TzBfG Rn 36 a; Schliemann/Dörner, § 620 BGB Rn 433; APS/Biebl, § 9 AÜG Rn 6; APS/Backhaus, § 23 TzBfG Rn 9; KDZ[5]/Zwanziger, § 9

eine spezialgesetzliche Regelung für die wiederholte Befristung des Leiharbeitsverhältnisses war, aber keine Regelung für die erstmalige Befristung traf.[582] Daher sei sie auch nicht den Regelungen des TzBfG als spezialgesetzliche Regelung vorgegangen.
Teilweise wurde jedoch angemerkt, dass die meisten Sachgründe ebenso wie der Zweijahreszeitraum wegen der (gewerberechtlichen) Besonderheiten des AÜG nicht zur Anwendung kommen konnten und der Streit damit rein theoretischer Natur war.[583]
Aufgrund der Regelung in § 23 TzBfG war meines Erachtens für die erste Befristung § 14 TzBfG anzuwenden, weil es diesbezüglich an einer Spezialregelung fehlte. Der Wortlaut stellte ganz eindeutig auf „wiederholte Befristungen" ab. Man konnte nicht davon ausgehen, dass die erste Befristung keinen Beschränkungen unterlag, wenn die Leiharbeiter damit ohne ersichtlichen Grund schlechter behandelt worden wären als andere Arbeitnehmer, die befristet beschäftigt wurden, und das, obwohl nach früherem Recht gar keine Befristungen von Leiharbeitern möglich gewesen waren.

Durch das Erste Gesetz für moderne Dienstleistungen am Arbeitsmarkt vom 23. Dezember 2002[584], das die Vorschläge der Hartz-Kommission umsetzte[585], wurde das AÜG grundlegend geändert.[586] Dies betrifft auch das Befristungsrecht. Mit der ersatzlosen Streichung des besonderen Befristungsverbots in § 9 Nr. 2 AÜG gelten nun für die Befristung von Arbeitsverträgen mit Leiharbeitnehmern - mangels einer nach § 23 TzBfG vorangigen Sonderreglung - die allgemeinen Befristungsregeln der §§ 14 ff. TzBfG.[587] Die obigen Streitigkeiten, inwiefern das TzBfG Anwendung findet, haben sich somit erledigt. Dem ungehinderten Abschluss von Kettenarbeitsverträgen und den erstmaligen sachgrundlosen Befristungen des Leiharbeitsverhältnisses für eine längere Dauer als zwei Jahre wurde somit - Existentenzgründer im Sinne des § 14 Abs. 2 a TzBfG ausgenommen - von gesetzgeberischer Seite ein Riegel vorgeschoben.

AÜG Rn 4; Ulber[1], § 9 AÜG Rn 42; Dörner, Rn 833. Teilweise heißt es ausdrücklich: „auch einmalige Befristungen können unwirksam sein".

582 APS/Biebl, § 9 AÜG Rn 6.

583 Schliemann/Dörner, § 620 BGB Rn 433; APS/Biebl, § 9 AÜG Rn 6.

584 Veröffentlicht am 30.12.2002: BGBl. I, S. 4607.

585 Daher wurde es teilweise auch als „Hartz I" bezeichnet.

586 Annuß/Thüsing/Lambrich, § 23 TzBfG Rn 144; Boemke/Lembke, Vorwort, S. 5 und § 9 AÜG Rn 4 ff.; Ulber, Vorwort zur 3. Auflage, S. 5; Lembke, DB 2003, S. 2702 (2702).

587 Annuß/Thüsing/Lambrich, § 23 TzBfG Rn 147; Boemke/Lembke, § 9 AÜG Rn 5, 197, 200; ErfK/Müller-Glöge, § 23 TzBfG Rn 6; Meinel/Heyn/Herms, § 23 TzBfG Rn 36; Ulber, § 9 AÜG Rn 339 b; Dörner, Rn 829; Lembke, DB 2003, S. 2702 (2702); Wolter, NZA 2003, S. 1068 (1075).

f) sonstige spezialgesetzliche Vorschriften
Sonstige spezialgesetzliche Vorschriften über Befristungen sehr unterschiedlichen Inhalts enthalten beispielsweise § 1 Abs. 4 ArbPlSchG, § 21 Abs. 1 und 2 BBiG, § 8 Abs. 2 EFZG, § 1 Abs. 3 Hs. 1 EignÜG, § 231 Abs. 1 SGB III und § 41 S. 2 SGB VI zu nennen.[588]
Das Gesetz über befristete Arbeitsverträge mit wissenschaftlichem Personal an Forschungseinrichtungen, das die entsprechende Geltung der §§ 57 a S. 2, 57 b bis 57 f HRG für den Abschluss befristeter Arbeitsverträge mit wissenschaftlichem Personal und Personal mit ärztlichen Aufgaben an staatlichen sowie überwiegend staatlich oder auf Grundlage von Art. 91 b GG finanzierten Forschungseinrichtungen regelte, ist mit Wirkung zum 23.2.2002 aufgehoben und durch § 57 d HRG n.F. ersetzt worden.[589] Eine sondergesetzliche Regelung für die außeruniversitären Forschungseinrichtungen ist nach der Neukonzeption des Befristungsrechts im HRG nicht mehr erforderlich.[590]
Nun ist eine einheitliche Regelung der Befristung an Hochschulen und außeruniversitären Forscheinrichtungen möglich. Damit können die Befristungshöchstgrenzen nach dem Wechsel zwischen Hochschule und Forschungseinrichtung nicht erneut in Anspruch genommen werden.[591]
Die vor dem 23. Februar 2002 nach der alten Regelung vereinbarten befristeten Arbeitsverträge behalten für die vereinbarte Laufzeit jedoch ihre Gültigkeit, so dass insofern die §§ 57 a S. 2, 57 b bis 57 f HRG a.F. entsprechende Anwendung finden.[592]

2. tarifvertragliche Spezialregelungen
Es gibt nicht nur Spezialgesetze, sondern auch Tarifverträge, durch die vom TzBfG abgewichen wird. Diese sind im Umkehrschluss zu § 22 Abs. 1 TzBfG immer zugunsten des Arbeitnehmers zulässig.

a) Sonderregelung 2y zum Bundesangestelltentarifvertrag
Für den öffentlichen Dienst war die Sonderregelung (SR) 2y zum Bundesangestelltentarifvertrag (BAT), der für ca. 4,5 Mio. Beschäftigte galt,[593] von besonderer Bedeutung. Diese Sonderregelung enthielt zusätzlich zum staatlichen Recht weitere Voraussetzungen für den Abschluss befristeter Arbeitsverträge. Sie bestand seit dem 1. April 1961 - die Protokollnotizen ausgenommen - unverändert und schränkte die Befristungsmöglichkeiten für Arbeitgeber des öffentlichen Dienstes gegenüber dem TzBfG insbesondere durch ihr Sachgrunderfordernis

---

588 Vgl. dazu Annuß/Thüsing/Lambrich, § 23 TzBfG Rn 49 ff; Rolfs, § 23 TzBfG Rn 12 ff.
589 Vgl. ErfK/Müller-Glöge, § 57 d HRG Rn 1; Dörner, Rn 634, 719.
590 Dörner, Rn 719.
591 ErfK/Müller-Glöge, § 57 d HRG Rn 2.
592 ErfK/Müller-Glöge, § 57 d HRG Rn 1.
593 Laut Aussage von ver.di e.V. am 26.6.2003.

und die strengeren Regelungen zum Abschluss eines Arbeitsvertrages deutlich ein.
Schon dem BeschFG ging die SR 2 y BAT für Angestellte des öffentlichen Dienstes als günstigere Regelung vor.[594]
Allerdings war der Druck auf die Tarifvertragsparteien dahingehend, die Befristungserleichterungen des BeschFG auch im Bereich des öffentlichen Dienstes umzusetzen, so stark, dass durch den 72. Änderungstarifvertrag vom 15. Dezember 1995 mit Wirkung vom 1. Februar 1996 eine Ergänzung der entsprechenden Protokollnotizen zur Zulässigkeit eines befristeten Arbeitsverhältnisses im öffentlichen Dienst vorgenommen wurde.[595] Danach konnten bis zum 31. Dezember 2000 - also solange das BeschFG in Kraft war - Arbeitsverhältnisse nach dem BeschFG, d.h. auch ohne sachlichen Grund, begründet werden.[596] Eine Umdeutung der auf das BeschFG bezogenen (ergänzenden) Protokollnotizen und ihre Anwendbarkeit auf das TzBfG erschien angesichts der klaren Formulierung und der zeitlich limitierten Bezugnahme als rechtlich nicht zulässig.[597]
Dies hatte zur Folge, dass auch das TzBfG als ungünstigere Regelung[598] im öffentlichen Dienst zunächst praktisch keine Anwendung fand.[599]
Doch wurde im 77. Änderungstarifvertrag vom 29. Oktober 2001 die Protokollnotiz Nr. 6 entsprechend angepasst, so dass abweichend von der Protokollnotiz Nr. 1 Befristungen ohne Sachgrund nach § 14 Abs. 2 und 3 TzBfG möglich waren.[600]
Da die Tarifvertragsparteien bei der Bezugnahme auf das TzBfG auf die Angabe von Datum und Fundstelle des Gesetzes verzichtet hatten, handelte es sich hierbei um eine dynamische Verweisung, die auch künftige etwaige Änderungen des TzBfG miterfasste.[601]

---

594 BAG vom 25.9.1987 - 7 AZR 315/86, AP Nr. 1 zu § 1 BeschFG 1985; Böhm/Spiertz/Sponer/Steinherr, BAT, SR 2y Rn 6; Clemens/Scheuring/Steingen/Wiese, BAT, SR 2y, Erl. 3 zu Nr. 1; Bauschke, Rn 51.

595 Clemens/Scheuring/Steingen/Wiese, BAT, SR 2y, Erl. 3 zu Nr. 1; Bauschke, Rn 52; Bauschke, Arbeitnehmer II, Rn 72 a.

596 Clemens/Scheuring/Steingen/Wiese, BAT, SR 2y, Erl. 3 zu Nr. 1; Bauschke, Rn 52; Bauschke, Arbeitnehmer II, Rn 72 b.

597 Schliemann/Dörner, § 620 BGB Rn 251; Bauschke, Rn 53a.

598 KR[6]/Bader, § 22 TzBfG Rn 18; SPV/Preis, I § 3 Rn 135.

599 Böhm/Spiertz/Sponer/Steinherr, BAT, SR 2y Rn 13; Schliemann/Dörner, § 620 BGB Rn 248, 251; Bauschke, Rn 53 a; Otto, ZTR 2002, S. 8 (9). Nach BAG vom 27.4.1988 - 7 AZR 593/87, AP Nr. 4 zu § 1 BeschFG 1985, konnten die Arbeitsvertragsparteien bei fehlender Tarifgebundenheit einer Partei zum Zeitpunkt des Abschlusses des Arbeitsvertrages wirksam die Geltung der Protokollerklärung Nr. 1 zu Nr. 1 SR 2y BAT ausschließen, mit der Folge, sachgrundlose Befristung vereinbaren zu dürfen.

600 Vgl. dazu Clemens/Scheuring/Steingen/Wiese, BAT, Anhang 1 zur SR 2y - TzBfG, Erl. 2 zu § 14; SPV/Preis, I § 3 Rn 135; Schliemann/Dörner, § 620 BGB Rn 248, 251.

601 Otto, ZTR 2002, S. 8 (10). Vgl. das übertragbare Urteil des BAG vom 27.9.2000 - 7 AZR 390/99, AP Nr. 20 zu § 2 BAT.

Gleichlautende Bestimmungen waren in einigen weiteren Tarifverträgen des öffentlichen Dienstes enthalten. Entsprechende Sonderregelungen gab und gibt es allerdings nicht für die Arbeitsverhältnisse der Arbeiter im öffentlichen Dienst.[602] Für sie bestimmt sich die Befristung nach den allgemeinen Grundsätzen des Befristungsrechts.[603]

b) Tarifvertrag des öffentlichen Dienstes

Die Sonderregelung SR 2 y zum BAT wurde für den Bereich der Bundesverwaltung und der Kommunen ab dem 1. Oktober 2005 durch den Tarifvertrag des öffentlichen Dienstes (TVöD) ersetzt; die SR 2 y BAT gelten in diesen Bereichen somit nicht mehr. Lediglich für den Bereich der Landesverwaltungen blieb der BAT einstweilen fortbestehen und hatte insofern noch Bedeutung. Seit dem 1. November 2006 gilt der TVöD jedoch auch in diesem Bereich.

Die Befristung und Beendigung des Arbeitsverhältnisses sind in Abschnitt V des TVöD geregelt. Der Abschluss von befristeten Arbeitsverträgen ist im Geltungsbereich des TVöD nach Maßgabe des TzBfG sowie anderer gesetzlicher Vorschriften über die Befristung von Arbeitsverträgen gemäß § 30 Abs. 1 TVöD zulässig.[604] Danach gilt für die Befristung eines Arbeitsvertrages grundsätzlich, sprich soweit nichts anderes bestimmt ist, § 14 TzBfG.[605] Die Tarifvertragsparteien haben sich im Streit um die Zulässigkeit sachgrundloser Befristungen nach § 14 Abs. 2 TzBfG auf den Kompromiss geeinigt, die bisherigen Regelungen der SR 2 y BAT inhaltlich für deren bisherigen Geltungsbereich, also für Zeitangestellte, für Angestellte für Aufgaben von begrenzter Dauer und für Aushilfsangestellte, bestehen zu lassen.[606] Die materiell-rechtlich und praktisch bedeutsamen Bestimmungen dieser Sonderregelungen haben Eingang in § 30 TVöD gefunden, d.h. die Regelungen der SR 2 y sind inhaltlich in den § 30 Abs. 2 bis 5 TVöD aufgenommen worden.

Nach § 30 Abs. 2 S. 1 TVöD sind kalendermäßig befristete Arbeitsverträge mit sachlichem Grund nur zulässig, wenn die Dauer des einzelnen Vertrages fünf Jahre nicht übersteigt; weitergehende Regelungen im Sinne von § 23 TzBfG bleiben unberührt. Damit ergibt sich für Sachgrundbefristungen einschränkend zu § 14 Abs. 1 TzBfG eine Befristungshöchstdauer.

Gemäß § 30 Abs. 2 S. 2 TVöD sind Beschäftigte mit einem Arbeitsvertrag nach Satz 1 bei der Besetzung von Dauerarbeitsplätzen bevorzugt zu berücksichtigen, wenn die sachlichen und persönlichen Voraussetzungen erfüllt sind.

---

602 SPV/Preis, I § 3 Rn 135; APS/Schmidt, BAT SR 2y Rn 1; Engel/Gussone, S. 58.

603 APS/Schmidt, BAT SR 2y Rn 1.

604 Dassau/Langenbrinck, S. 65; Clemens/Scheuring/Steingen/Wiese, TVöD, § 30 Rn 1.

605 Dassau/Langenbrinck, S. 65; Kuner, Rn 337.

606 Conze, Rn 369; Dassau/Langenbrinck, S. 65; Clemens/Scheuring/Steingen/Wiese, TVöD, § 30 Rn 1.

Ein befristeter Arbeitsvertrag ohne sachlichen Grund soll gemäß § 30 Abs. 3 S. 1 TVöD in der Regel zwölf Monate nicht unterschreiten; die Vertragsdauer muss mindestens sechs Monate betragen. Vor Ablauf des Arbeitsvertrages hat der Arbeitgeber gemäß S. 2 zu prüfen, ob eine unbefristete oder befristete Weiterbeschäftigung möglich ist. Wiederum weitergehend als des TzBfG legt der TVöD eine Mindestdauer und eine Weiterbeschäftigungsprüfungspflicht fest.
Bei befristeten Arbeitsverträgen ohne sachlichen Grund gelten gemäß Abs. 4 S. 1 die ersten sechs Wochen und bei befristeten Arbeitsverträgen mit sachlichem Grund die ersten sechs Monate als Probezeit. Innerhalb der Probezeit kann der Arbeitsvertrag mit einer Frist von zwei Wochen zum Monatsschluss gekündigt werden (S. 2). Eine ordentliche Kündigung nach Ablauf der Probezeit ist nur zulässig, wenn die Vertragsdauer mindestens zwölf Monate beträgt (Abs. 5 S. 1). Nach Ablauf der Probezeit beträgt die Kündigungsfrist in einem oder mehreren aneinandergereihten Arbeitsverhältnissen bei demselben Arbeitgeber - je nach Dauer des Arbeitsverhältnisses von insgesamt mehr als sechs Monaten - vier Wochen bis zu vier Monate zum Schluss eines Kalendervierteljahres, letzteres bei einer Dauer von insgesamt mehr als drei Jahren (S. 2).
Eine Unterbrechung bis zu drei Monaten ist unschädlich, es sei denn, dass das Ausscheiden von der/dem Beschäftigten verschuldet oder veranlasst war (S. 3). Die Unterbrechungszeit bleibt unberücksichtigt (S. 4).
Nach der Protokollerklärung zu Absatz 5 führen weitere vereinbarte Probezeiten bei mehreren aneinandergereihten Arbeitsverhältnissen nicht zu einer Verkürzung der Kündigungsfrist.
Die Tarifvertragsparteien haben zwischenzeitlich ein Redaktionsversehen bereinigt. In § 30 Abs. 1 S. 2 TVöD in der ursprünglichen Fassung wird auf die „in den Absätzen 2 bis 4 geregelten Besonderheiten“ verwiesen. Die die Sonderregelungen zum BAT ablösenden Vorschriften umfassen jedoch die Absätze 2 bis 5 des § 30 TVöD. Die redaktionell korrigierte Textfassung des TVöD wird deshalb dahingehend lauten, dass für Beschäftigte, auf die die Regelungen des Tarifgebiets West Anwendung finden und deren Tätigkeit vor dem 1. Januar 2005 der Rentenversicherung der Angestellten unterlegen hätte, die in den Absätzen 2 bis 5 geregelten Besonderheiten gelten. Dies bedeutet konkret: Für übergeleitete und nach dem 30. September 2005 neu eingestellte Angestellte (§ 38 Abs. 5 S. 1 TVöD) sind alle in § 30 TVöD enthaltenen Regelungen zu beachten. Für übergeleitete und nach dem 30. September 2005 neu eingestellte Arbeiter (§ 38 Abs. 5 S. 2 TVöD) gilt ausschließlich § 30 Abs. 1 S. 1 und Abs. 6 TVöD.
Die in § 30 Abs. 1 TVöD geregelten Besonderheiten finden keine Anwendung auf Arbeitsverhältnisse, für die die §§ 57 a ff. HRG unmittelbar oder entsprechend gelten.[607]

---

607 Vgl. Adam/Bauer/Bettenhausen, § 30 TVöD Rn 55.

c) sonstige Tarifverträge

Wenn auch die Sonderregelung 2y des BAT das Fallmaterial für die Rechtsprechung lieferte, so darf nicht übersehen werden, dass auch andere Tarifverträge Zusatzanforderungen für eine ordnungsgemäße Befristung des Arbeitsvertrages stellen.[608] Erwähnt seien der Tarifvertrag für Kulturorchester[609] vom 1.7.1971, der bei allen Verträgen einen Sachgrund verlangt und eine Höchstgrenze von 3 Jahren vorschreibt, der Manteltarifvertrag für die Angestellten der Bundesanstalt für Arbeit, der einen sachlichen Grund verlangt,[610] sowie der Tarifvertrag für den Bayrischen Rundfunk[611], der nur schwache Formvorschriften kennt.[612]

608 Schliemann/Dörner, § 620 BGB Rn 266.
609 Vgl. BAG vom 10.2.1999 – 7 AZR 593/97, RzK I 9f Nr. 60.
610 Vgl. BAG vom 15.3.1989 – 7 AZR 449/88, AP Nr. 7 zu § 1 BeschFG 1985.
611 Vgl. BAG vom 24.4.1996 – 7 AZR 719/95, AP Nr. 180 zu § 620 BGB Befristeter Arbeitsvertrag.
612 Schliemann/Dörner, § 620 BGB Rn 266.

C) Vergleich des § 14 Abs. 1 und 2 TzBfG mit den Vorgängerregelungen

Die Regelungen zur Befristung von Arbeitsverträgen, die in § 1 BeschFG 1985 und in § 1 BeschFG 1996 enthalten waren, bilden die gesetzlichen Vorgänger des TzBfG.
Diese sollen nun dargestellt und mit den Regelungen in § 14 Abs. 1 und 2 TzBfG verglichen werden, um Rückschlüsse auf die Auslegung der Voraussetzungen des § 14 Abs. 2 S. 2 TzBfG ziehen zu können.

I. § 1 BeschFG 1985

Am 1. Mai 1985 trat mit dem § 1 des am 26. April 1985 verabschiedeten „Gesetzes über arbeitsrechtliche Vorschriften zur Beschäftigungsförderung“[613], kurz „BeschFG 1985“, erstmals außerhalb des BGB eine gesetzliche Regelung, die befristete Arbeitsverträge betraf, in Kraft.
Die zunächst bis zum 1. Januar 1990 befristete Vorschrift wurde durch Gesetz vom 22. Dezember 1989[614] bis zum 31. Dezember 1995 und durch das „Gesetz zur Verlängerung beschäftigungsfördernder Vorschriften“ vom 26. Juli 1994[615] abermals bis zum 31. Dezember 2000 verlängert.
Sie galt jedoch in ihrer ursprünglichen Form lediglich bis zum 30. September 1996 als dem letzten Tag vor dem Inkrafttreten der Änderungen des „Arbeitsrechtlichen Beschäftigungsförderungsgesetzes“ vom 25. September 1996[616].

1. Befristungsvoraussetzungen/„sachliche Gründe“

In § 1 des BeschFG in seiner Erstfassung von 1985 war der Begriff des „sachlichen Grundes“ nicht aufgeführt. § 1 BeschFG 1985 stellte auch keinen eigenständigen sachlichen Befristungsgrund „Beschäftigungsförderung“ im Sinne der Rechtsprechung des BAG auf.[617]

---

[613] BGBl. I, S. 710.
[614] BGBl. I, S. 2406.
[615] BGBl. I, S. 1786.
[616] BGBl. I, S. 1476.
[617] BAG vom 25.9.1987 - 7 AZR 315/86, AP Nr. 1 zu § 1 BeschFG 1985; BAG vom 8.12.1988 – 2 AZR 308/88, AP Nr. 6 zu § 1 BeschFG 1985; EK²/Müller-Glöge, § 1 Rn 12 BeschFG; Staudinger¹³/Preis, § 620 BGB Rn 192; Däubler, Arbeitsrecht 2, S. 917 („Etikettenschwindel“); Otto, NJW 1985, S. 1807 (1810, Fn 28); Plander, DB 1986, S. 2180 (2180). A.A. anfänglich noch: Frey, NZA 1986, S. 513 (513); Friedhofen/Weber, NZA 1985, S. 337 (338); Hanau, NZA 1984, S. 345 (346). Anders auch Bauschke, Rn 49: „zumindest implizit“.

Allerdings war die Möglichkeit der Befristung nach dem BeschFG 1985 auf zwei Fälle begrenzt, von denen der eine oder der andere gegeben sein mußte.

a) Neueinstellung gemäß § 1 Abs. 1 S. 1 Nr. 1 BeschFG

Nach § 1 Abs. 1 S. 1 Nr. 1 BeschFG mußte der Arbeitnehmer neu eingestellt sein. Diese Voraussetzung wurde in § 1 Abs. 1 S. 2 BeschFG negativ definiert: Danach lag eine Neueinstellung nicht vor, wenn zu einem vorhergehenden Arbeitsvertrag ein enger sachlicher Zusammenhang besteht. Dabei war unerheblich, ob es sich um einen befristeten oder unbefristeten Arbeitsvertrag handelte.

Zum Vorliegen einer „Neueinstellung" war nach der BAG-Rechtsprechung nicht die Errichtung eines neuen Arbeitsplatzes erforderlich.[618] Der Zusammenhang mit einem früheren Arbeitsvertrag war nur auf denselben Arbeitnehmer, also ausschließlich auf die Person des Einzustellenden, nicht aber auf den Arbeitsplatz bezogen, was aus der Gesetzesformulierung folgte.[619] So war nicht notwendig, dass die Einstellung auf einem neu geschaffenen Arbeitsplatz erfolgte.[620] Der Einzustellende musste im Übrigen nicht vorher arbeitslos gewesen sein.[621] Die Voraussetzung der Einstellung eines „arbeitslos gemeldeten Arbeitnehmers", die noch der Regierungsentwurf vom 24. August 1984[622] enthielt, wurde auf Grund der Beschlussempfehlung des Ausschusses für Arbeit und Sozialordnung vom 17. April 1985[623] durch die Voraussetzung „neu eingestellt" ersetzt.
Folglich lag eine Neueinstellung unproblematisch dann vor, wenn ein Arbeitnehmer beschäftigt wurde, der zuvor ohne Arbeit oder bei einem anderen Arbeitgeber beschäftigt war.[624] Sie war aber auf Grund der Negativdefinition des § 1 Abs. 1 S. 2 BeschFG 1985 auch dann gegeben, wenn der Arbeitnehmer zu-

---

618 BAG vom 27.4.1988 - 7 AZR 593/87, AP Nr. 4 zu § 1 BeschFG 1985; BAG vom 10.6.1988 – 2 AZR 7/88, AP Nr. 5 zu § 1 BeschFG 1985; BAG vom 8.12.1988 – 2 AZR 308/88, AP Nr. 6 zu § 1 BeschFG 1985.

619 Staudinger[13]/Preis, § 620 BGB Rn 198; Halbach, BeschFG 1985, S. 12; Häfele, S. 78; Sowka, BB 1994, S. 1001 (1007).

620 BAG vom 27.4.1988 - 7 AZR 593/87, AP Nr. 4 zu § 1 BeschFG 1985; BAG vom 10.6.1988 – 2 AZR 7/88, AP Nr. 5 zu § 1 BeschFG 1985; BAG vom 8.12.1988 – 2 AZR 308/88, AP Nr. 6 zu § 1 BeschFG 1985; Staudinger[13]/Preis, § 620 BGB Rn 198; Däubler, Arbeitsrecht 2, S. 914; Häfele, S. 79; Keller, S. 17; Walwei, S. 59; Hanau, RdA 1987, S. 25 (25); Löwisch, BB 1985, S. 1200 (1200).

621 Däubler, Arbeitsrecht 2, S. 914; Häfele, S. 79; Löwisch, BB 1985, S. 1200 (1200).

622 BR-Drucks. 393/84, S. 6; BT-Drucks. 10/2102; S. 5. Vgl. dazu Winterfeld, Art. 1 § 1 Rn 96; Bruschke, S. 138; Keller, S. 16 f; Hanau, NZA 1984, S. 345 (345 f); Wlotzke, NZA 1984, S. 217 (218).

623 BT-Drucks. 10/3206, S. 5, 30.

624 Staudinger[13]/Preis, § 620 BGB Rn 198; Winterfeld, Art. 1 § 1 Rn 96; Bruschke, S. 126; Häfele, S. 79.

vor schon einmal bei demselben Arbeitgeber beschäftigt war und zwischen den beiden Arbeitsverhältnissen kein enger sachlicher Zusammenhang bestand.[625]

aa) enger sachlicher Zusammenhang

Ein enger sachlicher Zusammenhang war gemäß § 1 Abs. 1 S. 3 BeschFG insbesondere dann anzunehmen, wenn zwischen den Arbeitsverträgen ein Zeitraum von weniger als vier Monaten lag. In diesem Zeitraum wurde der enge sachliche Zusammenhang somit fingiert.[626]

Das Wort „insbesondere" wies darauf hin, dass unter Umständen auch trotz eines über vier Monaten liegenden Zeitraumes ein enger sachlicher Zusammenhang anzunehmen sein konnte.

Dies war zum Beispiel der Fall, wenn die erneute Beschäftigung von Anfang an geplant war, es sich um regelmäßig wiederkehrende Tätigkeiten handelte oder dieselbe Arbeitsaufgabe fortgesetzt wurde.[627] Es kam also - neben der Dauer der Unterbrechung - auf den Anlass der Unterbrechung und die Art der Weiterbeschäftigung an.[628] Der Gesetzgeber wollte die Frage des sachlichen Zusammenhangs entsprechend der Grundsätze der BAG-Rechtsprechung zur Anrechnung von Wartezeiten nach § 1 Abs. 1 KSchG beurteilt wissen[629], nach denen auf ebendiese Fakten abzustellen war/ist.

Dementsprechend war es nicht zulässig, einem Arbeitnehmer mit einem unbefristeten Arbeitsvertrag zu kündigen und ihn für denselben Arbeitsplatz nunmehr mit einem befristeten Arbeitsvertrag nach dem BeschFG einzustellen.[630] Hier

---

625 Staudinger[13]/Preis, § 620 BGB Rn 198; Winterfeld, Art. 1 § 1 Rn 96; Bruschke, S. 126; Häfele, S. 79.

626 KR[3]/Weller, § 1 BeschFG 1985 Rn 52.

627 KR[3]/Weller, § 1 BeschFG 1985 Rn 53 ff; Staudinger[13]/Preis, § 620 BGB Rn 200; Däubler, Arbeitsrecht 2, S. 914; Häfele, S. 79; Winterfeld, Art. 1 § 1 BeschFG Rn 101; Hanau, RdA 1987, S. 25 (25); Löwisch, BB 1985, S. 1200 (1200); Otto, NJW 1985, S. 1807 (1808).

628 BAG vom 6.12.1989 - 7 AZR 441/89, AP Nr. 13 zu § 1 BeschFG 1985; BAG vom 14.2.1990 – 7 AZR 68/89, AP Nr. 12 zu § 1 BeschFG 1985; KR[3]/Weller, § 1 BeschFG 1985 Rn 53; Staudinger[13]/Preis, § 620 BGB Rn 200; Friedhofen/Weber, NZA 1985, S. 337 (341); Sowka, BB 1994, S. 1001 (1008).

629 BT-Drucks. 10/3206, S. 30: „Es erscheint aber im Interesse der Rechtsklarheit empfehlenswert, ausdrücklich in Anlehnung an die Rechtsprechung des Bundesarbeitsgerichts (Urteil vom 15. Dezember 1983 – 2 AZR 166/82 -, mit weiteren Nachweisen) zu regeln, wann trotz zeitlicher Unterbrechung ein Kettenarbeitsvertrag, für den die Neuregelung nicht gilt, anzunehmen ist." Darauf verweisen: Staudinger[13]/Preis, § 620 BGB Rn 200; Keller, S. 23. Vgl. zur Wartezeit-Rechtsprechung: BAG vom 6.12.1976 - 2 AZR 470/75, AP Nr. 2 zu § 1 KSchG 1969 Wartezeit.

630 Vgl. KR[3]/Weller, § 1 BeschFG 1985 Rn 55; Bruschke, S. 121 f; Halbach, BeschFG 1985, S. 12, der allerdings auf die Zulässigkeit hinwies, einem unbefristet beschäftigten Arbeitnehmer ordentlich zu kündigen und für denselben Arbeitsplatz nunmehr einen anderen

wäre auch nach Ablauf von vier Monaten ein enger sachlicher Zusammenhang anzunehmen gewesen. Im Übrigen hätte dies dem Gesetzeszweck, einen Beitrag zu mehr Beschäftigung und zur Sicherung von Arbeitsplätzen zu schaffen, widersprochen.
Auch ein Personenkarussel, das den Mindestabstand von vier Monaten wahrte, bzw. lediglich durch diesen Zeitraum unterbrochene Fortsetzungen bisheriger Arbeitsverhältnisse waren nicht mit dem Zweck des BeschFG zu vereinbaren.[631] Allein die Tatsache, dass der Arbeitnehmer an demselben Arbeitsplatz nochmals beschäftigt wird, reichte jedoch nicht aus, um einen engen sachlichen Zusammenhang anzunehmen.[632] Maßgebend war insoweit eine Gesamtbetrachtung.[633]

bb) vorhergehender Arbeitsvertrag

Sowohl bei vorhergehenden befristeten als auch unbefristeten Arbeitsverträgen war die Voraussetzung der Neueinstellung zu verneinen. Zwischen Befristungen mit oder ohne Sachgrund wurde nicht unterschieden. Dadurch sollten zum einen befristete Kettenarbeitsverträge vermieden und sollte zum anderen der Umwandlung unbefristeter Arbeitsverträge in befristete vorgebeugt werden.[634]
Betont wurde, dass der vorhergehende Vertrag im Sinne des § 1 Abs. 1 S. 2 BeschFG 1985 ein Arbeitsvertrag sein musste, und der Arbeitnehmer nicht in einem anderen Rechtsverhältnis zum Arbeitgeber gestanden haben durfte,[635] beispielsweise im Rahmen eines freiwilligen sozialen Jahres[636], als Leiharbeitnehmer[637] oder als selbständiger Mitarbeiter auf Grund eines Werkvertrages[638].

Arbeitnehmer befristet einzustellen. Diese Möglichkeit folgte aus der Arbeitnehmerbezogenheit bzw. der fehlenden Arbeitsplatzbezogenheit.

631 BAG vom 6.12.1989 - 7 AZR 441/89, AP Nr. 13 zu § 1 BeschFG 1985; KDZ⁴/Däubler, § 1 BeschFG Rn 34; KR³/Weller, § 1 BeschFG 1985 Rn 55; Staudinger¹³/Preis, § 620 BGB Rn 200; Otto, NJW 1985, S. 1807 (1808).

632 BAG vom 6.12.1989 - 7 AZR 441/89, AP Nr. 13 zu § 1 BeschFG 1985; Winterfeld, Art. 1 § 1 BeschFG Rn 101; Bruschke, S. 125.

633 BAG vom 6.12.1989 - 7 AZR 441/89, AP Nr. 13 zu § 1 BeschFG 1985. Entsprechend zum späteren, identischen § 1 Abs. 3 S. 2 BeschFG 1996: BAG vom 28.6.2000 - 7 AZR 920/98, AP Nr. 2 zu § 1 BeschFG 1996; KR⁵/Lipke, § 1 BeschFG 1996 Rn 114; MK³/Schwerdtner, § 620 BGB Rn 171.

634 Vgl. Bruschke, S. 120 f; Friedhofen/Weber, NZA 1985, S. 337 (341).

635 KR³/Weller, § 1 BeschFG 1985 Rn 49; Halbach, BeschFG 1985, S. 16; Löwisch, BB 1985, S. 1200 (1200).

636 KR³/Weller, § 1 BeschFG 1985 Rn 49; Halbach, BeschFG 1985, S. 16; Löwisch, BB 1985, S. 1200 (1200).

637 BAG vom 8.12.1988 - 2 AZR 308/88, AP Nr. 6 zu § 1 BeschFG 1985: „kein Arbeitsverhältnis zu dem Entleiher"; KR³/Weller, § 1 BeschFG 1985 Rn 49; MK³/Schwerdtner, § 620 BGB Rn 172; Halbach, BeschFG 1985, S. 16 f; Bruschke, S. 119; Keller, S. 21; Hanau, RdA 1987, S. 25 (26); Löwisch, BB 1985, S. 1200 (1200); Sowka, BB 1994, S. 1001 (1008).

Teilweise wurde der Begriff des vorhergehenden Arbeitsvertrages wörtlich genommen und nicht mit dem des Arbeitsverhältnisses gleichgesetzt, was zur Folge gehabt hätte, dass ein vorhergehendes faktisches Arbeitsverhältnis eine Neueinstellung nicht ausgeschlossen hätte.[639] Entsprechend dem Sinn und Zweck der Regelung wurde diese Auslegung jedoch mit dem Hinweis auf ein „Redaktionsversehen" verworfen.[640]

cc) derselbe Arbeitgeber

Hinsichtlich desselben Arbeitgebers war auf den rechtlichen Arbeitgeberbegriff abzustellen.[641] Entscheidend war, ob ein Arbeitsverhältnis zu derselben natürlichen oder juristischen Person[642] oder zu derselben Gesellschaft bestanden hat.[643] Das Arbeitsverhältnis musste nach herrschender Ansicht zu demselben Arbeitgeber, nicht notwendigerweise jedoch in demselben Betrieb bestanden haben.[644] Hatte ein Unternehmen mehrere Betriebe, so lag folglich keine Neueinstellung vor, wenn ein Arbeitnehmer in einem anderen Betrieb desselben Unternehmens weiterbeschäftigt werden sollte.[645]

Dies war und ist damit zu begründen, dass in einem solchen Falle das Unternehmen, also eine juristische Person, Arbeitgeber ist. Ein Betrieb ist demgegen-

---

638 KR³/Weller, § 1 BeschFG 1985 Rn 49; Keller, S. 20; Hanau, RdA 1987, S. 25 (26). Anders - und damit entgegen dem Wortlaut - aber Däubler, Arbeitsrecht 2, S. 914, nach dem auch wenn der Bewerber bisher als Heimarbeiter oder als freier Mitarbeiter für dasselbe Unternehmen tätig war, eine Neueinstellung abzulehnen sein sollte, weil der bloße Wechsel der Rechtsform keine „neue Beschäftigung" im Sinne des Gesetzes darstelle.

639 Heenen, AR-Blattei, Beschäftigungsförderung, A) I. (zitiert nach KR³/Weller, § 1 BeschFG 1985 Rn 51). Dagegen explizit: KR³/Weller, § 1 BeschFG 1985 Rn 51; Keller, S. 21.

640 Auch die BAG-Rechtsprechung, auf die der Gesetzgeber Bezug nahm, stellte auf frühere Arbeitsverhältnisse ab: BAG vom 6.12.1976 - 2 AZR 470/75, EzA § 1 KSchG Nr. 36; BAG vom 18.1.1979 - 2 AZR 254/77, EzA § 1 KSchG Nr. 39; KR³/Weller, § 1 BeschFG 1985 Rn 51; Winterfeld, Art. 1 § 1 Rn 99; Bruschke, S. 123; Keller, S. 18.

641 BAG vom 8.12.1988 - 2 AZR 308/88, AP Nr. 6 zu § 1 BeschFG 1985; KR³/Weller, § 1 BeschFG 1985 Rn 48; Winterfeld, Art. 1 § 1 Rn 96 a; Bruschke, S. 118; Löwisch, BB 1985, S. 1200 (1200).

642 BAG vom 8.12.1988 - 2 AZR 308/88, AP Nr. 6 zu § 1 BeschFG 1985; APS/Backhaus, § 1 BeschFG Rn 45; KR³/Weller, § 1 BeschFG 1985 Rn 48; Halbach, BeschFG 1985, S. 16; Staudinger¹³/Preis, § 620 BGB Rn 198; Bruschke, S. 118; Keller, S. 23; Löwisch, BB 1985, S. 1200 (1200).

643 Halbach, BeschFG 1985, S. 16; Löwisch, BB 1985, S. 1200 (1200). Vgl. Schaub, § 17 Rn 2: Bei Personenhandelsgesellschaften sind Arbeitgeber die Gesellschaften. Vgl. auch Küttner/Röller, Personalbuch 2006, Arbeitgeber, Rn 6: „Arbeitgeber kann auch ein nicht rechtsfähiger Personenverband wie die BGB-Gesellschaft, die OHG und KG sein."

644 Däubler, Arbeitsrecht 2, S. 914; Keller, S. 22 f; Löwisch, BB 1985, S. 1200 (1200).

645 KR³/Weller, § 1 BeschFG 1985 Rn 8, 48; Halbach, BeschFG 1985, S. 16; Staudinger¹³/Preis, § 620 BGB Rn 198.

über gerade keine juristische Person[646] und kann daher nach der obigen Definition auch nicht Arbeitgeber sein.
Aufgrund der schwierigen Nachweisführung sollte jedoch nach einer anderen Auffassung lediglich eine betriebsbezogene Sichtweise angebracht sein, also ein Arbeitsverhältnis in einem anderen selbständigen Betrieb desselben Unternehmens eine Neueinstellung nicht ausschließen können.[647] Es komme auf eine vorherige Beschäftigung im selben Betrieb an.[648]
Das BeschFG stellte jedoch eindeutig auf den Arbeitgeber und nicht auf den Betrieb ab, so dass sich diese Ansicht nicht durchsetzen konnte.
Da sie auch der für § 1 Abs. 1 S. 1 Nr. 2 BeschFG 1985 zu bejahenden unternehmensbezogenen, und damit insgesamt arbeitnehmerfreundlichen Sichtweise widersprach, war eine betriebsbezogene Sichtweise abzulehnen.

Ein bisheriges Arbeitsverhältnis bei einem Konzernunternehmen stand der befristeten Einstellung nach Ansicht des Schrifttums nicht entgegen, da die beiden Unternehmen desselben Konzerns jeweils rechtlich selbständige Arbeitgeber sind.[649]
Etwas anderes sollte einer Ansicht zufolge jedoch bei der Tätigkeit in einem anderen Konzernunternehmen jedenfalls dann gelten, wenn die Personalpolitik konzerneinheitlich gesteuert wurde.[650]
Durch den Verweis des Gesetzgebers auf die Grundsätze der Wartezeit-Rechtsprechung[651] konnten Rückschlüsse hinsichtlich der Frage der Berücksichtigung früherer Arbeitsverhältnisse mit einer anderen Konzerngesellschaft gezogen werden.
Das BAG hat den Gedanken eines konzerndimensionalen Kündigungsschutzes wegen der grundsätzlichen Betriebs- bzw. Unternehmensbezogenheit des KSchG und der rechtlichen Selbständigkeit der Konzernunternehmen verworfen,[652] ihn aber in Ausnahmefällen, in denen eine konzernbezogene Betrachtung

646 Schaub, § 18 Rn 8.
647 Bruschke, S. 118 f.
648 Bruschke, S. 118.
649 KR³/Weller, § 1 BeschFG 1985 Rn 48; Staudinger¹³/Preis, § 620 BGB Rn 198; Winterfeld, Art. 1 § 1 Rn 96 a; Bruschke, S. 118; Keller, S. 24. Hanau, RdA 1987, S. 25 (26), sprach sich für die Heranziehung der Grundsätze, die im Rahmen des § 1 KSchG für die Berücksichtigung von Arbeitsverhältnissen bei anderen Konzernunternehmen gelten, aus.
650 Däubler, Arbeitsrecht 2, S. 914.
651 BT-Drucks. 10/3206, S. 30. Darauf verweisen: Staudinger¹³/Preis, § 620 BGB Rn 200; Keller, S. 23.
652 BAG vom 14.10.1982 - 2 AZR 568/80, AP Nr. 1 zu § 1 KSchG 1969 Konzern: „Der Arbeitgeber ist [...] grundsätzlich nicht verpflichtet, eine anderweitige Unterbringung des Arbeitnehmers in einem Konzernbetrieb zu versuchen“. Bestätigung dieses Urteils in: BAG vom 22.5.1986 - 2 AZR 612/85, AP Nr. 4 zu § 1 KSchG 1969 Konzern und BAG vom 27.11.1991 - 2 AZR 255/91, AP Nr. 6 zu § 1 KSchG 1969 Konzern.

möglich und geboten erschien, wie bei der Vereinbarung eines Konzernversetzungsvorbehalts im Arbeitsvertrag, bejaht.[653]

dd) Vergleich mit dem TzBfG

Die Voraussetzung der Neueinstellung findet sich – wie oben erläutert[654] – in etwas abgewandelter Form auch im heutigen TzBfG in § 14 Abs. 2 S. 2 wieder. Ob eine Neueinstellung vorliegt ist allein an den drei Voraussetzungen „zuvor", „Arbeitsverhältnis" und „demselben Arbeitgeber" festzustellen.

Statt auf einen „vorhergehenden Arbeitsvertrag" kommt es heute nach dem Gesetzeswortlaut auf ein „bereits zuvor bestandenes Arbeitsverhältnis" an. Nicht nur wegen der oben dargestellten Interpretation als „Arbeitsverhältnis", sondern auch auf Grund der Tatsache, dass das Arbeitsverhältnis einen Arbeitsvertrag voraussetzt[655], gelten hier die gleichen Unterscheidungsregeln.

Immer noch wird auf denselben Arbeitgeber abgestellt. Die diesbezüglichen aufgestellten Grundsätze sind folglich übertragbar, die Fragestellungen bestehen weiterhin.

Eine grundsätzliche Änderung besteht darin, dass es nicht mehr auf einen engen sachlichen Zusammenhang ankommt. Diese Voraussetzung, die die Beantwortung der Frage des Vorliegens einer Neueinstellung in vielen Fällen auf Grund der klaren Zeitvorgabe relativ erleichterte, findet sich lediglich im heutigen § 14 Abs. 3 S. 2 TzBfG wieder.

Aufgrund des Fehlens der Voraussetzung des „engen sachlichen Zusammenhangs" hat die Problematik des „vorhergehenden Arbeitsvertrags mit demselben Arbeitgeber" erheblich an Bedeutung gewonnen.

Im Ergebnis ist der Begriff der Neueinstellung heute wesentlich enger als damals, da das „zuvor" eine ganz andere Bedeutung bekommt und nicht etwa eine bloße Gleichsetzung mit dem „vorhergehend" im Sinne des § 1 Abs. 1 S. 2 BeschFG 1985 möglich ist. Die befristete Beschäftigung ohne Sachgrund ist heute somit insoweit grundsätzlich nur in einem vergleichsweise erheblich eingeschränkterem Maße als zur Zeit des BeschFG 1985 zulässig.

b) „Anschlusseinstellung" gemäß § 1 Abs. 1 S. 1 Nr. 2 BeschFG

Den zweiten Fall, in dem eine Befristung des Arbeitsvertrages zulässig war, stellte gemäß § 1 Abs. 1 S. 1 Nr. 2 BeschFG die vorübergehende Weiterbeschäftigung des Arbeitnehmers im unmittelbaren Anschluss an die Berufsausbildung dar. Dies allerdings unter der Einschränkung, dass er nur vorübergehend weiter-

---

653 BAG vom 14.10.1982 - 2 AZR 568/80, AP Nr. 1 zu § 1 KSchG 1969 Konzern; BAG vom 22.5.1986 - 2 AZR 612/85, AP Nr. 4 zu § 1 KSchG 1969 Konzern.

654 Abschnitt B) I. 3 a). § 14 Abs. 2 S. 2 TzBfG lässt sich zwar als „Neueinstellung" übersetzen, das Wort als solches ist aber nicht enthalten.

655 Vgl. die Definitionen in Abschnitt A) I. 1. c) aa).

beschäftigt werden konnte, weil kein Arbeitsplatz für einen unbefristet einzustellenden Arbeitnehmer zur Verfügung stand.

aa) Begriff des Dauerarbeitsplatzes

Für die Frage eines vorhandenen Dauerarbeitsplatzes wurde nach allgemeiner Ansicht auf vorhandene Arbeitsplätze, die die Besetzung mit einer Arbeitskraft gleicher Qualifikation erforderten und im Zeitpunkt des Abschlusses des befristeten Vertrages bzw. der Beendigung der Berufsausbildung zur Verfügung standen, abgestellt.[656]

Umstritten war jedoch, ob auf vorhandene Arbeitsplätze im Betrieb oder im Unternehmen abzustellen war.

Ein verfügbarer Dauerarbeitsplatz musste einer Ansicht nach nicht nur im Betrieb, sondern im ganzen Unternehmen fehlen.[657] Dafür sprach, dass dem Arbeitgeber auch dann eine Weiterbeschäftigungsmöglichkeit zustand, wenn er den Ausgebildeten in einem anderen als dem Ausbildungsbetrieb unbefristet beschäftigen konnte.[658]

Einer anderen Auffassung zufolge kam es lediglich auf eine betriebsbezogene Sicht an.[659] Dafür wurde argumentiert, dass der Zweck des Gesetzes war, einen Anreiz wenigstens zur befristeten Übernahme des Ausgebildeten zu geben, nicht aber eine Pflicht zur unbefristeten Weiterbeschäftigung zu schaffen.[660] Bei einer unternehmensbezogenen Sicht hätten unkalkulierbare Schwierigkeiten des Nachweises eines fehlenden Dauerarbeitsplatzes auftreten und diese zur Folge haben können, das der Arbeitgeber in vielen Fällen überhaupt auf die Beschäftigung Ausgebildeter verzichtet hätte.[661]

Da der Wortlaut lediglich von „Weiterbeschäftigung“ und „kein Arbeitsplatz“ sprach, ließ sich daraus meiner Ansicht nach keine Orts- oder Arbeitsplatzgebundenheit, sondern lediglich eine Gebundenheit an denselben Arbeitgeber herleiten. Dafür spricht auch die Systematik der Norm, da es bei Nr. 1 auch auf denselben Arbeitgeber ankam und nicht ersichtlich ist, warum die Frage der Neueinstellung, bei der es gerade um Vorbeschäftigungen geht, und die der

---

656 KR[3]/Weller, § 1 BeschFG 1985 Rn 68, 72; Halbach, BeschFG 1985, S. 18 f; Staudinger[13]/Preis, § 620 BGB Rn 204; Winterfeld, Art. 1 § 1 Rn 109 ff; Bruschke, S. 139 f, 142; Sowka, BB 1994, S. 1001 (1008).

657 KR[3]/Weller, § 1 BeschFG 1985 Rn 71; MK[3]/Schwerdtner, § 620 BGB Rn 174; Däubler, Arbeitsrecht 2, S. 915; Schaub[7], § 39 S. 205; grundsätzlich auch Staudinger[13]/Preis, § 620 BGB Rn 204 und Hanau, RdA 1987, S. 25 (26), die aber nach dem Bereich abgrenzten, in dem Auszubildende üblicherweise übernommen werden; Otto, NJW 1985, S. 1807 (1809).

658 KR[3]/Weller, § 1 BeschFG 1985 Rn 7.

659 Winterfeld, Art. 1 § 1 Rn 109 ff; Bruschke, S. 139 f, 142; Sowka, BB 1994, S. 1001 (1008).

660 Winterfeld, Art. 1 § 1 Rn 110; Bruschke, S. 142.

661 Winterfeld, Art. 1 § 1 Rn 110; Bruschke, S. 142.

Weiterbeschäftigung unterschiedlich beantwortet werden sollten. Folglich kam es mit der ersten Ansicht auf die unternehmensbezogene Sichtweise an.
Auch der zur Zeit des BeschFG 1985 geltende § 1 Abs. 2 S. 2 Nr. 1 b) KSchG stellte - wie der heutige - bezüglich der Frage der Weiterbeschäftigungsmöglichkeit des Arbeitnehmers auf andere Arbeitsplätze „in demselben Betrieb oder in einem anderen Betrieb des Unternehmens“ ab.[662] Aufgrund des nach der BAG-Rechtsprechung bestehenden Zusammenhangs zwischen Kündigungsschutz- und Befristungsrecht war somit ebenfalls die unternehmensbezogene Sichtweise zu befürworten. Im Übrigen wäre es unverständlich, die Frage der Weiterbeschäftigungsmöglichkeit eines gekündigten Arbeitnehmers und eines Ausgebildeten unterschiedlich zu beantworten.

bb) Begriff der Berufsausbildung

Auch der Begriff der Berufsausbildung hatte in der Praxis Streitigkeiten hervorgerufen, weil unklar war, ob damit nur eine anerkannte Ausbildung nach dem Berufsausbildungsgesetz (BBiG) oder jedwede berufsvorbereitende Ausbildung zu verstehen war. Der Begriff der „Berufsausbildung“ war nach herrschender Ansicht gemäß dem Sinn und Zweck der Norm weiter auszulegen als in § 1 Abs. 2 BBiG, so dass sowohl Lehrlinge, Anzulernende und Umlerner als auch Volontäre und Praktikanten erfaßt waren.[663]

cc) Vergleich mit dem TzBfG

Die Anschlusseinstellung nach § 1 Abs. 1 S. 1 Nr. 2 BeschFG 1985 stellte - zumindest im Grundsatz - einen sachlichen Grund im Sinne der BAG-Rechtsprechung dar[664] und wurde auch in § 14 Abs. 1 S. 2 Nr. 2 TzBfG, der neben dem Anschluss an eine Ausbildung auch den an ein Studium erfasst, in etwas erweiterter Form wieder aufgegriffen. Nach dem Wortlaut ist kein „unmit-

---

662 Lediglich das KSchG von 1969 enthielt in seinem § 1 Abs. 2 eine Beschränkung auf Weiterbeschäftigungen „in diesem Betriebe“.

663 BAG vom 22.6.1994 - 7 AZR 469/93, AP Nr. 15 zu § 1 BeschFG 1985; BAG vom 28.8.1996 - 7 AZR 884/95, AP Nr. 20 zu § 1 BeschFG 1985; KR³/Weller, § 1 BeschFG 1985 Rn 63; MK³/Schwerdtner, § 620 BGB Rn 174; Bruschke, S. 132; Häfele, S. 80; Lorenz, Art. 1 § 1 BeschFG 1985 S. 4; Winterfeld, Art. 1 § 1 Rn 105; Keller, S. 39; Hanau, RdA 1987, S. 25 (26); Löwisch, BB 1985, S. 1200 (1200). A. A. Däubler, Arbeitsrecht 2, S. 914 f.

664 BAGE 10, 65 (72) = EzA § 620 BGB Nr.2 = BAG GS vom 12.10.1960, AP Nr. 16 zu § 620 BGB Befristeter Arbeitsvertrag; BAG vom 3.10.1984 - 7 AZR 132/83, AP Nr. 88 zu § 620 BGB Befristeter Arbeitsvertrag; BAG vom 26.4.1985 - 7 AZR 316/84, AP Nr. 91 zu § 620 BGB Befristeter Arbeitsvertrag; BAG vom 12.12.1985 - 2 AZR 9/85, AP Nr. 96 zu § 620 BGB Befristeter Arbeitsvertrag: „sozialer Überbrückungszweck“; vgl. dazu Staudinger¹³/Preis, § 620 BGB Rn 180; Bruschke, S. 145; Wlotzke, NZA 1984, S. 217 (218).

telbarer Anschluss" mehr erforderlich, so dass ein kurzer zeitlicher Zwischenraum unschädlich ist.[665]
Weiterhin scheint eine Erweiterung darin zu liegen, dass der heutige Wortlaut keine fehlende Möglichkeit einer unbefristeten Einstellung des ehemaligen Auszubildenden mehr voraussetzt. Das Ziel der Befristung muss nach § 14 Abs. 1 S. 1 Nr. 2 TzBfG jedoch sein, den Übergang des Arbeitnehmers in eine Anschlussbeschäftigung zu erleichtern.
In Anlehnung an die bisherige Rechtsprechung, die entsprechende tarifliche Regelungen anerkannt hatte[666], muss dieser Befristungszweck kausal für den Vertragsschluss sein, was nur dann anerkannt ist, wenn der Arbeitgeber darlegen und beweisen kann, dass es ohne den Überbrückungszweck nicht zum Abschluss eines Vertrages mit dem betroffenen Arbeitnehmer gekommen wäre.[667]
Nach der bisherigen BAG-Rechtsprechung zum sachlichen Grund der „sozialen Belange des Arbeitnehmers (Überbrückungszweck)" mussten die sozialen Belange des Arbeitnehmers und nicht die Interessen des Betriebes für den Abschluss des befristeten Arbeitsvertrages ausschlaggebend gewesen sein.[668] Das BAG wendete diesen Befristungstypus äußerst restriktiv an, weil es vermeiden wollte, dass „angeblich soziale Erwägungen des Arbeitgebers zum Vorwand für den Abschluss befristeter Arbeitsverträge genommen werden".[669]
Hätte der Arbeitgeber den Ausgebildeten direkt übernehmen können und tat er dies nicht, kann der Arbeitgeber die Befristung nicht deshalb vereinbart haben, um den Übergang des Arbeitnehmers in eine Anschlussbeschäftigung zu erleichtern. Dies schließt sich denklogisch aus. Gäbe es eine Möglichkeit der unbefristeten Weiterbeschäftigung des Ausgebildeten, könnte der Arbeitgeber gerade nicht schlüssig darlegen, dass es ohne den Überbrückungszweck nicht zum Abschluss eines Vertrages mit dem betroffenen Arbeitnehmer gekommen wäre. Denn hier gäbe es ja gerade keine entsprechenden sozialen Belange, so dass es an der von der Rechtsprechung geforderten Kausalität fehlen würde.

---

665 KDZ/Däubler, § 14 TzBfG Rn 54; Staudinger/Preis, § 620 BGB Rn 103; Tschöpe/Schmalenberg, Teil 3 I Rn 45; Backhaus, NZA 2001, SB zu Heft 24, S. 8 (10); Däubler, ZIP 2001, S. 217 (223); Hromadka, BB 2001, S. 621 (623); Kliemt, NZA 2001, S. 296 (297).

666 Rolfs, § 14 TzBfG Rn 22; SPV/Preis, I § 3 Rn 74.

667 Staudinger[13]/Preis, § 620 BGB Rn 180; Backhaus, NZA 2001, SB zu Heft 24, S. 8 (9) mit Verweis auf: BAG vom 3.10.1984 - 7 AZR 132/83, AP Nr. 88 zu § 620 BGB Befristeter Arbeitsvertrag; BAG vom 26.4.1985 - 7 AZR 316/84, AP Nr. 91 zu § 620 BGB Befristeter Arbeitsvertrag; BAG vom 12.12.1985 - 2 AZR 9/85, AP Nr. 96 zu § 620 BGB Befristeter Arbeitsvertrag.

668 BAG vom 12.12.1985 - 2 AZR 9/85, AP Nr. 96 zu § 620 BGB Befristeter Arbeitsvertrag. Vgl. Staudinger[13]/Preis, § 620 BGB Rn 180.

669 BAG vom 12.12.1985 - 2 AZR 9/85, AP Nr. 96 zu § 620 BGB Befristeter Arbeitsvertrag. Vgl. Staudinger[13]/Preis, § 620 BGB Rn 180.

Im Ergebnis führen die unterschiedlich formulierten Anforderungen an die Zulässigkeit von Anschlussbefristungen somit nur hinsichtlich der nicht erforderlichen Unmittelbarkeit des Anschlusses und des Anschlusses an ein Studium zu einer Erweiterung.

c) Verhältnis von § 1 Abs. 1 S. 1 Nr. 1 und Nr. 2 BeschFG

Bei Auszubildenden traten die Voraussetzungen des § 1 Abs. 1 S. 1 Nr. 2 BeschFG an die Stelle des Erfordernisses der Neueinstellung nach Nr. 1.[670]
Dieser Vorrang der Nr. 2 ließ sich auf zweierlei Weise begründen:
Entweder man hielt § 1 Abs. 1 S. 1 Nr. 1 BeschFG mangels Neueinstellung für nicht anwendbar, weil man auch das Berufsausbildungsverhältnis als Arbeitsverhältnis ansah.[671]
Oder man wies darauf hin, dass die für die Übernahme von Auszubildenden geltenden Besonderheiten eine Spezialvorschrift darstellten, die die Anwendung der Nr. 1 sperrte.[672] Denn an die Befristung von Arbeitsverhältnissen mit diesem Personenkreis sollten strengere Anforderungen gestellt werden.[673] Diese sollten verhindern, dass Arbeitgeber zu einer allzu pauschalen Befristung bei Berufsanfängern übergehen konnten.[674]

2. maximale Befristungsdauer

a) Grundregelung

§ 1 Abs. 1 S. 1 BeschFG erlaubte die sachgrundlose Befristung des Arbeitsvertrages grundsätzlich bis zur Dauer von achtzehn Monaten.

b) Sonderregelung für Unternehmensneugründungen

Für Unternehmensgründer fand sich allerdings eine Sonderregel in § 1 Abs. 2 BeschFG, nach der sich die mögliche Dauer eines befristeten Arbeitsvertrages auf zwei Jahre verlängern konnte.

---

670 Winterfeld, Art. 1 § 1 Rn 109, 113; Bruschke, S. 129; Preis, NJW 1996, S. 3369 (3372).

671 Halbach, BeschFG 1985, S. 18; Bruschke, S. 129; Hanau, RdA 1987, S. 25 (26); Löwisch, BB 1985, S. 1200 (1200). Vgl. zur Einordnung des Berufsausbildungsverhältnisses: Zöllner, § 28 I und § 5 IV 2.

672 Halbach, BeschFG 1985, S. 18, für den Fall, dass man einen Auszubildenden nicht als Arbeitnehmer betrachtet. Vgl. Winterfeld, Art. 1 § 1 Rn 113, die darauf hinwies, dass im Falle des Nichtvorliegens der Voraussetzungen des § 1 Abs. 1 S. 1 Nr. 2 BeschFG 1985 eine befristete Einstellung des Ausgebildeten nicht ausgeschlossen war, sondern die von der Rechtsprechung entwickelten allgemeinen Grundsätze maßgebend waren.

673 Bruschke, S. 129, 138 (anders aber auf S. 144: greift Nr. 2 nicht, könne Nr. 1 greifen); Winterfeld, Art. 1 § 1 Rn 109; Otto, NJW 1985, S. 1807 (1808).

674 Walwei, S. 59.

aa) Voraussetzungen

Voraussetzung dafür war, dass diese Unternehmensgründer, die nicht bloß einen Betrieb gegründet haben durften,[675] nach Nr. 1 seit höchstens sechs Monaten eine Erwerbstätigkeit aufgenommen hatten, die nach § 138 der Abgabenordnung dem Finanzamt mitzuteilen war, und, also kumulativ, nach Nr. 2 nur zwanzig oder weniger Arbeitnehmer beschäftigten, die zu ihrer Berufsbildung Beschäftigten ausgenommen.

§ 1 Abs. 2 BeschFG 1985 stellte bezüglich des Beginns der sechsmonatigen Gründungsphase auf den Beginn der selbständigen Erwerbstätigkeit des Arbeitgebers ab.[676]

Uneinigkeit bestand darüber, ob es für die Frage der Wahrung der Sechsmonatsfrist auf den Abschluss des befristeten Arbeitsvertrages[677] oder auf den Zeitpunkt der vereinbarten Arbeitsaufnahme[678] ankam.

Im Gegensatz zu § 112 a Abs. 2 BetrVG - und dem heutigen § 14 Abs. 2 a TzBfG - enthielt § 1 Abs. 2 BeschFG 1985 keine Ausnahmeregelung für Neugründungen im Zusammenhang mit der rechtlichen Umstrukturierung von Unternehmen und Konzernen.[679]

bb) Sinn und Zweck der Regelung

Die Regelung in § 1 Abs. 2 BeschFG sollte dazu dienen, den Arbeitgebern bei Unternehmensgründungen in der schwierigen Anfangsphase des Aufbaus eines Betriebs den Abschluss befristeter Arbeitsverträge besonders zu erleichtern.[680]

Ihr wurde jedoch bereits vor ihrem Inkrafttreten eine lediglich geringe Bedeutung zuerkannt, weil es sich bei neugegründeten Unternehmen häufig um kleine Unternehmen mit nicht mehr als fünf Arbeitnehmern handelte, in denen schon nach dem damals geltenden Recht der Abschluss befristeter Arbeitsverträge ohne besondere Voraussetzung zulässig war, weil insoweit keine objektive Umgehung des KSchG in Betracht kam.[681]

---

675 Staudinger[13]/Preis, § 620 BGB Rn 205; Bruschke, S. 149; Häfele, S. 81; Hanau, RdA 1987, S. 25 (26); Otto, NJW 1985, S. 1807 (1808).

676 KR[3]/Weller, § 1 BeschFG 1985 Rn 91, 94 f; Hanau, RdA 1987, S. 25 (26).

677 Vgl. BT-Drucks. 10/2102, S. 24: „innerhalb der letzten sechs Monate vor Abschluss des befristeten Arbeitsvertrages selbständig gemacht"; Bruschke, S. 148.

678 So KR[3]/Weller, § 1 BeschFG 1985 Rn 96 ohne Begründung; Winterfeld, Art.1 § 1 Rn 122.

679 Darauf weist auch Hanau, RdA 1987, S. 25 (26) explizit hin.

680 BT-Drucks. 10/2102, S. 24; Bruschke, S. 148.

681 KR[3]/Weller, § 1 BeschFG 1985 Rn 4; Bruschke, S. 151; Winterfeld, Art. 1 § 1 Rn 123; Wlotzke, NZA 1984, S. 217 (218). Dies hatte der Gesetzgeber jedoch auch gesehen: BT-Drucks. 10/2102, S. 24.

cc) Vergleich mit dem TzBfG

Auch heute gibt es mit dem § 14 Abs. 2 a TzBfG eine Sonderregelung für Neugründungen. Auch hier muß man an der praktischen Bedeutung zweifeln, weil diese Unternehmen häufig unter die - seit 1. Januar 2004 auf 10 Arbeitnehmer hochgesetzte - Kleinbetriebsklausel des § 23 Abs. 1 S. 3 KSchG fallen werden und daher das KSchG keine Anwendung findet. Allerdings findet das heutige TzBfG - im Gegensatz zum BeschFG - auch für Kleinbetriebe Anwendung, so dass befristete Arbeitsverträge in diesem Bereich nicht mehr unbegrenzt zulässig sind. Doch ist der Abschluss befristeter Arbeitsverträge nicht unbedingt erforderlich, da der Unternehmer seinen Arbeitnehmern kündigen kann, ohne die Voraussetzungen des KSchG einhalten zu müssen und daher nicht befürchten muß, sich nicht mehr von ihnen trennen zu können.

Die Neuregelung könnte jedoch deshalb bedeutsamer als die Regelung in § 1 Abs. 2 BeschFG 1985 werden, weil der Arbeitgeber nicht bloß innerhalb der ersten sechs Monate nach Aufnahme der Erwerbstätigkeit die Möglichkeit zu einer längeren Befristung hat, sondern diese Möglichkeit nach dem Wortlaut nun vier Jahre lang besteht. Innerhalb dieser Zeit erscheint es eher möglich, dass das neugegründete Unternehmen seine Arbeitnehmerzahl auf über 10 erhöht hat und damit die Befristungsregeln - weil nun das KSchG Anwendung findet - interessant werden.

Ein weiterer Unterschied zur alten Regelung besteht darin, dass sie statt bis zur Dauer von zwei sogar bis zur Dauer von vier Jahren eine sachgrundlose Befristung für zulässig erklärt. Auch insofern kann sich eine größere Bedeutung der neuen als der damaligen Regelung ergeben.

Ein letzter Unterschied besteht in der Unternehmensgröße, für die die Existenzgründerregelung gilt. Während die befristungserleichternde Regelung des Jahres 1985 nur Arbeitgebern mit 20 oder weniger Beschäftigten zugute kam, gilt die heutige unbeschränkt für sämliche neugegründete Unternehmen unabhängig von ihrer Größe. Entsprechend des oben Gesagten hätte eine Beschränkung jedoch kaum praktische Relevanz, so dass insofern kaum Unterschiede bezüglich der praktischen Auswirkungen der beiden Regelungen zu sehen sind. Lediglich auf Grund der verachtfachten Gründungsphase könnten - wie bereits erwähnt - größere Unternehmen entstehen und die neue Regelung daher mehr Bedeutung gewinnen als die alte.

Zweifel an der Bedeutsamkeit bestehen des Weiteren auf Grund der aus den oben[682] dargestellten Auslegungsfragen resultierenden Rechtsunsicherheit.[683]

3. Anzahl der erlaubten Befristungen

Nach dem Wortlaut des § 1 Abs. 1 S. 1 BeschFG war nur die einmalige Befristung des Arbeitsvertrages bis zu dieser Höchstdauer von achtzehn Monaten zu-

---

682 Abschnitt B) I. 5. a).

683 Vgl. Bauer in Bauer/Preis/Schunder, NZA 2004, S. 195 (197).

lässig. Davon wurden - auch für ältere Arbeitnehmer - keine Ausnahmen gemacht.

a) Bedeutung des Wortes „einmalig“

Bezüglich der 2. Alt. erscheint die Voraussetzung „einmalig“ überflüssig gewesen zu sein, da ein unmittelbarer Anschluss an die Berufsausbildung faktisch nur einmal gegeben sein kann. Unabhängig von der Zeitspanne, in der man nach Beendigung der Ausbildung noch eine Unmittelbarkeit annehmen mag[684], ist nur der erste Arbeitsvertrag nach der Ausbildung in unmittelbarem Anschluss an die Ausbildung abgeschlossen. Für jeden weiteren Vertragsschluss fehlt es an der Unmittelbarkeit, da der erste Arbeitsvertrag diese verhindert.

Auch bezüglich der 1. Alt. warf diese Voraussetzung Fragen auf und mag ebenfalls auf den ersten Blick unverständlich gewesen sein, wenn man mit dem Wort „Neueinstellung“ die erste Einstellung bei einem Arbeitgeber verband (und die Definition in Satz 2 nicht beachtete).

Lediglich nach einer Ansicht in der Literatur war § 1 Abs. 1 BeschFG so zu interpretieren, dass wirklich nur *eine* einmalige Befristung möglich war.[685] Dafür sprach neben der Wortbedeutung die begrenzte Geltungsdauer der Regelung, die in Abs. 1 S. 1 in Form der Worte „Vom 1. Mai 1985 bis 1. Januar 1990...“ enthalten war.

Hätte man den Begriff „einmalig“ jedoch als „einmal und nie wieder“ verstanden, wäre das Abstellen auf einen engen sachlichen Zusammenhang nahezu überflüssig gewesen. Denn es hätte bezüglich vorhergehender befristeter Arbeitsverträge keinen Sinn gemacht, auf den Ablauf von vier Monaten abzustellen, wenn die befristete Neueinstellung eines ehemaligen Arbeitnehmers hätte an der Voraussetzung „einmalig“ scheitern müssen. Die Kombination der beiden Voraussetzungen wäre lediglich bei einem vorhergehenden unbefristeten Arbeitsvertrag sinnvoll gewesen.

Da aber das Gesetz nach seinem Wortlaut in § 1 Abs. 1 S. 2 TzBfG auf „vorhergehende befristete oder unbefristete Arbeitsverträge“ abstellte, also auch ein vorhergehender befristeter Arbeitsvertrag eine Neueinstellung ausschließen konnte, ist nur ein anderes Verständnis in der Form, dass bei jeder Neueinstel-

---

684 KR[3]/Weller, § 1 BeschFG 1985 Rn 65; Schaub[7], § 39 S. 204 und Staudinger[13]/Preis, § 620 BGB Rn 202 f; Winterfeld, Art. 1 § 1 Rn 107 und Keller, S. 39, verstanden das Wort „unmittelbar“ wörtlich, so dass die Weiterbeschäftigung am Tag nach Beendigung des Berufsausbildungsverhältnisses begonnen haben musste; Bruschke, S. 134 f, wollte hingegen entsprechend dem Sinn und Zweck der Regelung auch eine Unterbrechung von einigen Tagen oder einigen wenigen Wochen zulassen.

685 KR[3]/Weller, § 1 BeschFG 1985 Rn 59; Halbach, BeschFG 1985, S. 24; Lorenz, Art. 1 § 1 BeschFG 1985 S. 4; Wenzel, Rn 144; Frey, NZA 1986, S. 513 (513 f.); unklar Otto, NJW 1985, S. 1807 (1808).

lung eine einmalige Befristung möglich war, sinnvoll.[686] Hätte der Gesetzgeber lediglich vor dem Inkraftteten des BeschFG am 1.5.1985 bestandene Arbeitsverhältnisse erfassen oder während der Geltungsdauer nur eine einzige sachgrundlose Befristung zulassen wollen, hätte er dies wesentlich einfacher formulieren können.[687] Problematisch wäre die einschränkende Auslegung auch bezüglich der Verlängerungen der Geltungsdauer des BeschFG gewesen.[688] Einmalig hieß also nicht „einmal und nie wieder“, wie man vielleicht nach dem ersten Lesen des § 1 Abs. 1 BeschFG aus dessen Wortlaut entnehmen mag.

b) keine Verlängerungsmöglichkeit

Dem gesetzgeberischen Ziel der Schaffung zusätzlicher Beschäftigungschancen hätten nur sehr kurzfristige Beschäftigungen nicht gedient. Daher sollte der Arbeitgeber dazu veranlasst werden, die maximale Befristungsdauer von 18 bzw. 24 Monaten auszuschöpfen.[689] Damit dies nicht „ratenweise“ geschah, verlangte das BeschFG eine „einmalige Befristung“ bis zur genannten Höchstdauer.[690] Auf diese Weise konnte ein sozialpolitisch unerwünschtes Aneinanderreihen von Zeitverträgen (Kettenarbeitsverhältnis) mit jeweils kurzer Dauer bis zur Obergrenze verhindert werden.[691]

Kürzere Befristungen waren zulässig, jedoch keine Verlängerungen, auch nicht solche, die summenmäßig unter der entsprechenden Höchstdauer blieben.[692] Eine Verlängerung nach dem BeschFG - sprich die Verlängerung einer sachgrund-

---

686 Vgl. BAG vom 6.12.1989 - 7 AZR 441/89, AP Nr. 13 zu § 1 BeschFG 1985. Im Ergebnis auch Staudinger[13]/Preis, § 620 BGB Rn 199; Winterfeld, Art. 1 § 1 Rn 82; Däubler, Arbeitsrecht 2, S. 914 in Fn 144; Keller, S. 26; Hanau, RdA 1987, S. 25 (25); Friedhofen/Weber, NZA 1985, S. 337 (340).

687 Vgl. BAG vom 6.12.1989 - 7 AZR 441/89, AP Nr. 13 zu § 1 BeschFG 1985; Friedhofen/Weber, NZA 1985, S. 337 (340).

688 Friedhofen/Weber, NZA 1985, S. 337 (340).

689 BAG vom 6.12.1989 - 7 AZR 441/89, AP Nr. 13 zu § 1 BeschFG 1985; Staudinger[13]/Preis, § 620 BGB Rn 199; Bruschke, S. 116; Walwei, S. 60; Löwisch, BB 1985, S. 1200 (1201); ähnlich Däubler, Arbeitsrecht 2, S. 915 und Frohner/Pieper, AuR 1992, S. 97 (104).

690 Vgl. BT-Drucks. 10/3206, S. 30: „Es wird klargestellt, dass die Regelung nicht für Kettenarbeitsverträge mit Unterbrechungen gilt: Insoweit soll es beim bisherigen Recht mit seinen strengen Anforderungen bleiben. Die aus dem Regierungsentwurf übernommene Formulierung, dass nur eine „einmalige Befristung“ zulässig ist, besagt dies bereits; ebenso der neue Begriff „Neueinstellung“.“ BAG vom 6.12.1989 - 7 AZR 441/89, AP Nr. 13 zu § 1 BeschFG 1985; Bruschke, S. 116; ähnlich Däubler, Arbeitsrecht 2, S. 915; Walwei, S. 59 f. und Otto, NJW 1985, S. 1807 (1808).

691 BAG vom 6.12.1989 - 7 AZR 441/89, AP Nr. 13 zu § 1 BeschFG 1985; Staudinger[13]/Preis, § 620 BGB Rn 199; Bruschke, S. 116; Keller, S. 27; Friedhofen/Weber, NZA 1985, S. 337 (340); Frohner/Pieper, AuR 1992, S. 97 (104).

692 Häfele, S. 81; Winterfeld, Rn 115.

losen Befristung - war somit ausnahmslos nicht zulässig.[693] Vielmehr richtete sich die Zulässigkeit einer etwaigen Verlängerung nach den bisherigen Grundsätzen der Rechtsprechung.[694]

c) Vergleich mit dem TzBfG

Zusammenfassend ist zu sagen, dass Verlängerungsmöglichkeiten hinsichtlich eines sachgrundlos befristeten Arbeitsvertrages, wie sie im heutigen § 14 Abs. 2 S. 1 2. Hs. TzBfG zu finden sind, somit ausdrücklich nicht vorgesehen waren. Allerdings konnten im Rahmen der Geltungsdauer der Regelung, zunächst also vom 1. Mai 1985 bis zum 1. Januar 1990 (nicht zu verwechseln mit der Höchstdauer von achtzehn Monaten), mehrere sachgrundlos befristete Arbeitsverträge geschlossen werden. Denn bei der Beschränkung auf eine Neueinstellung ging es laut der Definition in § 1 Abs. 1 S. 2 und 3 BeschFG 1985 nur um befristete Arbeitsverträge, zwischen denen ein geringerer Zeitraum als der von vier Monaten lag, bei denen also ein enger sachlicher Zusammenhang bestand. Sobald Letzteres abzulehnen war, konnte die Voraussetzung der Neueinstellung wieder bejaht und damit im Ergebnis mehrmals zwischen denselben Arbeitsvertragsparteien sachgrundlos befristet werden.[695]

Dies stellt einen gravierenden Unterschied zum heutigen Recht dar.

Folglich ist das Wort „einmalig“ in seinen Auswirkungen auf die Zulässigkeit von sachgrundlosen Befristungen nicht etwa mit der Voraussetzung des „bereits zuvor bestandenen Arbeitsverhältnis“ des § 14 Abs. 2 S. 2 TzBfG vergleichbar oder gar gleichsetzbar. Der Wortlaut des BeschFG erscheint hier enger als er ist, beim TzBfG verhält sich dies eher entgegengesetzt.

4. Verhältnis zur Rechtsprechung

Auch wenn das BeschFG 1985 in keinster Weise auf sein Verhältnis zur Rechtsprechung einging[696], bestand jedoch Einigkeit, dass das BeschFG die bestehende Regulierung durch die BAG-Rechtsprechung nicht ersetzte oder beschränkte, sondern eine weitere Befristungsmöglichkeit neben den weiterhin gültigen begründete.[697] § 1 BeschFG 1985 befreite unmittelbar von der Beachtung der zur

---

693 Bruschke, S. 146; Häfele, S. 81; Winterfeld, Rn 115.

694 Bruschke, S. 146 f; Häfele, S. 81; Winterfeld, Rn 115; vgl. auch Walwei, S. 60.

695 Vgl. dazu insbesondere Friedhofen/Weber, NZA 1985, S. 337 (340).

696 Das Verhältnis zur Rechtsprechung wurde erst durch das BeschFG 1996 in dessen § 1 Abs. 4 klargestellt.

697 BT-Drucks. 10/2102, S. 24; Winterfeld, Art. 1 § 1 Rn 1; Bauschke, Rn 49; Bode/Brose/Voswinkel, Regulierung der Deregulierung, S. 104; Bruschke, S. 21; Däubler, Arbeitsrecht 2, S. 915; Friedhofen/Weber, NZA 1985, S. 337 (338, 341); Frohner/Pieper, AuR 1992, S. 97 (98); Löwisch, BB 1985, S. 1200 (1201); Otto, NJW 1985, S. 1807 (1808); Wlotzke, NZA 1984, S. 217 (218).

Befristungskontrolle entwickelten Rechtsprechungsgrundsätze.[698] Somit war der Abschluss eines befristeten Arbeitsvertrages auch, wenn die Voraussetzungen des § 1 BeschFG 1985 nicht vorlagen, möglich, da dies nicht ausschloss, dass mit dem Arbeitnehmer ein befristeter Arbeitsvertrag unter Beachtung der bisherigen Rechtslage abgeschlossen wird.[699]
Aus den als Sachgrund anerkannten Gründen war somit weiterhin eine Befristung möglich. Die Regelung war folglich nicht etwa so zu verstehen, dass auch Befristungen mit Sachgrund der maximalen Dauer von 18 Monaten gemäß § 1 Abs. 1 BeschFG entsprechen mußten. Dies könnte man - kennt man das Zusammenspiel dieser Norm mit der Rechtsprechung nicht - annehmen, weil gerade nicht zwischen Befristungen mit und ohne Sachgrund unterschieden wird. Dass die besagte Obergrenze nur für sachgrundlose Befristungen gilt, lässt sich nur daraus ersehen, dass der erste Abschnitt des BeschFG den Titel „Erleichterte Zulassung befristeter Arbeitsverträge" trägt und keine Erleichterung gegeben wäre, wenn nun geringere Befristungsmöglichkeiten existieren würden als es - ohne gesetzliche Regelung - durch die Rechtsprechung bereits anerkanntermaßen der Fall war.

Praktisch bedeutete der § 1 BeschFG somit nur eine erweiterte Befristungsmöglichkeit, und zwar für sachgrundlose Befristungen im Falle von Neueinstellungen.
Die Rechtsprechung, die Befristungen nur bei Vorliegen eines sachlichen Grundes zuließ, war damit weiterhin gültig und bildete das Vorbild für den heutigen § 14 Abs. 1 TzBfG, während § 1 BeschFG 1985 (bzw. § 1 BeschFG in seiner letzten Fassung) das Vorbild für den § 14 Abs. 2 TzBfG darstellte.
Ursprünglich war eine Zusammenfassung der in vielen Entscheidungen verstreuten Rechtsgrundsätze bereits für das BeschFG 1985 vorgesehen.[700] Der entsprechende Referentenentwurf konnte sich jedoch nicht durchsetzen, so dass es erst mit § 14 Abs. 1 TzBfG zu einer entsprechenden Niederlegung kam.

---

[698] EK²/Müller-Glöge, § 1 Rn 12 BeschFG; KR³/Weller, § 1 BeschFG 1985 Rn 5; Walwei, S. 57.

[699] Häfele, S. 53; Wenzel, Rn 146; Frohner/Pieper, AuR 1992, S. 97 (98); Hanau, RdA 1987, S. 25 (26); Otto, NJW 1985, S. 1807 (1808); Wlotzke, NZA 1984, S. 217 (218).

[700] Referentenentwurf vom 23.3.1984, RdA 1984, S. 169 (170). Vgl. dazu KR³/Weller, § 1 BeschFG 1985 Rn 5; Bruschke, S. 71; Weiler, BB 1985, S. 934 (934). Eine beispielhafte Aufführung der vom BAG gefundenen „sachlichen Gründe" als Rechtfertigungsgründe hatte Schröter, Befristete Arbeitsverträge, S. 181, bereits im Jahre 1972 gefordert.

II. § 1 BeschFG 1996

Einige gravierende Änderungen des § 1 BeschFG 1985 erfolgten durch das „Arbeitsrechtliche Beschäftigungsförderungsgesetz“ vom 25.09.1996[701], das am 1.10.1996 in Kraft trat. Der § 1 BeschFG wurde nicht nur optisch durch vier Absätze erweitert, sondern auch inhaltlich ergänzt und umgestaltet.
Die Laufzeit der Befristungsregeln des BeschFG 1996 wurde in § 1 Abs. 6 BeschFG bis zum 31.12.2000 befristet und das Gesetz auch nicht mehr verlängert.

1. Befristungsvoraussetzungen/„sachliche Gründe“

Auch in § 1 des BeschFG in seiner Fassung von 1996 war weder der Begriff „sachlicher Grund“ aufgeführt, noch von einer „sachgrundlosen Befristung“ die Rede.
Aufgrund des Fehlens einer entsprechenden Voraussetzung in § 1 Abs. 1 BeschFG 1996 ergab sich jedoch, dass es für eine Befristung keines besonderen Grundes bedurfte. Das Wort „Befristung“ im Sinne des BeschFG 1996 war deshalb gedanklich um ein „ohne sachlichen Grund“ zu ergänzen.[702]
Anders als bei der Fassung von 1985 ist nicht einmal *ein* sachlicher Grund aufgeführt. Für die Übernahme von Auszubildenden galten keine Besonderheiten mehr; auch sie konnten nunmehr ohne weitere Voraussetzung im Anschluss an ihre Ausbildung befristet beschäftigt werden.[703]

a) „Voraussetzung der Neueinstellung“/grundsätzliche Vergleichbarkeit mit BeschFG 1985

Ähnlich der Regelung von 1985 war jedoch die sachgrundlose Befristungsmöglichkeit beschränkt. Was in § 1 Abs. 1 S. 1 Nr. 1 BeschFG 1985 mit der Voraussetzung der „Neueinstellung“ positiv formuliert war, wurde 1996 negativ formuliert. Nach § 1 Abs. 3 S. 1 BeschFG 1996 war eine Befristung nach den Absätzen 1 und 2 nicht zulässig, wenn zu einem vorhergehenden unbefristeten Arbeitsvertrag oder zu einem vorhergehenden Arbeitsvertrag nach Absatz 1 mit demselben Arbeitgeber ein enger sachlicher Zusammenhang besteht.
Die in § 1 Abs. 1 S. 2 BeschFG 1985 enthaltene Negativdefinition von „Neueinstellung“ erschien dem Anschlussverbot des § 1 Abs. 3 S. 1 BeschFG 1996 auf den ersten Blick als sehr ähnlich. Wie damals konnte der vorhergehende Arbeitsvertrag mit demselben Arbeitgeber befristet oder unbefristet sein. Auch die in § 1 Abs. 1 S. 3 BeschFG 1985 enthaltene Definition des „engen sachlichen Zusammenhangs“ wurde in § 1 Abs. 3 S. 2 BeschFG 1996 wortwörtlich über-

---

701 BGBl. I, S. 1476.
702 Vgl. Sowka, BB 1997, S. 677 (678).
703 KDZ[4]/Däubler, § 1 BeschFG Rn 40; MK[3]/Schwerdtner, § 620 BGB Rn 183 a; Preis, NJW 1996, S. 3369 (3372).

nommen. Der enge sachliche Zusammenhang wurde ebenfalls „insbesondere bei einem zwischen den Arbeitsverträgen liegenden Zeitraum von weniger als vier Monaten" angenommen. Dementsprechend bleiben die bereits zum BeschFG 1985 aufgestellten, oben dargestellten Grundsätze maßgeblich.

b) Änderung hinsichtlich „vorhergehender befristeter Arbeitsverträge"

Ein gravierender Unterschied zum BeschFG 1985 bestand jedoch darin, dass das Anschlussverbot nicht generell auf vorhergehende befristete Arbeitsverträge, sondern auf „vorhergehende befristete Arbeitsverträge nach Abs. 1" beschränkt war. Damit fielen Befristungen mit Sachgrund nicht unter das Anschlussverbot, was zur Folge hatte, dass eine Kombination von Sachgrundbefristungen mit anschließenden sachgrundlosen Befristungen nach dem BeschFG möglich war.[704] Der Gesetzgeber hatte bewusst auf das bisherige Erfordernis der Neueinstellung verzichtet und wollte diese Konstellation möglich machen.[705] Sie sollte es dem Arbeitgeber ermöglichen, den Arbeitnehmer, den er während der Befristung (z.B. zur Vertretung eines Arbeitnehmers oder zur Erledigung eines vorübergehenden Arbeitsanfalls) schätzen gelernt hatte, weiter zu beschäftigen, auch wenn er noch nicht beurteilen konnte, ob auf Grund der Auftragslage eine Dauerbeschäftigung möglich sein würde.[706]

2. maximale Befristungsdauer

a) grundsätzliche Regelung

§ 1 Abs. 1 S. 1 BeschFG erlaubte die Befristung bis zur Dauer von zwei Jahren. Damit wurde die ehemalige Gesamtdauer von achtzehn Monaten um sechs Monate erweitert.

Gemäß § 1 Abs. 1 S. 2 BeschFG war bis zur Gesamtdauer von zwei Jahren auch die höchstens dreimalige Verlängerung eines befristeten Arbeitsvertrages zulässig.

Bezüglich der Verlängerung dachte der Gesetzgeber an Fälle, in denen der zusätzliche Arbeitsbedarf entgegen der Einschätzung des Arbeitgebers bei Beginn der Befristung für einen längeren Zeitraum besteht.[707] Auch sollte es möglich sein, an eine zunächst kürzere Erprobungsphase eine weitere längere Befristung

---

704 So ausdrücklich der Gesetzgeber in BT-Drucks. 13/4612, S. 17; BAG vom 22.3.2000 - 7 AZR 581/98, AP Nr. 1 zu § 1 BeschFG 1996; BAG vom 28.6.2000 - 7 AZR 920/98, AP Nr. 2 zu § 1 BeschFG 1996; BAG vom 26.7.2000 - 7 AZR 256/99, AP Nr. 3 zu § 1 BeschFG 1996; KDZ[4]/Däubler, § 1 BeschFG Rn 39; KR[5]/Lipke, § 1 BeschFG 1996 Rn 98; Preis, NJW 1996, S. 3369 (3372); Sowka, BB 1997, S. 677 (678).

705 BT-Drucks. 13/4612, S. 17.

706 BT-Drucks. 13/4612, S. 17.

707 BT-Drucks. 13/4612, S. 16.

anzuschließen, die die Chancen des Arbeitnehmers auf Übernahme in ein unbefristetes Arbeitsverhältnis verbessern könne.[708]

aa) Verlängerungsmöglichkeit

Eine Verlängerung im Sinne des § 1 Abs. 1 S. 2 BeschFG kam nach der BAG-Rechtsprechung nur in Betracht, wenn die vorherige Befristung auf die Vorschriften des BeschFG in der jeweiligen Fassung gestützt wurde.[709] Das folgte nach Ansicht des BAG aus dem in der Norm zum Ausdruck gekommenen Willen des Gesetzgebers, einerseits die Kombination von Sachgrundbefristungen bzw. spezialgesetzlich erlaubten Befristungen mit anschließenden Befristungen nach dem BeschFG zu ermöglichen, andererseits Befristungen nach diesem Gesetz zeitlich zu begrenzen.[710] Ebensowenig sei die Anwendung der Höchstdauerregelung in § 1 Abs. 1 S. 1 und 2 BeschFG auf die Vereinbarung eines mit Sachgrund befristeten Arbeitsvertrages und eines nachfolgenden befristeten Vertrages nach dem BeschFG in Betracht gekommen, da sie die beabsichtigte Erleichterung verhinderte.[711] Die Höchstbefristungsdauer und die Verlängerungsmöglichkeiten bezogen sich somit nur auf Verträge nach § 1 Abs. 1 BeschFG, die ohne sachlichen Grund und ohne spezialgesetzliche Rechtsgrundlage statthaft waren.[712]

bb) Abgrenzung Verlängerung/Neuabschluss

Das Anschlussverbot des § 1 Abs. 3 BeschFG 1996 verbot, im Anschluss an eine Befristung ohne Sachgrund nach Abs. 1 eine weitere Befristung ohne Sachgrund anzuschließen, es sei denn, es handelte sich lediglich um eine „Verlängerung" i.S.v. § 1 Abs. 1 S. 2 BeschFG.[713] Auch zur Zeit des BeschFG 1996 war somit die Frage des Vorliegens einer Verlängerung von erheblicher Bedeutung. Für den Begriff der Verlängerung und die Abgrenzung einer Verlängerung von dem Neuabschluss eines weiteren befristeten Arbeitsvertrages galten die oben zu § 14 Abs. 2 S. 1 TzBfG dargestellten Grundsätze und bestanden die gleichen Streitigkeiten.[714] Zwar war keine „Neueinstellung" Voraussetzung für den Anschluss eines sachgrundlos befristeten Arbeitsvertrages, jedoch durfte gemäß § 1 Abs. 3 S. 1 BeschFG 1996 kein enger sachlicher Zusammenhang zu der vorherigen Befristung bestehen. Und dieser bestand gemäß § 1 Abs. 3 S. 2 BeschFG

708 BT-Drucks. 13/4612, S. 16.

709 BAG vom 22.3.2000 - 7 AZR 581/98, AP Nr. 1 zu § 1 BeschFG 1996.

710 Urteil des BAG vom 22.3.2000 - 7 AZR 581/98, DB 2000, S. 1714 (1714); zustimmend: Sowka, BB 1997, S. 677 (678). Vgl. dazu BT-Drucks. 13/4612, S. 11 f, 16 f.

711 Urteil des BAG vom 22.3.2000 - 7 AZR 581/98, DB 2000, S. 1714 (1714).

712 Urteil des BAG vom 22.3.2000 - 7 AZR 581/98, DB 2000, S. 1714 (1714); KR[5]/Lipke, § 1 BeschFG 1996 Rn 95; KDZ[4]/Däubler, § 1 BeschFG Rn 20, 39; Sowka, BB 1997, S. 677 (687).

713 Vgl. die Beispiele bei: Sowka, DB 2000, S. 2427 (2428).

714 Siehe oben, Abschnitt B) I. 3. b). Vgl. dazu Rolfs, § 14 TzBfG Rn 97.

1996, wenn eine Verlängerung in Betracht kam, weil in diesem Fall gerade ein Zeitraum von weniger als vier Monaten zwischen den Arbeitsverträgen lag.

b) Sonderregelung für ältere Arbeitnehmer

Die Einschränkungen des § 1 Abs. 1 BeschFG 1996 galten nach § 1 Abs. 2 BeschFG nicht, wenn der Arbeitnehmer bei Beginn des Arbeitsverhältnisses das 60. Lebensjahr vollendet hatte. Folglich konnte mit älteren Arbeitnehmern ab 60 Jahren ohne Rücksicht auf eine bestimmte Höchstdauer oder Verlängerungsanzahl befristet werden.

Diese Regelung wurde 1996 ganz neu geschaffen und sollte die besonders hohen Einstellungshindernisse bezüglich älterer Arbeitnehmer verringern.[715] Die Zulassung einer längeren Befristungsdauer wurde als gerechtfertigt angesehen, weil für einen älteren Arbeitssuchenden, zumal für einen Langzeitarbeitslosen, eine befristete Beschäftigung oft die einzige Möglichkeit sei, einen Arbeitsplatz zu finden.[716] Die vorgesehene Erleichterung war zudem Teil des Konzepts zur Förderung des gleitenden Übergangs älterer Arbeitnehmer in den Ruhestand.[717]

c) Vergleich mit dem TzBfG

Die Zweijahreshöchstgrenze mit der dreimaligen Verlängerungsmöglichkeit wurde mit der Grundsatzregelung der sachgrundlosen Befristung in § 14 Abs. 2 S. 1 TzBfG beibehalten.

In der Literatur hatte man sich teilweise vor Verabschiedung des TzBfG für eine ausdrückliche gesetzliche Klarstellung, wann eine Verlängerung vorliegt, ausgesprochen.[718] Der Wortlaut blieb jedoch insoweit gleich, so dass die diesbezüglichen Unsicherheiten fortgeschrieben wurden. Anscheinend sah der Gesetzgeber eine Klarstellung auf Grund der gefestigten Rechtsprechung als nicht erforderlich an.

Die Möglichkeit des Abschlusses erleichterter Befristungen mit älteren Arbeitnehmern ist mit der Regelung in § 14 Abs. 3 S. 1 TzBfG im Grundsatz erhalten geblieben. Sie wurde jedoch durch das Absenken der Altersgrenze auf 58 Jahre und später auf 52 Jahre (gültig bis zum 31. Dezember 2006) und durch das gegenüber § 1 Abs. 3 BeschFG 1996 wesentlich laschere Anschlussverbot in § 14 Abs. 3 S. 2 TzBfG, das nur noch auf vorhergehende unbefristete Arbeitsverträge abstellt und damit vorhergehende befristete Arbeitsverträge unbegrenzt zulässt, erheblich erweitert.[719] Dies vermag die für den Arbeitnehmer freundlichere Definition des engen sachlichen Zusammenhangs in § 14 Abs. 3 S. 3 TzBfG, nach

---

[715] BT-Drucks. 13/4612, S. 13, 17.

[716] BT-Drucks. 13/4612, S. 17.

[717] BT-Drucks. 13/4612, S. 13.

[718] Sowka, DB 2000, S. 1916 (1918); vgl. auch Schiefer, DB 2000, S. 2118 (2122) zum Gesetzesentwurf.

[719] Vgl. dazu Schliemann/Dörner, § 620 BGB Rn 64.

der ein enger sachlicher Zusammenhang auch noch bei weniger als sechs - statt bei lediglich weniger als vier - Monaten anzunehmen ist, nicht auszugleichen.

3. Anzahl der erlaubten Befristungen

Das Wort „einmalig“, das in § 1 Abs. BeschFG 1985 enthalten war, ist weggefallen. Es heißt nur noch „die Befristung eines Arbeitsvertrages“, wobei „eines“ auf Grund der Vorgängerregelung und der insoweit gleichlautenden heutigen Regelung nicht etwa so verstanden werden konnte, dass die Befristung nur einmal möglich war. Folglich gab es bezüglich der Befristungsanzahl keine Beschränkung. Trotz der Begrenzung auf zwei Jahre, konnte - wie nach § 1 BeschFG 1985 - mehrmals neu befristet werden, wenn ein enger sachlicher Zusammenhang im Sinne des § 1 Abs. 3 BeschFG 1996 abzulehnen war.

a) Zulässigkeit von Befristungsketten

Durch das nur noch in wenigen Fällen (vorhergehender unbefristeter oder nach Absatz 1 befristeter Arbeitsvertrag) eingreifende Anschlussverbot wurde die „zulässige Befristungsanzahl“ zwischen identischen Vertragsparteien faktisch erhöht.

Die erneute Befristung in Form einer Befristung nach § 1 Abs. 1 BeschFG 1996 war zum einen statthaft, wenn die vorangehende Befristung keines Sachgrundes bedurfte, weil damit der Kündigungsschutz nicht umgangen werden konnte (Befristung bis zu sechs Monaten).[720] Zum anderen war der Arbeitgeber berechtigt, eine Befristung ohne Sachgrund abzuschließen, wenn er die vorangegangene Befristung auf einen gesetzlichen Sachgrund oder einen Sachgrund im Sinne der Rechtsprechung des BAG zu § 620 BGB stützen konnte.[721] Damit konnten im Reißverschlusssystem Befristungen mit und ohne Sachgrund abwechselnd vereinbart werden (sog. Kettenarbeitsverträge).[722] Das Anschlussverbot des § 1 Abs. 3 BeschFG 1996 ließ die Kombination von Sachgrundbefristungen und Befristungen gemäß § 1 Abs. 1 BeschFG 1996 folglich weitgehend und ohne Höchstgrenze zu.[723]

Bei Einhaltung einer mindestens viermonatigen Pause konnte das Befristungsprivileg des § 1 Abs. 1 BeschFG 1996 mehrfach genutzt werden.[724] Es war sogar möglich, diese Pause durch eine Sachgrundbefristung zu überbrücken, solange

---

720 KR/Lipke, § 14 TzBfG Rn 261.

721 ErfK²/Müller-Glöge, § 1 BeschFG Rn 53; KR/Lipke, § 14 TzBfG Rn 261; Preis/Gotthardt, DB 2000, S. 2065 (2065); Rolfs, NZA 1996, S. 1134 (1135).

722 ErfK²/Müller-Glöge, § 1 BeschFG Rn 54; KR/Lipke, § 14 TzBfG Rn 261; Dörner, ZTR 2001, S. 485 (488); Sowka, DB 2000, S. 2427 (2428). Vgl. auch Schliemann/Dörner, § 620 BGB Rn 63.

723 Preis/Gotthardt, DB 2000, S. 2065 (2065).

724 ErfK²/Müller-Glöge, § 1 BeschFG Rn 54; KR/Lipke, § 14 TzBfG Rn 261 TzBfG; Preis/Gotthardt, DB 2000, S. 2065 (2065); Sowka, DB 2000, S. 2427 (2428).

kein enger sachlicher Zusammenhang anzunehmen war.[725] Dafür wurde argumentiert, dass der Gesetzeszweck vereitelt würde, wenn das Anschlussverbot bereits bei einer kurzfristigen zwischengeschalteten Sachgrundbefristung unanwendbar wäre.[726]
Verschärft wurde die Regelung noch durch die mit der Versäumung der Klagefrist verbundenen Fiktionswirkung.[727] Denn nach Ablauf der dreiwöchigen Klagefrist galt die Befristung gemäß § 1 Abs. 5 BeschFG 1996 i.V.m. §§ 5 bis 7 KSchG als wirksam.

b) Vergleich mit dem TzBfG
Dieses Reißverschlusssystem, nach dem Befristungen mit und ohne Sachgrund abwechselnd vereinbart werden konnten, sollte durch das in § 14 Abs. 2 S. 2 TzBfG geregelte Erfordernis der Neueinstellung abgeschafft werden.[728] Denn die zulässigen Kettenarbeitsverträge machten eine Umgehung des Kündigungsschutzes möglich und bedeuteten daher eine erhebliche Schwächung des Arbeitnehmerschutzes. Der Gesetzgeber des TzBfG wollte deshalb gerade diese Art von Kettenverträgen ausschließen.[729] Er sah den Arbeitgeber bei der nach neuem Recht nur einmaligen Möglichkeit der Befristung ohne Sachgrund veranlasst, den Arbeitnehmer entweder unbefristet weiterzubeschäftigen oder bei weiter bestehendem Arbeitskräftebedarf einen anderen Arbeitnehmer befristet einzustellen.[730]
Im Vergleich zur alten Regelung sind sachgrundlose Befristungen also heute nur noch in wesentlich verringertem Umfang, lediglich im Falle einer Neueinstellung, möglich. Auch sämtliche vorhergehenden Befristungen mit Sachgrund schließen die Möglichkeit sachgrundloser Befristungen nach § 14 Abs. 2 TzBfG aus. Lediglich die Vereinbarung einer Sachgrundbefristung im Anschluss an eine erleichterte Befristung bleibt zulässig.[731]

4. Verhältnis zur Rechtsprechung
Nach § 1 Abs. 4 BeschFG 1996 blieb die Zulässigkeit der Befristung des Arbeitsvertrages aus anderen Gründen unberührt. Diese Regelung erschien auf den ersten Blick möglicherweise recht unverständlich, denn die Abs. 1 bis 3 des § 1

---

725 BAG vom 28.6.2000 - 7 AZR 920/98, AP Nr. 2 zu § 1 BeschFG 1996; ErfK²/Müller-Glöge, § 1 BeschFG Rn 54; ErfK²/Müller-Glöge, § 1 BeschFG Rn 54; Preis/Gotthardt, DB 2000, S. 2065 (2065); Preis, NJW 1996, S. 3369 (3373): „ Das Anschlussverbot galt auch bei einem oder mehreren dazwischenliegenden Verträgen mit Sachgrundbefristung, wenn ein Zusammenhang zwischen den Verträgen nach § 1 BeschFG bestand."
726 BAG vom 28.6.2000 - 7 AZR 920/98, AP Nr. 2 zu § 1 BeschFG 1996.
727 Preis/Gotthardt, DB 2000, S. 2065 (2065).
728 BT-Drucks. 14/4374, S. 14.
729 BT-Drucks. 14/4374, S. 14.
730 BT-Drucks. 14/4374, S. 14.
731 BT-Drucks. 14/4374, S. 14.

BeschFG 1996 enthielten ja gerade keinen Befristungsgrund.[732] Sie war so gemeint, dass es bei der richterrechtlich geschaffenen Befristungskontrolle und den in besonderen Gesetzen zugelassenen Befristungen bleibt.[733] Mit dieser Regelung wurde das Verhältnis des BeschFG zur Rechtsprechung erstmals gesetzlich geregelt. Letztlich war sie jedoch nur eine schriftliche Bestätigung der bereits bezüglich des BeschFG 1985 gebildeten allgemeinen Ansicht, die durch Auslegung zu dem entsprechenden Ergebnis gekommen war.

5. Einführung einer einheitlichen Klagefrist

Das BeschFG von 1996 enthielt auch eine verfahrensrechtliche Neuerung.
Gemäß § 1 Abs. 5 S. 1 BeschFG 1996 mußte der Arbeitnehmer, wenn er die Rechtsunwirksamkeit der Befristung eines Arbeitsvertrages geltend machen wollte, innerhalb von drei Wochen nach dem vereinbarten Ende des befristeten Arbeitsvertrages Klage beim Arbeitsgereicht auf Feststellung erheben, dass das Arbeitsverhältnis auf Grund der Befristung nicht beendet war. Die §§ 5 bis 7 KSchG galten gemäß § 1 Abs. 5 S. 2 BeschFG 1996 entsprechend.
Mit dieser Regelung wurde erstmals eine einheitliche gesetzliche Klagefrist für befristete Arbeitsverträge eingeführt, die der Dreiwochenfrist der Kündigungsschutzklage entsprach. Nach Ablauf der Klagefrist galt die Befristung als wirksam. Diese Fiktion beseitigte die bisherige Rechtsunsicherheit, die die bisherigen Erörterungen zu einer im Einzelfall anzunehmenden Verwirkung der Befristungsklage hinfällig machten.[734] Sie gab den Betrieben Planungssicherheit und dürfte zu einer Entlastung der Arbeitsgerichte geführt haben. Die Regelung galt für sämtliche Klagen gegen die Unwirksamkeit einer Befristungsabrede, unabhängig davon, auf welcher rechtlichen Grundlage die Befristung beruhte.[735]
Das TzBfG hat diese Klagefrist, die uneingeschränkte Zustimmung verdiente[736], in § 17 S. 1 und 2 eins zu eins übernommen. Es hat lediglich einen S. 3 angehängt, der klarstellt, dass die Dreiwochenfrist, wenn das Arbeitsverhältnis nach dem vereinbarten Ende fortgesetzt wird, erst mit Zugang der schriftlichen Erklärung des Arbeitgebers, dass das Arbeitsverhältnis auf Grund der Befristung beendet sei, beginnt.

---

732 EK²/Müller-Glöge, § 1 BeschFG Rn 14.
733 EK²/Müller-Glöge, § 1 BeschFG Rn 14.
734 KR⁵/Lipke, § 1 BeschFG 1996 Rn 11; vgl. KR³/Lipke, § 620 BGB Rn 231 ff und Rolfs, NZA 1996, S. 1134 (1139).
735 KR⁵/Lipke, § 1 BeschFG 1996 Rn 7, 11.
736 KR⁵/Lipke, § 1 BeschFG 1996 Rn 11; vgl. auch Rolfs, NZA 1996, S. 1134 (1139).

III. Grundsätzliche Unterschiede zwischen BeschFG und TzBfG

Aufgrund des obigen Vergleichs lassen sich zusammenfassend bestimmte grundsätzliche Unterschiede der beiden Beschäftigungsförderungsgesetze und des TzBfG feststellen.

1. Trennung der Befristung mit und ohne sachlichen Grund

Die Befristungsgesetze enthielten bis 2001 keine Trennung von Befristungen mit und ohne sachlichen Grund. Dies resultiert daraus, dass die Rechtsprechung ein Befristungsrecht zur Regulierung von Befristungen mit einem sachlichem Grund geschaffen hatte, das neben dem vom Gesetzgeber erlassenen BeschFG, das nur die Befristungen ohne Sachgrund regelte, weitergalt. § 14 TzBfG ist folglich die erste gesetzliche Regelung, die eine Unterscheidung zwischen einer Befristung mit und ohne Vorliegen eines sachlichen Grundes trifft sowie den Terminus des „sachlichen Grundes", den das BAG herausgebildet hatte, übernimmt. Sie stellt auch die erste einheitliche allgemeine Vorschrift dar.

2. Verhältnis zur BAG-Rechtsprechung

Bis zum Ende des Jahres 2000 waren die Voraussetzungen, unter denen ein befristetes Arbeitsverhältnis abgeschlossen werden durfte, von wenigen Ausnahmen abgesehen, reines Richterrecht.[737] Die Ausnahmen bestanden in den Befristungen nach den oben dargestellten Spezialregelungen[738] und den sachgrundlosen Befristungen nach dem BeschFG. Die Zulässigkeit von Befristungen mit Sachgrund richtete sich allein nach den oben dargestellten Grundsätzen der Rechtsprechung[739].

Dadurch, dass nun die sachlichen Gründe in § 14 Abs. 1 TzBfG geregelt sind, hat die Rechtsprechung diesbezüglich an Bedeutung verloren. Die einheitliche Regelung des TzBfG kommt ohne eine „zusätzliche Rechtsprechung" aus. Die Aufgabe der Rechtsprechung besteht seit Inkrafttreten des TzBfG am 1. Januar 2001 bezüglich befristeter Arbeitsverträge - neben der Lösung der Übergangsprobleme[740] - insbesondere darin, die Einhaltung der größtenteils problematischen Voraussetzungen des § 14 TzBfG zu überprüfen. Die Schaffung weiterer sachlicher Gründe ist nur noch im Rahmen der vorgegebenen Sachgründe des §

---

737 Wind/Schimana/Wichmann/Langer, Rn 505; vgl. auch Bauschke, Rn 87.

738 Abschnitt B) II. 7.

739 Abschnitt A) II. 2.

740 Die Übergangszeit erforderte Stellungnahmen der Arbeitsgerichte zum Verhältnis des TzBfG zum BeschFG, da das TzBfG keine Übergangsregelung enthält. Diesbezügliche Probleme haben mittlerweile jedoch aufgrund des Befristungszeitablaufs ihre Relevanz verloren. Aus diesem Grund wird auf eine Stellungnahme verzichtet. Vgl. zu diesen Übergangsproblemen in den ersten zwei Jahren der Geltung des TzBfG: Sowka, DB 2000, S. 2427 (2428 f).

14 Abs. 1 TzBfG zulässig.[741] Leider ist auf Grund der diversen Unklarheiten der neuen Regelung[742] aber nicht davon auszugehen, dass die Gerichte entlastet werden. Deshalb wird es weiterhin in vielen Fällen auf das Urteil des BAG ankommen, wenn die Frage, ob die Befristung eines Arbeitsvertrages rechtsunwirksam war und damit das Arbeitsverhältnis zu einem bestimmten Zeitpunkt auf Grund der Befristung nicht beendet wurde, zu beantworten ist. Dies bestätigen die bereits zum TzBfG getroffenen Entscheidungen.

3. Verhältnis zum Kündigungsschutz

Eine signifikate Änderung gegenüber der früheren Rechtslage besteht darin, dass nach dem Wortlaut des § 14 TzBfG alle Befristungen, soweit sie nicht unter die erleichterten Befristungsmöglichkeiten fallen, eines sachlichen Grundes bedürfen.[743]

Kleinbetriebe sind nicht aus dem Geltungsbereich des TzBfG ausgenommen. Dies war nach der neben den BeschFG 1985 und 1996 weitergeltenden BAG-Rechtsprechung, die Befristungen nur dann abwehren wollte, wenn sie sich als Reduzierung oder Verhinderung des Kündigungsschutzes erwiesen, nicht der Fall.[744]

Ebenso werden vom TzBfG Arbeitsverhältnisse erfaßt, die weniger als sechs Monate bestanden, obwohl diese gemäß § 1 Abs. 1 KSchG nicht dem Kündigungsschutz unterliegen. Auch diese Rechtslage gestaltete sich unter Geltung des BeschFG anders. Denn damals verlangte die Rechtsprechung mangels Umgehungsmöglichkeit des KSchG keinen Sachgrund, so dass in der Regel kein Bedürfnis für einen Rückgriff auf die Möglichkeit einer sachgrundlosen Befristung nach dem BeschFG bestand. Die Voraussetzungen des BeschFG mußten nicht vorliegen, da diese sachgrundlose Befristungsmöglichkeit schon vor Inkrafttreten des BeschFG bestand. Folglich muß man richtigerweise sagen, dass nicht das BeschFG diese Befristungen zuließ (wie das TzBfG diese heute positiv erfaßt), sondern dass diese das bloße Resultat aus dem Zusammenspiel mit der Rechtsprechung darstellen bzw. nur aus letzterer resultierten.

4. Voraussetzung des engen sachlichen Zusammenhangs

Die BeschFG von 1985 und 1996 verlangten für das Vorliegen einer „Neueinstellung" das Nichtvorliegen eines „engen sachlichen Zusammenhangs" zwischen den Arbeitsverträgen mit demselben Arbeitgeber.

---

741 Vgl. obige Ausführungen in Abschnitt B) I. 1. b).

742 Vgl. Rolfs, § 14 TzBfG Rn 23 ff; SPV/Preis, I § 3 Rn 74; Staudinger/Preis, § 620 BGB Rn 101 zu § 14 Abs. 1 S. 2 Nr. 2; APS/Backhaus, § 14 TzBfG Rn 369 ff; vgl. die diversen Nachweise zu den Spezialproblemen in den Abschnitten B) und D).

743 Kittner/Zwanziger/Lakies, § 133 Rn 47; Wind/Schimana/Wichmann/Langer, Rn 505.

744 Siehe Erläuterungen in Abschnitt A) II.

Dessen Nichtvorliegen gab die Möglichkeit, dass, auch wenn zwischen denselben Arbeitsvertragsparteien schon einmal ein Arbeitsverhältnis bestanden hatte, die Annahme einer Neueinstellung und damit eine sachgrundlose Befristung möglich war.
Auf das Erfordernis eines „engen sachlichen Zusammenhangs“ mit demselben Arbeitgeber wird in § 14 Abs. 2 S. 2 TzBfG verzichtet. Der Umfang des Anschlussverbotes ist daher heute wesentlich größer als in den Regelungen des Beschäftigungsförderungsgesetzes, was die Möglichkeit, sachgrundlos befristete Arbeitsverträge abzuschließen, entsprechend verringert.

5. Voraussetzung der kalendermäßigen Befristung

Nach dem Wortlaut des BeschFG 1985 und des BeschFG 1996 gab es keine Beschränkung auf kalendermäßige Befristungen. Bereits zur Zeit des BeschFG wurde jedoch teilweise behauptet, § 1 Abs. 1 BeschFG verlange eine kalendermäßige Bestimmtheit oder Bestimmbarkeit des Befristungszeitraumes.[745] Hiernach konnten Zweckbefristungen oder auflösende Befristungen nicht im Rahmen des § 1 Abs. 1 BeschFG vereinbart werden.[746] Die Annahme einer solchen Beschränkung war logisch, weil der Hauptgehalt der Regelung die Höchstbefristungsdauer war und bei einem zweckbefristeten Vertrag oder einer auflösend bedingten Befristung typischerweise gerade keine Dauer vereinbart wird.[747] Eine eindeutige Beschränkung - wie nach dem Wortlaut des heutigen § 14 Abs. 2 S. 1 TzBfG - bestand jedoch nicht.

6. Möglichkeit von Kettenbefristungen

Nach den Beschäftigungsförderungesetzen von 1985 und 1996 war es möglich, bis zur Dauer von achtzehn Monaten bzw. zwei Jahren einen Arbeitsvertrag ohne sachlichen Grund zu befristen und danach eine Befristung mit sachlichem Grund zu vereinbaren. Dies ist auch unter Geltung des heutigen TzBfG zulässig. Allerdings ist der umgekehrte Fall, erst mit und dann ohne Sachgrund befristet einzustellen, der damals nach dem BeschFG 1996 möglich war[748], heute durch das härtere Anschlussverbot des § 14 Abs. 2 S. 2 TzBfG ausgeschlossen, genauso wie er durch § 1 Abs. 1 S. 2 BeschFG 1985 ausgeschlossen war, der auch vorhergehende Sachgrundbefristungen einschloss[749].

---

745 ErfK[2]/Müller-Glöge, § 1 BeschFG Rn 27; zustimmend Kittner/Zwanziger/Lakies[1], § 133 Rn 144.
746 ErfK[2]/Müller-Glöge, § 1 BeschFG Rn 27; Kittner/Zwanziger/Lakies[1], § 133 Rn 144.
747 Siehe oben, Abschnitt A) I. 1. a) bb).
748 Dies zu ermöglichen war ausdrückliches Ziel des Gesetzgebers, der die vorher bestehende Rechtslage als widersprüchlich empfand: BT-Drucks. 13/4612, S. 17.
749 ErfK[2]/Müller-Glöge, § 1 BeschFG Rn 53.

7. Verhältnis zu tarifvertraglichen Regelungen

Eine dem Zusammenspiel von § 14 und § 22 TzBfG entsprechende Regelung gab es bisher nicht. Weder das BeschFG von 1985 noch das von 1996 ging auf das Verhältnis der Befristungsregeln zu tarifvertraglichen Regelungen ein.

Diese Lücke war offensichtlich nicht planwidrig. Für Teilzeitbeschäftigte gab es nämlich sowohl in § 6 BeschFG 1985 als auch in § 6 BeschFG 1996 eine ausdrückliche Regelung zum Vorrang des Tarifvertrages. Diese war im zweiten Abschnitt „Teilzeitarbeit" enthalten, während der erste Abschnitt „Befristete Arbeitsverträge" nur aus einem Paragraphen bestand. Aufgrund dieser Systematik und des ausdrücklichen Wortlauts des § 6 Abs. 1 BeschFG, der besagte, dass auch zuungunsten des Arbeitnehmers „von den Vorschriften dieses Abschnitts" durch Tarifvertrag abgewichen werden kann, war keine entsprechende Anwendung auf befristete Arbeitsverträge möglich.

Früher stellte die Kollision des § 1 BeschFG mit tarifvertraglichen Regelungen daher ein in der Literatur umfassend behandeltes und für die praktische Rechtsanwendung bedeutendes Rechtsproblem dar.[750]

Teilweise wurde § 1 BeschFG als zweiseitig zwingende Norm angesehen, so dass er gegenüber jeder anderslautenden tarifvertraglichen Bestimmung Geltung beansprucht hätte, was insbesondere mit dem Sinn und Zweck des Gesetzes, die Möglichkeit des Abschlusses befristeter Arbeitsverträge zu erweitern, und der Tatsache, dass der Gesetzgeber eine ursprünglich vorgesehene Tariföffnungsklausel gestrichen hatte, begründet wurde.[751]

Vereinzelt wurde eine Abweichung sowohl zugunsten als auch zuungunsten der Arbeitnehmer für zulässig gehalten, indem von tarifdispositivem Gesetzesrecht augegangen wurde.[752]

Die überwiegende Ansicht sah § 1 BeschFG als lediglich einseitig zwingende Vorschrift, von der nur zugunsten der Arbeitnehmer durch Tarifvertrag abgewichen werden konnte, an.[753] Dies wurde damit gerechtfertigt, dass der Gesetzeswortlaut keinen Anhaltspunkt für einen Eingriff in bestehende oder einen Ausschluss künftiger tarifvertraglicher Befristungsvereinbarungen enthalte und eine zweiseitig zwingende Normierung die Ausnahme sei, also einer

---

750 Vgl. Staudinger[13]/Preis, § 620 BGB Rn 195; Winterfeld, Art. 1 § 1 BeschFG Rn 90; Bauschke, Rn 50; Bruschke, S. 152; Häfele, S. 86.

751 Winterfeld, Art. 1 § 1 BeschFG Rn 92; Halbach, BeschFG 1985, S. 32 f; Bruschke, S. 169 f; Andritzky, NZA 1986, S. 385 (387); Gaul, ZTR 1987, S. 164 (169).

752 Falkenberg, ZTR 1987, S. 19 (20, 22).

753 BAG vom 25.9.1987 - 7 AZR 315/86, AP Nr. 1 zu § 1 BeschFG 1985; BAG vom 24.2.1988 - 7 AZR 454/87, AP Nr. 3 zu § 1 BeschFG 1985; KDZ[4]/Däubler, § 1 BeschFG Rn 44; KR[5]/Lipke, § 1 BeschFG 1996 Rn 57; Staudinger[13]/Preis, § 620 BGB Rn 195; Bauschke, Arbeitnehmer II, Rn 72; Däubler, Arbeitsrecht 2, S. 917; Friedhofen/Weber, NZA 1985, S. 337 (338 f); Hanau, RdA 1987, S. 25 (27); Heinze, DB 1986, S. 2327 (2334); Löwisch, BB 1985, S. 1200 (1201); Otto, NJW 1985, S. 1807 (1810); Wlotzke, NZA 1984, S. 217 (218).

eindeutigen gesetzlichen Regelung bedürfe.[754] Fehlt es an eindeutigen Anhaltspunkten für eine zweiseitig zwingende Wirkung der gesetzlichen Regelung, müsse jedenfalls bei Arbeitnehmerschutznormen davon ausgegangen werden, dass sie abweichende tarifliche Regelungen nicht ausschließen wollen, wenn diese für den Arbeitnehmer günstiger sind.[755] Zwar gelte für das Verhältnis von Gesetz und Tarifvertrag grundsätzlich, dass das Gesetz als höherrangige Rechtsquelle dem Tarifvertrag vorgehe.[756] Die befristungsbeschränkenden Tarifverträge gingen - auch wenn sie zeitlich vor dem BeschFG lagen - als niederrangige Rechtsquelle der höherrangigen jedoch dann vor, wenn sie für den Arbeitnehmer günstiger waren (einfachgesetzlich (§ 4 Abs. 3 TVG) als auch verfassungsrechtlich (Art. 9 Abs. 3 GG) gewährleistetes Günstigkeitsprinzip).[757] Dieses Ergebnis folgte des Weiteren aus der den Tarifvertragsparteien gemäß Art. 9 Abs. 3 GG zugewiesenen Tarifautonomie.[758]
Auch das mit § 1 BeschFG verfolgte beschäftigungspolitische Ziel zwang nicht zur Annahme einer zweiseitig zwingenden Regelung, da § 1 BeschFG auch bei der Annahme einer einseitig zwingenden Wirkung sinnvoll war.[759]
Trotz Kenntnis dieser Problematik wurde das BeschFG mehrmals verlängert, ohne einen klärenden Absatz zum Verhältnis zu Tarifverträgen in § 1 BeschFG einzufügen.
Nach einer Ansicht war das Schweigen des Gesetzgebers darauf zurückzuführen, dass er die ohnehin kontroverse politische Diskussion nicht auf den Höhepunkt treiben wollte.[760] Es könnte aber auch in der sich recht schnell herausgebildeten herrschenden Ansicht der Literatur, der die Rechtsprechung seit 1987 (also vor der ersten Verlängerung der Geltungsdauer) folgte[761], seine Ursache gehabt haben.
Wegen des Tarifvorrangs war das BeschFG in einem großen Teil des öffentlichen Dienstes und in mehreren Tarifbezirken der Metallindustrie nicht anwend-

---

754 BAG vom 25.9.1987 - 7 AZR 315/86, AP Nr. 1 zu § 1 BeschFG 1985; KDZ[4]/Däubler, § 1 BeschFG Rn 44; Hanau, RdA 1987, S. 25 (27); Löwisch, BB 1985, S. 1200 (1201); vgl. Otto, NJW 1985, S. 1807 (1810).

755 Staudinger[13]/Preis, § 620 BGB Rn 195. Vgl. BAG vom 25.9.1987 - 7 AZR 315/86, AP Nr. 1 zu § 1 BeschFG 1985.

756 Winterfeld, Art. 1 § 1 Rn 91 ff; Häfele, S. 103; Andritzky, NZA 1986, S. 385 (387).

757 Bauschke, Rn 50; Bauschke, Arbeitnehmer II, Rn 72; vgl. auch Plander, DB 1986, S. 2180 (2180, 2183).

758 BAG vom 25.9.1987 - 7 AZR 315/86, AP Nr. 1 zu § 1 BeschFG 1985; Staudinger[13]/Preis, § 620 BGB Rn 195; Löwisch, BB 1985, S. 1200 (1201); Otto, NJW 1985, S. 1807 (1810); Plander, DB 1986, S. 2180 (2180).

759 BAG vom 25.9.1987 - 7 AZR 315/86, AP Nr. 1 zu § 1 BeschFG 1985.

760 Bauschke, Rn 50.

761 BAG vom 25.9.1987 - 7 AZR 315/86, AP Nr. 1 zu § 1 BeschFG 1985; BAG vom 24.2.1988 - 7 AZR 454/87, AP Nr. 3 zu § 1 BeschFG 1985.

bar.[762] Dies änderte sich aber durch die Ergänzung der restriktiven Protokollnotizen Nr. 6 zu SR 2 y BAT und Nr. 5 zu SR 2 a Nr. 1 MTA, die auch in diesen Bereichen sachgrundlose Befristungen möglich machten.[763] Infolgedessen verlor die Rechtsprechung zum Verhältnis des § 1 BeschFG zu Tarifverträgen erheblich an Bedeutung. Endgültig beseitigt wurde dieses Problem jedoch erst Anfang des Jahres 2001 mit Erlass des TzBfG durch die klare Regelung des § 14 Abs. 2 S. 3 TzBfG i.V.m. § 22 Abs. 1 TzBfG.

8. Beschränkung der Geltungsdauer der Regelung

Das BeschFG 1985 galt - wie bereits erläutert - gemäß seinem § 1 Abs. 1 S. 1 zunächst vom 1. Mai 1985 bis zum 1. Januar 1990. Der Grund für die Befristung der erleichterten Zulassung befristeter Arbeitsverträge lag darin, dass der Gesetzgeber auf Grund der ihm zur Verfügung stehenden demographischen Daten damit rechnete, dass sich die Arbeitsmarktsituation in Deutschland innerhalb der nächsten Jahre so entspannen würde, dass es dieser Regelung dann nicht mehr bedurft hätte.[764] Den wiederholten Befristungen lag wiederum die Hoffnung auf baldige Impulse für den Arbeitsmarkt zugrunde, die jedoch weitestgehend ausblieben.

Die im Anschluss an das BeschFG 1996 geschaffene Regelung des § 14 TzBfG wurde erstmals nicht in ihrer Gültigkeit begrenzt. Dies kann zum einen damit begründet werden, dass sachgrundlose Befristungen als eine bewährte Einrichtung des Arbeitsrechts angesehen werden, auf die nicht mehr verzichtet werden soll, und sich zum anderen die ursprünglichen Bedenken hinsichtlich einer „Inflation befristeter Beschäftigung“ nicht bestätigt hatten.[765] Letztlich wurde das TzBfG als Dauerregelung ausgestaltet, weil es entsprechend der Richtlinie die Grenzen der Befristung einheitlich und dauerhaft regeln soll.

9. Fazit zum Vergleich

§ 14 Abs. 2 TzBfG verändert das Recht der sachgrundlosen Befristungen jedenfalls im Verhältnis zum BeschFG in der vom 1.10.1996 bis zum 31.12.2000 geltenden Fassung erheblich.[766] Ursächlich dafür war der politisch anders zusammengesetzte Bundestag, dem die Erleichterungen dieses Gesetzes zu weitgehend waren.[767] Da er andererseits aber auch der Ansicht war, dass flexible Gestaltungsmöglichkeiten wie die Befristung von Arbeitsverhältnissen für Beschäftigungsförderung sorgen können, hat er die sachgrundlosen Befristungen nicht

---

762 Bode/Brose/Voswinkel, Regulierung der Deregulierung, S. 105.

763 KR[5]/Lipke, § 1 BeschFG 1996 Rn 82 ff; Bauschke, Arbeitnehmer II, Rn 72 a.

764 Vgl. BT-Drucks. 10/2102, S. 16.

765 Vgl. BT-Drucks. 14/4374, S. 13; vgl. auch BT-Drucks. 14/4103, S. 4. Siehe oben, Abschnitt A) II. 5. b).

766 Schliemann/Dörner, § 620 BGB Rn 63.

767 Schliemann/Dörner, § 620 BGB Rn 63. Vgl. BT-Drucks. 14/4374, S. 14.

gänzlich abgeschafft, sondern hinsichtlich der Grundregelung in § 14 Abs. 2 TzBfG im Ergebnis einen in etwa mit dem BeschFG 1985 vergleichbaren Rechtszustand[768] hergestellt.
Auch die Erleichterungen für Existenzgründer in § 14 Abs. 2 a TzBfG erinnern an das BeschFG 1985. Allerdings wurde die Möglichkeit der Verlängerung sachgrundloser Befristungen und die Erleichterungen für ältere Arbeitnehmer von dem BeschFG 1996 übernommen. Im Ergebnis ist das TzBfG somit eine Zusammensetzung von Teilen der Vorläuferregelungen mit einigen Veränderungen und einigen Neuerungen.
Daraus folgt, dass insgesamt sowohl einige Auslegungsergebnisse zu Problempunkten des direkten Vorgängers als auch des Vorvorgängers des TzBfG übernommen werden können. Hinsichtlich der besonders streitigen Regelung des „zuvor" lässt sich nach oben Gesagtem jedoch nichts für das neue Gesetz ableiten.

Trotz der guten Absichten des Gesetzgebers ist zu bedauern, dass einige Teile und Formulierungen der alten Regelungen scheinbar übernommen wurden, ohne die diesbezüglich bestandenen Rechtsstreitigkeiten zu beachten bzw. jedenfalls ohne sie durch klärende Zusätze zu beheben.
Die als sehr positiv empfundende Erledigung der nach dem BeschFG 1985 aufgetretenen Rechtsprobleme zur „Neueinstellung", zur „einmaligen Befristung" sowie zur „befristeten Anschlussbeschäftigung nach der Berufsausbildung" und zur „Privilegierng neugegründeter kleinerer Unternehmen" durch das BeschFG 1996[769] hat sich leider größtenteils wiederum durch Erlass des TzBfG erledigt, so dass diese Rechtsprobleme wieder auflebten.

---

[768] Vgl. Schliemann/Dörner, § 620 BGB Rn 63.
[769] Vgl. KR^5/Lipke, § 1 BeschFG 1996 Rn 7.

D) Probleme der Regelung des § 14 Abs. 2 S. 2 TzBfG

Gemäß § 14 Abs. 2 S. 2 TzBfG ist eine Befristung nach Satz 1 nicht zulässig, wenn mit demselben Arbeitgeber bereits zuvor ein befristetes oder unbefristetes Arbeitsverhältnis bestanden hat.
Auf den ersten Blick lässt sich der Inhalt dieser Regelung relativ einfach als „Erfordernis einer Neueinstellung“ angeben.[770] In der Praxis ergeben sich jedoch erhebliche Auslegungsprobleme. Die einzelnen Voraussetzungen gilt es daher auf ihre Bedeutung und ihren Umfang hin zu untersuchen, um letztlich die Reichweite des Anschlussverbotes klären zu können.
Dabei sollen insbesondere folgende Fragen beantwortet werden: Was ist unter dem Begriff „Arbeitsverhältnis“ zu verstehen bzw. was gilt bei vorhergehenden anderen Formen von Beschäftigungsverhältnissen? Wann liegt eine Vorbeschäftigung bei „demselben Arbeitgeber“ vor? Was ist unter „zuvor“ zu verstehen und ist eine einschränkende Auslegung des Begriffs „zuvor“ möglich?

I. Der Begriff des „Arbeitsverhältnisses“

Zunächst ist zu klären, was unter einem „Arbeitsverhältnis“ im Sinne von § 14 Abs. 2 S. 2 TzBfG zu verstehen ist.
Grundsätzlich gelten hierfür keine Besonderheiten: Ein Arbeitsverhältnis zwischen einem Arbeitgeber und einem Arbeitnehmer wird durch den Abschluss eines Arbeitsvertrages, also eines privatrechtlichen gegenseitigen Vertrages, durch den sich der Arbeitnehmer zur Leistung von Arbeit unter Leitung und nach Weisung des Arbeitgebers und der Arbeitgeber zur Zahlung der vereinbarten Vergütung verpflichtet, begründet.[771] Insbesondere aus dem Sinn und Zweck des Gesetzes könnten sich jedoch Besonderheiten ergeben.
Das Anschlussverbot setzt ein Arbeitsverhältnis mit demselben Arbeitgeber voraus. Demnach ist die Befristung eines Arbeitsvertrages mit einem Arbeitnehmer nicht ausgeschlossen, wenn dieser vorher nicht im Rahmen eines Arbeitsverhältnisses, sondern anderweitig für diesen Arbeitgeber tätig geworden ist.[772]
Das Arbeitsverhältnis ist somit von anderen Formen von Beschäftigungsverhältnissen abzugrenzen.

---

770 Siehe Abschnitt A) III. 3 a).
771 Küttner/Röller, Personalbuch 2006, Arbeitsvertrag , Rn 20.
772 Vgl. zum BeschFG 1985 die Entscheidung des BAG vom 8.12.1988 - 2 AZR 308/88, AP Nr. 6 zu § 1 BeschFG 1985), nach der es auf die Arbeitsverhältnisse und nicht etwa auf die tatsächliche Beschäftigung ankam.

1. Erfassung von Ausbildungsverhältnissen?

Umstritten ist, ob Ausbildungsverhältnisse von dem Begriff des Arbeitsverhältnisses im Sinne des § 14 Abs. 2 S. 2 TzBfG erfasst sind.

a) Inhalt der Gesetzesbegründung

In der Gesetzesbegründung zu § 14 Abs. 2 TzBfG heißt es: „Wie bisher ist es zulässig, einen befristeten Arbeitsvertrag ohne sachlichen Grund mit einem Arbeitnehmer im Anschluss an die Berufsausbildung abzuschließen. Ein Berufsausbildungsverhältnis ist kein Arbeitsverhältnis im Sinne des Absatzes 2 Satz 2."[773] Der Gesetzgeber hat folglich - um dahingehenden Auslegungsproblemen vorzubeugen - ausdrücklich darauf hingewiesen, dass eine Berufsausbildung kein Arbeitsverhältnis ist.[774]

Diese Einordnung ergibt sich bereits aus § 10 Abs. 1 BBiG, demgemäß ein Berufsausbildungsvertrag (und kein Arbeitsvertrag) geschlossen wird, sowie aus § 10 Abs. 2 BBiG, der die für den Arbeitsvertrag geltenden Rechtsvorschriften und Rechtsgrundsätze nur subsidiär zur Anwendung auf das Berufsausbildungsverhältnis bringt.[775] Des Weiteren folgt die Unterscheidung aus den verschiedenen Inhalten: Beim Ausbildungsverhältnis steht der Ausbildungszweck im Vordergrund (§ 14 BBiG) und die Arbeitsleistung des Auszubildenden, der nur Verrichtungen im Rahmen des Ausbildungszwecks auszuführen hat, ist nur von nachgeordneter Bedeutung.[776] Ausbildungsverhältnis und Arbeitsverhältnis können wegen der ganz unterschiedlichen Pflichtenbindung nicht gleichgesetzt werden.[777]

---

773 BT-Drucks. 14/4374, S. 19, 20.

774 BT-Drucks. 14/4374, S. 20. Darauf weisen hin: LAG Niedersachsen vom 4.7.2003 - 16 Sa 103/03, NZA-RR 2004, S. 13 f; APS/Backhaus, § 14 TzBfG Rn 385; Annuß/Thüsing/Maschmann, § 14 TzBfG Rn 81; Clemens/Scheuring/Steingen/Wiese, BAT, Anhang 1 zur SR 2y - TzBfG, Erl. 3 zu § 14; ErfK/Müller-Glöge, § 14 TzBfG Rn 45, 121; Kittner/Zwanziger/Lakies, § 133 Rn 223; KR/Lipke, § 14 TzBfG Rn 269, 299; MK/Hesse, § 14 TzBfG Rn 81; Staudinger/Preis, § 620 BGB Rn 158; SPV/Preis, I § 3 Rn 110 auf S. 48; Dörner, Rn 534; Preis/Rolfs, Teil II B 10 Rn 91; Ring, § 14 TzBfG Rn 109, 116, 132, 134; v. Hoyningen-Huene/Linck, § 1 Rn 613; Hromadka, NJW 2001, S. 400 (404); Küttner/Kania, Personalbuch 2006, Befristetes Arbeitsverhältnis, Rn 14; Meinel/Heyn/Herms, § 14 TzBfG Rn 79; Tschöpe/Schmalenberg, Teil 3 I Rn 15; Kliemt, NZA 2001, S. 296 (300); Sowka, DB 2000, S. 2427 (2428).

775 Vgl. dazu auch APS/Backhaus, § 14 TzBfG Rn 385; ErfK/Müller-Glöge, § 14 TzBfG Rn 121; Kittner/Zwanziger/Lakies, § 134 Rn 57; KR/Lipke, § 14 TzBfG Rn 299; Dörner, Rn 534; Preis, S. 839.

776 BAG vom 17.8.2000 - 8 AZR 578/99, AP Nr. 7 zu § 3 BBiG (heutiger § 10 BBiG); LAG Düsseldorf vom 26.6.1984 - 8 Sa 617/84, BB 1985, S. 593 (593); ErfK/Schlachter, § 10 BBiG Rn 6.

777 BAG vom 17.8.2000 - 8 AZR 578/99, AP Nr. 7 zu § 3 BBiG.

b) Kritik der Nicht-Qualifizierung im Gesetzestext

Nach einer Ansicht in der Literatur hätte die Qualifizierung des Ausbildungsverhältnisses als „Nichtarbeitsverhältnis" jedoch im Gesetzestext selbst erfolgen müssen.[778] Denn § 10 Abs. 2 BBiG regele gerade die Anwendbarkeit der arbeitsrechtlichen Grundsätze auf das Ausbildungsverhältnis.[779] Es erscheine daher wenig einleuchtend, den Grundsatz des § 14 Abs. 2 S. 2 TzBfG nicht anzuwenden. Der Auszubildende solle durch § 10 Abs. 2 BBiG gleich einem Arbeitnehmer geschützt werden[780], auch wenn keine ausdrückliche Einbeziehung angeordnet ist.[781] Da eine Abweichung von § 10 Abs. 2 BBiG nicht erfolgt ist, könne man der Gesetzesbegründung keine rechtliche Relevanz zusprechen.[782]
Nach dieser Ansicht wäre die Berufsausbildung unter den Begriff des Arbeitsverhältnisses mit der Folge zu subsumieren, dass keine sachgrundlose Befristung nach § 14 Abs. 2 S. 1 TzBfG möglich wäre, weil mit einem vorhergehenden Ausbildungsverhältnis bereits ein Arbeitsverhältnis im Sinne des § 14 Abs. 2 S. 2 TzBfG bestanden hätte.

Zuzugeben ist, dass die Gesetzesmaterialien nach der Rechtsprechung bei der Interpretation einer Vorschrift nur unterstützend und nur insofern heranzuziehen sind, als sich aus ihnen auf einen objektivierten Gesetzesinhalt schließen lässt,[783] der Wille des Gesetzgebers also nur insoweit berücksichtigt werden kann, als er im Gesetz seinen Niederschlag gefunden hat.[784]

Zwar hat die Rechtsprechung bisher wegen § 10 Abs. 2 BBiG in einigen Fällen die Vorschriften über Arbeitsverhältnisse auf Ausbildungsverhältnisse analog angewandt[785], doch kennt der Gesetzgeber die Problematik und hat daher immer dann, wenn er in neueren Gesetzen Ausbildungsverhältnisse den Arbeitsverhältnissen gleichstellen wollte, dies auch im Wortlaut berücksichtigt.[786] Hier hat er

---

778 KDZ/Däubler, § 14 TzBfG Rn 160; Däubler, ZIP 2000, S. 1961 (1967); Schlachter, NZA 2003, S. 1180 (1083). Nach Bauer, BB 2001, S. 2473 (2476), Schiefer, DB 2000, S. 2118 (2122), und Preis/Gotthardt, DB 2000, S. 2065 (2072), wäre eine Klarstellung im Gesetzestext lediglich wünschenswert gewesen.

779 KDZ/Däubler, § 14 TzBfG Rn 160. Vgl. Annuß/Thüsing/Maschmann, § 14 TzBfG Rn 81 und ErfK/Schlachter, § 10 BBiG Rn 5.

780 ErfK/Schlachter, § 10 BBiG Rn 5; Bauer, BB 2001, S. 2473 (2476).

781 Bauer, BB 2001, S. 2473 (2476).

782 KDZ/Däubler, § 14 TzBfG Rn 160.

783 BVerfGE 10, 234 (244); 11, 126 (130); BAG vom 6.11.2003 – 2 AZR 690/02, AP Nr. 7 zu § 14 TzBfG.

784 BAG vom 6.11.2003 – 2 AZR 690/02, AP Nr. 7 zu § 14 TzBfG.

785 Vgl. BAG vom 26.8.1976, AP Nr. 68 zu § 626 BGB; BAG vom 23.9.1976, AP Nr. 1 zu § 1 KSchG 1969 Wartezeit; HbArbR, Erg./Wank, § 116 Rn 193: Einbeziehung des Berufsausbildungsverhältnisses in die sechsmonatige Wartezeit des § 1 Abs. 1 KSchG.

786 HbArbR, Erg./Wank, § 116 Rn 193.

entsprechend dieser Handhabung das Gegenteil, sprich die Nichtgleichstellung, ausdrücklich in der Gesetzesbegründung betont.
Eine ausdrückliche Klarstellung im Gesetzestext war meines Erachtens hier auch gar nicht nötig, da es die gesetzliche Unterscheidung von Ausbildungsverhältnis und Arbeitsverhältnis gibt. Aus diesem Grunde wäre ein Zusatz hier überflüssig gewesen und ist daher zu Recht nicht in den Gesetzestext eingefügt worden.
Im Übrigen sind die Anwendung der Vorschriften für Arbeitsverhältnisse auf Ausbildungsverhältnisse und die Gleichstellung von Arbeits- und Ausbildungsverhältnissen zwei voneinander zu unterscheidende Fragen.[787] Es geht vorliegend nicht um die Anwendung des § 14 Abs. 2 TzBfG auf einen Berufsausbildungsvertrag, sondern um das Vorliegen eines Arbeitsverhältnisses im Sinne des § 14 Abs. 2 S. 2 TzBfG.
Gegen die Kritik spricht daher insbesondere, dass die grundsätzliche Gleichstellung von Arbeitnehmern und Auszubildenden aus einem ehemaligen Auszubildenden noch keinen „zuvor beschäftigten Arbeitnehmer" macht, denn als Arbeitnehmer wird dieser neueingestellt. Die begriffliche Unterscheidung bleibt somit. Setzt also § 14 Abs. 2 S. 2 TzBfG ein zuvor bestandenes Arbeitsverhältnis voraus, meinte der Gesetzgeber damit – wie auch aus der Gesetzesbegründung ersichtlich ist – ein Arbeitsverhältnis und nicht etwa ein begrifflich davon zu unterscheidendes Ausbildungsverhältnis.[788]
Ohnehin kann der Gesetzgeber nicht für jeden Sonderfall, bei dem die Einordnung als Arbeitsverhältnis umstritten ist, eine Qualifizierung vornehmen. Dies ist der Rechtsprechung zu überlassen. Für den Einzelfall des Ausbildungsverhältnisses eine Qualifizierung als „Nichtarbeitsverhältnis" im Gesetzestext zu fordern, obwohl diese Unterscheidung allgemein anerkannt ist und auch während der Geltung des BeschFG galt, erscheint folglich als überflüssig und zu weitgehend.

c) Kritik auf Grund des Vergleichs mit § 1 BeschFG 1985

In der Literatur wird des Weiteren angemerkt, dass § 1 BeschFG 1985 eine Sonderregelung für die Übernahme von Auszubildenden in sachgrundlos befristete Arbeitsverhältnisse enthielt, welche überflüssig gewesen wäre, wenn das Ausbildungsverhältnis von vorneherein nicht als Arbeitsverhältnis gegolten hätte.[789]

---

[787] Gegen eine Gleichstellung aufgrund des Rechtsgedankens des § 3 Abs. 2 BBiG (a.F.) explizit APS/Backhaus, § 14 TzBfG Rn 386 und Dörner, Rn 535.

[788] Vgl. dazu APS/Backhaus, § 14 TzBfG Rn 385 f; vgl. auch die zunächst zweifelnden Annuß/Thüsing/Maschmann, § 14 TzBfG Rn 81 und HbArbR, Erg./Wank, § 116 Rn 193.

[789] KDZ/Däubler, § 14 TzBfG Rn 160; vgl. auch Schlachter, NZA 2003, S. 1180 (1082 f).

Dagegen ist jedoch einzuwenden, dass bereits 1985 umstritten war, wie das Arbeitsverhältnis einzuordnen ist[790] und der Gesetzgeber deshalb für Ausbildungsverhältnisse eine Sonderregelung geschaffen haben könnte.[791] Im Übrigen war das BeschFG 1985 die erste gesetzliche Niederlegung der sachgrundlosen Befristung und an die Befristung von Arbeitsverhältnissen mit ehemaligen Auszubildenden sollten damals strengere Anforderungen gestellt werden.[792] Diese sollten verhindern, dass die Arbeitgeber zu einer allzu pauschalen Befristung bei Berufsanfängern übergehen konnten.[793] Es handelte sich folglich nicht um eine überflüssige Regelung.

Aufgrund der deutlichen Aussage des Gesetzgebers kann man auch nicht argumentieren, dass § 14 Abs. 1 S. 2 Nr. 2 TzBfG bereits den Fall der Befristung im Anschluss an die Ausbildung regelt und daher primär Sachgrundbefristungen mit ehemaligen Auszubildenden nur unter den geregelten Voraussetzungen[794] gewollt sind oder gar bei Nichtvorliegen der Voraussetzungen eine Befristung mit einem ehemaligen Auszubildenden gänzlich gesperrt ist. Es handelt sich hier vielmehr lediglich um eine Verdeutlichung dieses Sachgrundes für den Arbeitgeber, der angehalten werden soll, eine Überbrückung zu ermöglichen, die zu einer dauerhaften Anschlussbeschäftigung führt.[795]
Wie oben erläutert wurden die bestehenden Rechtsprechungsgrundsätze zu den Sachgründen niedergelegt und ein Regel-Ausnahme-Verhältnis zugunsten der Befristung mit Sachgrund fixiert. Trotzdem kann selbst bei Vorliegen eines Sachgrundes nach den erleichterten Voraussetzungen des § 14 Abs. 2 TzBfG befristet werden. Dies ist auch bei einer Anschlussbeschäftigung nicht ausgeschlossen. Darauf weist der Gesetzgeber ausdrücklich hin.

---

790 Beispielsweise nach der Entscheidung des BAG vom 30.11.1984 - 7 AZR 539/83, AP Nr. 1 zu § 22 MTV Ausbildung, fehlte es an der Identität von Berufsausbildung und Arbeitsverhältnis. Mit dieser Begründung wurde die Anwendung des § 625 BGB und damit das Zustandekommen eines unbefristeten Arbeitsverhältnisses mit einem Auszubildenden abgelehnt.

791 Vgl. zu dieser Überlegung: KR³/Weller, § 1 BeschFG 1985 Rn 61.

792 Vgl. auch Bruschke, S. 129, 138; Winterfeld, Art. 1 § 1 BeschFG Rn 109; Otto, NJW 1985, S. 1807 (1808); Preis, NJW 1996, S. 3369 (3372).

793 Vgl. Walwei, S. 59.

794 Anders als zur Zeit des BeschFG 1985 wird kein unmittelbarer Anschluss mehr verlangt, aber eine gewisse zeitliche Nähe von drei Monaten (KDZ/Däubler, § 14 TzBfG Rn 54) bis zu zwei Jahren (vgl. dazu KR/Lipke, § 14 TzBfG Rn 92). Wenige wollen noch bei einer kurzen zwischenzeitlichen Beschäftigung von einem Anschluss sprechen. Meines Erachtens wäre dies jedoch abzulehnen, da das Wort „Anschluss" dem bereits widerspricht.

795 Vgl. BT-Drucks. 14/4374, S. 19. Der Gesetzgeber wollte mit der Aufnahme dieses Befristungsgrundes in den Katalog des § 14 Abs. 1 TzBfG der seiner Ansicht nach bestehenden Erfahrung Rechnung tragen, dass Befristungen den Berufsstart erleichtern können. Dies erscheint insofern möglich, als die Ausgebildeten erste berufliche Erfahrungen vorweisen können und dadurch für den Arbeitsmarkt interessanter werden.

d) Zusammenfassung und Ergebnis

Vorangegangene Berufsausbildungsverhältnisse bilden für sachgrundlose Befristungen nach § 14 Abs. 2 TzBfG kein Hindernis, so dass der Arbeitgeber je nach den Umständen entscheiden kann, ob er an die Ausbildung eine Befristung mit Sachgrund nach § 14 Abs. 1 S. 2 Nr. 2 TzBfG (wenn die Voraussetzungen der Nr. 2 noch vorliegen) oder eine sachgrundlose Befristung nach § 14 Abs. 2 TzBfG anschließt.[796]

Die Gefahr einer Befristungskette besteht nicht, da lediglich bei einer Neueinstellung eine sachgrundlose Befristung nach § 14 Abs. 2 TzBfG möglich ist und eine Befristung im Anschluss an eine Ausbildung nur einmal erfolgen kann.[797] Denn ab der ersten Befristung ist kein Anschluss mehr an die Ausbildung gegeben, die den Übergang in eine Anschlussbeschäftigung erleichtern könnte. Daher ist auch nach dem Sinn und Zweck des Anschlussverbotes keine Gleichstellung von Ausbildungs- und Arbeitsverhältnis geboten.

Dementsprechend wird ein Arbeitgeber entweder von vorneherein für etwa ein halbes oder ein Jahr auf Grund des § 14 Abs. 1 Nr. 2 TzBfG befristen oder sachgrundlos nach § 14 Abs. 2 TzBfG für ein paar Monate mit bis zu drei Verlängerungen bis zu einer Gesamthöchstdauer von zwei Jahren. Wollte er sich festlegen, wäre die zweite die aus seiner Sicht rechtlich sicherere, durch die Verlängerungsoptionen flexiblere Variante.

In der Regel wird es jedoch zu keiner Festlegung kommen, da es keine Pflicht zur Angabe des Befristungsgrundes gibt.[798] Ein kluger Arbeitgeber wird sich die Wahl vorbehalten oder sich wegen Obengesagtem direkt auf die günstigere Variante, § 14 Abs. 2 TzBfG, festlegen. Sollte letztere gegebenenfalls wegen eines vorhergehenden Arbeitsverhältnisses ausgeschlossen sein, erübrigt sich diese Frage natürlich. Dann könnte eine Befristung nur nach § 14 Abs. 1 S. 2 Nr. 2 TzBfG rechtswirksam vorgenommen werden. Praktisch wird dies nicht sehr häufig vorkommen, da Auszubildende in der Regel sehr jung sind und daher eher selten Vorbeschäftigungen bei demselben Arbeitgeber vorliegen werden. Eine entsprechende Konstellation ist jedoch möglich[799], beispielsweise wenn ein

---

796 KR/Lipke, § 14 TzBfG Rn 299; vgl. auch Kittner/Zwanziger/Lakies, § 133 Rn 123 und Dörner, Rn 249, 534.

797 Vgl. Staudinger/Preis, § 620 BGB Rn 103: „Erfolgt aber nach dem Studium eine Arbeitsaufnahme - in welcher Tätigkeit auch immer - kann von einer Anschlussbefristung im Sinne des § 14 Abs. 1 S. 1 Nr. 2 TzBfG nicht mehr die Rede sein."; ErfK/Müller-Glöge, § 14 TzBfG Rn 49; Dörner, Rn 259; großzügiger: Hromadka, BB 2001, S. 621 (623), der kurzfristige Gelegenheitsjobs zwischen Studium und einer Tätigkeit nach Nr. 2, die nicht auf den Erwerb von Berufserfahrung gerichtet sind, für unschädlich hält.

798 Zur fehlenden Angabepflicht: BAG vom 23.6.2004 - 7 AZR 636/03, DB 2004, S. 2585 (2585) (auch für den Befristungsgrund der Erprobung); BAG vom 8.12.1988 - 2 AZR 308/88, AP Nr. 6 zu § 1 BeschFG 1985; Boewer, § 14 TzBfG Rn 88 (Ausnahme: Erprobungszweck, § 14 TzBfG Rn 163); Preis, NJW 1996, S. 3369 (3373).

799 Vgl. ErfK/Müller-Glöge, § 14 TzBfG Rn 45 und Dörner, Rn 249.

Schüler bereits in seinem späteren Ausbildungsbetrieb tätig war oder wenn ein neben dem Studium in einem Unternehmen tätiger Student sich zum Abbruch des Studiums zugunsten einer Lehre in diesem Unternehmen entschieden hatte. Dies verdeutlicht, dass § 14 Abs. 1 S. 2 Nr. 2 TzBfG trotz der Nichtgleichstellung von Ausbildungs- und Arbeitsverhältnis neben § 14 Abs. 2 TzBfG nicht leer läuft. Einer dementsprechenden Argumentation wäre somit ebenfalls zu widersprechen. Dem Gesetzgeber war die Berücksichtigung junger Arbeitnehmer anscheinend so wichtig, dass er Befristungen mit ihnen in sämtlichen denkbaren Konstellationen ermöglichen wollte, um ihnen den Berufsstart zu erleichtern. Des Weiteren sei darauf hingewiesen, dass der Gesetzgeber bei der Neuregelung des § 14 Abs. 1 TzBfG ohnehin nicht systematisch, sondern pragmatisch vorgegangen ist: sowohl die Nr. 2 („Überbrückung") als auch die Nr. 5 (Erprobung) können als Unterfall der Nr. 6 (in der Person des Arbeitnehmers liegende Gründe) und die Nr. 3 (Vertretung) als Unterfall der Nr. 1 (vorübergehender betrieblicher Bedarf) gesehen werden.[800]

Zu befürworten erscheint die hier vertretene Ansicht auch in Hinblick auf die Fälle, in denen ein Arbeitnehmer längere Zeit nach der Ausbildung auf einer befristeten Stelle anfangen soll: Hinsichtlich des Fragerechts nach vorherigen Arbeitsverhältnissen bei demselben Arbeitgeber entstehen keine Rechtsunsicherheiten, wenn der Arbeitnehmer die Ausbildung nicht als solches sieht, daher nicht erwähnt und sachgrundlos befristet beschäftigt wird.
Im Ergebnis sind Berufsausbildungsverhältnisse somit keine Arbeitsverhältnisse im Sinne des § 14 Abs. 2 S. 2 TzBfG.

2. Erfassung von berufsvorbereitenden Beschäftigungen?

Anlernlinge, Praktikanten oder Volontäre sind keine Auszubildenden im Sinne des BBiG, so dass sich hier wiederum die Frage der Erfassung durch das Anschlussverbot stellt.
Solche berufsvorbereitenden Vertragsverhältnisse (vgl. § 26 BBiG: Einstellung, um berufliche Kenntnisse, Fertigkeiten oder Erfahrungen zu erwerben, ohne dass es sich um eine Berufsausbildung im Sinne des BBiG handelt und ohne dass ein Arbeitsverhältnis vereinbart ist), stehen einer späteren befristeten Anstellung ohne Sachgrund nicht im Wege.[801] Denn hier besteht ja gerade nicht das für das Anschlussverbot nach § 14 Abs. 2 S. 2 TzBfG erforderliche Arbeitsverhältnis.

---

[800] Vgl. Boewer, § 14 TzBfG Rn 182; KDZ/Däubler, § 14 TzBfG Rn 37; Kittner/Zwanziger/Lakies, § 133 Rn 123; Ring, § 14 TzBfG Rn 49, 60; SPV/Preis, I § 3 Rn 78; Dörner, NZA 2003, SB zu Heft 16, S. 33 (35): „planlos wirkende Aufzählung".

[801] Annuß/Thüsing/Maschmann, § 14 TzBfG Rn 82; KR/Lipke, § 14 TzBfG Rn 299; HbArbR, Erg./Wank, § 116 Rn 193; Meinel/Heyn/Herms, § 14 TzBfG Rn 81; MK/Hesse, § 14 TzBfG Rn 81; Osnabrügge, NZA 2003, S. 639 (643).

Handelte es sich dagegen bei diesen Verhältnissen tatsächlich um ein Arbeitsverhältnis, so kann nur eine Befristung mit Sachgrund abgeschlossen werden.[802] Die Einordnung erfolgt nach den allgemeinen Regeln.
Hinzuweisen ist darauf, dass Betriebspraktika der Schüler Schulveranstaltungen sind, die in einem Betrieb als Unterrichtsort durchgeführt werden und deren Durchführung sich nach Schulrecht und den für Betriebspraktika erlassenen Richtlinien richtet.[803] Hierbei kommt somit weder ein Ausbildungs- noch ein Arbeitsverhältnis mit dem Betriebsinhaber zustande.[804]
Gleiches gilt für Hochschul- und Fachhochschulpraktikanten, da die Studenten auch während der Zeit des Praktikums schwerpunktmäßig der Hoch- bzw. Fachhochschule zugeordnet bleiben.[805] Diese Pflichtpraktika sind somit der sachgrundlosen Befristung gegenüber unschädlich.

3. Erfassung von Umschulungsverhältnissen und Fortbildungen?
Problematisch erscheint des Weiteren, ob vorherige Umschulungsverhältnisse und Fortbildungen vom Anschlussverbot erfasst werden.
Die berufliche Umschulung und die berufliche Fortbildung sind gemäß § 1 Abs. 1 BBiG neben der Berufsausbildung „Berufsbildung" im Sinne des BBiG, so dass man überlegen könnte, aus diesem Grunde eine grundsätzliche Gleichstellung mit den Ausbildungsverhältnissen zu befürworten. Sie gestalten sich allerdings grundsätzlich nach eigenen Regeln, §§ 53 ff. und §§ 58 ff. BBiG.
Auch dass nach der Rechtsprechung des BAG zu § 1 Abs. 1 S. 1 Nr. 2 BeschFG 1985 der Umschulungsvertrag unter den Begriff der Berufsausbildung zu subsumieren war[806], hilft vorliegend nicht weiter. Diese Rechtsprechung ist auf § 14 Abs. 2 S. 2 TzBfG nicht übertragbar[807] - da sie gerade nicht auf das allgemeine Anschlussverbot der Nr. 1 des § 1 Abs. 1 S. 1 BeschFG 1985 bezogen war - und beantwortet ohnehin nicht die Frage, ob ein Umschulungsverhältnis ein Arbeitsverhältnis ist. Das BAG hat diese Frage bislang offengelassen.[808]

---

802 Annuß/Thüsing/Maschmann, § 14 TzBfG Rn 82; APS/Backhaus, § 14 TzBfG Rn 390; KR/Lipke, § 14 TzBfG Rn 299; Dörner, Rn 537.

803 Küttner/Röller, Personalbuch 2006, Praktikant, Rn 5; vgl. Schaub, § 16 Rn 15.

804 Küttner/Röller, Personalbuch 2006, Praktikant, Rn 5; Schaub, § 16 Rn 15.

805 Küttner/Röller, Personalbuch 2006, Praktikant, Rn 1 und 6; Schaub, § 16 Rn 9.

806 BAG vom 28.8.1996 - 7 AZR 884/95, AP Nr. 20 zu § 1 BeschFG 1985.

807 APS/Backhaus, § 14 TzBfG Rn 391; MK/Hesse, § 14 TzBfG Rn 81; Preis/Rolfs, Teil II B 10 Rn 91; zweifelnd: Annuß/Thüsing/Maschmann, § 14 TzBfG Rn 82, welche in der Praxis zur Vorsicht raten.

808 BAG vom 15.3.1991 - 2 AZR 516/90, AP Nr. 2 zu § 47 BBiG (a.F.): „bestimmte Grundsätze für Arbeitsverhältnisse gelten für Umschulungsverhältnisse entsprechend"; BAG vom 21.5.1997 - 5 AZB 30/96, AP Nr. 32 zu § 5 ArbGG 1979. Vgl. auch Annuß/Thüsing/Maschmann, § 14 TzBfG Rn 82 und Dörner, Rn 537.

Folglich kommt es darauf an, inwieweit die Fortbildung oder Umschulung im Rahmen eines Arbeitsverhältnisses stattfindet.[809]
Insbesondere Fortbildungen erfolgen häufig im Rahmen eines Arbeitsverhältnisses, unter Umständen auch Umschulungen.[810] Bei dieser Fallkonstellation bestünde also ein Arbeitsverhältnis, so dass es auf eine weitere Qualifizierung gar nicht ankommt. Das Anschlussverbot des § 14 Abs. 2 S. 2 TzBfG würde zweifellos eingreifen.
Es werden jedoch auch Rechtsverhältnisse ausschließlich zu Zwecken der Fortbildung oder Umschulung begründet.[811] In letzterem Fall wäre ein Arbeitsverhältnis zu verneinen mit der Folge, dass ein entsprechendes Rechtsverhältnis einer späteren sachgrundlosen Befristung bei demselben Arbeitgeber nicht entgegen stünde.
Problematisch erscheint, dass folglich der „Zufall", ob der Weiterbildungsprozess im Rahmen eines Arbeitsverhältnisses erfolgt oder nicht, über spätere Befristungsmöglichkeiten entscheiden kann. Des Weiteren könnten Arbeitgeber verleitet werden, entsprechende Maßnahmen nicht mehr im Rahmen von Arbeitsverhältnissen vorzunehmen, was jedoch nicht nur hinsichtlich der Befristungen nicht wünschenswert wäre.
Nach dem Wortlaut des § 14 Abs. 2 S. 2 TzBfG besteht keine Möglichkeit, dieses Problem zu lösen, da er pauschal auf das Arbeitsverhältnis abstellt.
Aufgrund der beschäftigungspolitischen Zielsetzung des § 14 Abs. 2 TzBfG, durch sachgrundlose Befristungsmöglichkeiten den Übergang in eine Dauerbeschäftigung zu erleichtern, und der Nähe von Umschulung und Fortbildung zu den Ausbildungsverhältnissen dürfte der diesbezügliche, oben zitierte gesetzgeberische Wille zu übertragen sein. Demnach dürften vorherige Umschulungen und Fortbildungen einer späteren befristeten Beschäftigung gemäß § 14 Abs. 2 TzBfG nicht schaden.
Dagegen spricht jedoch, dass die Arbeitnehmer, deren Fortbildung oder Umschulung tatsächlich im Rahmen eines Arbeitsverhältnisses erfolgte, entgegen dem Wortlaut des § 14 Abs. 2 S. 2 TzBfG befristet eingestellt werden könnten. Das enge Anschlussverbot, das die Arbeitnehmer schützen soll, darf jedoch nicht auf Grund der Berücksichtigung der allgemeinen Zielsetzung der sachgrundlosen Befristungen im Rahmen einer teleologischen Auslegung umgangen werden.

---

809 So auch Dörner, Rn 537 und Schaub, § 16 Rn 25 für das Umschulungsverhältnis; Meinel/Heyn/Herms, § 14 TzBfG Rn 81.

810 KDZ/Däubler, § 19 BBiG Rn 9; KR/Weigand, §§ 14, 15 BBiG Rn 12.

811 KDZ/Däubler, § 19 BBiG Rn 9; KR/Weigand, §§ 14, 15 BBiG Rn 12; vgl. BAG vom 15.3.1991 - 2 AZR 516/90, AP Nr. 2 zu § 47 BBiG: „wenn die Umschulung nicht im Rahmen eines Arbeitsverhältnisses stattfindet, sondern auf der Grundlage eines Berufsbildungsvertrages erfolgt".

Eine Gleichstellung derart, dass sämtliche Fortbildungen oder Umschulungen als Arbeitsverhältnisse angesehen werden und damit einer sachgrundlosen Befristung schaden, ließe sich nach der obigen Darstellung nicht durch eine teleologische Auslegung erreichen.
Jedoch könnte man überlegen, ob eine Gleichstellung wegen Art. 3 Abs. 1 GG geboten ist. Allerdings kann man gerade in dem bestehenden und dem nicht bestehenden Arbeitsverhältnis einen wesentlichen Unterschied sehen. Außerdem würde eine Gleichstellung dazu führen, dass entgegen dem Wortlaut des Gesetzes entweder ein Teil der Arbeitnehmer befristet beschäftigt werden könnte oder ein Teil der Arbeitgeber nicht befristen könnte. Dies verdeutlicht, dass die Grenzen einer verfassungskonformen Auslegung überschritten würden.
Letztlich spricht die Rechtssicherheit dafür, entsprechend dem Wortlaut des Anschlussverbotes nach einem im Einzelfall vorliegenden, vorherigen Arbeitsverhältnis zu fragen. Zwar ist die Vermeidung von Zufallsergebnissen für bestimmte Beschäftigungsverhältnisse gerade aus dem Gesichtspunkt der Rechtssicherheit wünschenswert, jedoch würde der Versuch einer Bildung von einheitlich zu behandelnden Gruppen noch mehr Rechtsunsicherheit verursachen, da die zu bevorzugende Behandlungsweise gerade nicht offensichtlich ist und da nicht aus dem Gesetz selbst ersichtlich wäre, wann die Befristung zulässig ist.

4. Erfassung von Eingliederungsverträgen?

Ehemals regelten die §§ 229-234 SGB III die Eingliederung förderungsbedürftiger Arbeitsloser. Der Eingliederungsvertrag hat jedoch keine praktische Bedeutung erlangt und wurde zum 1. Januar 2002 abgeschafft.
Für die Frage, ob ein vorhergehender Eingliederungsvertrag den Abschluss sachgrundlos befristeter Arbeitsverträge verhindern kann, spielen sie jedoch noch eine Rolle.
Die Eingliederungsverträge nach § 231 Abs. 2 SGB III a.F. werden ebenfalls als unschädlich angesehen.[812] Denn bei einem Eingliederungsvertrag handelte es sich ausweislich § 231 Abs. 2 SGB III a.F., nach dem die Vorschriften und Grundsätze des Arbeitsrechts nur subsidiär anzuwenden sind, gerade nicht um einen Arbeitsvertrag.[813] Aus dieser Norm ließ sich auch nicht argumentieren, dass ein Eingliederungsvertrag mit einem Arbeitsvertrag im Sinne des § 14 Abs. 2 S. 2 TzBfG gleichbehandelt werden muss.[814] Dagegen sprach die Zielsetzung des Gesetzgebers, der Bindungen des Arbeitgebers vermeiden und dadurch eine

---

812 KR/Lipke, § 14 TzBfG Rn 259; 300; Meinel/Heyn/Herms, § 14 TzBfG Rn 81; SPV/Preis, I § 3 Rn 110, S. 48; Preis/Rolfs, Teil II B 10 Rn 91; Tschöpe/Schmalenberg, Teil 3 I Rn 15; Ring, § 14 TzBfG Rn 116; v. Hoyningen-Huene/Linck, § 1 Rn 613; BAG 17.5.2001 - 2 AZR 10/00, EzA § 1 KSchG Nr. 54.

813 BAG vom 17.5.2001 - 2 AZR 10/00, EzA § 1 KSchG Nr. 54. Vgl. MK/Hesse, § 14 TzBfG Rn 81; SPV/Preis, I § 3 Rn 110, S. 48 und Tschöpe/Schmalenberg, Teil 3 I Rn 70.

814 APS/Backhaus, § 14 TzBfG Rn 392.

erhöhte Bereitschaft zur Förderung der Integration förderungsbedürftiger Arbeitsloser erreichen wollte.[815] Aus diesem Grunde wurde der Eingliederungsvertrag nach der Rechtsprechung des BAG auch nicht auf die Wartezeit nach § 1 Abs. 1 KSchG angerechnet.[816]

5. Erfassung von Aushilfs- und Ferienjobs?

Kritisch hinterfragt wird teilweise, ob die Aushilfs- oder Ferienjobs der Schüler und Studenten eine spätere sachgrundlose Befristung nach § 14 Abs. 2 TzBfG ausschließen können.

Gehen Schüler einer Ferienarbeit nach, um Geld zu verdienen, kommt regelmäßig ein Arbeitsvertrag zustande.[817] Denn der Schwerpunkt ihrer Tätigkeit liegt in der entgeltlichen Arbeitsleistung und nicht in der Ausbildung.[818]

Ebenso dient die Studentenbeschäftigung als sog. Werkstudent vorwiegend Erwerbszwecken.[819] So liegt auch bei ihm ein Arbeitsverhältnis vor. Unerheblich ist, dass er die Erwerbstätigkeit nur nebenbei ausübt.[820] Eine wirtschaftliche Abhängigkeit ist für den Begriff des Arbeitnehmers gerade nicht erforderlich.

Es geht beim kritischen Hinterfragen folglich nicht darum, ob ein Arbeitsverhältnis vorliegt, sondern darum, ob es zweckmäßig ist, für Schüler und Studenten wegen gegebenenfalls relativ kurzfristigen Beschäftigungen spätere sachgrundlose Befristungen bei demselben Arbeitgeber gänzlich auszuschließen.

Zum Teil ist man der Ansicht, dass der Kritik am Gesetzentwurf, nach der eine Befristung ohne Sachgrund nach § 14 Abs. 2 TzBfG sogar dann ausgeschlossen sei, wenn ein Arbeitnehmer vor vielen Jahren als Werkstudent bei demselben Arbeitgeber gearbeitet hat, Rechnung getragen wurde, indem § 14 Abs. 1 S. 2 Nr. 2 TzBfG auch den Fall des Werkstudenten erfasse.[821] Und tatsächlich weist der Gesetzgeber in der Begründung des TzBfG darauf hin, dass „insbesondere der Fall erfasst sei, dass ein Arbeitnehmer, der als Werkstudent bei einem Arbeitgeber beschäftigt war, nach dem Studium bei diesem Arbeitgeber erneut befristet beschäftigt werden könne".[822] Somit kann nicht von einem gänzlichen Ausschluss die Rede sein. Mit diesem Argument können die Forderungen nach einer teleologischen Reduktion des Anschlussverbotes jedoch nicht zurückgewiesen werden, da dieser Sachgrund lediglich Arbeitsverhältnisse im Anschluss an das Studium, jedoch nicht spätere erfasst, so dass diese Frage zu klären

---

815 APS/Backhaus, § 14 TzBfG Rn 392.

816 BAG vom 17.5.2001 - 2 AZR 10/00, EzA § 1 KSchG Nr. 54.

817 Küttner/Röller, Personalbuch 2006, Praktikant, Rn 5.

818 Küttner/Röller, Personalbuch 2006, Praktikant, Rn 5.

819 Küttner/Röller, Personalbuch 2006, Praktikant, Rn 1 und Studentenbeschäftigung, Rn 4.

820 Küttner/Röller, Personalbuch 2006, Studentenbeschäftigung, Rn 3; vgl. KDZ/Kittner, Einl. Rn 33.

821 KDZ/Däubler, § 14 TzBfG Rn 53; Staudinger[13]/Preis, § 620 BGB Rn 104; Däubler, ZIP 2001, S. 217 (223); Hromadka, BB 2001, S. 621 (622, 627).

822 BT-Drucks. 14/4374, S. 19.

bleibt. Auf das Problem der Möglichkeit einer teleologischen Reduktion soll jedoch erst später eingegangen werden, da sie das Merkmal „zuvor“ betrifft. Die Voraussetzung des Arbeitsverhältnisses ist hier gegeben. Dieser Begriff kann selbst nicht teleologisch reduziert werden.

6. Erfassung von Rahmenvereinbarungen?

Nach der früheren Rechtsprechung waren Rahmenverträge für Aushilfen als Arbeitsverhältnisse zu qualifizieren, da die geschuldete Tätigkeit und die zu zahlende Vergütung vereinbart worden seien und lediglich Zeit und Umfang der Arbeitsleistung offen seien.[823] Mit dem Rahmenvertrag werde eine tatsächliche Beschäftigung der Aushilfskraft im Betrieb geplant.[824] Werden jedoch Rahmenvereinbarungen getroffen, die weder den Unternehmer zur Heranziehung des Arbeitnehmers verpflichten, noch diesen verpflichten, einer Aufforderung zur Arbeit Folge zu leisten, so werden über jeden Einsatz oder über die Einsätze während der Laufzeit des Dienstplanes gesonderte jeweils befristete Arbeitsverträge abgeschlossen.[825] Die Rahmenvereinbarung, die keine Verpflichtung zur Arbeitsleistung begründet, sondern nur die Bedingungen beabsichtigter Arbeitsverträge wiedergibt, ist selbst kein Arbeitsvertrag.[826] Eine Kombination von Rahmenvereinbarung und einzelnen befristeten Arbeitsverhältnissen ist auch für arbeitsvertragliche Beziehungen grundsätzlich möglich.[827] Die Arbeitsvertragsparteien sind nicht gezwungen, stattdessen ein Abrufarbeitsverhältnis zu begründen.[828]

Eine Rahmenvereinbarung für Tagesaushilfen ist nach heutiger Rechtsprechung jedenfalls kein Arbeitsvertrag.[829]

7. Erfassung von anderen Beschäftigungsformen?

Da das TzBfG vom Vorliegen einer Arbeitnehmertätigkeit ausgeht, muss der Arbeitsvertrag des Weiteren von bestimmten anderen Beschäftigungsformen abgegrenzt werden.

Eine frühere Tätigkeit im Rahmen eines freiwilligen sozialen Jahres[830], als Werkunternehmer[831], als Selbständiger auf Grund eines Dienstvertrages[832], als

---

[823] BAG vom 28.4.1992 - 1 ABR 73/91, BAGE 70, 147.
[824] BAG vom 28.4.1992 - 1 ABR 73/91, BAGE 70, 147.
[825] Reinecke, Festschrift Däubler, S. 125.
[826] BAG vom 31.7.2002 - 7 AZR 181/01, AP Nr. 1 zu § 12 TzBfG; vgl. MK/Hesse, § 14 TzBfG Rn 5.
[827] BAG vom 31.7.2002 - 7 AZR 181/01, AP Nr. 1 zu § 12 TzBfG; vgl. MK/Hesse, § 14 TzBfG Rn 5.
[828] BAG vom 31.7.2002 - 7 AZR 181/01, AP Nr. 1 zu § 12 TzBfG.
[829] BAG vom 31.7.2002 - 7 AZR 181/01, AP Nr. 1 zu § 12 TzBfG.
[830] KR/Lipke, § 14 TzBfG Rn 259; Ring, § 14 TzBfG Rn 116.
[831] HbArbR, Erg./Wank, § 116 Rn 194; Meinel/Heyn/Herms, § 14 TzBfG Rn 80; Osnabrügge, NZA 2003, S. 639 (643).

freier Mitarbeiter im Rahmen eines Werkvertrages[833] oder als Auftragnehmer[834] ist auf Grund der fehlenden Arbeitnehmertätigkeit unschädlich.
Allerdings kommt es nicht auf die Bezeichnung des Vertrages, sondern allein darauf an, ob eine Beschäftigung als Arbeitnehmer erfolgte.[835] Dabei ist zu beachten, dass sich ein Arbeitsvertrag von einem Dienstvertrag gemäß § 611 BGB insbesondere durch die persönliche Abhängigkeit des Arbeitnehmers und durch die Erbringung der Arbeitsleistung in einer fremdbestimmten Organisation unterscheidet und vom Werkvertrag dadurch, dass eine Person nicht für den Erfolg der Arbeit einstehen kann, wenn ihr für Art und Durchführung der Arbeit Weisungen erteilt werden können.[836] Liegt weisungsgebundene Tätigkeit vor, ist von Arbeitnehmertätigkeit auszugehen. Auch ein (echter) Scheinselbständiger oder eine mit abhängiger Arbeit betraute sog. Ich-AG ist daher wie ein Arbeitnehmer zu behandeln.[837]

II. Die Vorbeschäftigung bei „demselben Arbeitgeber"

Bereits bezüglich der Vorgängerregelungen war hinsichtlich der Zulässigkeit einer sachgrundlosen Befristung zu klären, wann ein Arbeitsverhältnis mit demselben Arbeitgeber bestanden hat. Dabei wurde auf den rechtlichen Arbeitgeberbegriff[838], also darauf, ob ein Arbeitsverhältnis zu derselben natürlichen oder

---

832 HbArbR, Erg./Wank, § 116 Rn 194; Meinel/Heyn/Herms, § 14 TzBfG Rn 80; MK/Hesse, § 14 TzBfG Rn 81.

833 Annuß/Thüsing/Maschmann, § 14 TzBfG Rn 80; APS/Backhaus, § 14 TzBfG Rn 393; v. Hoyningen-Huene/Linck, § 1 Rn 613; KR/Lipke, § 14 TzBfG Rn 300; SPV/Preis, I § 3 Rn 110 auf S. 48; KDZ/Däubler, § 14 TzBfG Rn 159; Ring, § 14 TzBfG Rn 116; MK/Hesse, § 14 TzBfG Rn 81; v. Hoyningen-Huene/Linck, § 1 Rn 613; Bauer, BB 2001, S. 2473 (2476).

834 KDZ/Däubler, § 14 TzBfG Rn 159.

835 Annuß/Thüsing/Maschmann, § 14 TzBfG Rn 80; APS/Backhaus, § 14 TzBfG Rn 393; KDZ/Däubler, § 14 TzBfG Rn 159. Auf die problematische Abgrenzung zum Scheinselbständigen weisen auch Bauer, BB 2001, S. 2473 (2476), und Meinel/Heyn/Herms, § 14 TzBfG Rn 80, hin.

836 Küttner/Röller, Personalbuch 2006, Arbeitsvertrag , Rn 6.

837 KDZ/Däubler, § 14 TzBfG Rn 159; zustimmend: APS/Backhaus, § 14 TzBfG Rn 393.

838 BAG vom 8.12.1988 - 2 AZR 308/88, AP Nr. 6 zu § 1 BeschFG 1985; ErfK²/Müller-Glöge, § 1 BeschFG Rn 42; Winterfeld, Art. 1 § 1 BeschFG Rn 96 a; Löwisch, BB 1985, S. 1200 (1200); APS/Backhaus, § 14 TzBfG Rn 395; KR/Lipke, § 14 TzBfG Rn 301.

juristischen Person bestanden hatte, abgestellt.[839] Arbeitgeber im Sinne des BeschFG war danach der Vertragsarbeitgeber.[840]

Das Abstellen auf den Vertragsarbeitgeber entnahm das BAG zum einen dem Gesetzeswortlaut.[841] Im Übrigen argumentierte es mit gesetzessystematischen Erwägungen und der Gesetzesgeschichte: Der Gesetzgeber habe beim Anschlussverbot des § 1 Abs. 3 BeschFG 1996 die Möglichkeit gehabt, auch an den Betrieb, die Betriebszugehörigkeit und den Betriebsinhaber oder alternativ an die Betriebs- oder Unternehmenszugehörigkeit anzuknüpfen.[842] Dies habe er aber nicht getan, sondern stattdessen auf den Arbeitsvertrag und den Arbeitgeber abgestellt, so dass nicht die tatsächliche Eingliederung in den Betrieb, sondern die individualvertragliche Bindung maßgeblich war.[843] Da der Gesetzgeber diesen und nicht andere Wege beschritten habe, er auch die Entscheidung des BAG vom 8.12.1988[844] nicht zum Anlass genommen habe, nunmehr auf den Betriebsinhaber oder die Betriebszugehörigkeit abzustellen, sondern erneut das Anschlussverbot an den Arbeitsvertrag mit demselben Arbeitgeber anknüpfte, bezog sich das Anschlussverbot aus § 1 Abs. 3 BeschFG 1996 auf den Vertragsarbeitgeber.[845]

An diesem Grundverständnis hat sich bis heute trotz des Übergangs vom BeschFG zum TzBfG nichts geändert. § 14 Abs. 2 S. 2 TzBfG spricht vom „Arbeitsverhältnis mit demselben Arbeitgeber“. Damit wird deutlich, dass der Arbeitgeber im arbeitsvertraglichen Sinn gemeint ist.[846] Auch das TzBfG stellt nach seinem Wortlaut also nicht auf den Betrieb ab.[847] Hätte der Gesetzgeber den Arbeitgeberbegriff anders verstanden haben wollen, als er von der Rechtsprechung zum BeschFG interpretiert wurde, hätte er das TzBfG mit einer Definition oder entsprechenden Zusätzen ausstatten müssen, was er jedoch nicht getan hat.

---

839 BAG vom 8.12.1988 - 2 AZR 308/88, AP Nr. 6 zu § 1 BeschFG 1985; ErfK²/Müller-Glöge, § 1 BeschFG Rn 42; KR/Lipke, § 14 TzBfG Rn 301; SPV/Preis, I § 3 Rn 111 auf S. 48; Löwisch, BB 1985, S. 1200 (1200).

840 BAG vom 25.4.2001 - 7 AZR 376/00, AP Nr. 10 zu § 1 BeschFG 1996 (Anschluss an BAG vom 8.12.1988 - 2 AZR 308/88, AP Nr. 6 zu § 1 BeschFG 1985); ErfK²/Müller-Glöge, § 1 BeschFG Rn 42 f; Dörner, NZA 2003, SB zu Heft 16, S. 33 (39)

841 BAG vom 25.4.2001 - 7 AZR 376/00, AP Nr. 10 zu § 1 BeschFG 1996.

842 BAG vom 25.4.2001 - 7 AZR 376/00, AP Nr. 10 zu § 1 BeschFG 1996.

843 BAG vom 25.4.2001 - 7 AZR 376/00, AP Nr. 10 zu § 1 BeschFG 1996.

844 BAG vom 8.12.1988 - 2 AZR 308/88, AP Nr. 6 zu § 1 BeschFG 1985: „Der betriebsverfassungsrechtliche Begriff der Einstellung und derjenige in § 1 BeschFG sind nicht identisch.“

845 BAG vom 25.4.2001 - 7 AZR 376/00, AP Nr. 10 zu § 1 BeschFG 1996.

846 MK/Hesse, § 14 TzBfG Rn 81; SPV/Preis, I § 3 Rn 111 auf S. 48; Dörner, NZA 2003, SB zu Heft 16, S. 33 (39) „Vertragsarbeitgeber“.

847 BAG vom 25.4.2001 - 7 AZR 376/00, AP Nr. 10 zu § 1 BeschFG 1996; ErfK/Müller-Glöge, § 14 TzBfG Rn 120; KDZ/Däubler, § 14 TzBfG Rn 161; Dörner, NZA 2003, SB zu Heft 16, S. 33 (39).

Entsprechend muss noch heute mit derselben natürlichen oder juristischen Person bereits früher ein Arbeitsverhältnis bestanden haben, um eine sachgrundlose Befristung im Sinne des § 14 Abs. 2 S. 1 TzBfG auszuschließen.[848]

Die Frage nach der Vorbeschäftigung bei demselben Arbeitgeber ist insbesondere bei folgenden Sachverhalten problematisch:

1. Wechsel in einen anderen Betrieb desselben Unternehmens

Wechselt ein Arbeitnehmer innerhalb eines Unternehmens, das mehrere Betriebe hat, von einem Betrieb in einen anderen, könnte der Arbeitgeber derselbe sein und damit das Anschlussverbot greifen.

Diese Frage hatte das BAG bereits zur Zeit des Beschäftigungsförderungsgesetzes zu klären. Hatte ein Unternehmen mehrere Betriebe, so lag nach der Rechtsprechung des BAG zum BeschFG keine zulässige Befristung vor, wenn ein Arbeitnehmer im Anschluss an ein - die Möglichkeiten des § 1 Abs. 1 BeschFG 1996 ausschöpfendes - Arbeitsverhältnis im Betrieb A im Betrieb B desselben Unternehmens befristet weiterbeschäftigt werden sollte.[849]

Das Abstellen auf den Vertragsarbeitgeber hatte zur Folge, dass es lediglich auf das Unternehmen als juristische Person ankam. Der Arbeitgeber war folglich rechtlich gesehen derselbe, auch wenn es verschiedene Betriebsinhaber in den Betrieben eines Unternehmens gab.

Der Gesetzgeber des TzBfG hat - wie bereits erläutert - erneut die Voraussetzung „mit demselben Arbeitgeber“ als Beschränkung in das Anschlussverbot aufgenommen, so dass eine von der alten Rechtsprechung abweichende Auslegung dieses Begriffs nicht angezeigt ist.[850] Da die oben angesprochene Bestätigung der Entscheidung aus dem Jahre 1988 erst im Jahre 2001, mithin also auch im Hinblick auf das bereits in Kraft befindliche TzBfG stattfand, spricht viel dafür, dass das BAG diese Ansicht auch heute noch vertreten wird. Denn das TzBfG ist hinsichtlich der Voraussetzung des vorhergehenden Arbeitsvertrages bzw. -verhältnisses mit demselben Arbeitgeber nahezu identisch. Aus der Tatsache, dass sowohl das BeschFG 1985 als auch das BeschFG 1996 von einem „vorhergehenden Arbeits*vertrag*“ sprachen, das TzBfG jedoch auf ein „zuvor bestandenes Arbeitsverhältnis“ abstellt, ergibt sich rechtlich kein Unterschied. Denn erstens sind die beiden Begriffe - wie oben erläutert - nahezu deckungsgleich und zweitens kam es auch zur Zeit der BeschFG auf die Arbeitsverhält-

848 APS/Backhaus, § 14 TzBfG Rn 395; BBDW/Bader, § 620 BGB Rn 60; ErfK/Müller-Glöge, § 14 TzBfG Rn 120; MK/Hesse, § 14 TzBfG Rn 81.

849 KR/Lipke, § 14 TzBfG Rn 301.

850 So auch KR/Lipke, § 14 TzBfG Rn 302; im Ergebnis auch: Meinel/Heyn/Herms, § 14 TzBfG Rn 82; Preis, S. 839.

nisse an; es bestand Einigkeit darüber, dass die Formulierung insoweit ungenau war.[851]
Lediglich auf Grund des durch den Wegfall der Voraussetzung des „engen sachlichen Zusammenhangs" strengeren Anschlussverbotes könnte man über eine mögliche Änderung der BAG-Rechtsprechung nachdenken. Denn ein Abstellen auf den Betriebsinhaber beispielsweise würde eine sachgrundlos befristete Beschäftigung eines Arbeitnehmers in einem anderen Betrieb desselben Unternehmens ermöglichen und das vielfach als zu weitreichend empfundene Anschlussverbot einengen. Diese Veränderung dürfte aber lediglich die zeitliche Dimension, sprich die Frage der Auslegung des Merkmals „zuvor", betreffen. Die Auslegung der Voraussetzung desselben Arbeitgebers lässt sie unberührt.
Letztlich ist auch aus dem TzBfG kein Grund für das Abstellen auf den Betrieb ersichtlich.
Im Ergebnis ist somit nach wie vor auf den Vertragsarbeitgeber abzustellen, so dass die sachgrundlose Befristung eines Arbeitnehmers in einem anderen Betrieb desselben Unternehmens unter das Anschlussverbot des § 14 Abs. 2 S. 2 TzBfG fällt und damit unzulässig ist.

2. Wechsel in ein anderes Unternehmen desselben Konzerns
Problematisch erscheint des Weiteren, ob „derselbe Arbeitgeber" gegeben ist, wenn der Arbeitnehmer in ein anderes Unternehmen desselben Konzerns wechselt.

a) Grundsatz
Ein Konzern ist ein Zusammenschluss von Unternehmen mit eigener Rechtsperson unter einheitlicher Leitung.[852] Er ist keine eigene juristische Person[853], vgl. §§ 17, 18 AktG. Entsprechend wird ein Arbeitsvertrag grundsätzlich nicht mit dem Konzern abgeschlossen.[854]
Unschädlich ist ein vorangehendes Arbeitsverhältnis in einem Konzernunternehmen daher grundsätzlich dann, wenn der Arbeitnehmer nunmehr in einem anderen Unternehmen desselben Konzerns sachgrundlos befristet eingestellt werden soll.[855] Die beiden Unternehmen desselben Konzerns sind jeweils recht-

---

851 BAG vom 8.12.1988 – 2 AZR 308/88, AP Nr. 6 zu § 1 BeschFG 1985; KR³/Weller, § 1 BeschFG Rn 51.

852 APS/Kiel, § 1 KSchG Rn 591; Küttner/Röller, Personalbuch 2006, Konzernarbeitsverhältnis, Rn 1.

853 BAG vom 14.10.1982 – 2 AZR 568/80, AP Nr. 1 zu § 1 KSchG Konzern.

854 Küttner/Röller, Personalbuch 2006, Konzernarbeitsverhältnis, Rn 1; Schaub, § 17 Rn 3.

855 APS/Backhaus, § 14 TzBfG Rn 397; BBDW/Bader, § 620 BGB Rn 60; HbArbR, Erg./Wank, § 116 Rn 196; KR/Lipke, § 14 TzBfG Rn 304; MK/Hesse, § 14 TzBfG Rn 81; v. Hoyningen-Huene/Linck, § 1 Rn 616.

lich selbständige und eigenständige Vertragsarbeitgeber.[856] Ein Konzernunternehmen muss sich im Hinblick auf § 14 Abs. 2 TzBfG nicht das mit dem Arbeitnehmer bereits einmal geschlossene Arbeitsverhältnis eines anderen Konzernunternehmens zurechnen lassen.[857]

b) Problematik zentralisierter Personalentscheidungen

Fraglich erscheint, ob dies auch dann gilt, wenn Personalentscheidungen an einer Stelle konzentriert sind, oder ob in diesem Falle vom Vorliegen „desselben Arbeitgebers“ auch bei einem Konzernunternehmen auszugehen ist.[858] Dafür spricht einer Ansicht nach, dass es höchst unbefriedigend wäre, in diesem Falle Tätigkeiten für verschiedene Unternehmen desselben Konzerns nicht unter § 14 Abs. 2 S. 2 TzBfG fallen zu lassen, da dieser hier leicht umgangen werden könne.[859]

Auch der Sinn der Regelung, Anreize für Neueinstellungen zu schaffen, verlange - so wird argumentiert - eine Ausrichtung an den tatsächlichen Entscheidungszentren und kein Abstellen auf formale Positionen.[860] § 14 Abs. 2 S. 2 TzBfG sei daher insofern erweiternd auszulegen, als „derselbe Arbeitgeber“ auch dann vorliege, wenn innerhalb desselben Konzerns oder einer anderen Gruppe verbundener Unternehmen die Personalentscheidungen von einer Stelle getroffen werden.[861] Diese Voraussetzung sei auch dann erfüllt, wenn die Einstellungen zwar dezentral erfolgen, in jedem Einzelfall jedoch die interne Zustimmung der „Zentrale“ erforderlich ist.[862]

Auch wenn es formal sein mag, so ist der Arbeitgeber doch lediglich das Unternehmen und nicht der Konzern. Der Wortlaut des § 14 Abs. 2 S. 2 TzBfG stellt gerade nicht auf den Entscheidungsträger ab. Es kommt darauf an, wer den Arbeitnehmer beschäftigt, also wer Vertragsarbeitgeber ist, und nicht darauf, wer die Entscheidungen trifft. Bei juristischen Personen ist dies ohnehin eine Frage der Zurechnung. Die Funktion des Arbeitgebers als Träger des Anspruchs auf Arbeitsleistung und als Träger der obersten Weisungsbefugnis ist bei juristischen Personen aufgespalten[863]: Vertragspartner ist die juristische Person, die

---

856 Kittner/Zwanziger/Lakies, § 133 Rn 221; KR/Lipke, § 14 TzBfG Rn 304; SPV/Preis, I § 3 Rn 111 auf S. 48.

857 SPV/Preis, I § 3 Rn 111 auf S. 48; Küttner/Kania, Personalbuch 2006, Befristetes Arbeitsverhältnis, Rn 10; Meinel/Heyn/Herms, § 14 TzBfG Rn 83.

858 KDZ/Däubler, § 14 TzBfG Rn 162.

859 KDZ/Däubler, § 14 TzBfG Rn 162.

860 KDZ/Däubler, § 14 TzBfG Rn 162.

861 KDZ/Däubler, § 14 TzBfG Rn 162.

862 KDZ/Däubler, § 14 TzBfG Rn 162.

863 Schaub, § 17 Rn 5; Tilch/Arloth, Rechtsbegriff „Arbeitgeber“, S. 256.

Weisungsbefugnis wird dagegen von natürlichen Personen ausgeübt.[864] Das BAG stellt ausdrücklich auf den Vertragsarbeitgeber ab.
Es würde eine erhebliche Rechtsunsicherheit und erhebliche Schwierigkeiten in der Praxis bedeuten, wenn man nicht auf den dem Arbeitsvertrag zu entnehmenden Vertragspartner abstellte, sondern den jeweiligen Entscheidungsträger herausfinden müsste, um die Zulässigkeit einer sachgrundlosen Befristung bewerten zu können.[865] Im Übrigen wäre weder diese natürliche Person noch der Konzern rechtlich gesehen Arbeitgeber.
Auch der Sinn der Regelung, Anreize für Neueinstellungen zu schaffen, kann hier nicht zu einer derart weit über den Gesetzeswortlaut hinausgehenden Auslegung führen. Denn zum einen liegt auf Grund eines anderen Arbeitgebers formal eine Neueinstellung vor und zum zweiten schafft aus Arbeitgebersicht ein weit verstandenes Anschlussverbot keine Anreize.
Ebensowenig können aus dem Verweis des Gesetzgebers des BeschFG 1996 auf die Grundsätze der Wartezeit-Rechtsprechung[866] hinsichtlich der Frage der Berücksichtigung früherer Arbeitsverhältnisse mit einer anderen Konzerngesellschaft heute Rückschlüsse auf einen weitergehenden Willen des Gesetzgebers des TzBfG gezogen werden. Denn zum einen ging es damals um die Frage des Bestehens eines sachlichen Zusammenhangs, welche sich nach § 14 Abs. 2 S. 2 TzBfG nicht mehr stellt. Die Grundsätze konzerndimensionaler Wartezeiten sind nicht übertragbar, da es auf die rechtliche Arbeitgeberidentität ankommt.[867] Zum anderen hat der Gesetzgeber mit der gesetzlichen Neuregelung des Befristungsrechts die früher richterrechtlich erfolgte Ankopplung der Befristungskontrolle an das KSchG abgelöst und einen Paradigmenwechsel eingeleitet[868], so dass fraglich erscheint, ob überhaupt noch auf die zum KSchG entwickelten Grundsätze zurückgegriffen werden kann.[869] Auf die Frage der Umgehung des

---

864 Schaub, § 17 Rn 5; Tilch/Arloth, Rechtsbegriff „Arbeitgeber", S. 256; vgl. Schaub, § 18 Rn 5: „In diesen Fällen ist Arbeitgeber der Anspruchsträger auf Arbeitsleistung."

865 Auch Meinel/Heyn/Herms, § 14 TzBfG Rn 83, sieht keine Vereinbarkeit einer solch erweiterten Auslegung mit dem erklärten Gesetzeszweck, eine rechtssichere Handhabung der Befristungsvorschriften zu gewährleisten.

866 BT-Drucks. 10/3206, S. 30. Darauf verweisen: Staudinger[13]/Preis, § 620 BGB Rn 200; Keller, S. 23.

867 KR/Lipke, § 14 TzBfG Rn 304.

868 BAG vom 6.11.2003 – 2 AZR 690/02, AP Nr. 7 zu § 14 TzBfG; BAG vom 13.5.2004 – 2 AZR 426/03.

869 Dies dürfte jedoch der Fall sein, wenn bestimmte, allgemeine Fragestellungen lediglich im Rahmen eines Kündigungsschutzprozesses geklärt werden, es also gar nicht um eine Übertragung von kündigungsschutzspezifischen Grundsätzen ginge. Man könnte aber auch überlegen, ob die arbeitnehmerschützenden Grundsätze des Kündigungsschutzrechts erst recht auf das Befristungsrecht übertragbar sind, da durch die Unterstellung befristeter Arbeitsverhältnisse, die nicht dem KSchG unterliegen, unter die Kontrolle des § 14 TzBfG gerade ein verstärkter Arbeitnehmerschutz bezweckt war.

Kündigungsschutzes kommt es gerade nicht mehr an. Letztlich ist - unabhängig von der Übertragbarkeit - für den Vorrang der Änderungs- vor der Beendigungskündigung die Berücksichtigung von Beschäftigungsmöglichkeiten im Konzern nicht erforderlich; auch hier zählt nur das Unternehmen.[870] Der fehlende Konzernbezug ergibt sich auch daraus, dass der gesetzliche Kündigungsschutz arbeitgeberbezogen ist und das jeweilige Unternehmen Arbeitgeber ist.[871] Formal ist und bleibt derjenige Arbeitgeber, der Vertragspartner wird. Dies sieht der Gesetzeswortlaut eindeutig vor. Eine analoge Anwendung des Anschlussverbotes auf entsprechende Fälle ist abzulehnen, da eine ausfüllungsbedürftige planwidrige Regelungslücke nicht ersichtlich ist.

Allerdings ist einzuräumen, dass es tatsächlich leicht zu einer Umgehung der Befristungsregeln kommen kann, wenn beispielsweise eine natürliche Person oder eine kleine Gruppe natürlicher Personen sämtliche Personalentscheidungen trifft. Denn diese hätte die Möglichkeit, die befristet beschäftigten Arbeitnehmer in einem anderen Unternehmen des Konzerns einzusetzen, wenn die Möglichkeiten der sachgrundlosen Befristung in diesem Unternehmen nach zwei Jahren ausgeschöpft sind. Die befristet beschäftigten Arbeitnehmer könnten durch den Entscheidungsapparat innerhalb des Konzerns untereinander ausgetauscht werden, so dass im Endeffekt Befristungsketten entstehen. Im Falle eines solchen Personenkarussells wäre von einem Rechtsmissbrauch auszugehen und § 242 BGB anzuwenden. Die formale Verschiedenheit der Unternehmen darf keine missbräuchliche Umgehung des § 14 Abs. 2 S. 2 TzBfG ermöglichen.[872] Da es unbillig wäre, dem Arbeitnehmer die volle Darlegungs- und Beweislast aufzuerlegen, sollte es genügen, dass er die äußeren Umstände, die für die Annahme eines Missbrauchs sprechen, schlüssig darlegt (Beweis des ersten Anscheins, den der Arbeitgeber zu entkräften hat). Man könnte im Falle eines entsprechenden Personenkarussells auch über eine - durch den Arbeitgeber widerlegbare - tatsächliche Vermutung eines Missbrauchs nachdenken.[873]

Einer Subsumtion des Konzerns unter den Begriff desselben Arbeitgebers bedarf es im Ergebnis zum Schutz der Arbeitnehmer nicht.

Im Übrigen darf diese Fallgestaltung nicht lediglich einseitig aus Arbeitnehmersicht betrachtet werden. Auch die Folgen der Auslegung des Arbeitgeberbegriffs für das Unternehmen sind zu berücksichtigen: Käme es nach einer gewissen Zeit zu einer praktisch zufälligen erneuten sachgrundlos befristeten Einstellung desselben Arbeitnehmers in einem anderen Unternehmen desselben Konzerns, so wäre es nicht gerechtfertigt, dieses Unternehmen gegenüber einem anderen Unternehmen außerhalb des Konzerns in seinen Auswahl- und Einstellungsmög-

---

870 V. Hoyningen-Huene/Linck, § 1 Rn 151 m.w.N.

871 V. Hoyningen-Huene/Linck, § 1 Rn 152.

872 Vgl. Ring, § 14 TzBfG Rn 111.

873 Nach dem BAG trägt der Arbeitnehmer grundsätzlich die - allerdings abgestufte - Beweislast.

lichkeiten schlechter zu stellen, weil ein Konzernverbund besteht. Deshalb muss das Konzernunternehmen die Missbrauchsvermutung durch die Darlegung des Entscheidungsganges und der Gründe der Einstellung widerlegen können.

c) Problematik der Konzernversetzungsklauseln

Obwohl der Arbeitsvertrag grundsätzlich nicht mit dem Konzern abgeschlossen wird, werden vor allem Führungskräfte der mittleren und oberen Leitungsebene bundesweit oder sogar international im Konzern versetzt.[874] Hatte ein vorheriges Arbeitsverhältnis einen konzerndimensionalen Charakter, ermöglichte es also einen Einsatz in allen Konzernunternehmen, liegt einer Ansicht nach eine die sachgrundlose Befristung ausschließende Vorbeschäftigung vor.[875]

Nach einer anderen Ansicht sollen auf Grund der rechtlichen Trennung der juristischen Personen selbst dann keine Besonderheiten gelten, wenn Arbeitnehmer auf Grund von Konzernversetzungsklauseln tatsächlich versetzt werden und ein Rückkehrrecht eingeräumt wird.[876] Allein auf Grund existenter konzernhorizontaler rechtlicher Absprachen werde die bestehende rechtliche Trennung nicht durchbrochen.[877]

Für die erste Ansicht spricht, dass das den Gedanken eines konzerndimensionalen Kündigungsschutzes grundsätzlich verneinende BAG[878] diesen in dem Ausnahmefall der Vereinbarung eines Konzernversetzungsvorbehalts im Arbeitsvertrag bejaht hat.[879]

Dagegen könnte man argumentieren, dass hier dieser Ausnahmefall nicht dazu führen kann, einen „selben Arbeitgeber im Sinne des § 14 Abs. 2 S. 2 TzBfG“ anzunehmen. Neben der Trennung von Kündigungsschutz- und Befristungsrecht könnte dagegen auch die Nichtvergleichbarkeit der Situationen sprechen: Bei der Beurteilung des Arbeitgeberstatus geht es nicht darum, andere Beschäftigungsmöglichkeiten auf Grund einer Versetzungsmöglichkeit zu berücksichtigen.[880]

---

874 Schaub, § 17 Rn 3.

875 KDZ/Däubler, § 14 TzBfG Rn 162; einschränkend: Annuß/Thüsing/Maschmann, § 14 TzBfG Rn 83 und Kittner/Zwanziger/Lakies, § 133 Rn 221. Für eine konzernbezogene Sicht des Arbeitgeberbegriffs auch: Straub, NZA 2001, S. 919 (927).

876 Osnabrügge, NZA 2003, S. 639 (641); zustimmend: KR/Lipke, § 14 TzBfG Rn 304; ähnlich: MK/Hesse, § 14 TzBfG Rn 81.

877 KR/Lipke, § 14 TzBfG Rn 304; Osnabrügge, NZA 2003, S. 639 (641).

878 BAG vom 14.10.1982 - 2 AZR 568/80, AP Nr. 1 zu § 1 KSchG 1969 Konzern: „Der Arbeitgeber ist [...] grundsätzlich nicht verpflichtet, eine anderweitige Unterbringung des Arbeitnehmers in einem Konzernbetrieb zu versuchen“. Bestätigung dieses Urteils in: BAG vom 22.5.1986 - 2 AZR 612/85, AP Nr. 4 zu § 1 KSchG 1969 Konzern und BAG vom 27.11.1991 - 2 AZR 255/91, AP Nr. 6 zu § 1 KSchG 1969 Konzern.

879 BAG vom 14.10.1982 - 2 AZR 568/80, AP Nr. 1 zu § 1 KSchG 1969 Konzern; BAG vom 22.5.1986 - 2 AZR 612/85, AP Nr. 4 zu § 1 KSchG 1969 Konzern.

880 Ähnlich argumentiert auch MK/Hesse, § 14 TzBfG Rn 81.

Jedoch ist nach der Rechtsprechung bei solchen Konzernarbeitsverhältnissen, sprich wenn ein Arbeitnehmer auf Grund einer Konzernversetzungsklausel tatsächlich versetzt wird und das ursprüngliche Arbeitsverhältnis ruhend weiterläuft und/oder ein Rückkehrrecht eingeräumt worden ist, von einem einheitlichen Arbeitsverhältnis auszugehen.[881] Auch in der Literatur wird die Herausbildung eines Konzernarbeitsverhältnisses für erforderlich gehalten.[882] Hier sind also die beteiligten Unternehmen Arbeitgeber, so dass sie nicht erneut sachgrundlos mit demselben Arbeitnehmer gemäß § 14 Abs. 2 TzBfG befristen können. Dies ist insbesondere dann ohnehin der Fall, wenn nach der Versetzung ein neues Arbeitsverhältnis vereinbart wird, also der Arbeitgeber wechselt. Wird der Arbeitnehmer lediglich als Leiharbeitnehmer in einem anderen Konzernunternehmen eingesetzt, dürften jedoch die für diese entwickelten Überlegungen gelten.

Sieht man hier ein einheitliches Arbeitsverhältnis, hieße das darüber hinaus, dass insgesamt nur zwei Jahre befristet werden kann, eine Versetzung mit einem befristeten Arbeitsvertrag nach zwei Jahren also nicht möglich ist. Dies erscheint in diesen Sonderfällen als angemessen, da andernfalls durch die Versetzung Befristungsketten entstehen könnten, die auf Grund der verschiedenen Arbeitgeber mit § 14 Abs. 2 TzBfG eine gesetzliche Grundlage hätten, und entgegen dem Willen des Gesetzgebers bei den Unternehmen gerade keine Veranlassung zu einer unbefristeten Weiterbeschäftigung ersichtlich wäre.

d) Zusammenfassung

Im Ergebnis sind somit verschiedene Unternehmen eines Konzerns grundsätzlich verschiedene Arbeitgeber. Stellt man im Einzelfall fest, dass § 14 Abs. 2 S. 2 TzBfG umgangen werden sollte, ist die Befristung nach Treu und Glauben als unwirksam anzusehen, § 242 BGB. Eine unwirksame Befristung auf Grund des Eingreifens des Anschlussverbotes liegt ebenfalls vor, wenn ausnahmsweise ein einheitliches Arbeitsverhältnis im Sinne der Rechtsprechung anzunehmen ist.

3. Wechsel innerhalb eines Gemeinschaftsbetriebes

Weiterhin stellt sich die Frage, wie mehrere rechtlich selbständige Unternehmen einzuordnen sind, die einen gemeinsamen Betrieb führen, vgl. § 1 Abs. 2 BetrVG.[883]

---

881 Vgl. Annuß/Thüsing/Maschmann, § 14 TzBfG Rn 83; APS/Backhaus, § 14 TzBfG Rn 397 Kittner/Zwanziger/Lakies, § 7 Rn 83; Küttner/Röller, Personalbuch 2006, Konzernarbeitsverhältnis, Rn 1; Bauer, BB 2001, S. 2473 (2476).

882 Bauschke, „Arbeitgeber", Rn 48.

883 Zu dieser Möglichkeit vgl. auch BAG vom 14.9.1988 - 5 AZR 635/87, AP Nr. 9 zu § 1 BetrVG 1972 und BAG vom 18.1.1990 - 6 ARZ 484/88, AP Nr. 9 zu § 23 KSchG 1969; DKK/Schneider/Wedde, Einl. Rn 105.

Das BAG hatte zu entscheiden, ob das Anschlussverbot des § 1 Abs. 3 S. 1 BeschFG 1996 greift, wenn ein Arbeitnehmer nach Abschluss eines befristeten Arbeitsvertrages mit einem Unternehmensträger eines einheitlichen Betriebes unter Fortführung seiner Tätigkeit im Betrieb ein weiteres befristetes Arbeitsverhältnis mit einem anderen Unternehmensträger desselben einheitlichen Betriebes eingeht.[884]
Während das LAG Berlin als zweite Instanz von einem Anschlussarbeitsverhältnis mit demselben Arbeitgeber ausgegangen war, sah das BAG mehrere Vertragsarbeitgeber, die gemeinsam einen Betrieb führen, nicht als dieselben Arbeitgeber im Sinne des § 1 Abs. 1 BeschFG 1996 an.[885] Wechselte der Vertragsarbeitgeber, so lag nicht derselbe Arbeitgeber vor. Auf die Tätigkeit in derselben Betriebsstätte kam es nicht an. Maßgeblich war auf Grund des Abstellens auf den Vertragsarbeitgeber nicht die tatsächliche Eingliederung in den Betrieb, sondern die individualvertragliche Bindung.[886]
Nach dem BeschFG 1996 waren demzufolge mehrmalige Wechsel innerhalb eines Gemeinschaftsbetriebes zulässig.[887] Eine analoge Anwendung des Anschlussverbotes lehnte das BAG mangels einer ausfüllungsbedürftigen planwidrigen Gesetzeslücke ab.[888] Eine Grenze konnte nach Ansicht des BAG nur im Einzelfall bei missbräuchlicher Ausnutzung der gesetzlich eröffneten Befristungsmöglichkeiten durch Anwendung von § 242 BGB gesetzt werden, nämlich wenn mehrere rechtlich und tatsächlich verbundene Vertragsarbeitgeber in bewusstem und gewolltem Zusammenwirken abwechselnd mit einem Arbeitnehmer befristete Arbeitsverträge schlossen, die ohne Auswechslung des Arbeitgebers nicht mehr möglich waren, um durch den Wechsel aneinandergereihte sachgrundlose Befristungen zu ermöglichen.[889]

Entsprechend der übertragbaren Rechtsprechung des BAG kommt im Gemeinschaftsbetrieb auch nach § 14 Abs. 2 TzBfG ein befristetes Arbeitsverhältnis mit dem jeweils beteiligten Unternehmen zustande, wenn die vertragliche Bindung lediglich zu einem Unternehmen besteht.[890] Grundsätzlich kann beim Gemein-

---

[884] BAG vom 25.4.2001 - 7 AZR 376/00, AP Nr. 10 zu § 1 BeschFG 1996.

[885] BAG vom 25.4.2001 - 7 AZR 376/00, AP Nr. 10 zu § 1 BeschFG 1996.

[886] BAG vom 25.4.2001 - 7 AZR 376/00, AP Nr. 10 zu § 1 BeschFG 1996.

[887] Vgl. BAG vom 25.4.2001 - 7 AZR 376/00, AP Nr. 10 zu § 1 BeschFG 1996; KR/Lipke, § 14 TzBfG Rn 302 f.

[888] BAG vom 25.4.2001 - 7 AZR 376/00, AP Nr. 10 zu § 1 BeschFG 1996; zustimmend KR/Lipke, § 14 TzBfG Rn 302.

[889] BAG vom 25.4.2001 - 7 AZR 376/00, AP Nr. 10 zu § 1 BeschFG 1996; dem folgen: APS/Backhaus, § 14 TzBfG Rn 400; KR/Lipke, § 14 TzBfG Rn 303; MK/Hesse, § 14 TzBfG Rn 81; Küttner/Kania, Personalbuch 2006, Befristetes Arbeitsverhältnis, Rn 10; SPV/Preis, I § 3 Rn 111 auf S. 48; Tschöpe/Schmalenberg, Teil 3 I Rn 16.

[890] Kittner/Zwanziger/Lakies, § 133 Rn 221; Küttner/Kania, Personalbuch 2006, Befristetes Arbeitsverhältnis, Rn 10. Ebenso: BAG vom 25.4.2001 - 7 AZR 376/00, AP Nr. 10 zu

schaftsbetrieb somit nicht vom Vorliegen „desselben Arbeitgebers“ ausgegangen werden.
Auch eine analoge Anwendung des § 14 Abs. 2 TzBfG auf mehrere, einen Gemeinschaftsbetrieb führende Vertragsarbeitgeber ist auf Grund des Fehlens einer Regelungslücke nicht möglich.[891]
Doch auch heute darf ein Wechsel innerhalb eines Gemeinschaftsbetriebs nicht zielgerichtet zur Umgehung der Vorschrift geschehen.[892] Ein Hin- und Herwechsel ist unproblematischerweise nicht mehr zulässig[893], da dann bereits ein Arbeitsverhältnis zu demselben Arbeitgeber bestanden hat. Für das TzBfG ist mangels der Möglichkeit eines Zurückwechsels somit nur die Frage der Zulässigkeit eines Wegwechsels zu überprüfen. Ein Rechtsmissbrauch und damit eine Anwendung des § 242 BGB werden am ehesten bei mehreren, einen Gemeinschaftsbetrieb führenden Vertragsarbeitgebern, die ihre Arbeitnehmer „durchwechseln“ in Betracht kommen. Doch kann unter den vom BAG definierten Voraussetzungen auch schon der einmalige Wechsel von einem Vertragsarbeitgeber zum anderen rechtsmissbräuchlich sein.[894]
Wird ohne jegliche Änderung der Tätigkeit und des Arbeitsplatzes nur der Arbeitgeber ausgewechselt, lägen also alle Voraussetzungen für die Verlängerung einer sachgrundlosen Befristung vor und wäre diese lediglich deshalb unzulässig, weil die Vertragshöchstdauer überschritten ist, so kann regelmäßig von einem Rechtsmissbrauch ausgegangen werden.[895]
Dies erscheint innerhalb ein und desselben Betriebes unschwer möglich. Im Gemeinschaftsbetrieb besteht damit eine erhebliche Missbrauchsgefahr.
Wie bereits oben beschrieben, besteht eine solche ohnehin immer dann, wenn die Personalentscheidungen von einem Leitungsapparat getroffen.[896] Ein Gemeinschaftsbetrieb liegt aber gerade dann vor, wenn sich die beteiligten Unternehmen zumindest stillschweigend über eine einheitliche Leitung der organisatorischen Einheit, die zur Erfüllung der arbeitstechnischen Zwecke gebildet ist, rechtlich verbunden haben und sich dieser einheitliche Leitungsapparat auf die

---

§ 1 BeschFG 1996; Meinel/Heyn/Herms, § 14 TzBfG Rn 82; Bauer, BB 2001, S. 2473 (2476).

891 SPV/Preis, I § 3 Rn 111 auf S. 48.

892 KR/Lipke, § 14 TzBfG Rn 303: Beispielsweise zu verhindern durch Missbrauchskontrolle sind: gesellschaftsrechtliche Umstrukturierungen oder konzerninterne Personalverschiebungen auf dem Papier; Küttner/Kania, Personalbuch 2006, Befristetes Arbeitsverhältnis, Rn 10; Bauer, BB 2001, S. 2473 (2476).

893 KR/Lipke, § 14 TzBfG Rn 303.

894 APS/Backhaus, § 14 TzBfG Rn 400; vgl. Kittner/Zwanziger/Lakies, § 133 Rn 221.

895 Ähnlich: KDZ/Däubler, § 14 TzBfG Rn 162 a; Tschöpe/Schmalenberg, Teil 3 I Rn 16. Auch Bauer, BB 2001, S. 2473 (2476), weist darauf hin, dass eine solche Fallkonstellation als Umgehung des § 14 Abs. 2 S. 2 TzBfG angesehen werden könnte.

896 So auch Däubler, Anmerkung zu BAG vom 25.4.2001 - 7 AZR 376/00, AP Nr. 10 zu § 1 BeschFG 1996.

wesentlichen Arbeitgeberfunktionen in den sozialen und personellen Angelegenheiten erstreckt.[897] Faktisch wäre also ein einheitlicher Arbeitgeber gegeben. Generell kann beim gemeinsamen Betrieb auf Grund der grundsätzlich bestehenden rechtlichen Trennung jedoch nicht vom Vorliegen eines einheitlichen Arbeitgebers ausgegangen werden.[898]

Liegt in Wirklichkeit aber eine „Arbeitgebergruppe“ im Sinne der Rechtsprechung und damit ein einheitliches Arbeitsverhältnis vor, stünden dem Arbeitnehmer mehrere (natürliche oder) juristische Personen als Arbeitgeber gegenüber[899] und es bedürfte keines Abstellens auf einen Rechtsmissbrauch. Voraussetzung für die Annahme eines einheitlichen Arbeitsverhältnisses ist nicht, dass die vertraglichen Vereinbarungen des Arbeitnehmers mit den mehreren Arbeitgebern in einem einheitlichen Akt, insbesondere in einer gemeinsamen Vertragsurkunde, getroffen wurden.[900] Ein gemeinsamer Betrieb ist ebenso wenig erforderlich, hat aber indizielle Bedeutung.[901] Erforderlich ist dafür nur ein rechtlicher Zusammenschluss zwischen den arbeitsvertraglichen Rechtsbeziehungen des Arbeitnehmers zu den Arbeitgebern, die es verbieten, den Zusammenhang zu zerreißen.[902]

Entsprechend wäre bei einer Arbeitgebergruppe mit keinem der Arbeitgeber eine spätere Befristung nach § 14 Abs. 2 TzBfG möglich.

4. Folgen eines Betriebsübergangs nach § 613 a BGB

Fraglich ist weiterhin, was ein Betriebsübergang gemäß § 613 a BGB für das Anschlussverbot bedeutet. Beim Betriebsübergang tritt der Erwerber gemäß § 613 a Abs. 1 S. 1 BGB in die Rechte und Pflichten aus den im Zeitpunkt des Übergangs bestehenden Arbeitsverhältnissen ein. Mit dem Übergang des Arbeitsverhältnisses auf den Erwerber endet das Arbeitsverhältnis zu dem bisherigen Arbeitgeber.[903]

Der frühere und der neue Arbeitgeber lassen sich nicht pauschal als Einheit betrachten.[904] Hier ist zwischen Erwerber und Veräußerer zu differenzieren.

---

897 APS/Kiel, § 1 KSchG Rn 586; KDZ/Kittner, Einl. Rn 62 b.

898 So auch KDZ/Däubler, § 14 TzBfG Rn 162 a.

899 BAG vom 27.3.1981 - 7 AZR 523/78, AP Nr. 1 zu § 611 BGB Arbeitgebergruppe; Schaub, § 17 Rn 2.

900 BAG vom 27.3.1981 - 7 AZR 523/78, AP Nr. 1 zu § 611 BGB Arbeitgebergruppe; Schaub, § 17 Rn 2.

901 BAG vom 27.3.1981 - 7 AZR 523/78, AP Nr. 1 zu § 611 BGB Arbeitgebergruppe.

902 BAG vom 27.3.1981 - 7 AZR 523/78, AP Nr. 1 zu § 611 BGB Arbeitgebergruppe; Schaub, § 17 Rn 2.

903 BAG vom 10.8.1994 -- 10 AZR 937/93, AP Nr. 126 zu § 4 TVG; Schaub, § 118 Rn 74.

904 So aber HbArbR, Erg./Wank, § 116 Rn 197. Ebenso wie hier: Osnabrügge, NZA 2003, S. 639 (641).

a) für den Erwerber

aa) im Regelfall des bei Übergang bestehenden Arbeitsverhältnisses
Unproblematisch erscheint der Fall, dass ein Arbeitsverhältnis übergegangen ist. Eine Identität des Vertragsarbeitgebers ist gegeben, wenn das zuvor bestehende Arbeitsverhältnis vom Veräußerer auf den Erwerber gemäß § 613 a Abs. 1 BGB übergegangen war.[905] Ein Rechtsnachfolger im Sinne des § 613 a BGB gilt als derselbe Arbeitgeber.[906] Das bisherige Arbeitsverhältnis bleibt bestehen, so dass eine Neueinstellung schon deshalb ausscheidet.[907]
Durch den Übergang tritt der Erwerber automatisch in die Arbeitgeberstellung ein. Will er nun einen neuen befristeten Arbeitsvertrag mit dem jeweiligen Arbeitnehmer abschließen, bestand schon einmal dieses (übergegangene) Arbeitsverhältnis zwischen Arbeitnehmer und Erwerber.

bb) im Falle des Ausscheidens des Arbeitnehmers vor Betriebsübergang
Allerdings ist der neue Betriebsinhaber immer noch ein anderer Arbeitgeber, so dass ihm vor Betriebsübergang eingegangene, zum Zeitpunkt des Betriebsübergangs nicht mehr bestehende Arbeitsverhältnisse nicht als bereits „zuvor" eingegangene Arbeitsverhältnisse zugerechnet werden können.[908] Er tritt lediglich in die bestehenden Rechte und Pflichten des ehemaligen Arbeitgebers ein. Frühere Einstellungen des Veräußerers können ihm daher nicht zugerechnet werden. Ihm gegenüber bestand nie ein Arbeitsverhältnis.[909] Da nur auf denselben Arbeitgeber und nicht auf den Arbeitsplatz abgestellt wird, spielt es keine Rolle, ob der Arbeitnehmer dieselben oder ähnliche Tätigkeiten schon einmal verrichtet hat.[910] Der Schutz, der ansonsten aufgrund Rechtsnachfolge den Arbeitnehmern gewährt wird, darf hier nicht über § 14 Abs. 2 S. 2 TzBfG zu Lasten des Arbeitnehmers eingesetzt werden.[911]
Eine Identität des Vertragsarbeitgebers ist also dann nicht gegeben, wenn ein sachgrundlos befristeter Arbeitsvertrag im Falle eines Betriebsübergangs nach § 613 a BGB mit dem Betriebserwerber geschlossen wird und das vorausge-

---

905 APS[1]/Backhaus, § 1 BeschFG Rn 46; KR/Lipke, § 14 TzBfG Rn 305.
906 Buschmann/Dieball, § 14 TzBfG Rn 10.
907 Tschöpe/Schmalenberg, Teil 3 I Rn 16; so schon zu § 1 BeschFG 1985: Hanau, RdA 1987, S. 25 (26).
908 Annuß/Thüsing/Maschmann, § 14 TzBfG Rn 84; ErfK/Müller-Glöge, § 14 TzBfG Rn 120; KDZ/Däubler, § 14 TzBfG Rn 161; Kittner/Zwanziger/Lakies, § 133 Rn 221; KR/Lipke, § 14 TzBfG Rn 305; MK/Hesse, § 14 TzBfG Rn 81; SPV/Preis, I § 3 Rn 111 auf S. 48; Tschöpe/Schmalenberg, Teil 3 I Rn 16; v. Hoyningen-Huene/Linck, § 1 Rn 616; Bauer, BB 2001, 2473 (2476); Osnabrügge, NZA 2003, S. 639 (641).
909 KDZ/Däubler, § 14 TzBfG Rn 161.
910 Annuß/Thüsing/Maschmann, § 14 TzBfG Rn 84; Bauer; BB 2001, S. 2473 (2476).
911 BBDW/Bader, § 620 BGB Rn 60.

gangene Arbeitsverhältnis mit dem Veräußerer zur Zeit des Betriebsübergangs nicht mehr bestand.[912]

§ 14 Abs. 2 S. 2 TzBfG enthält auch keine Pflicht, einen Arbeitnehmer nicht erneut sachgrundlos befristet einzustellen, im Sinne einer Pflicht, die gemäß § 613 a Abs. 1 S. 1 BGB auf den Erwerber übergegangen sein könnte.[913] Es handelt sich hierbei um eine Obliegenheit des alten Arbeitgebers, deren Befolgung in seinem alleinigen Interesse steht, da ihn bei Nichtbefolgung die Konsequenzen des § 16 TzBfG treffen.[914] Im Übrigen sind die Folgen des § 613 a Abs. 1 S. 1 BGB nach seinem ausdrücklichen Wortlaut ohnehin auf die im Zeitpunkt des Übergangs bestehenden Arbeitsverhältnisse beschränkt. Selbst wenn man hier eine Pflicht des alten Arbeitgebers sehen würde, könnte diese somit nicht auf den neuen Arbeitgeber übergehen mit der Folge, dass er den entsprechenden Arbeitnehmer nicht mehr sachgrundlos nach § 14 Abs. 2 TzBfG befristet einstellen kann.

An einen Missbrauch ist aber dann zu denken, wenn ein Arbeitnehmer vor der Betriebsübernahme ausscheidet und direkt nach ihr wieder auf dem gleichen Arbeitsplatz beschäftigt wird. Wenn ersichtlich eine Umgehung der Befristungsregeln geplant war, sprich durch die Entlassung eine „Neueinstellung" ermöglicht werden sollte, ist die sachgrundlose Befristung nach § 242 BGB unwirksam.

b) für den Veräußerer

Setzt der Arbeitnehmer nach einem Betriebsübergang zunächst sein Arbeitsverhältnis mit dem Betriebserwerber fort und wechselt später in den Betrieb des Veräußerers, so kann dort, weil es sich um denselben Vertragsarbeitgeber handelt, kein sachgrundlos befristeter Arbeitsvertrag geschlossen werden.[915] Er wäre dann wieder bei seinem früheren Arbeitgeber beschäftigt. Auf einen engen sachlichen Zusammenhang wie beim BeschFG, der durch das dazwischenliegende Arbeitsverhältnis mit dem Betriebserwerber zu verneinen wäre, kommt es gerade nicht mehr an.

---

912 BBDW/Bader, § 620 BGB Rn 60; KDZ/Däubler, § 14 TzBfG Rn 161; KR/Lipke, § 14 TzBfG Rn 305.

913 Osnabrügge, NZA 2003, S. 639 (641).

914 Osnabrügge, NZA 2003, S. 639 (641). Vgl. zum Begriff der Obliegenheit: Palandt/Heinrichs, Einl. zu § 241 BGB Rn 13.

915 So auch APS[1]/Backhaus, § 1 BeschFG Rn 46; BBDW/Bader, § 620 BGB Rn 60; ErfK/Müller-Glöge, § 14 TzBfG Rn 120; KR/Lipke, § 14 TzBfG Rn 305.

5. Einordnung von Leiharbeitnehmern

a) bezogen auf die Person des Entleihers

Eine Vorbeschäftigung als Leiharbeitnehmer im Betrieb des Arbeitgebers ist nicht hinderlich, da bei solch einer Beschäftigung kein Arbeitsverhältnis zum Entleiher bestand, wie sich aus dem Umkehrschluss zu § 9 AÜG ergibt: Arbeitgeber ist in diesem Fall der Verleiher, nicht der Entleiher.[916] Auf die vorherige Arbeit im Betrieb des neuen Arbeitgebers oder einen engen sachlichen Zusammenhang zwischen den verrichteten Tätigkeiten kommt es auf Grund des Abstellens auf den Vertragsarbeitgeber gerade nicht an. Somit liegt keine Vorbeschäftigung bei demselben Arbeitnehmer vor. Es kann eine Neueinstellung im Sinne von § 14 Abs. 2 TzBfG in Form einer sachgrundlosen Befristung stattfinden.

b) bezogen auf die Person des Verleihers

Beschränkungen gibt es nur für das Verhältnis zwischen Verleiher und Leiharbeitnehmer: Die einmalige Befristung zwischen Verleiher und Leiharbeitnehmer ist ohne Sachgrund gemäß § 14 Abs. 2 TzBfG bis zur Dauer von zwei Jahren zulässig.[917] Die wiederholte Befristung ist nur zulässig, wenn sich für die Befristung aus der Person des Leiharbeitnehmers ein sachlicher Grund ergibt. Die weitere frühere Möglichkeit einer wiederholten Befristung gemäß § 9 Nr. 2 AÜG a.F. unter der Voraussetzung, dass die Befristung für einen Arbeitsvertrag vorgesehen ist, der unmittelbar an einen mit demselben Verleiher geschlossenen Vertrag anschließt, existiert seit dem 1. Januar 2004 nicht mehr.
Auch wenn der Arbeitnehmer nicht im Betrieb des Arbeitgebers tätig war, sondern verliehen wurde, ergeben sich keine Besonderheiten, die weitere sachgrundlose Befristungen ermöglichen. Das bereits bestandene Arbeitsverhältnis zum Leiharbeitnehmer ist rechtlich gesehen ein vorheriges Arbeitsverhältnis zum Verleiher, das weitere sachgrundlose Befristungen gemäß § 14 Abs. 2 S. 2 TzBfG ausschließt.

c) bei unwirksamer Arbeitnehmerüberlassung

Anders gestaltet sich jedoch der Fall, dass der Arbeitnehmerüberlassungsvertrag gemäß § 9 Nr. 1 AÜG unwirksam war, weil der Verleiher nicht über die nach

---

[916] Boewer, § 14 TzBfG Rn 140; ErfK/Müller-Glöge, § 14 TzBfG Rn 122; Kittner/Zwanziger/Lakies, § 133 Rn 221; KR/Lipke, § 14 TzBfG Rn 259, 306; BAG vom 8.12.1988 - 2 AZR 308/88, AP Nr. 6 zu § 1 BeschFG 1985; vgl. auch KDZ/Däubler, § 14 TzBfG Rn 161; HbArbR, Erg./Wank, § 116 Rn 194; MK/Hesse, § 14 TzBfG Rn 81; SPV/Preis, I § 3 Rn 110 auf S. 48; Küttner/Kania, Personalbuch 2006, Befristetes Arbeitsverhältnis, Rn 10; Meinel/Heyn/Herms, § 14 TzBfG Rn 82; Tschöpe/Schmalenberg, Teil 3 I Rn 15; Ring, § 14 TzBfG Rn 116.

[917] Küttner/Röller, Personalbuch 2006, Leiharbeitnehmer, Rn 8.

§ 1 AÜG erforderliche Erlaubnis zur gewerbsmäßigen Arbeitnehmerüberlassung verfügte. Dann wird der Entleiher kraft gesetzlicher Fiktion nach § 10 Abs. 1 i.V.m. § 9 Nr. 1 AÜG Arbeitgeber des bei ihm eingesetzten Leiharbeitnehmers. Damit scheitern spätere sachgrundlose Befristungen des entsprechenden Arbeitnehmers durch den Entleiher an § 14 Abs. 2 S. 2 TzBfG.

6. Einordnung von Umwandlungen

Zu klären ist weiterhin, wie Umwandlungen nach dem Umwandlungsgesetz (UmwG) sich auf die Arbeitgeberstellung auswirken. Umwandlungen sind gemäß § 1 Abs. 2 UmwG grundsätzlich nur in den gesetzlich vorgesehenen Fällen möglich, sprich durch Verschmelzung, Spaltung, Vermögensübertragung oder Formwechsel. Zwischen diesen Fällen ist zu differenzieren.

a) Verschmelzung

Die Verschmelzung ist gemäß § 2 UmwG durch Aufnahme und durch Neugründung möglich. Bei der Verschmelzung durch Aufnahme übertragen ein oder mehrere Rechtsträger sein/ihr Vermögen als Ganzes auf einen anderen Rechtsträger. Der/die übertragende(n) Rechtsträger geht/gehen (mit der Eintragung der Verschmelzung in das Register des Sitzes des übernehmenden Rechtsträgers) gemäß § 20 Abs. 1 Nr. 1 und 2 UmwG unter, während der übernehmende Rechtsträger mit dem übernommenen Vermögen fortbesteht.[918]

Bei der Verschmelzung durch Neugründung übertragen mehrere Rechtsträger ihr Vermögen auf einen gleichzeitig neu gebildeten Rechtsträger, mit der Folge dass die alten Rechtsträger mit der Eintragung der Verschmelzung gemäß §§ 20 Abs. 1 Nr. 1 und 2, 36 Abs. 1 UmwG erlöschen.[919]

In beiden Fällen ist eine zum Zeitpunkt der Verschmelzung bereits beendete Vorbeschäftigung bei einem übernommenen Rechtsträger für eine Beschäftigung beim übernehmenden bzw. beim neu gebildeten Rechtsträger - wie bei § 613 a BGB - unschädlich, denn auch hier gingen die übertragenden Rechtsträger unter, so dass die nach der Verschmelzung erfolgende Einstellung nicht bei „demselben" Arbeitgeber erfolge.[920]

Sobald rechtlich eine neue Gesellschaft besteht, kann ohnehin kein Arbeitsvertrag mit demselben Vertragsarbeitgeber bestanden haben.

---

918 Vgl. KDZ/Zwanziger, Vorbem. UmwG Rn 4; Bauer, BB 2001, S. 2473 (2476).

919 Vgl. KDZ/Zwanziger, Vorbem. UmwG Rn 4; Bauer, BB 2001, S. 2473 (2476).

920 BAG vom 10.11.2004 - 7 AZR 101/04, DB 2005, S. 950 (950); LAG Berlin vom 29.1.2004 - 16 Sa 1698/03, LAGE § 14 TzBfG Nr. 13 a (zustimmende Anmerkung: Thau, jurisPR-ArbR 21/2004); Kittner/Zwanziger/Lakies, § 133 Rn 221; KR/Lipke, § 14 TzBfG Rn 305; MK/Hesse, § 14 TzBfG Rn 81; Tschöpe/Schmalenberg, Teil 3 I Rn 16; Bauer, BB 2001, S. 2473 (2476); Osnabrügge, NZA 2003, S. 639 (641).

b) Spaltung

Die Spaltung ist in Form der Aufspaltung, der Abspaltung und der Ausgliederung jeweils zur Aufnahme oder zur Neugründung möglich, § 123 UmwG.

Bei der Aufspaltung zur Aufnahme erlischt der übertragende Rechtsträger und überträgt sein Vermögen als Gesamtheit auf andere bestehende Rechtsträger (§ 123 Abs. 1 Nr. 1 UmwG).

Bei der Aufspaltung zur Neugründung erlischt der übertragende Rechtsträger und überträgt sein Vermögen auf andere, von ihm durch die Übertragung neu gegründete Rechtsträger. Hier liegen neue Rechtsträger und somit neue Vertragsarbeitgeber vor. Auch hier kann für bereits beendete Vorbeschäftigungen des übertragenden Rechtsträgers, der erlischt, nichts anderes als das zu Verschmelzungen Gesagte gelten.[921]

Bei der Abspaltung und der Ausgliederung spaltet der übertragende Rechtsträger einen Teil oder mehrere Teile seines Vermögens ab bzw. gliedert diese(n) aus und überträgt ihn/sie auf einen oder mehrere Rechtsträger oder gründet durch die Übertragung einen oder mehrere neue Rechtsträger. Der übertragende Rechtsträger erlischt mangels vollständiger Übertragung seines Vermögens nicht. Hier ist der übernehmende Rechtsträger wiederum anderer Vertragsarbeitgeber, so dass Vorbeschäftigungen nicht eine sachgrundlose Befristung nach § 14 Abs. 2 TzBfG bei dem oder den übernehmenden Rechtsträgern verhindern können.

c) Vermögensübertragung

Gleiches gilt für eine Vermögensübertragung gemäß § 174 UmwG auf einen anderen bestehenden Rechtsträger.

Bei Verschmelzungen, Spaltungen und Vermögensübertragungen sollen gemäß § 324 UmwG die Folgen des § 613 a BGB eintreten, wenn die einzelne Umwandlung auch die Voraussetzungen des § 613 a BGB erfüllt.[922] Die bestehenden Arbeitsverhältnisse gehen auf den übernehmenden Rechtsträger als Erwerber über.[923] Will dieser nun einen neuen befristeten Arbeitsvertrag mit dem jeweiligen Arbeitnehmer abschließen, bestand schon einmal dieses übergegangene Arbeitsverhältnis, so dass das Anschlussverbot greift.

Werden Umwandlungen ersichtlich zur Ermöglichung erneuter sachgrundloser Befristungen durchgeführt[924], sind diese nach obigen Maßstäben auf Grund Rechtsmissbrauchs unwirksam.

---

921 Vgl. KR/Lipke, § 14 TzBfG Rn 305.

922 KDZ/Zwanziger, § 324 UmwG Rn 1.

923 KDZ/Zwanziger, § 324 UmwG Rn 4.

924 Vgl. die Bedenken von Straub, NZA 2001, S. 919 (927): Einrichtung eigener Gesellschaften durch Firmen (in der Regel Konzernunternehmen) für die Erstanstellung befristet beschäftigter Arbeitnehmer, insbesondere von studentischen Hilfskräften.

c) Formwechsel

Keine Probleme hinsichtlich des Anschlussverbots ergeben sich beim Formwechsel gemäß § 190 UmwG, da der Rechtsträger unverändert erhalten bleibt und sich nur seine Rechtsform ändert. Der Vertragspartner des Arbeitnehmers bleibt - wenngleich in anderer Rechtsform - bestehen.[925] Nach einem Formwechsel sind somit keine neuen sachgrundlosen Befristungen im Sinne des § 14 Abs. 2 mit ehemaligen Arbeitnehmern möglich.[926]

III. Das Verständnis des Begriffes „zuvor"

Das oben erläuterte Erfordernis einer Neueinstellung leitet sich insbesondere aus dem Wort „zuvor" ab. Fraglich ist jedoch, wie diese zeitliche Komponente des Anschlussverbotes zu verstehen ist.

Diese wird teilweise auf Grund des als eindeutig empfundenen Wortlauts so interpretiert, dass ein irgendwann einmal bestandenes Arbeitsverhältnis mit demselben Arbeitgeber verhindert, dass von der Möglichkeit sachgrundloser Befristungen im Sinne von § 14 Abs. 2 S. 1 TzBfG Gebrauch gemacht werden kann.[927] Und zwar ganz pauschal - ohne wenn und aber - unabhängig davon, ob ein sachlicher Zusammenhang mit der neuerlichen Beschäftigung besteht oder nicht.[928] Deshalb wird es teilweise auch als „absolutes Anschluss- oder Nachfolgeverbot" bezeichnet.[929]

Nach anderer Ansicht ist eine einschränkende Auslegung des Begriffs „zuvor" möglich und nach dem Gesetzeszweck zu befürworten.[930] Es müsse ein relevanter Zusammenhang zwischen den Arbeitsverträgen vorliegen, damit § 14 Abs. 2

---

925 KDZ/Zwanziger, Vorbem. UmwG Rn 3.

926 So scheinbar auch KR/Lipke, § 14 TzBfG Rn 305.

927 LAG Düsseldorf vom 11.1.2002 - 9 Sa 1612/01, LAGE § 14 TzBfG Nr. 2; LAG Rheinland-Pfalz vom 12.4.2002 - 3 Sa 1469/01, NZA 2002, S. 1037 (1037); Annuß/Thüsing/Maschmann, § 14 TzBfG Rn 77; BBDW/Bader, § 620 BGB Rn 59; KR/Lipke, § 14 TzBfG Rn 268 a, 296, 298 a; Meinel/Heyn/Herms, § 14 TzBfG Rn 76; Tschöpe/Schmalenberg, Teil 3 I Rn 15; Backhaus, NZA 2001, SB zu Heft 24, S. 8 (11); Hromadka, BB 2001, S. 621 (627) und NJW 2001, S. 400 (404); Lembke, NJW 2006, S. 325 (326); Preis/Gotthardt, DB 2000, S. 2065 (2072); Richardi/Annuß, BB 2000, S. 2201 (2204); Schübel, Newsletter 108, S. 2; Sowka, DB 2000, S. 2427 (2428 f).

928 LAG Rheinland-Pfalz vom 12.4.2002 - 3 Sa 1469/01, NZA 2002, S. 1037 (1037); Palandt/Weidenkaff, § 620 BGB Rn 31; Richardi/Annuß, BB 2000, S. 2201 (2204).

929 Annuß/Thüsing/Maschmann, § 14 TzBfG Rn 76; Preis/Rolfs, Teil II B 10 Rn 110.

930 Löwisch, BB 2001, S. 254 (255); unterstützt von: Annuß/Thüsing/Maschmann, § 14 TzBfG Rn 78; ErfK/Müller-Glöge, § 14 TzBfG Rn 124 f.; Bauer, BB 2001, S. 2473 (2475); Osnabrügge, NZA 2003, S. 639 (642); Sasse, ArbRB 2003, S. 148 (149); Straub, NZA 2001, S. 919 (926), trotz des von ihm als eindeutig bezeichneten Wortlauts; Thüsing, ZfA 2004, S. 67 (90); einschränkend: HbArbR, Erg./Wank, § 116 Rn 191.

S. 2 TzBfG eingreift.[931] Dieser Zusammenhang habe eine sachliche und eine zeitliche Dimension. Ein viele Jahre zurückliegendes Arbeitsverhältnis oder ein hinsichtlich der Beschäftigungsart keinen Bezug zu einem vorherigen Arbeitsverhältnis aufweisendes Arbeitsverhältnis solle einer sachgrundlosen Befristung nicht schaden können. Wo kein Zusammenhang besteht, erscheine die Begrenzung der Vertragsfreiheit des Arbeitgebers auch im Interesse des Arbeitnehmers nicht sinnvoll, da die Möglichkeit der sachgrundlosen Befristung ja gerade in Hinblick auf arbeitsmarktpolitische Erwägungen geschaffen worden sei.[932]

Daher ist nach den allgemeinen Auslegungsgrundsätzen zu untersuchen, wie der Begriff „zuvor" zu verstehen ist, und ob das Anschlussverbot teleologisch reduziert werden kann.

1. Auslegungskriterien

Nach Ansicht des Bundesverfassungsgerichts ist der zu analysierende Begriff in der konkret anzuwendenden Einzelnorm Ausgangspunkt der Gesetzesauslegung.[933] Die Auslegung nach dem Wortlaut bildet allerdings nicht das einzig maßgebliche Kriterium. Für die Auslegung einer Gesetzesvorschrift und der in ihr enthaltenen Rechtsbegriffe ist der darin zum Ausdruck kommende „objektive Wille" des Gesetzgebers von entscheidender Bedeutung.[934] Diesem Auslegungsziel dient nicht nur die Auslegung nach dem Wortlaut (grammatikalische Auslegung), sondern auch die aus ihrem Zusammenhang (systematische Auslegung), aus ihrem Sinn und Zweck (teleologische Auslegung) und schließlich aus den Gesetzesmaterialien und der Entstehungsgeschichte (historische Auslegung).[935] Diese Auslegungskriterien schließen sich nicht gegenseitig aus, sondern stützen und ergänzen sich.[936]

Da es entscheidend auf den „objektivierten Willen" des Gesetzgebers ankommt, kann die historische Auslegung nur zur Bestätigung eines anderweitig gefundenen Auslegungskriteriums herangezogen werden.[937] Die Gesetzesmaterialien müssen auf den objektiven Gesetzesinhalt schließen lassen, subjektive Vorstellungen der am Gesetzgebungsverfahren beteiligten Organe sind nicht entscheidend.[938] Eine gewisse Priorität wird der teleologischen Auslegung eingeräumt;

---

931 Löwisch, BB 2001, S. 254 (255).

932 Thüsing, ZfA 2004, S. 67 (90).

933 Ständige Rechtsprechung des BVerfG: BVerfGE 1, 299 (312); 6, 32 (38); 10, 234 (244); 11, 126 (130); 33, 265 (294); so auch Larenz/Canaris, S. 163.

934 BVerfGE 1, 299 (312); 10, 234 (244); 11, 126 (130); 33, 265 (294).

935 BVerfGE 1, 299 (312); 6, 32 (38); 10, 234 (244); 11, 126 (130); 24, 1 (15); 35, 263 (278).

936 BVerfGE 11, 126 (130).

937 BVerfGE 6, 389 (431); 11, 126 (126); 36 (342), 267; 41, 191 (309).

938 BVerfGE 10, 234 (244); 11, 126 (130).

denn insbesondere Sinn und Zweck der konkreten Bestimmung formen nach der Rechtsprechung des BVerfG den Inhalt der von ihr verwendeten Begriffe.[939]

a) grammatikalische Auslegung

Als Ausgangspunkt der Gesetzesauslegung hat zunächst eine Auslegung des Begriffs „zuvor" nach seinem Wortsinn zu erfolgen. „Zuvor" bedeutet „vorher" oder „in der Vergangenheit" und lässt aus sich heraus keine andere Interpretation zu. Zwar steht im Gesetz nicht „jemals zuvor" oder „irgendwann zuvor"; da der Begriff „zuvor" jedoch bereits die gesamte Vergangenheit erfasst, wäre diese Hinzufügung überflüssig gewesen.

Um eine Einschränkung zu erreichen, hätte dem Wort ein Zusatz, der auf einen bestimmten Zeitraum in der Vergangenheit hinweist, hinzugefügt werden müssen.

In § 14 Abs. 2 S. 2 TzBfG findet sich vor dem Begriff „zuvor" der Zusatz „bereits". Das „bereits zuvor" lässt sich allerdings lediglich mit „schon vorher" übersetzen. Das „bereits" oder „schon" begrenzt die Zeitspanne gerade nicht, weil sich diesem Wort kein zeitlicher Aspekt entnehmen lässt, denn es heißt nicht etwa „gerade zuvor" oder „kurz zuvor".

Der Wortlaut des § 14 Abs. 2 S. 2 TzBfG stellt folglich eindeutig auf den gesamten vorherigen Zeitraum ab.

Auch ein Vergleich mit der grammatikalischen Auslegung der Vorgängerregelungen, § 1 Abs. 1 S. 2 BeschFG 1985 und § 1 Abs. 3 S. 1 BeschFG 1996, führt zu keinem anderen Ergebnis: Beide Regelungen stellten zwar auf „vorhergehende" Arbeitsverträge ab, enthielten mit dem Begriff „vorher" also einen dem „zuvor" ähnlichen Begriff. Dass es damals nicht zu einer Interpretation als „irgendwann zuvor" kam, lag aber daran, dass der enge sachliche Zusammenhang gemäß § 1 Abs. 1 S. 3 BeschFG 1985 und § 1 Abs. 3 S. 2 BeschFG 1996 den Zeitraum ohnehin auf vier Monate begrenzte.

Nach der grammatikalischen Auslegung verhindert somit ein irgendwann einmal bestandenes Arbeitsverhältnis mit demselben Arbeitgeber, dass von der Möglichkeit sachgrundloser Befristungen im Sinne des § 14 Abs. 2 S. 1 TzBfG Gebrauch gemacht werden kann.

b) systematische Auslegung

Aus der Stellung des § 14 Abs. 2 S. 2 TzBfG innerhalb des § 14 TzBfG könnte sich dieses Auslegungsergebnis bestätigen lassen.

Für eine enge Auslegung der Möglichkeiten der sachgrundlosen Befristung im Sinne des § 14 Abs. 2 TzBfG und damit für ein weitreichendes Anschlussverbot spricht die Systematik des § 14 TzBfG, insbesondere das Regel-Ausnahme-

---

[939] BVerfGE 1, 299 (312); 10, 234 (244); 11, 126 (130); 33, 265 (294).

Verhältnis: Der Grundsatz soll die Befristung mit Sachgrund im Sinne des § 14 Abs. 1 TzBfG sein, eine Befristung ohne Sachgrund die Ausnahme. Ausnahmevorschriften sind grundsätzlich eng auszulegen.

§ 14 TzBfG ist inhaltlich so strukturiert, dass die Befristungsmöglichkeiten von Absatz zu Absatz, beginnend mit Abs. 1, immer größer werden:
§ 14 Abs. 1 TzBfG erlaubt die Befristung nur mit Sachgrund.
Nach § 14 Abs. 2 TzBfG ist die Befristung ohne Sachgrund nur für zwei Jahre bei maximal drei Verlängerungen und nur bei einer Neueinstellung zulässig.
Gemäß § 14 Abs. 2 a TzBfG ist die Befristung ohne Sachgrund durch Existenzgründer für vier Jahre bei unbegrenzter Verlängerungsmöglichkeit und nur bei einer Neueinstellung möglich.
§ 14 Abs. 3 TzBfG gestattet die Befristung älterer Arbeitnehmer ohne Sachgrund praktisch unbegrenzt.

Die erleichterte Möglichkeit des Abschlusses befristeter Arbeitsverträge mit älteren Arbeitnehmern in § 14 Abs. 3 TzBfG, die durch eine Herabsetzung der Altersgrenze von 58 auf 52 Jahre erweitert wurde, und die neue Regelung für Existenzgründer in § 14 Abs. 2 a TzBfG sprechen generell dafür, dass der Gesetzgeber speziell in diesen Bereichen weitreichende Möglichkeiten bieten wollte, während er die Anwendungsmöglichkeiten der Grundregelung für die Zulässigkeit sachgrundloser Befristungen - also den § 14 Abs. 2 TzBfG - ganz eng hielt. Dafür spricht auch die Schaffung der tariflichen Öffnungsklausel, die erweiterte branchenspezifische Lösungen in Bezug auf bestimmte gesetzliche Höchstgrenzen ermöglichen sollte[940]. Aus dieser Inhaltsstruktur lässt sich entnehmen, dass die Möglichkeiten der sachgrundlosen Befristung auch aus Sicht des Gesetzgebers eng sind, sie aber bei einem entsprechenden Willen der Tarifvertragsparteien - also wiederum nur im Ausnahmefall - erweitert werden können.[941]

Der Vergleich des § 14 Abs. 2 S. 2 TzBfG mit § 14 Abs. 3 S. 2 TzBfG zeigt des Weiteren, dass der Gesetzgeber sich vom Anschlussverbot des § 1 Abs. 3 BeschFG 1996 lösen wollte: Das Anschlussverbot des § 14 Abs. 3 S. 2 TzBfG hat er ähnlich dem des Vorgängers aufgebaut, das Anschlussverbot des § 14 Abs. 2 S. 2 TzBfG aber durch eine neue Formulierung weiter gefasst (und die Möglichkeit sachgrundloser Befristungen damit enger) und nicht mehr auf einen

---

940 Vgl. BT-Drucks. 14/4374, S. 14.

941 Dies ist jedoch - zugegebenermaßen - nur ein grundsätzliches Argument, da die Tarifvertragsparteien gerade hinsichtlich der „zuvor-Regelung" keine abweichende Regelung treffen dürfen, sondern nur hinsichtlich der Höchstdauer und der maximalen Verlängerungsanzahl.

„engen sachlichen Zusammenhang“ abgestellt. Lediglich die Einleitungen „Eine Befristung [...] ist nicht zulässig, wenn ...“ sind nahezu identisch.
Des Weiteren enthielten die Anschlussverbote sowohl des BeschFG 1985 als auch 1996 die Formulierung „vorhergehender Arbeitsvertrag mit demselben Arbeitgeber“, waren also auch diesbezüglich nicht so weitgehend wie das Anschlussverbot des TzBfG, das auf „bereits zuvor bestandene Arbeits*verhältnisse* mit demselben Arbeitgeber“ abstellt.[942] Im Übrigen zeigt die Änderung des Begriffs „Arbeitsvertrag“ hin zum „Arbeitsverhältnis“, dass sich der Gesetzgeber über die Begrifflichkeiten Gedanken gemacht haben muss. Entsprechendes dürfte als auch für den Begriff „zuvor“ gelten.
Es ist also keine planwidrige Regelungslücke gegeben. Im Gegenteil: Es wurde eine in der Vorgängerregelung enthaltene Lücke durch die Neuregelung geschlossen. Der Gesetzgeber hat sich somit erkennbar bewusst gegen ein Abstellen auf einen „engen sachlichen Zusammenhang“ mit früheren Arbeitsverhältnissen oder -verträgen entschieden, so dass keine entsprechende Anwendung des § 14 Abs. 3 S. 2 TzBfG oder der zum Anschlussverbot des § 1 Abs. 3 BeschFG 1996 entwickelten Grundsätze stattfinden kann. Folglich würde die Ermöglichung einer erneuten sachgrundlosen Befristung zwischen denselben Arbeitsvertragsparteien im Falle einer andersgearteten oder eine bestimmte Anzahl von Jahren zurückliegenden Beschäftigung der Systematik widersprechen. Über diesen Widerspruch kann auch nicht die Forderung eines „relevanten Zusammenhangs“ statt eines „engen Zusammenhangs“ hinwegtäuschen[943], da dies lediglich einen Versuch darstellt, die Grenzen der Auslegung durch eine andere Bezeichnung zu überwinden.
Die systematische Auslegung bestätigt somit das Ergebnis der grammatikalischen Auslegung.

c) historische Auslegung

Im Rahmen einer historischen Auslegung können sowohl aus der Entstehungsgeschichte und der Entwicklungsgeschichte des Gesetzes als auch aus den Gesetzesmaterialien zum TzBfG wertvolle Informationen zur Auslegung des Anschlussverbotes entnommen werden.
Die §§ 14 ff. TzBfG wurden infolge des Auslaufens des BeschFG 1996 zum 31.12.2000 und auf Grund der Pflicht zur Umsetzung der Richtlinie 1999/70/EG geschaffen. Sie entstanden in einer Zeit unverändert bedeutender Beschäfti-

---

942 Bezüglich des BeschFG 1985 wurde die Wahl des Wortes „Arbeitsvertrag“ allerdings teilweise als Redaktionsversehen betrachtet: Gemeint sei „Arbeitsverhältnis“. Folgt man dieser Ansicht, so wäre die entsprechende Änderung innerhalb des Anschlussverbotes eine bewusste Korrektur dieses Redaktionsversehens. Vgl. Bruschke, S. 123; Winterfeld, Art. 1 § 1 BeschFG Rn 99.

943 Vgl. die begriffliche Differenzierung bei Bauer, BB 2001, S. 2473 (2475); Löwisch, BB 2001, S. 254 (255); Straub, NZA 2001, S. 919 (926).

gungsprobleme, weshalb sich der Gesetzgeber veranlasst sah, die Möglichkeit der sachgrundlosen Befristung generell beizubehalten.
Auf der anderen Seite wollte der Gesetzgeber des TzBfG die Befristung ohne Sachgrund nur eingeschränkt zulassen, weshalb die dazu gesetzten Voraussetzungen grundsätzlich restriktiv auszulegen sind.[944] Insbesondere wollte er die nach dem BeschFG 1996 bestehende Möglichkeit von Befristungsketten deutlich einschränken und damit gleichzeitig die EG-Richtlinie zur Einschränkung von Kettenarbeitsverhältnissen umsetzten. Die aus der Struktur ersichtliche Abkehr des Gesetzgebers vom alten Recht entsprach also dem tatsächlichen gesetzgeberischen Willen.
Man könnte nun kritisch anmerken, dass diese generelle Zielsetzung noch nicht die Frage beantwortet, wie weit die Einschränkungen genau gehen sollten. Dies machte der Gesetzgeber jedoch in seiner amtlichen Begründung zum Gesetzentwurf deutlich. Er wies an verschiedenen Stellen darauf hin, dass Befristungen ohne Vorliegen eines sachlichen Grundes, die er teilweise auch als „erleichterte Befristungen" bezeichnet, nur bei einer *Neueinstellung* zulässig sind.[945] Er definierte explizit: „nur bei einer Neueinstellung, d. h. bei der *erstmaligen* Beschäftigung eines Arbeitnehmers durch einen Arbeitgeber".[946] Der Gesetzgeber sprach des Weiteren von „der nach neuem Recht nur *einmaligen Möglichkeit* der Befristung ohne Sachgrund, die den Arbeitgeber veranlasse, den Arbeitnehmer entweder unbefristet weiterzubeschäftigen oder bei weiter bestehendem Arbeitskräftebedarf einen anderen Arbeitnehmer befristet einzustellen".[947]
Somit sprechen die Gesetzesmaterialien eindeutig dafür, das Wort „zuvor" so auszulegen, dass die gesamte Vergangenheit ohne Einschränkungsmöglichkeiten erfasst ist.

Dafür spricht hier auch der konkrete gesetzgeberische Wille: Der Gesetzgeber hat Anregungen[948] im Gesetzgebungsverfahren, die Regelung „bezüglich des einmal und nie wieder" zu lockern, nicht aufgenommen.[949] Der bereits kurz nach Vorliegen des Gesetzentwurfs unterbreitete Änderungsvorschlag - eine Ersetzung des interpretationsbedürftigen Wörtchens „zuvor" durch eine Formulierung, die darauf abstellt, ob innerhalb der letzten zwei Jahre bereits ein befriste-

---

944 KR/Lipke, § 14 TzBfG Rn 293.
945 BT-Drucks. 14/4374, S. 2 und 14.
946 BT-Drucks. 14/4374, S. 14.
947 BT-Drucks. 14/4374, S. 14.
948 Preis/Gotthardt, DB 2000, S. 2072; Schiefer, DB 2000, S. 2022; Preis in der Anhörung der Sachverständigen, BT-Drucks. 14/4625, S. 18; vgl. KR/Lipke, § 14 TzBfG Rn 268 a.
949 BT-Drucks. 14/4374, S. 13, 14, 19; BT-Drucks. 14/4625, S. 20; vgl. KR/Lipke, § 14 TzBfG Rn 268 a.

tes oder unbefristetes Arbeitsverhältnis bestanden hat[950] - wurde nicht umgesetzt, sondern die Formulierung unverändert beibehalten.
Demgegenüber sah sich der Gesetzgeber auf Grund der Hinweise im Schrifttum zu den als nicht ganz eindeutig empfundenen Verlängerungsmöglichkeiten dazu veranlasst, den § 14 Abs. 2 S. 1 Hs. 2 TzBfG klarzustellen und besserte die Gesetzesfassung diesbezüglich nach.[951]
Außerdem hat er explizit auf das Fragerecht des Arbeitgebers nach Vorbeschäftigungen des Arbeitnehmers bei ihm hingewiesen.[952] Eines solchen Fragerechts für die Vergangenheit bedürfte es nicht, wenn nur Vorbeschäftigungen der letzten zwei oder drei Jahre eine sachgrundlose Befristung ausschließen sollten. Denn dieser Zeitraum ließe sich für den Arbeitgeber in der Regel gerade noch überblicken.
Auch eine im Gesetzgebungsverfahren zur HRG-Novelle vom Bundesrat vorgeschlagene Änderung des Abs. 2 ist nicht Gesetz geworden.[953]
Des Weiteren hat der Gesetzgeber auch im Jahre 2003 in der Problemschilderung zum „Gesetz zu Reformen am Arbeitsmarkt“ zwar erklärt „Zu weit gehende Regelungen im Gesetz über Teilzeitarbeit und befristete Arbeitsverträge vom 21. Dezember 2000 sollen auf das notwendige und sinnvolle Maß beschränkt werden.“, jedoch § 14 Abs. 2 S. 2 TzBfG nicht angetastet; trotz aller Kritik nicht. Im Gegenteil: Ein neuer § 14 Abs. 2 a TzBfG wurde geschaffen, für den die Regelungen in § 14 Abs. 2 S. 2 bis 4 TzBfG sogar entsprechende Anwendung finden.
Aufgrund der bestehenden Kritik am Befristungsrecht, die nochmals im Rahmen des Arbeitsmarktreformgesetzes geäußert wurde[954], hätte der Gesetzgeber im Rahmen der Änderungen die Chance nutzen müssen, das Anschlussverbot des § 14 Abs. 2 S. 2 TzBfG entsprechend zu ändern. Die Kritiker wiesen explizit auf die zwingende Notwendigkeit hin, dass der Gesetzgeber gerade die „beschäftigungspolitisch kontraproduktive Regelung in § 14 Abs. 2 S. 2 TzBfG abschafft, um Impulse für den Arbeitsmarkt zu geben.[955] Das durch das Wörtchen „zuvor“ begründete „Ersteinstellungsgebot“ gehöre schleunigst gestrichen.[956]
Dem Gesetzgeber wurden unterschiedlich weit reichende Möglichkeiten einer Änderung des Anschlussverbotes unterbreitet:
Statt der „zuvor-Regelung“ sollte nach einer Ansicht eine Sachzusammenhangsregelung im Sinne einer Sechsmonatsfrist in Bezug auf eine Vorbeschäftigung

950 Preis/Gotthardt, DB 2000, S. 2065 (2072).
951 Siehe oben, Abschnitt B) I. 3. b) aa).
952 BT-Drucks. 14/4374, S. 19.
953 Darauf weist MK/Hesse, § 14 TzBfG Rn 79 hin. Vgl. BT-Drucks. 14/6853, S. 40 f.
954 Explizit: Bauer/Preis/Schunder, NZA 2003, S. 704 (706); Preis, NZA 2003, S. 252 (257).
955 Bauer und Preis bejahten die diesbezüglich von Schunder kritisch formulierte Frage in Bauer/Preis/Schunder, NZA 2003, S. 704 (706).
956 Bauer in Bauer/Preis/Schunder, NZA 2003, S. 704 (706).

bei demselben Arbeitgeber aufgenommen werden.[957] Dies hätte in etwa eine Rückkehr zu § 1 Abs. 1 S. 2 BeschFG 1985 bedeutet, modifiziert durch einen von vier auf sechs Monate - dem heutigen § 14 Abs. 3 S. 2 TzBfG entsprechend - erweiterten Zeitraum und die heutigen Verlängerungsmöglichkeiten.
Von anderer Seite wurde vorgeschlagen, im Rahmen einer Kündigungsschutzgesetzänderung Teile des TzBfG ins KSchG einzufügen und die „zuvor-Regelung" auf einen Zweijahreszeitraum zu beschränken.[958] Hiernach wäre eine Rechtssicherheit schaffende, aber die Möglichkeiten der sachgrundlosen Befristung im Sinne des § 14 Abs. 2 TzBfG erweiternde Regelung die Folge gewesen, welche der viel weiterreichenden ersten Lösung jedoch vorzuziehen gewesen wäre.
Der Gesetzgeber hat weder diese Vorschläge aufgegriffen, noch sich durch die enge Auslegung des Anschlussverbotes durch Schrifttum und Rechtsprechung veranlasst gesehen, den § 14 Abs. 2 S. 2 TzBfG zu ändern. Dies bedeutet, dass er nicht von einem zu engen und damit änderungsbedürftigen § 14 Abs. 2 S. 2 TzBfG ausgeht.
Dass er stattdessen mit § 14 Abs. 2 a TzBfG eine erweiterte Sonderregelung schuf, zeigt, dass er nur bezüglich der Existenzgründer bereit war, die Zulässigkeit sachgrundloser Befristungen zu erweitern.
Da Bundeskanzler Schröder in der Regierungserklärung vom 17.3.2005 angekündigt hat, das absolute Verbot einer Vorbeschäftigung beim gleichen Arbeitgeber aufheben und auf nur noch zwei Jahre beschränken zu wollen[959], scheint sich die Einstellung der Regierung zu § 14 Abs. 2 S. 2 TzBfG nun doch geändert zu haben. Der Änderungswille und das Betiteln als „absolutes Vorbeschäftigungsverbot" bestätigt jedoch wiederum das Obengesagte.
Im Ergebnis bestätigt die historische Auslegung somit das Ergebnis der Auslegung nach dem Wortlaut und das der systematischen Auslegung. Wie von der Rechtsprechung gefordert, liegt ein „objektivierter Wille" des Gesetzgebers vor.

d) teleologische Auslegung

Zwar handelt es sich bei § 14 TzBfG als Nachfolger des § 1 BeschFG noch immer[960] um ein Beschäftigungsförderungsgesetz, dessen Hintergrund die Massenarbeitslosigkeit ist. Daher wurden im Interesse der Flexibilität der Beschäftigung und in der Hoffnung des Gesetzgebers, dass befristete Arbeitsverträge in unbe-

957 Bauer in Bauer/Preis/Schunder, NZA 2003, S. 704 (706).
958 Preis in Bauer/Preis/Schunder, NZA 2003, S. 704 (706 f). Preis, NZA 2003, S. 252 (257).
959 Vgl. dazu Deter, AuR 2005, S. 178 (184).
960 Vgl. Häfele, S. 100, zu § 1 BeschFG 1985.

fristete münden (Brückenfunktion)[961], die erleichterten Befristungsmöglichkeiten (Befristungen ohne Sachgrund) beibehalten.[962]
Doch hat das Anschlussverbot, das es hier teleologisch auszulegen gilt, selbst eine arbeitnehmerschützende Funktion: Durch die Beschränkung der sachgrundlosen Befristungen auf Neueinstellungen sollte im Unterschied zum bisherigen Recht die theoretisch unbegrenzte Aufeinanderfolge befristeter Arbeitsverträge ausgeschlossen werden.[963] Der Sinn und Zweck des § 14 Abs. 2 S. 2 TzBfG sollte demnach die Eindämmung von Befristungsketten sein; insbesondere der bisher mögliche Wechsel von befristeten Arbeitsverträgen mit und ohne Sachgrund sollte verhindert werden.
Das Erreichen dieses Ziels wäre - hierin ist den Kritikern Recht zu geben - grundsätzlich auch durch eine nicht so weit gehende Regelung wie die des „einmal und nie wieder" möglich. Auch ein Abstellen auf die Vergleichbarkeit der Tätigkeiten oder das Zulassen erneuter sachgrundloser Befristungen nach einem gewissen zeitlichen Abstand, könnte grundsätzlich entsprechende Befristungsketten verhindern.
Jedoch oblag die Entscheidung über die Reichweite des Anschlussverbotes dem Gesetzgeber; er hat die Einschätzungsprärogative. Wenn nach der Ansicht des Gesetzgebers die Ausnutzung von Befristungsmöglichkeiten am effektivsten dadurch verhindert werden kann, dass der sachgrundlosen Befristung radikale Grenzen gezogen werden, so ist dies legitim.

Sachgrundlose Befristungen sollten nach dem erklärten Ziel des Gesetzgebers die Ausnahme sein. Sie sollten gerade nicht mehrmals zwischen denselben Vertragspartnern vereinbart werden können. Gerade eine solche Möglichkeit hätte der vom Gesetzgeber mehrmals betonten Brückenfunktion zugunsten der Arbeitnehmer widersprochen.
Über den gesetzgeberischen Willen der lediglich einmaligen Möglichkeit der Befristung ohne Sachgrund, die durch den Begriff „zuvor" objektiver Gesetzesinhalt geworden ist, darf sich daher nicht auf Grund von Zweckmäßigkeitserwägungen aus Arbeitgebersicht hinweggesetzt werden. Eine Korrektur der Reichweite des Anschlussverbotes durch eine teleologische Reduktion wäre folglich verfehlt. Der Wortlaut des Gesetzes erfasst gerade nicht mehr Fälle als vom Zweck des Gesetzes her berechtigt.

Des Weiteren ist es gemäß der in § 1 TzBfG niedergelegten Zielsetzung unter anderem Ziel des Gesetzes, die Voraussetzungen für die Zulässigkeit befristeter Arbeitsverträge festzulegen. In der Gesetzesbegründung spricht der Gesetzgeber

---

961 BT-Drucks. 14/4374, S. 1; vgl. die entsprechende Ausgangslage beim BeschFG 1985: BT-Drucks. 10/2102, S. 15 und BR-Drucks. 393/84, S. 16.
962 BT-Drucks. 14/4374, S. 1; vgl. auch BT-Drucks. 14/4103, S. 4.
963 BT-Drucks. 14/4374, S. 14.

explizit die Verbesserung der Rechtssicherheit als Ziel an.[964] Auch dies spricht dafür, dass der Gesetzgeber eine eindeutige Regelung im Sinne eines „einmal und nie wieder" wollte, also in dem Begriff „zuvor" gerade keinen unbestimmten und damit auslegungsbedürftigen Begriff sah.

Somit führt die teleologische Auslegung zu keinem anderen Ergebnis.

e) europarechts- bzw. richtlinienkonforme Auslegung

Auch aus der Pflicht, die EG-Richtlinie zur Einschränkung von Kettenarbeitsverhältnissen umzusetzen, können sich Hinweise für die Auslegung des Anschlussverbotes ergeben:

Gemäß § 5 Abs. 1 der Rahmenvereinbarung ergreifen die Mitgliedstaaten um Missbrauch durch aufeinanderfolgende befristete Arbeitsverträge oder -verhältnisse zu vermeiden nach der gesetzlich oder tarifvertraglich vorgeschriebenen oder in dem Mitgliedstaat üblichen Anhörung der Sozialpartner und/oder die Sozialpartner, wenn keine gleichwertigen gesetzlichen Maßnahmen zur Missbrauchsverhinderung bestehen, unter Berücksichtigung der Anforderungen bestimmter Branchen und/oder Arbeitnehmerkategorien eine oder mehrere der folgenden Maßnahmen:

a) sachliche Gründe, die die Verlängerung solcher Verträge oder Verhältnisse rechtfertigen;

b) die insgesamt maximal zulässige Dauer aufeinanderfolgender Arbeitsverträge oder -verhältnisse;

c) die zulässige Zahl der Verlängerungen solcher Verträge oder Verhältnisse.

Daraus kann nicht der Schluss gezogen werden, der nationale Gesetzgeber dürfe die Befristung eines Arbeitsverhältnisses ohne Sachgrund nur einmalig zulassen.[965]

Die Regelung einer erneuten Zulässigkeit einer sachgrundlosen Befristung zum Beispiel nach einer Zweijahrespause hätte weder der Richtlinie noch der Rahmenvereinbarung entgegen gestanden. Der Gesetzgeber hat jedoch nicht nur die maximal zulässige Dauer aufeinanderfolgender Arbeitsverträge gemäß § 5 Abs. 1 b) und die zulässige Zahl der Verlängerungen solcher Verträge gemäß § 5 Abs. 1 c) geregelt, sondern daneben die strenge „zuvor-Regelung" geschaffen. Es bleibt dem nationalen Gesetzgeber unbenommen, den Schutzstandard, den eine Richtlinie gewährleisten will, zu überschreiten.[966] Dies hat der deutsche Gesetzgeber hinsichtlich des Anschlussverbotes in § 14 Abs. 2 S. 2 TzBfG getan.

---

[964] BT-Drucks. 14/4374, S. 2.

[965] Sasse, ArbRB 2003, S. 148 (149).

[966] BAG vom 6.11.2003 - 2 AZR 690/02, AP Nr. 7 zu § 14 TzBfG; BAG vom 13.5.2004 - 2 AZR 426/03, NV.

Nach § 8 Abs. 3 der Rahmenvereinbarung durfte die Umsetzung der Richtlinie „nicht als Rechtfertigung für die Senkung des allgemeinen Niveaus des Arbeitnehmerschutzes in dem von der Vereinbarung erfassten Bereich dienen".[967] Da das Niveau durch das erweiterte Anschlussverbot sogar erhöht wurde[968], bestehen auch diesbezüglich keinerlei europarechtliche Bedenken.[969]
Die richtlinienkonforme Auslegung vermag das Auslegungsergebnis somit nicht in Zweifel zu ziehen oder gar zu widerlegen.

f) verfassungskonforme Auslegung
Teilweise wurde die Frage der Möglichkeit einer verfassungskonformen Auslegung aufgeworfen, weil Bedenken an der Verfassungsmäßigkeit eines zu weiten Anschlussverbotes aufkamen.[970] Wenn der Gesetzgeber eine weitergehende Wirkung beabsichtigt hatte, als sie nach der Verfassung zulässig ist, dann kann das Gesetz nach der Rechtsprechung des BVerfG „verfassungskonform" einschränkend ausgelegt werden.[971]
Es werden Verstöße gegen Art. 3 Abs. 1 und Art. 12 Abs. 1 GG in Betracht gezogen, da Arbeitssuchende in ihren Möglichkeiten erheblich beschränkt werden könnten, wenn sie auf Grund einer Vorbeschäftigung aus dem Bewerberkreis herausfallen.
Meines Erachtens verletzt § 14 Abs. 2 S. 2 TzBfG weder die Berufsausübungsfreiheit noch den allgemeinen Gleichheitssatz.[972]
Im Gegenteil würden die Rechte eines Arbeitnehmers aus Art. 12 Abs. 1 GG im Endeffekt beschränkt werden, wenn man eine erneute sachgrundlos befristete Beschäftigung erlaubte, weil dadurch der Bestandsschutz verringert würde.

---

967 Dazu: Däubler, ZIP 2000, S. 1961 (1967); Schmalenberg, NZA 2000, S. 1043 (1043 f); BT-Drucks. 14/965, S. 70, Stellungnahme von Prof. Blanke.

968 So auch APS/Backhaus, § 14 TzBfG Rn 366; KR/Lipke, § 14 TzBfG Rn 273; Thüsing/Lambrich, BB 2002, S. 829 (831).

969 In der Ausgestaltung als Dauerregelung sieht der Verfasser keine Niveauabsenkung, weil das Niveau eine Frage des Inhalts der Regelung und nicht etwa eine Frage ihres dauerhaften oder nur vorübergehenden Bestandes ist.

970 ErfK/Müller-Glöge, § 14 TzBfG Rn 126: aufgrund der Beschränkung der Arbeitssuchenden; ErfK/Müller-Glöge, § 14 TzBfG Rn 124 f.; Löwisch, BB 2001, S. 254 (254 f.); Osnabrügge, NZA 2003, S. 639 (642). Man beachte, dass Löwischs verfassungsrechtliche Bedenken kaum Zustimmung fanden.

971 Anmerkung: Behält man von der Absicht des Gesetzgebers das nach der Verfassung zulässige Maximum aufrecht, handelt es sich in Wahrheit nicht mehr um eine Auslegung, sondern eine teleologische Reduktion, also um eine verfassungskonforme Rechtsfortbildung (vgl. BVerfGE 33, 52 (70); BVerfGE 86, 288 (320); so auch Larenz/Canaris, S. 161).

972 So im Ergebnis auch: Annuß/Thüsing/Maschmann[1], § 14 TzBfG Rn 71; KR/Lipke, § 620 BGB Rn 102 f.; KR/Lipke, § 14 TzBfG Rn 298; Backhaus, NZA 2001, SB zu Heft 24, S. 8 (11); Däubler, ZIP 2000, S. 1961 (1966 f); SPV/Preis, I § 3 Rn 109 auf S. 47 sieht die Rechtslage ausdrücklich „noch nicht als verfassungswidrig an".

Wenn der Arbeitgeber einen bestimmten Arbeitnehmer wieder beschäftigen wollte (und kein Sachgrund vorliegt), müsste er ihn unbefristet einstellen. Ein enges Anschlussverbot würde Arbeitnehmer, die sich früher bereits bewährt haben oder über besondere Kenntnisse verfügen, nicht zu einer entsprechenden Chance verhelfen. Denn bei erweiterten Möglichkeiten einer sachgrundlosen Befristung wird der grundsätzlich befristungsfreundliche Arbeitgeber keine unbefristete Einstellung vornehmen. Sollte der Arbeitgeber demgegenüber Befristungsgegner sein, greift gerade das Argument nicht, dass Arbeitnehmer aus dem Bewerberkreis herausgenommen werden, weil es hierzu bei der Besetzung einer unbefristeten Stelle gerade keinen Grund gibt.
Selbst wenn die Arbeitnehmer faktisch durch die Arbeitgeber schlechter gestellt würden, indem vorherige Beschäftigte direkt aus den Bewerbern aussortiert werden, so könnte hieraus nicht die Verfassungswidrigkeit einer Norm hergeleitet werden. Denn derjenige, der die Arbeitnehmer schlechter stellen würde, wäre der Arbeitgeber, nicht der Gesetzgeber, auch nicht mittelbar. Letzterer hat das Anschlussverbot des § 14 Abs. 2 S. 2 TzBfG zum Schutz des Arbeitnehmers weit ausgestaltet. Bei der Schutzfunktion bleibt es, wenn im nachhinein gerichtlich festgestellt wird, dass das Arbeitsverhältnis auf Grund einer vorherigen Beschäftigung als unbefristet gilt.
Wird diese Schutzfunktion in der Praxis ins Gegenteil verkehrt, darf daraus nicht die Verfassungswidrigkeit einer zu engen Auslegung hergeleitet und damit - ganz im Sinne der Arbeitgeber - eine Arbeitnehmerschutznorm arbeitgeberfreundlich ausgelegt werden. Denn dies hätte zur Folge, dass die Arbeitgeber sich „hintenrum Befristungsmöglichkeiten ermogelten“, welche nach dem Willen des Gesetzgebers gerade ausgeschlossen sein sollten.

Außerdem wäre - wenn man eine Vorauswahl durch die Arbeitgeber bejahen würde - zwischen den einzelnen Arbeitnehmern ein gerechter Ausgleich getroffen worden: Da nicht nur Kettenverträge verhindert, sondern auch weiterhin Anreize zur Einstellung von Arbeitnehmern geschaffen werden sollten, können durch einzelne sachgrundlose Befristungen mehrere Arbeitnehmer von ihrem Recht auf Berufsausübung Gebrauch machen.[973] Die strenge Auslegung nach dem Wortlaut würde - bei dieser Sichtweise - der grundsätzlich beschäftigungspolitischen Zielsetzung des § 14 Abs. 2 TzBfG entsprechen. Dementsprechend könnte man auch auf diese Art und Weise einen gegebenenfalls zu bejahenden Eingriff in den Schutzbereich des Art. 12 Abs. 1 GG rechtfertigen.

Bei der Überprüfung eines Gesetzes auf seine Vereinbarkeit mit dem Gleichheitssatz wäre im Übrigen gerade nicht vom BVerfG zu überprüfen, ob der Gesetzgeber die zweckmäßigste oder gerechteste Lösung gefunden hat, sondern

---

973 Vgl. KR/Lipke, § 620 BGB Rn 101 f.

nur, ob er die verfassungsrechtlichen Grenzen seiner Gestaltungsfreiheit überschritten hat.[974] Art. 3 Abs. 1 GG ist nach Ansicht des BVerfG nur dann verletzt, wenn „der Gesetzgeber versäumt, tatsächliche Gleichheiten oder Ungleichheiten der zu ordnenden Lebensverhältnisse zu berücksichtigen, die so bedeutsam sind, dass sie bei einer am Gerechtigkeitsgedanken orientierten Betrachtungsweise beachtet werden müssen".[975] Bei der Ordnung von Massenentscheidungen ist der Gesetzgeber berechtigt, pauschalierende Regelungen zu verwenden, ohne allein schon wegen der damit verbundenen Härten gegen den allgemeinen Gleichheitssatz zu verstoßen und braucht daher nicht um die Gleichbehandlung aller denkbaren Fälle besorgt zu sein.[976] Durch das weite Anschlussverbot gegebenenfalls verursachte einzelne Härten - etwa gegenüber bestimmten ehemals beschäftigten Arbeitnehmern - würden somit nicht zu seiner teilweisen Verfassungswidrigkeit führen.

Eine verfassungskonforme Auslegung zugunsten dieser Arbeitnehmer durch das Gericht im Einzelfall käme nicht in Betracht: Denn - folgte man der Argumentation der grundrechtsverletzenden Vorauswahl der Bewerber - käme es ja gerade nicht zu einer Befristung, somit auch nicht zu einer Klage auf Feststellung der Nichtbeendigung des Arbeitsverhältnisses auf Grund der Befristung. Folglich ist eine verfassungskonforme Auslegung des § 14 Abs. 2 S. 2 TzBfG mangels verletzter Arbeitnehmergrundrechte abzulehnen.

Des Weiteren wird nicht etwa in ungerechtfertigter Weise in die Privatautonomie des Arbeitgebers eingegriffen.[977] Wenn der Arbeitgeber einen Arbeitnehmer wieder beschäftigen, aber grundsätzlich befristen will, kann er von den Befristungsgründen des § 14 Abs. 1 S. 2 TzBfG Gebrauch machen. Liegen die Voraussetzungen einer Sachgrundbefristung nicht vor und will der Arbeitgeber ihn unbedingt erneut als Arbeitnehmer einstellen, kann er immer noch einen unbefristeten Arbeitsvertrag abschließen. Denn dann dürfte sich auch der Arbeitgeber an ihn binden wollen, um ihn nicht zu verlieren. Ist ihm die Befristung wichtiger, wird er einen anderen Arbeitnehmer befristet einstellen. Er hat also ausreichende Wahlmöglichkeiten hinsichtlich des Arbeitnehmers und der Vertragsform. Daher dürfte bereits ein Eingriff in die Berufsausübungsfreiheit abzulehnen sein.[978] Würde man einen Eingriff dennoch bejahen wollen, wäre dieser jedoch gerechtfertigt, da das enge Anschlussverbot mit seiner Brückenfunktion auf eine Verstetigung der Arbeitsbeziehung zielt und damit berechtigte Belange des Allgemeinwohls erstrebt.[979] Dem steht entsprechend der obigen Überlegun-

---

974 BVerfGE 52, 277 (280 f); 68, 287 (301); 84, 248 (359).
975 BVerfGE 54, 11 (25 f).
976 BVerfGE 84, 248 (359); zustimmend: Backhaus, NZA 2001, SB zu Heft 24, S. 8 (11).
977 So aber Osnabrügge, NZA 2003, S. 639 (642).
978 So auch Annuß/Thüsing/Maschmann[1], § 14 TzBfG Rn 71.
979 Annuß/Thüsing/Maschmann[1], § 14 TzBfG Rn 71.

gen auch nicht die Grenze der Erforderlichkeit entgegen[980]: auf Grund seiner Einschätzungsprärogative durfte der Gesetzgeber das aus seiner Sicht erforderliche - als sachgerecht zu erachtende - Anschlussverbot einführen, um den Befristungsmissbrauch einzuschränken.
Eine verfassungskonforme Auslegung kommt im Ergebnis nicht in Betracht.[981]

2. Ergebnis der Auslegung

Das obige, einheitliche Auslegungsergebnis spricht eindeutig gegen eine Einschränkung des Anschlussverbots. Dieses Ergebnis vertritt auch das Schrifttum mehrheitlich: Wegen des als eindeutig empfundenen Wortlautes und/oder des eindeutigen Willens des Gesetzgebers wird das Anschlussverbot im Sinne eines lebenslänglichen Verbots erneuter sachgrundloser Befristung verstanden[982], obwohl die Regelung vielfach für überzogen gehalten wird.[983] Löwischs Versuch, über am Sinn und Zweck orientierte oder verfassungsrechtliche Erwägungen eine teleologische Reduktion des § 14 Abs. 2 S. 2 TzBfG vorzunehmen,[984] wurde von der herrschenden Lehre entschieden abgelehnt.
Folglich findet das Anschlussverbot ohne jegliche zeitliche Beschränkung auf sämtliche vorherigen Arbeitsverhältnisse Anwendung.

---

980 So aber Osnabrügge, NZA 2003, S. 639 (642).

981 Mangels verfassungsrechtlicher Bedenken der Arbeitsgerichte ist § 14 Abs. 2 S. 2 TzBfG bisher weder dem BVerfG gemäß Art. 100 Abs. 1 S. 1 GG vorgelegt worden, noch ist eine verfassungskonforme Auslegung erfolgt. Vgl. insbesondere: BAG vom 6.11.2003 - 2 AZR 690/02, AP Nr. 7 zu § 14 TzBfG; BAG vom 13.5.2004 - 2 AZR 426/03, NV: Erwägungen hinsichtlich der Verfassungskonformität fehlen in den neuen Urteilen des BAG zu § 14 Abs. 2 S. 2 TzBfG gänzlich.

982 LAG Baden-Württemberg vom 25.10.2002 - 5 Sa 8/02, NV; BBDW/Bader, § 620 BGB Rn 59; KR/Lipke, § 14 TzBfG Rn 293; MK/Hesse, § 14 TzBfG Rn 79; Meinel/Heyn/Herms, § 14 TzBfG Rn 76; Staudinger/Preis, § 620 BGB Rn 157; SPV/Preis, I § 3 Rn 109 auf S. 47; Dörner, Rn 530; Kreutz, AuR 2005, S. 217 (218); Küttner/Kania, Personalbuch 2006, Befristetes Arbeitsverhältnis, Rn 10; Preis, S. 839; Preis/Rolfs, Teil II B 10 Rn 90; Ring, § 14 TzBfG Rn 112, 121; v. Hoyningen-Huene/Linck, § 1 Rn 614; Hergenröder, SAE 2001, S. 225 (232 f); Kleinebrink, ArbRB 2004, S. 59 (60); Kliemt, NZA 2001, S. 296 (300); Preis, NZA 2005, S. 714 (715); Schmalenberg, NZA 2001, S. 938 (939); Hromadka, BB 2001, S. 621 (627).

983 BBDW/Bader, § 620 BGB Rn 59; Staudinger/Preis, § 620 BGB Rn 157; v. Hoyningen-Huene/Linck, § 1 Rn 615; SPV/Preis, I § 3 Rn 109 auf S. 47; Dörner, Rn 531; Preis/Rolfs, Teil II B 10 Rn 90; Kliemt, NZA 2001, S. 296 (300); Preis, NZA 2005, S. 714 (715); Preis/Gotthardt, DB 2000, S. 2065 (2072); Richardi/Annuß, BB 2000, S. 2201 (2204); Schmalenberg, NZA 2001, S. 938 (939); vgl. auch Hopfner, BB 2001, S. 200 (201).

984 Löwisch, BB 2001, S. 254 (254 f).

a) Behandlung von gänzlich andersgearteten Arbeitsverhältnissen

Selbst wenn man der Auffassung ist, dass die Erfassung gänzlich andersgearteter Arbeitsverhältnisse nicht nötig sei, um den Sinn und Zweck des § 14 Abs. 2 S. 2 TzBfG zu erreichen, verhindern auch sie eine spätere sachgrundlose Befristung. Wenn beispielsweise ein Schüler oder Student zunächst als Aushilfe beschäftigt war und später als hochqualifizierte Fachkraft auf einem ganz anderen Arbeitsplatz bei diesem Arbeitgeber beschäftigt wird, bestand zuvor ein Arbeitsverhältnis. Das TzBfG stellt ausdrücklich auf den Arbeitgeber und nicht auf den Arbeitsplatz ab. Es enthält hinsichtlich der Art des Arbeitsverhältnisses keinerlei Einschränkungen. Daher widerspräche es sowohl dem Wortlaut als auch der gesetzlichen Systematik des TzBfG, einen Vergleich der Arbeitsverhältnisse zu verlangen, um die Frage der Zulässigkeit der sachgrundlosen Befristung beantworten zu können. Man würde im Endeffekt auf den ausdrücklich abgeschafften engen sachlichen Zusammenhang abstellen, nach dessen Nichtvorliegen oder Vorliegen zur Zeit des BeschFG über die Wirksamkeit und Unwirksamkeit befristeter Arbeitsverträge zu entscheiden war. Aufgrund der aus dem Wortlautvergleich ersichtlichen ausdrücklichen Abkehr von diesem alten Recht und auf Grund des diesbezüglichen Hinweises des Gesetzgebers in seiner amtlichen Begründung, insbesondere auch der Betonung des Fragerechts des Arbeitgebers, liegt keine ungeplante Regelungslücke vor. Dies bestätigt zudem der Vergleich der Absätze 2 und 3 des § 14 TzBfG: Der Absatz 3 enthält ein ersichtlich abweichendes Anschlussverbot[985], das auf die Frage des engen sachlichen Zusammenhangs abstellt und somit dem § 1 Abs. 3 BeschFG nachempfunden ist, während der Absatz 2 bewusst abgeändert worden ist. Es wäre unsystematisch, faktisch das Anschlussverbot des § 14 Abs. 3 auf den Absatz 2 anzuwenden.

Für eine entsprechende Auslegung oder teleologische Reduktion mit dem Ergebnis, völlig anders geartete Arbeitsverhältnisse nicht vom Anschlussverbot zu erfassen, besteht damit kein Raum.

Fehlt es an einem sachlichen Zusammenhang zwischen den Tätigkeitsbereichen von Alt- und Neuarbeitsvertrag wäre im Übrigen in der Regel eine Befristung zur Erprobung gemäß § 14 Abs. 1 S. 2 Nr. 5 TzBfG möglich.[986] Nach der Rechtsprechung des BAG kann selbst bei [verschiedenen] einfachen Tätigkeiten der Erprobungszweck nicht ohne weiteres negiert werden, weil es doch auch gelte, den Arbeitnehmer erneut auf seine Fähigkeit, in einem bestimmten Team zu arbeiten, zu testen.[987] Bei einer späteren hochqualifizierten Tätigkeit - wie im Bei-

---

985 Preis/Gotthardt, DB 2000, S. 2065 (2072).

986 So auch KR/Lipke, § 14 TzBfG Rn 297 und Kliemt, NZA 2001, S. 296 (300). Vgl. BAG vom 23.6.2004 - 7 AZR 636/03, DB 2004, S. 2585 (2585): Erprobung aufgrund eines Aufgabenwechsels zu einer Tätigkeit mit höheren fachlichen Anforderungen bejaht.

987 BAG vom 6.11.2003 - 2 AZR 690/02, AP Nr. 7 zu § 14 TzBfG; BAG vom 13.5.2004 - 2 AZR 426/03, NV.

spielsfall - ist die Erprobung erst recht möglich. Dementsprechend bedarf es für diese Fälle auch keiner Beschränkung des Anschlussverbotes.

b) Behandlung von Arbeitsverhältnissen, die dem KSchG nicht unterfallen

Unerheblich für die Geltung des Abschlussverbotes nach § 14 Abs. 2 S. 2 TzBfG ist ebenfalls, ob das neue Arbeitsverhältnis nur für die Dauer von maximal sechs Monaten befristet werden soll oder ob die Befristung in einem Kleinbetrieb stattfindet.[988] Die Befristungskontrolle unterliegt damit weder einer dem § 1 Abs. 1 KSchG entsprechenden Wartezeit, noch muss die Schwelle des § 23 Abs. 1 S. 2 KSchG beachtet werden. Auf die nach der alten Rechtsprechung zu prüfende Umgehung der Kündigungsschutzbestimmungen kommt es nicht mehr an.

Dies ist damit zu begründen, dass § 14 Abs. 2 S. 2 TzBfG (auch) für Arbeitsverhältnisse von bis zu sechsmonatiger Dauer oder für Kleinbetriebe ersichtlich keine Ausnahme enthält. Des Weiteren verweist § 620 Abs. 3 BGB ohne Einschränkung für alle Arbeitsverträge, die auf bestimmte Zeit geschlossen werden, auf das TzBfG.

Im Gegensatz zu § 14 TzBfG knüpft § 8 Abs. 7 TzBfG für den Anspruch auf Teilzeitarbeit an eine bestimmte Anzahl von beschäftigten Arbeitnehmern an.[989] Daher würde es der gesetzlichen Systematik des TzBfG widersprechen, Kleinbetriebe ohne einen gesetzlichen Anhaltspunkt der Befristungskontrolle zu entziehen.

Auch die Richtlinie 1999/70/EG und die ihr zugrunde liegende Rahmenvereinbarung enthalten keinen Hinweis auf eine Anbindung an den nationalen Kündigungsschutz.[990] Ebenso wenig sind europarechtlich Ausnahmen für Kleinbetriebe vorgesehen.[991]

Die fehlende Anbindung findet im Übrigen ihre Bestätigung in der ausdrücklich in § 14 Abs. 1 S. 2 Nr. 5 TzBfG als Sachgrund genannten Erprobung.[992] Da nach der Rechtsprechung in der Regel eine Erprobung nur für eine Zeit von sechs Monaten zu rechtfertigen ist, wäre die Niederlegung dieses Sachgrundes überflüssig gewesen, wenn entsprechend kurze Befristungen ohnehin keiner Befristungskontrolle unterlägen.

Des Weiteren besteht gerade bei entsprechenden Arbeitsverhältnissen die Möglichkeit einer Kündigung außerhalb der KSchG-Beschränkungen, so dass der

---

988 So auch MK/Hesse, § 14 TzBfG Rn 80.

989 So auch Kittner/Zwanziger/Lakies, § 133 Rn 47; Kittner/Zwanziger/Lakies[1], § 133 Rn 277; Tschöpe/Schmalenberg, Teil 3 I Rn 11.

990 BAG vom 6.11.2003 - 2 AZR 690/02, AP Nr. 7 zu § 14 TzBfG; BAG vom 13.5.2004 - 2 AZR 426/03, NV; Tschöpe/Schmalenberg, Teil 3 I Rn 11; Dörner, ZTR 2001, S. 485 (486); KR/Lipke/Bader, § 620 BGB Rn 98; Raab, SAE 2002, S. 184 (188).

991 Kittner/Zwanziger/Lakies[1], § 133 Rn 277.

992 Tschöpe/Schmalenberg, Teil 3 I Rn 10.

Arbeitgeber gar nicht auf befristete Arbeitsverträge zurückgreifen muss, um flexibel zu sein. Außerdem kann er gemäß § 15 Abs. 3 TzBfG auch während der Befristung eine Kündigungsmöglichkeit vereinbaren; für eine in den ersten Monaten des befristeten Arbeitsverhältnisses ausgesprochene Kündigung würde ebenfalls die Wartefrist des § 1 Abs. 1 KSchG gelten.[993] Entsprechend wies auch das BAG darauf hin, dass neue Arbeitsverhältnisse in der Regel mit einer neuen gesetzlichen Wartezeit beginnen, so dass - erweise sich die Befristung als unwirksam - der Arbeitgeber während der ersten sechs Monate unbegründet kündigen könne, sofern nicht zwischen beiden Verträgen ein enger sachlicher Zusammenhang besteht.[994]

Somit ist überhaupt kein Bedürfnis für eine Erweiterung der Zulässigkeit sachgrundloser Befristungen ersichtlich.

Selbst wenn - so die Gegenansicht[995] - der Gesetzgeber in der Gesetzesbegründung darauf hingewiesen hat, dass „in Betrieben mit nicht mehr als fünf Mitarbeitern weiterhin erleichterte Befristungen abgeschlossen werden können, weil eine Umgehung des KSchG nicht möglich sei"[996], kommt diesem Hinweis für die Auslegung keine Bedeutung zu, da er sich nicht im Gesetzestext niedergeschlagen hat.[997] Es fehlt an der vom BVerfG geforderten Verobjektivierung des gesetzgeberischen Willens. In dem besagten Hinweis des Gesetzgebers scheint es sich um einen Irrtum zu handeln: Zum einen befand sich dieser Hinweis unter der Begründung des § 14 Abs. 1 TzBfG, zum anderen wurde sein Inhalt weder unter § 14 Abs. 2 TzBfG wiederholt, noch fand er an einer anderen Stelle der amtlichen Begründung eine Bestätigung. Letztlich spricht die vom Gesetzgeber betonte erstmalige Schaffung einer allgemeinen gesetzlichen Regelung zur Befristung von Arbeitsverträgen dafür. Auf das KSchG nimmt er keinerlei Bezug. Hätte es der Gesetzgeber bei der alten Befristungskontrolle belassen wollen, hätte er auch explizit bezüglich der weniger als sechs Monate dauernden Arbeitsverhältnisse einen Hinweis geben müssen, was er jedoch nicht getan hat.

Auch wenn man der Ansicht ist, dass die Richtlinie nicht den vollständigen Ausschluss erneuter sachgrundloser Befristungen zwischen demselben Arbeitgeber und Arbeitnehmer fordert[998], und der Gesetzgeber damit über das beabsichtigte

---

993 Tschöpe/Schmalenberg, Teil 3 I Rn 10.

994 BAG vom 6.11.2003 - 2 AZR 690/02, AP Nr. 7 zu § 14 TzBfG; BAG vom 13.5.2004 - 2 AZR 426/03, NV. Ähnlich Tschöpe/Schmalenberg, Teil 3 I Rn 10.

995 Sasse, ArbRB 2003, S. 148 (149); Schiefer, DB 2000, S. 2118 (2121).

996 BT-Drucks. 14/4374, S. 18.

997 BAG vom 6.11.2003 - 2 AZR 690/02, AP Nr. 7 zu § 14 TzBfG; BAG vom 13.5.2004 - 2 AZR 426/03, NV; LAG Baden-Württemberg vom 25.10.2002 – 5 Sa 8/02, NV; Kittner/Zwanziger/Lakies[1], § 133 Rn 277; Tschöpe/Schmalenberg, Teil 3 I Rn 11; vgl. auch MK/Hesse, § 14 TzBfG Rn 10.

998 Vgl. Sasse, ArbRB 2003, S. 148 (149): aus der Regelung in § 5 der Richtlinie 1999/70/EG könne nicht der Schluss gezogen werden, der nationale Gesetzgeber dürfe die Befristung eines Arbeitsverhältnisses ohne Sachgrund nur einmalig zulassen.

Ziel der Richtlinie hinausgegangen wäre, spräche dies nicht gegen eine Abkopplung der Befristungskontrolle vom Kündigungsschutz.[999] Eine Überschreitung des Schutzstandards, den eine Richtlinie gewährleisten will, ist dem Gesetzgeber im Gegensatz zu einer Unterschreitung immer möglich.[1000]
Aus diesen Gründen sind sowohl die Rechtsprechung, insbesondere das BAG, als auch mehrheitlich das Schrifttum der Ansicht, der Gesetzgeber habe mit der gesetzlichen Neuregelung des Befristungsrechts die früher richterrechtlich erfolgte Ankopplung der Befristungskontrolle an das KSchG abgelöst und einen Paradigmenwechsel eingeleitet.[1001]
Für eine teleologische Reduktion des § 14 Abs. 2 S. 2 TzBfG sah das BAG weder im Wortlaut noch im Zweck oder der Entstehungsgeschichte des Gesetzes ausreichende Anhaltspunkte. Zudem spricht die systematische Auslegung dagegen. Die Norm kann daher nicht so ausgelegt werden, dass einer sachgrundlosen Befristung nichts entgegensteht, wenn durch die Befristung kündigungsschutzrechtliche Bestimmungen objektiv nicht umgangen werden.

c) Behandlung kurzzeitig bestandener Arbeitsverhältnisse

Die Frage, ob selbst ein nur ganz kurzzeitig bestandenes Arbeitsverhältnis - etwa die Inventurtätigkeit eines Schülers - unter das Anschlussverbot fällt und damit eine spätere sachgrundlose Befristung im Sinne des § 14 Abs. 2 TzBfG bei demselben Arbeitgeber unmöglich macht, ist zu bejahen: Ein solches kurzfristiges Arbeitsverhältnis ist ein „bereits zuvor bestandenes Arbeitsverhältnis" im Sinne des § 14 Abs. 2 S. 2 TzBfG. Das Anschlussverbot setzt keine Mindestdauer voraus, die ein vorheriges Arbeitsverhältnis haben muss, um eine spätere sachgrundlose Befristung zu sperren. Für eine diesbezügliche teleologische Reduktion des § 14 Abs. 2 S. 2 TzBfG sind keinerlei Anhaltspunkte ersichtlich und es kann wiederum auf die ausreichenden Befristungsmöglichkeiten des § 14 Abs. 1 TzBfG verwiesen werden.

---

999 BAG vom 6.11.2003 - 2 AZR 690/02, AP Nr. 7 zu § 14 TzBfG; BAG vom 13.5.2004 - 2 AZR 426/03, NV.

1000 BAG vom 6.11.2003 - 2 AZR 690/02, AP Nr. 7 zu § 14 TzBfG; BAG vom 13.5.2004 - 2 AZR 426/03, NV.

1001 BAG vom 6.11.2003 - 2 AZR 690/02, AP Nr. 7 zu § 14 TzBfG; BAG vom 13.5.2004 - 2 AZR 426/03, NV. Im Ergebnis zustimmend: LAG Baden-Württemberg vom 30.10.2002 - 17 Sa 13/02 (Rev. BAG 2 AZR 21/03) LAG Baden-Württemberg vom 25.10.2002 - 5 Sa 8/02, NV; LAG Baden-Württemberg vom 23.4.2002 - 8 Sa 84/01, AiB 2002, S. 782 (783); LAG Baden-Württemberg vom 6.5.2003 - 8 Sa 5/03, NV; ArbG Stuttgart vom 13.12.2001 - 28 Ca 6007/01, AuR 2002, S. 115 (115); Tschöpe/Schmalenberg, Teil 3 I Rn 10, 11; Däubler, ZIP 2001, S. 217 (222); Hromadka, BB 2001, S. 621 (621); Sowka, DB 2000, S. 2427 (2427).

d) Behandlung viele Jahre zurückliegender Arbeitsverhältnisse

Eine teleologische Reduktion des „zuvor“ kommt selbst für ein viele Jahre zurückliegendes Arbeitsverhältnis nicht in Betracht, da § 14 Abs. 2 S. 2 TzBfG sämtliche zuvor bestandenen Arbeitsverhältnisse der Vergangenheit erfasst. Entsprechend der oben vorgenommenen Auslegung kam auch das BAG zu diesem Ergebnis. Es wies explizit darauf hin, dass das Anschlussverbot - anders als noch § 1 Abs. 3 BeschFG 1996 - keine zeitliche Begrenzung enthält.[1002] Es betonte, dass es auf den zeitlichen Abstand zwischen dem früheren Arbeitsverhältnis und dem nunmehr ohne Sachgrund befristeten Arbeitsverhältnis grundsätzlich nicht ankommt.[1003]

Der Begriff „grundsätzlich“ könnte jedoch darauf hindeuten, dass es Ausnahmen geben kann. Hierzu enthielt die Begründung des Urteils keinerlei weitere Hinweise. Entsprechend fragt sich der aufmerksame Leser, ob dieser Begriff eine besondere Bedeutung hat oder sein Gebrauch Ausfluss der Vorsicht der Rechtsprechung ist, sich Wege für Einzelfallentscheidungen grundsätzlich offen zu halten, selbst wenn für sie eigentlich ersichtlich kein Raum ist. Letzteres scheint der Fall zu sein: In den zu entscheidenden Fällen lagen die Vorbeschäftigungen bei demselben Arbeitgeber fast 12 Monate und knapp 4,5 Jahre zurück. Diesbezüglich wurden keinerlei Ausführungen zur Möglichkeit einer teleologischen Reduktion gemacht. Das BAG scheint somit der „einmal und nie wieder“-Auslegung des Wortes „zuvor“ zu folgen und die Erwägungen in der Literatur, bereits ab einem Abstand zwischen den Arbeitsverhältnissen von zwei bis drei Jahren eine Einschränkung vornehmen zu können, als keiner Stellungnahme würdig zu betrachten. Daneben hatte sich das BAG hinsichtlich der Frage einer teleologischen Reduktion bei Nichtanwendbarkeit des KSchG in sehr ausführlicher Weise gegen eine solche Möglichkeit ausgesprochen: Wortlaut, Entstehungsgeschichte und Sinn und Zweck des Anschlussverbotes sprechen gegen eine Einschränkung des Anschlussverbotes. Die Argumentation ist auf die hiesige Frage weitestgehend übertragbar. Letztlich erfordert die Rechtssicherheit diese einheitliche Auslegung.

3. keine Erweiterung zum Schutz des Arbeitnehmers

Die strikte Einschränkung sachgrundloser Befristungen ist insbesondere nach dem Gesetzeswortlaut und dem gesetzgeberischen Willen geboten. Dies kann jedoch entsprechend der Ausrichtung des § 14 Abs. 2 S. 2 TzBfG als arbeitnehmerschützende Norm nur solange gelten, solange sie zum Schutz des befristet eingestellten Arbeitnehmers erfolgt.

[1002] BAG vom 6.11.2003 - 2 AZR 690/02, AP Nr. 7 zu § 14 TzBfG; BAG vom 13.5.2004 - 2 AZR 426/03, NV.

[1003] BAG vom 6.11.2003 - 2 AZR 690/02, AP Nr. 7 zu § 14 TzBfG; BAG vom 13.5.2004 - 2 AZR 426/03, NV.

Theoretisch müsste eine einschränkende Auslegung daher zugunsten des Arbeitnehmers möglich sein. Doch gerade dann dürfte ein in der Person des Arbeitnehmers liegender Grund, beispielsweise ein objektiv nachvollziehbarer Wunsch des Arbeitnehmers im Sinne der Rechtsprechung, vorliegen, so dass hier in der Regel § 14 Abs. 1 S. 2 Nr. 6 TzBfG greifen wird. Es erscheint infolgedessen nicht erforderlich, auf Grund von Schutzzwecküberlegungen eine Erweiterung des § 14 Abs. 2 S. 2 TzBfG vorzunehmen. Insbesondere zwingen – wie oben dargelegt - nicht etwa verfassungsrechtliche Erwägungen hinsichtlich Art. 3 Abs. 1 GG oder Art. 12 Abs. 1 GG dazu.

E) Anwendungsbereich der Verlängerungsmöglichkeit des § 14 Abs. 2 S. 1 Hs. 2 TzBfG

I. Zulässigkeit der sachgrundlosen Verlängerung von Sachgrundbefristungen?

Problematisch ist die Frage, ob ein mit Sachgrund befristeter Arbeitsvertrag sachgrundlos gemäß § 14 Abs. 2 S. 1 Hs. 2 TzBfG verlängert werden kann, wenn die zulässige Gesamthöchstdauer von zwei Jahren nicht überschritten wird.

Ein praktisches Beispiel stellt die Fallgestaltung dar, dass die Arbeitsvertragsparteien zunächst eine Sachgrundbefristung von sechs Monaten nach § 14 Abs. 1 S. 2 Nr. 5 TzBfG (Probearbeitsverhältnis) abschließen und kurz vor Ablauf dieser Befristung vereinbaren, dass sich nahtlos eine sachgrundlose Befristung nach § 14 Abs. 2 TzBfG für die Dauer von einem Jahr anschließen soll.

Man kann hier einen Erst-Recht-Schluss in Betracht ziehen[1004]: Wäre das erste Arbeitsverhältnis eines ohne sachlichen Grund gewesen, wäre innerhalb des Zweijahreszeitraumes eine weitere Befristung ohne sachlichen Grund in Form der Verlängerung möglich gewesen.[1005] Wenn aber das erste Arbeitsverhältnis sogar mit sachlichem Grund bestand, so müsse erst Recht eine Verlängerung in Form des nunmehr ohne sachlichen Grund befristeten Arbeitsvertrages möglich sein.[1006]

1. kein vorheriges Arbeitsverhältnis mit demselben Arbeitgeber

Zunächst ist klarzustellen, dass ein entsprechender Erst-Recht-Schluss nur für die Fälle ernsthaft in Betracht gezogen werden kann, in denen auch sämtliche Voraussetzungen des § 14 Abs. 2 TzBfG vorgelegen haben, sprich, es sich um eine kalendermäßige Befristung von einer weniger als zwei Jahre betragenden Zeitdauer und um eine Neueinstellung handelte.

Dies wäre in vielen Fällen bei der Befristung zur Erprobung für bis zu sechs Monaten nach § 14 Abs. 1 S. 2 Nr. 5 TzBfG der Fall, aber auch beispielsweise bei einer erstmaligen Aushilfstätigkeit oder einer erstmaligen Vertretung für eine bestimmte Zeit nach § 14 Abs. 2 S. 2 Nr. 1 bzw. 3 TzBfG.

Sachgrundbefristungen, die nicht zugleich eine Neueinstellung darstellen, können auf keinen Fall nach § 14 Abs. 2 S. 1 TzBfG verlängert werden. Denn würde für jede zulässige Sachgrundbefristung eine Verlängerbarkeit auf die für

---

1004 So Sowka, DB 2000, S. 2427 (2427 f), anders aber in DB 2002, S. 2168 (2168); im Ergebnis auch ErfK[5]/Müller-Glöge, § 14 TzBfG Rn 124 und MK/Hesse, § 14 TzBfG Rn 85.

1005 Sowka, DB 2000, S. 2427 (2427 f).

1006 Sowka, DB 2000, S. 2427 (2427 f).

sachgrundlose Befristungen in § 14 Abs. 2 S. 1 Hs. 1 TzBfG geregelte Höchstdauer von zwei Jahren befürwortet, hätte dies eine Umgehung des § 14 Abs. 2 S. 2 TzBfG zur Folge, da die durch einen sachlichen Grund gerechtfertigte Erstbefristung gerade nicht – um zulässig zu sein – eine Neueinstellung darstellen muss. Trotz vorheriger Beschäftigung könnte der Arbeitgeber für zwei Jahre mit Verlängerungsmöglichkeit befristen, wenn auch der Sachgrund nur eine Befristung für ein paar Wochen oder Monate gerechtfertigt hätte.
Allein möglich erscheint daher – wenn überhaupt - eine Verlängerungsmöglichkeit lediglich in den Fällen, in denen bereits bei der Sachgrundbefristung die Voraussetzungen des § 14 Abs. 2 S. 2 TzBfG vorgelegen haben, die Befristung also auch auf § 14 Abs. 2 TzBfG hätte gestützt werden können.

2. keine Anwendungssperre aufgrund des § 14 Abs. 2 S. 2 TzBfG

Um die Frage der sachgrundlosen Verlängerbarkeit von Sachgrundbefristungen beantworten zu können, ist zunächst zu überlegen, ob bereits wegen des Anschlussverbotes des § 14 Abs. 2 S. 2 TzBfG eine sachgrundlose Verlängerung einer Befristung mit Sachgrund ausgeschlossen ist. Wenn die Befristung mit Sachgrund ein bereits zuvor bestandenes Arbeitsverhältnis mit demselben Arbeitgeber darstellt, würde mangels Neueinstellung das Anschlussverbot greifen. § 14 Abs. 2 S. 2 TzBfG regelt jedoch den Fall des sachgrundlosen Abschlusses eines Arbeitsverhältnisses, während § 14 Abs. 2 S. 1 TzBfG seine Verlängerung regelt. Beides schließt sich gegenseitig aus: Wird ein Vertrag gemäß S. 1 verlängert, kann diesbezüglich auf kein zuvor bestandenes, beendetes Arbeitsverhältnis zurückgeblickt werden. Andernfalls würde die Verlängerungsoption des S. 1 leer laufen.[1007] Zwar ist auch die Verlängerung eine „Befristung“[1008], jedoch ist unter „Befristung“ im ersten Halbsatz des § 14 Abs. 2 S. 1 TzBfG ersichtlich die Erstbefristung zu verstehen.[1009] § 14 Abs. 2 S. 2 TzBfG meint daher mit seinem Verweis auf S. 1 lediglich die Befristung im engeren Sinne, sprich den (Neu-)Abschluss des befristeten Arbeitsvertrages, also die Erstbefristung[1010], nicht die Verlängerung eines bestehenden befristeten Arbeitsvertrages (als Unterfall der Befristung). Der Verweis des S. 2 auf S. 1 müsste genauer gesagt „S.

1007 Vgl. BAG vom 15.1.2003 - 7 AZR 346/02, NZA 2003, S. 914 (915); BAG vom 26.7.2000 - 7 AZR 256/99, AP Nr. 3 zu § 1 BeschFG 1996; LAG Niedersachsen vom 26.6.2002 - 2 Sa 1539/01, BB 2002, S. 2448 (2449); LAG Rheinland-Pfalz vom 12.4.2002 - 3 Sa 1469/01, NZA 2002, S. 1037 (1037); ErfK^5/Müller-Glöge, § 14 TzBfG Rn 123; Sowka, DB 2000, S. 2427 (2427 f).

1008 BAG vom 15.1.2003 - 7 AZR 535/02, AP Nr. 1 zu § 14 TzBfG; BAG vom 15.1.2003 - 7 AZR 346/02, AP Nr. 2 zu § 14 TzBfG.

1009 Vgl. BAG vom 15.1.2003 - 7 AZR 346/02, AP Nr. 2 zu § 14 TzBfG; LAG Rheinland-Pfalz vom 12.4.2002, 3 Sa 1469/01, NZA 2002, S. 1037 (1037).

1010 BAG vom 15.1.2003 - 7 AZR 346/02, NZA 2003, S. 914 (915); LAG Niedersachsen vom 26.6.2002 - 2 Sa 1539/01, BB 2002, S. 2448 (2449); LAG Rheinland-Pfalz vom 12.4.2002 - 3 Sa 1469/01, NZA 2002, S. 1037 (1037).

1 Hs. 1“ heißen; er wurde vermutlich wegen der Bezugnahme auf das Wort „Befristung“ als überflüssig angesehen und daher abgekürzt.
Folglich ist S. 2 generell nicht anwendbar, wenn eine Verlängerung im Sinne von S. 1 vorliegt.[1011]
Dementsprechend spricht das Anschlussverbot des § 14 Abs. 2 S. 2 TzBfG nicht gegen eine sachgrundlose Verlängerungsmöglichkeit der mit Sachgrund befristeten Arbeitsverträge.

3. Vorliegen einer Verlängerung im Rechtssinne

Dies gilt jedoch nur dann, wenn tatsächlich eine Verlängerung im Sinne des § 14 Abs. 2 S. 2 TzBfG vorliegt. Wäre dies nicht der Fall, würde das Anschlussverbot mangels Neueinstellung greifen, weil der zu verlängernde Vertrag ein vorheriges Arbeitsverhältnis mit demselben Arbeitgeber darstellen würde.
Aufgrund obiger Ausführungen zur Rechtsprechung[1012] müsste die Verlängerung vor Auslaufen des alten Vertrages wirksam - das heißt schriftlich - vereinbart worden sein, ein unmittelbarer Anschluss stattfinden und es dürften sich die Arbeitsvertragsbedingungen nicht geändert haben.

a) keine Unterbrechung innerhalb des Zweijahreszeitraumes

Insbesondere liegt dann keine Verlängerung im Sinne des § 14 Abs. 2 S. 1 Hs 2 TzBfG vor, wenn eine Unterbrechung innerhalb des Zweijahreszeitraumes vorliegt. Unvertretbar ist es daher, eine Verlängerbarkeit oder eine Befristung für zulässig zu erachten, weil insgesamt der Zweijahreszeitraum noch nicht überschritten ist und bei der Erstbefristung, die mit Sachgrund erfolgte, auch eine sachgrundlose Befristung gemäß § 14 Abs. 2 TzBfG gerechtfertigt gewesen wäre.
Dafür, dass mehrere sachgrundlose Befristungen hintereinander nicht erlaubt sind, wenn das Merkmal der Verlängerung durch eine Unterbrechung der Beschäftigung verneint werden muss, spricht neben dem eindeutigen Wortlaut die Überlegung, dass der Arbeitgeber von vorneherein sachgrundlos für zwei Jahre hätte befristen oder rechtzeitig kurz vor Ende der Befristungszeit den Vertrag verlängern können. Diese Voraussetzungen sind einhaltbar[1013] und geben dem Arbeitnehmer im Übrigen eine gewisse Planungssicherheit. Diese erscheint aus Arbeitnehmerschutzgründen sinnvoll und notwendig, wenn man bedenkt, dass

---

[1011] Ungenau daher KR/Lipke, § 14 TzBfG Rn 283, nach dem es sich u.a. „mit der nicht gestatteten Vorbeschäftigung bei demselben Arbeitgeber“ nicht vertrage, eine sachgrundlose Befristung entgegen dem Gesetzesbefehl im Anschluss an vorgeschaltete Sachgrundbefristungen zuzulassen.

[1012] Vgl. Ausführungen in Abschnitt B) I. 3.

[1013] Der zum Beispiel zum Zwecke der Erprobung kalendermäßig für sechs Monate befristete Vertrag kann kurz vor Ablauf dieses Zeitraumes schriftlich mit der Abrede verlängert werden, dass sich ein weiterer befristeter Vertrag unmittelbar anschließen soll.

die Arbeit in der Regel die einzige Erwerbsquelle darstellt, aus der der Arbeitnehmer seinen Unterhalt bestreiten und gegebenenfalls den seiner Familie gewährleisten muss.
Auch wenn das vorherige Arbeitsverhältnis und der neue Vertragsabschluss innerhalb eines Gesamtzeitraums von zwei Jahren liegen, ist folglich keine sachgrundlose Befristung nach § 14 Abs. 2 TzBfG zulässig, da § 14 Abs. 2 S. 2 TzBfG den Arbeitgeber zu einer lückenlosen Verlängerung des befristeten Arbeitsverhältnisses bzw. bestenfalls zu einer unbefristeten Beschäftigung veranlassen soll.

b) keine Änderung der Arbeitsbedingungen

Wie oben dargestellt[1014], liegt nach herrschender und richtiger Ansicht aber auch dann keine Verlängerung im Rechtssinne vor, wenn sich die Arbeitsbedingungen ändern.
Fraglich ist, ob dies der Fall wäre, wenn ein mit Sachgrund befristetes Arbeitsverhältnis durch eine sachgrundlose Verlängerung zu einem sachgrundlos befristeten Arbeitsverhältnis wird. Formal betrachtet müsste man sagen, dass zwei verschiedene Arbeitsverträge vorliegen, weil sie auf verschiedenen Rechtsgrundlagen basieren und unterschiedlich gerechtfertigt werden. Selbst wenn die „tatsächlichen Arbeitsbedingungen“ gleich bleiben sollten, wäre der Vertrag ein anderer, da er einmal mit und einmal ohne Sachgrund befristet wäre. Es würde sich nicht lediglich die Vertragslaufzeit ändern und auch keine objektiv positive oder auf den nachvollziehbaren Wunsch des Arbeitnehmers vorgenommene Änderung eines befristeten Arbeitsvertrages vorliegen. Insbesondere stellt eine Sachgrundbefristung für den Arbeitnehmer keine der sachgrundlosen Befristung gegenüber günstigere Vertragsänderung dar, weil es sich hierbei allein um die Befristungsgrundlage handelt, die für ihn aber tatsächlich keinerlei Veränderung bedeutet.
Im Ergebnis könnte man allein deshalb bereits formal gegen das Vorliegen einer Verlängerung argumentieren[1015], und infolgedessen die Möglichkeit der sachgrundlosen Verlängerung einer Sachgrundbefristung verneinen.
Fragt man jedoch allein nach der Übertragung der Rechtsfolge der Verlängerungsoption von bis zu zwei Jahren und will lediglich auf eine erneute Kontrolle des Vorliegens eines Sachgrundes verzichten (der jedoch noch vorliegen könnte), könnte man sagen, dass das Arbeitsverhältnis das gleiche bliebe, nur die Rechtfertigung bis zur Dauer von zwei Jahren erleichtert würde. Worauf die Befristung beruht ist eine rein rechtliche Frage. So handelt es sich bei dem befristeten Arbeitsvertrag nach § 14 Abs. 2 TzBfG oder der auf spezialgesetzlicher

---

1014 Siehe oben, Teil B) I. 3. b) cc).

1015 So auch ErfK^5/Müller-Glöge, § 14 TzBfG Rn 124 („keine Verlängerung im eng verstandenen Sinne von § 14 Abs. 2 S. 1 Hs. 2“), der gleichwohl die Verlängerungsmöglichkeit im Ergebnis bejaht.

Rechtsgrundlage (z. B. § 21 Abs. 3 BErzGG) beruhenden Befristung nicht um einen jeweils eigenständigen Vertragstypus, sondern lediglich um unterschiedliche rechtliche Grundlagen.[1016] In diesem Sinn gibt es keine verschiedenen Verträge, sondern nur den befristeten Arbeitsvertrag als solchen, dessen rechtliche Wirksamkeit sich nach verschiedenen Rechtsgrundlagen untersuchen lässt.[1017] Wer hier mit dieser Argumentation lediglich eine Änderung der rechtlichen Begründung bejahen würde, und veränderte Arbeitsbedingungen verneinte, käme zu einer Verlängerungsmöglichkeit. Aus diesem Grunde ist zu überprüfen, ob eine sachgrundlose Verlängerung von Befristungen mit Sachgrund von § 14 TzBfG gedeckt wäre. Hierzu sind wiederum die allgemeinen Auslegungskriterien heranzuziehen.

4. Grammatikalische Auslegung

Nach dem Wortlaut des § 14 Abs. 2 S. 1 Hs. 2 TzBfG muss der zu verlängernde Vertrag ein kalendermäßig befristeter Arbeitsvertrag sein. Der Wortlaut dieses Halbsatzes enthält nicht den Zusatz „ohne Vorliegen eines sachlichen Grundes" oder „im Sinne des ersten Halbsatzes". Somit wären lediglich Verlängerungen von zweckbefristeten und auflösend bedingten Arbeitsverträgen ausgeschlossen. Allerdings handelt es sich nur um einen Halbsatz, so dass der Bezug auf den ersten Halbsatz gar nicht gesondert kenntlich gemacht werden musste. Allein aus dem Gebrauch von Halbsätzen ergibt sich der unmittelbare Bezug aufeinander, so dass nur ein Vertrag nach § 14 Abs. 2 S. 1 Hs. 1 TzBfG, also ein „kalendermäßig befristeter Arbeitsvertrag ohne Vorliegen eines sachlichen Grundes" verlängert werden kann.

Dafür spricht des Weiteren, dass die Anwendbarkeit hinsichtlich auflösend bedingter Arbeitsverträge bereits aus dem Grunde zu verneinen gewesen wäre, dass § 21 TzBfG lediglich für § 14 Abs. 1 und 4 TzBfG eine entsprechende Anwendung vorsieht. Diesbezüglich hätte es folglich keiner Abgrenzung bedurft.

Hinsichtlich zweckbefristeter Arbeitsverträge spricht schon das Wesen der Zweckbefristungen gegen eine Verlängerbarkeit, da nur eine Zeitspanne verlängert werden kann, jedoch nicht das tatsächliche Erreichen eines Zweckes, welches nicht vom Willen der Vertragsparteien, sondern von anderen Umständen abhängt.[1018]

Dementsprechend war der Bezugspunkt „kalendermäßig befristeter Arbeitsvertrag" für die Frage der Verlängerung an sich überflüssig. Er stellt folglich lediglich eine verkürzte Wiedergabe des aus der Halbsatzstruktur ersichtlichen Bezugspunktes, des „kalendermäßig befristeten Arbeitsvertrages ohne Vorliegen eines sachlichen Grundes", dar.

[1016] So auch Sowka, DB 2000, S. 1916 (1917).

[1017] Vgl. Sowka, DB 2000, S. 1916 (1917).

[1018] Siehe oben, Abschnitt A) und Abschnitt B).

Im Ergebnis kommt auch das Schrifttum zu der Ansicht, dass eine sachgrundlose Verlängerungsmöglichkeit von Sachgrundbefristungen - auch wenn teilweise eine derartige Regelung sachlich für vernünftig gehalten wird - dem eindeutigen Wortlaut des Gesetzes widerspräche.[1019] Dem Gesetzgeber sei hier die Rechtssicherheit in Form der eindeutigen Trennung zwischen Befristungen mit sachlichen Grund und Befristungen ohne sachlichen Grund vor einer Regelung, die Verlängerungen ermöglichen würde, gegangen.[1020]
Teilweise wird mit Verweis auf den Wortlaut, der nicht die Voraussetzung „sachgrundlos" enthält, die sachgrundlose Verlängerung von Sachgrundbefristungen für möglich erklärt und die Verweise der Gegenansicht auf den „eindeutigen Wortlaut" zurückgewiesen.[1021] Dieser Ansicht muss jedoch unter Verweis auf die Halbsatzstruktur widersprochen werden.

5. Systematische Auslegung

Die Verlängerungsmöglichkeit ist für die sachgrundlose Befristung explizit in § 14 Abs. 2 S. 1 Hs. 2 TzBfG geregelt. Sie findet sich nicht etwa in einem gesonderten Absatz am Ende des § 14 TzBfG, was für eine Geltung für alle Befristungsgrundlagen sprechen würde. Allein diese Stellung der Regelung im Gesetz spricht gegen eine Übertragung auf Befristungen nach Abs. 1.
Des Weiteren enthält auch § 14 Abs. 2 a TzBfG in seinem S. 1 Hs. 2 eine explizite Verlängerungsregel. Auch dies spricht dafür, dass der Abs. 1 eine eigene Regel für Verlängerungen hätte enthalten müssen, wenn solche nach dem Willen des Gesetzgebers hätten möglich sein sollen. Im Gegensatz dazu enthält auch der Abs. 3 ebenso wie der Abs. 1 keine Vorschrift für die Verlängerung einer sachgrundlosen Befristung mit einem älteren Arbeitnehmer. Dies folgt daraus, dass in beiden Absätzen keine Höchstbefristungsdauer angegeben ist und daher grundsätzlich erneute Befristungen mit demselben Arbeitnehmer nach diesen Vorschriften möglich sind. Daher bedarf es hier - im Gegensatz zu Befristungen nach den Absätzen 2 und 2 a - gerade nicht der Einhaltung der strengen Verlängerungsvoraussetzungen, insbesondere des nahtlosen Anschlusses und der unveränderten Arbeitsbedingungen. Folglich liegt mit der Nichtregelung einer Verlängerungsmöglichkeit in den Absätzen 1 und 3 nicht etwa eine planwidrige Regelungslücke vor, die eine Übertragung der Verlängerungsmöglichkeiten des Abs. 2 in Form einer Analogie zuließe.
Ohnehin ist die Verlängerung für eine Sachgrundbefristung grundsätzlich untypisch, da die Sachgrundbefristungen des § 14 Abs. 1 TzBfG größtenteils vom

---

1019 HbArbR, Erg./Wank, § 116 Rn 188; KDZ/Däubler, § 14 TzBfG Rn 165; KR^6/Lipke, § 14 TzBfG Rn 283 (anders jedoch in der Neuauflage, Rn 294 a); Meinel/Heyn/Herms, § 14 TzBfG Rn 88, 89; Ring, § 14 TzBfG Rn 120, 128.
1020 HbArbR, Erg./Wank, § 116 Rn 188.
1021 APS/Backhaus, § 14 TzBfG Rn 378.

Gesetz her als Zweckbefristungen ausgestaltet sind[1022], indem ihre Dauer an den Eintritt bestimmter, zeitlich nicht vorhersagbarer Umstände, wie beispielsweise den Abschluss bestimmter Arbeiten oder die Rückkehr des vertretenen Arbeitnehmers, anknüpft. Somit ist ein Großteil der Sachgrundbefristungen gerade vom Gesetzgeber als Zweckbefristung angelegt, die gerade keine verlängerbare Zeitbestimmung enthält und damit nicht verlängerbar ist.

Gegen eine Verlängerung von Sachgrundbefristungen spricht des Weiteren, dass nach dem eindeutigen Wortlaut des § 14 Abs. 2 S. 1 Hs. 2 TzBfG lediglich kalendermäßige Befristungen verlängert werden können und dementsprechend noch innerhalb der Sachgrundbefristungen differenziert werden müsste. Daher sprechen nicht nur die Systematik, sondern auch der Gesichtspunkt der Rechtssicherheit gegen eine Übertragung des § 14 Abs. 2 S. 1 Hs. 2 TzBfG auf kalendermäßige Sachgrundbefristungen.

Würde man dies anders sehen, könnte man sogar eine Verlängerungsmöglichkeit von bis zu vier Jahren befürworten, da § 14 Abs. 2 a S. 1 Hs. 2 TzBfG ebenso lediglich die Voraussetzung des „kalendermäßig befristeten Arbeitsvertrages" enthält und damit auf die Sachgrundbefristung übertragbar sein müsste. Da die vier Jahre und die unbegrenzte Verlängerungsanzahl aber eindeutig nur den Existenzgründern zugute kommen sollten, gilt der Hs. 2 entsprechend auch nur für diese. Dies bestätigt auch die Bezugnahme auf Grund der Halbsatzsystematik, da die Existenzgründer im Hs. 1 genannt sind. Entsprechendes muss somit auch für den entsprechend aufgebauten § 14 Abs. 2 S. 1 Hs. 2 TzBfG gelten, der sich folglich ausschließlich auf kalendermäßige Befristungen ohne Sachgrund bezieht.

6. Historische Auslegung

Auch eine Verlängerung nach § 1 Abs. 1 S. 2 BeschFG 1996 kam nur dann in Betracht, wenn die vorherige Befristung auf den Vorschriften dieses Gesetzes beruhte.[1023] Das BAG beschränkte die Verlängerungsmöglichkeit des BeschFG 1996 ausdrücklich auf Befristungen nach diesem Gesetz.[1024] Demnach waren lediglich Ausgangsbefristungen ohne sachlichen Grund verlängerbar, was entsprechend für § 14 Abs. 2 TzBfG gilt, so dass nur eine sachgrundlose Befristung

---

[1022] Für die systematische Auslegung ist es unerheblich, dass in der Praxis häufig ein kalendermäßig bestimmtes Ende (zumindest in Form einer Doppelbefristung) vereinbart wird.

[1023] Vgl. KDZ[4]/Däubler, § 1 BeschFG Rn 22, 37; Rolfs, § 14 TzBfG Rn 95; v. Hoyningen-Huene/Linck, § 1 Rn 639.

[1024] BAG vom 22.3.2000 - 7 AZR 581/98, AP Nr. 1 zu § 1 BeschFG 1996: "Die Vorschriften über die Höchstdauer und die Verlängerungsmöglichkeiten in § 1 BeschFG betreffen Zeitverträge, die ausschließlich nach dem Beschäftigungsförderungsgesetz befristet waren."; BAG vom 28.6.2000 - 7 AZR 920/98, AP Nr. 2 zu § 1 BeschFG 1996; BAG vom 26.7.2000 - 7 AZR 256/99, AP Nr. 3 zu § 1 BeschFG 1996; BAG vom 26.7.2000 - 7 AZR 546/99, AP Nr. 5 zu § 1 BeschFG 1996.

nach § 14 Abs. 2 TzBfG, nicht aber eine Sachgrundbefristung nach § 14 Abs. 1 TzBfG die Verlängerungsmöglichkeit eröffnet.[1025]
Die Übertragbarkeit scheitert nicht daran, dass in § 14 TzBfG - anders als in § 1 BeschFG 1996 - auch eine Regelung für Befristungen mit Sachgrund enthalten ist. Denn die Verlängerung ist nicht in § 14 Abs. 1 TzBfG, sondern nur in Abs. 2 und 2 a geregelt, also offensichtlich nur für die sachgrundlosen Befristungen.[1026] Daher spricht die Systematik des TzBfG für die Übertragbarkeit der Rechtsprechung des BAG zum BeschFG 1996.
Auch aus der neueren Rechtsprechung des BAG zur Verlängerung von Altverträgen, nach der unter Geltung des BeschFG 1996 wirksam befristete Arbeitsverträge gemäß § 14 Abs. 2 S. 1 Hs. 2 TzBfG bis zu einer Gesamtdauer von zwei Jahren verlängerbar waren[1027], folgt nichts Gegenteiliges.
Danach kam es für die Verlängerung zwar nicht auf die Neueinstellungsvoraussetzung an, da § 14 Abs. 2 S. 2 TzBfG nicht für den Verlängerungsvertrag gilt[1028], jedoch auf die Voraussetzungen des § 14 Abs. 2 S. 1 Hs. 1 und 2 TzBfG. Die Bestimmung des S. 1 Hs. 1 setzt keine Befristung nach dem TzBfG voraus[1029], aber es lag auch bei einer Befristung nach dem BeschFG eine kalendermäßige Befristung ohne Sachgrund vor.[1030] Deshalb war die Verlängerung zu bejahen und nicht etwa, weil nur die Voraussetzungen des S. 1 Hs. 2 vorliegen mussten. Hier ist wiederum auf die Halbsatzstruktur zu verweisen.
Aus der Verlängerungsrechtsprechung resultiert keine Unabhängigkeit von den Voraussetzungen für die Erstbefristung. Es ist nicht möglich, die Voraussetzung der Sachgrundlosigkeit der Befristung hinwegzudenken und lediglich die Voraussetzungen als zu erfüllen anzusehen, die der zweite Halbsatz des § 14 Abs. 2 S. 1 TzBfG selbst aufstellt: eine kalendermäßige Befristung, die noch nicht dreimal bis zu einer Gesamtdauer von zwei Jahren verlängert wurde. Daher kann man aus dieser Rechtsprechung keinerlei Rückschlüsse auf die sachgrundlose Verlängerung von Sachgrundbefristungen ziehen.
Das gilt umso mehr, als das TzBfG gegenüber dem BeschFG 1996 Befristungsketten erheblich einschränken wollte und insbesondere den Wechsel von Sach-

---

[1025] Vgl. BAG vom 22.3.2000 - 7 AZR 581/98, AP Nr. 1 zu § 1 BeschFG 1996; BAG vom 28.6.2000 - 7 AZR 920/98, AP Nr. 2 zu § 1 BeschFG 1996; BAG vom 26.7.2000 - 7 AZR 256/99, AP Nr. 3 zu § 1 BeschFG 1996; KDZ/Däubler, § 14 TzBfG Rn 165; Rolfs, § 14 TzBfG Rn 95; Preis/Rolfs, Teil II B 10 Rn 107.
[1026] Siehe oben, Abschnitt E) I. 5.
[1027] BAG vom 15.1.2003 - 7 AZR 115/02 - 7 AZR 346/02, NZA 2003, S. 914 (915); BAG vom 15.1.2003 - 7 AZR 535/02, NZA 2003, S. 1092 (1092); LAG Rheinland-Pfalz vom 12.4.2002, 3 Sa 1469/01, NZA 2002, S. 1037 (1037).
[1028] Siehe oben, Abschnitt B) I. 3.
[1029] So auch BAG vom 15.1.2003 - 7 AZR 535/02, AP Nr. 1 zu § 14 TzBfG.
[1030] Vgl. KDZ/Däubler, § 14 TzBfG Rn 164 a: Eine sachgrundlose Befristung nach dem BeschFG hat die „gleiche Qualität wie ein befristeter Arbeitsvertrag nach § 14 Abs. 2 TzBfG“.

grundbefristungen zu sachgrundlosen Befristungen verhindern wollte. Die Abfolge Sachgrundbefristung – sachgrundlose Befristung ist nach dem neuen Recht generell unzulässig.[1031] Gerade diese Abfolge würde jedoch durch eine sachgrundlose Verlängerungsmöglichkeit gestattet und damit längere Befristungsketten ermöglicht werden. Eine entsprechende Auslegung würde also dem ausdrücklichen Willen des Gesetzgebers absolut widersprechen. Daher reicht es entgegen anderer Ansicht[1032] nicht aus, lediglich den Gesamtbefristungsrahmen von zwei Jahren einzuhalten.

7. Teleologische Auslegung

Die Sachgrundbefristung soll nach dem Willen des Gesetzgebers, der durch die Systematik innerhalb des § 14 TzBfG ihren Niederschlag gefunden hat, die Regel sein, die sachgrundlose Befristung die Ausnahme.

Während arbeitsmarktpolitische Zwecke aus Arbeitgebersicht für eine Auffangfunktion des § 14 Abs. 2 TzBfG sprächen[1033], enthält das Gesetz keinen Anhaltspunkt dafür, dass der Anwendungsbereich des Abs. 2 vom Parteiwillen abhängt oder abhängen sollte.[1034] Bei Sachgrundbefristungen richtet sich die zulässige Befristungsdauer gerade nach dem vorliegenden Sachgrund, der die Befristung als solche rechtfertigt, so dass in den Fällen der Sachgrundbefristung grundsätzlich ein Ausgleich zwischen Arbeitnehmer- und Arbeitgeberinteressen vorliegt. Dieser Ausgleich würde zu Lasten der Arbeitnehmer umgangen werden, wenn Sachgrundbefristungen unabhängig vom Sachgrund bis zur Gesamtdauer von zwei Jahren verlängert werden könnten.

Außerdem soll § 14 Abs. 2 TzBfG gerade zu Neueinstellungen verleiten und nicht dem Arbeitnehmer Rechte und Chancen nehmen. Letzteres würde aber geschehen, wenn man beispielsweise gemäß § 14 Abs. 1 S. 2 Nr. 2 oder 5 TzBfG für sechs Monate befristete Arbeitsverhältnisse für verlängerbar bis zu einer Gesamtbefristungsdauer von zwei Jahren erklärt, weil sie eine Neueinstellung darstellten. Grundsätzlich wäre eine entsprechende „Verlängerung" unwirksam. Erklärte man sie über den Umweg der Ausnahmevorschrift des Abs. 2 für wirksam, wäre dies eine absolut wider dem gesetzgeberischen Willen erfolgende

---

1031 Annuß/Thüsing/Maschmann, § 14 TzBfG Rn 70; KR/Lipke, § 14 TzBfG Rn 269; Straub, NZA 2001, S. 919 (926); Bauer, BB 2001, S. 2473 (2475), weshalb er den Arbeitgebern empfiehlt, mit der sachgrundlosen Befristung zu beginnen.

1032 ErfK[5]/Müller-Glöge, § 14 TzBfG Rn 124. Müller-Glöge gibt zwar zu, dass eine Rückkehr zu Befristungen ohne Sachgrund unzulässig ist. Dem Gesetzeszweck laufe es jedoch seiner - nicht weiter begründeten - Ansicht nach nicht zuwider, wenn in den Gesamtzeitrahmen von zwei Jahren auch mit Sachgrund befristete Arbeitsverträge integriert seien.

1033 MK/Hesse, § 14 TzBfG Rn 85.

1034 Gegen § 14 Abs. 2 TzBfG als Auffangtatbestand: Straub, NZA 2001, S. 919 (926); KDZ/Däubler, § 14 TzBfG Rn 168 f.; Däubler, ZIP 2001, S. 217 (224). Einen Anhaltspunkt für das Abstellen auf den Parteiwillen sieht auch MK/Hesse, § 14 TzBfG Rn 85, nicht.

Verfahrensweise. Aus einer Ausnahmeregelung würden Folgen für den gesetzlichen Regelfall hergeleitet. Eine Verlängerungsmöglichkeit bei Bestehen eines Sachgrundes würde zur Umgehung des § 14 Abs. 1 TzBfG und des § 14 Abs. 2 S. 2 TzBfG führen. Es würden gerade keine Neueinstellungen auf Grund der Möglichkeiten des § 14 Abs. 2 TzBfG vorgenommen, sondern für ohnehin vorgenommene Neueinstellungen nachträglich (!) die Befristungsmöglichkeiten (durch die Verlängerung) erweitert. Wer nun dagegen argumentiert, dem stünden keine schützwürdigen Belange des Arbeitnehmers entgegen[1035], der irrt: Wenn zwischen den Parteien beispielsweise eine Befristung zur Erprobung oder eine Anschlussbefristung an Ausbildung oder Studium für sechs Monate vereinbart war, dann stellt sich der Arbeitnehmer darauf ein, spätestens kurz vor Ablauf dieser sechs Monate zu erfahren, ob er fest eingestellt wird. Dies ist ihm angesichts der weiteren Lebensplanung regelmäßig sehr wichtig, insbesondere in Hinblick auf die Familienplanung, den Bau oder Kauf von Immobilien, den Umzug in die Nähe der Arbeitsstelle oder in eine größere Wohnung oder angesichts größerer Anschaffungen. Er möchte die „Testphase" abschließen und ein „vollwertiger Arbeitnehmer" mit Bestandsschutz werden. Ließe man weitere Verlängerungen zu, würden diese schutzwürdigen Interessen missachtet werden. Der Arbeitnehmer vertraut auf den Sachgrund und die daraus resultierende Dauer der „unsicheren Phase". Unter Umständen hätte er die Befristung von vorneherein abgelehnt und eine andere Beschäftigung gesucht, wenn er gewusst hätte, dass sich die Testphase noch über die vereinbarte Dauer hinaus verlängern kann. Des Weiteren würde im Falle der Verlängerung einer Befristung zur Erprobung gemäß § 14 Abs. 1 S. 2 Nr. 5 TzBfG die BAG-Rechtsprechung, nach der grundsätzlich nur Erprobungszeiten von bis zu sechs Monaten akzeptiert werden, umgangen, indem man faktisch eine Erprobungszeit von zwei Jahren zuließe.

Folglich ist eine sachgrundlose Verlängerung von Sachgrundbefristungen auch nach der teleologischen Auslegung abzulehnen. Mit einer den Anwendungsbereich des § 14 Abs. 2 TzBfG zu stark einschränkenden Regelung bei Ablehnung dieser Verlängerungsmöglichkeit, da Befristungen in der Praxis regelmäßig mit Sachgrund erfolgen[1036], kann man somit keinesfalls argumentieren.

Dies gilt auch für die übrigen Sachgründe des § 14 Abs. 1 TzBfG: Bei ihnen erscheint eine Verlängerung nach § 14 Abs. 2 TzBfG oftmals als nicht erforderlich, weil nach § 14 Abs. 1 TzBfG auch eine erneute Befristung auf Grund eines (anderen oder eines weiterhin) bestehenden Sachgrundes möglich wäre. Nach dem Sinn und Zweck handelt es sich hier also um keine notwendige Verlängerungsmöglichkeit und daher auch um keine planwidrige Regelungslücke hinsichtlich der Verlängerung. Man kann bereits das Vorliegen einer Regelungslücke verneinen, da der Neuabschluss im unmittelbaren Anschluss an einen vorhergehenden Vertrag bei Bestehen eines Sachgrundes grundsätzlich möglich ist,

---

1035 So MK/Hesse, § 14 TzBfG Rn 85.

1036 Entsprechend argumentiert Sowka, DB 2000, S. 2427 (2427 f).

und man in einem entsprechenden Neuabschluss auch eine „Verlängerung" sehen könnte.[1037] Entsprechend wird das Wort „Verlängerung" in § 5 Abs. 1 der Rahmenvereinbarung als Synonym für jeden auf einen anderen folgenden befristeten Vertrag verwendet.[1038] § 14 Abs. 2 S. 2 TzBfG kann daher auch nicht analog auf Sachgrundbefristungen angewendet werden.
Sachgrundbefristungen sollen nur zulässig sein, solange ein Sachgrund besteht. Dieser Zeitraum darf deshalb nicht zum Nachteil des Arbeitnehmers und entgegen dem Wortlaut und der Systematik von § 14 Abs. 1 und 2 TzBfG verlängert werden. Die Verlängerungsmöglichkeit bis zu einer Gesamtdauer von zwei Jahren ist den sachgrundlosen Befristungen vorbehalten. Sie sollen zu einer unbefristeten Beschäftigung führen, was hingegen bei den Sachgrundbefristungen grundsätzlich bereits von vorneherein unwahrscheinlich ist, da die Mehrarbeit endet, der vertretene Arbeitnehmer wiederkommt, die Fördermittel auslaufen, usw.
Dieser Sinn und Zweck wird durch die vom Gesetzgeber gewählte Halbsatzstruktur verdeutlicht, so dass § 14 Abs. 2 S. 1 Hs. 2 TzBfG sich bewusst nur auf den Hs. 1 bezieht und auch keine analoge Anwendung auf Sachgrundbefristungen in Betracht kommt. Somit wurde das Ergebnis der Auslegung nach dem Wortlaut, der Systematik und der Entstehungsgeschichte auch durch die teleologische Auslegung bestätigt.

8. Ergebnis
Nach dem Ergebnis der Auslegung ist ein Erst-Recht-Schluss abzulehnen, so dass folglich Sachgrundbefristungen nicht sachgrundlos verlängert werden können.[1039]
Eine sachgrundlose Befristung ist lediglich als Neueinstellung und Erstbefristung möglich. Das daraus resultierende Verbot der Abfolge Sachgrundbefristung - sachgrundlose Befristung gilt auch im Falle einer Verlängerung. Ein weiterer

---

1037 Vgl. BAG vom 11.11.1998 - 7 AZR 328/97, AP Nr. 204 zu § 620 BGB Befristeter Arbeitsvertrag: „nochmalige befristete Verlängerung des Arbeitsverhältnisses" als Formulierung beim Sachgrund der Vertretung.

1038 Vgl. die Formulierung in § 5 Abs. 1 a) „sachliche Gründe, die die Verlängerung solcher Verträge oder Verhältnisse rechtfertigen". Dies betont: APS/Backhaus, § 14 TzBfG Rn 375; Backhaus, NZA 2001, SB zu Heft 24, S. 8 (11).

1039 So im Ergebnis auch: BAG vom 22.3.2000 - 7 AZR 581/98, AP Nr. 1 zu § 1 BeschFG 1996; BAG vom 28.6.2000 - 7 AZR 920/98, AP Nr. 2 zu § 1 BeschFG 1996; BAG vom 26.7.2000 - 7 AZR 256/99, AP Nr. 3 zu § 1 BeschFG 1996; BAG vom 25.10.2000 - 7 AZR 537/99, DB 2001, S. 872 (872); KDZ/Däubler, § 14 TzBfG Rn 165, 168; KR^6/Lipke, § 14 TzBfG Rn 283; Meinel/Heyn/Herms^2, § 14 TzBfG Rn 88, 89; Ring, § 14 TzBfG Rn 120; Rolfs, § 14 TzBfG Rn 95; HbArbR, Erg./Wank, § 116 Rn 188; Preis/Rolfs, Teil II B 10 Rn 107; Däubler, ZIP 2001, S. 217 (224); Rieble, SAE 2001, S. 33 (37); Straub, NZA 2001, S. 919 (926).

befristeter Arbeitsvertrag kann folglich nur bei weiterem oder erneutem Vorliegen eines Sachgrundes abgeschlossen werden.

Für das obige Beispiel bedeutet dies folgendes: Der Arbeitgeber, der eine Probezeit von sechs Monaten vereinbaren will, gleichzeitig aber auch eine Befristung auf anderthalb Jahre, muss von vorneherein eine Befristung ohne Sachgrund nach § 14 Abs. 2 TzBfG vereinbaren und für die ersten sechs Monate ausdrücklich eine Probezeitvereinbarung (mit verkürzter Kündigungsfrist) treffen oder einen befristeten Arbeitsvertrag ohne Sachgrund für sechs Monate mit Verlängerungsmöglichkeit von bis zu maximal zwei Jahren abschließen.[1040]

II. Wann liegt eine bzw. keine sachgrundlos verlängerbare Befristung vor?

1. Fehlen eines Zitiergebotes

Ein praktisches Problem bei der Überprüfung der Zulässigkeit von Verlängerungen besteht jedoch darin, dass lediglich für die Befristung als solche gemäß § 14 Abs. 4 TzBfG die Schriftform vorgeschrieben ist. Im Gegensatz beispielsweise zu § 57 b Abs. 3 HRG[1041] und zur SR 2 y zum BAT[1042] besteht nach dem TzBfG kein Zitiergebot für den Befristungsgrund oder eine sonstige Rechtsgrundlage, da die Vereinbarung der Befristung als solche von dem sachlichen Grund oder der Neueinstellung als materieller Voraussetzung für die Wirksamkeit der Befristung zu unterscheiden ist.[1043] Dies ergibt sich des Weiteren eindeutig aus der Entstehungsgeschichte der Vorschrift, da der Referentenentwurf des Bundesarbeitsministeriums diese Angaben noch ausdrücklich verlangte, sie aber in den

---

1040 Vgl. Straub, NZA 2001, S. 919 (926).

1041 Danach ist im Arbeitsvertrag anzugeben, ob die Befristung auf den Vorschriften des HRG beruht (dazu: APS/Schmidt, § 57 b HRG Rn 34 ff; Staudinger/Preis, § 620 BGB Rn 58, 264).

1042 Nach SR 2 y Nr. 2 zu § 4 BAT ist im Arbeitsvertrag zu vereinbaren, ob der Angestellte als Zeitangestellter, als Angestellter für Aufgaben von begrenzter Dauer oder als Aushilfsangestellter eingestellt wird. Des Weiteren ist nach PKN 6 a) zu SR 2 y Nr. 1 anzugeben, wenn es sich um ein Arbeitsverhältnis nach § 14 Abs. 2 oder 3 TzBfG handelt (dazu: APS/Schmidt, SR 2 y BAT Rn 11, 41; Staudinger/Preis, § 620 BGB Rn 57; Kittner/Zwanziger/Lakies, § 133 Rn 337, 342.).

1043 Zur fehlenden Angabepflicht: BAG vom 23.6.2004 - 7 AZR 636/03, DB 2004, S. 2585 (2585) (auch für den Befristungsgrund der Erprobung); BAG vom 26.7.2000 - 7 AZR 546/99, AP Nr. 5 zu § 1 BeschFG 1996; BAG vom 8.12.1988 - 2 AZR 308/88, AP Nr. 6 zu § 1 BeschFG 1985; APS/Backhaus, § 14 TzBfG Rn 471; Boewer, § 14 TzBfG Rn 88 (Ausnahme: Erprobungszweck, § 14 TzBfG Rn 163); Clemens/Scheuring/Steingen/Wiese, BAT, Anhang 1 zur SR 2y - TzBfG, Erl. 5 zu § 14; Staudinger/Preis, § 620 BGB Rn 176; Kittner/Zwanziger/Lakies, § 133 Rn 74; Preis/Rolfs, Teil II B 10 Rn 206; Preis, NJW 1996, S. 3369 (3373); Wisskirchen, DB 1998, S. 722 (722).

Regierungsentwurf und die endgültige Fassung des Gesetzes nicht mehr übernommen wurden.[1044]
Der Befristungsgrund selbst muss somit nicht schriftlich vereinbart werden[1045], damit die Befristung wirksam ist. Es bleibt bei dem allgemeinen Grundsatz, dass der Befristungsgrund bei Vertragsschluss weder mitgeteilt noch vereinbart werden muss; er ist also nicht (wesentlicher) Vertragsbestandteil.[1046] Folglich steht dem nicht der Grundsatz entgegen, dass bei einer formbedürftigen vertraglichen Vereinbarung alle wesentlichen Vertragsbestandteile der Schriftform bedürfen.[1047]
Etwas anderes gilt für Zweckbefristungen, weil Zweck und Sachgrund identisch sind[1048] bzw. der Zweck den Beendigungstatbestand kennzeichnet.[1049] Bei ihnen (und bei auflösenden Befristungen) wird die Angabe eines Befristungsgrundes als systemimmanent und erforderlich angesehen.[1050] Aber gerade bei diesen kommt, da sie das Gegenstück zu den kalendermäßig befristeten Arbeitsverträgen darstellen, mangels eines Endzeitpunktes und wegen des eindeutigen Wortlautes des § 14 Abs. 2 S. 1 Hs. 2 TzBfG gar keine Verlängerung in Betracht.
Eine Sonderstellung gebührt(e) der Befristung zur Erprobung: Wenn die Befristung zur Erprobung erfolgte, musste nach der früheren - allerdings uneinheitlichen[1051] - Rechtsprechung ausnahmsweise der Erprobungszweck (z.B. Feststellung der fachlichen und persönlichen Qualifikation, Leistungsfähigkeit/Belastbarkeit des Arbeitnehmers, Erprobung der Arbeitsbedingungen) ausdrücklich zum Gegenstand des Arbeitsvertrages, welcher gemäß § 14 Abs. 4 TzBfG der Schriftform bedarf, gemacht werden.[1052] Nach neuerer Rechtsprechung des BAG besteht jedoch auch für den Sachgrund der Erprobung im Geltungsbereich des TzBfG keine Angabepflicht.[1053] Die alte Rechtsprechung wurde mit dem Argument verworfen, dass die Sonderstellung der befristeten Probearbeitsverhältnisse im Verhältnis zu anderen befristeten Arbeitsverhältnissen auf Grund der gesetzlichen Gleichstellung in § 14 Abs. 1 TzBfG, die der Gesetzge-

---

1044 APS/Backhaus, § 14 TzBfG Rn 472; Clemens/Scheuring/Steingen/Wiese, BAT, Anhang 1 zur SR 2y - TzBfG, Erl. 5 zu § 14.
1045 Palandt/Weidenkaff, § 620 BGB Rn 17; Bauschke, Rn 189.
1046 Staudinger/Preis, § 620 BGB Rn 54, 176 m.w.N.; vgl. Kittner/Zwanziger/Lakies, § 133 Rn 77.
1047 Staudinger/Preis, § 620 BGB Rn 176.
1048 Staudinger/Preis, § 620 BGB Rn 176.
1049 Palandt/Weidenkaff, § 620 BGB Rn 17; Kittner/Zwanziger/Lakies, § 133 Rn 75.
1050 Staudinger/Preis, § 620 BGB Rn 59; SPV/Preis, I § 3 TzBfG Rn 69; Richardi/Annuß, BB 2000, S. 2201 (2204).
1051 Vgl. BAG vom 8.12.1988 - 2 AZR 308/88, AP Nr. 6 zu § 1 BeschFG 1985; BAG vom 21.3.1990 - 7 AZR 129/89, NV.
1052 Vgl. BAG vom 30.9.1981 - 7 AZR 789/78, EzA § 620 BGB Nr. 54; BAG vom 31.8.1994 - 7 AZR 983/93, EzA § 620 BGB Nr. 127; Boewer, § 14 TzBfG Rn 163.
1053 BAG vom 23.6.2004 - 7 AZR 636/03, DB 2004, S. 2585 (2585).

ber in Kenntnis der Senatsrechtsprechung von der Sonderstellung des Probearbeitsverhältnisses vornahm, nicht begründbar ist.[1054] Selbst bei der Zweckbefristung der Erprobung besteht somit keine Angabepflicht mehr. Einer Angabe bedarf es auch nicht, da die Erprobungszeit festgelegt wird und es sich damit um eine kalendermäßige Befristung handelt, also die vereinbarte Dauer und nicht der Erprobungszweck das Befristungsende bestimmt.[1055]

2. Angaben in befristeten Arbeitsverträgen in der Praxis

In der Praxis enthält der Arbeitsvertrag häufig lediglich die Befristungsabrede als solche und deren Dauer, trifft jedoch über die Rechtsgrundlage keine Aussage. Dies ermöglicht grundsätzlich eine Überprüfung der Zulässigkeit der Befristung nach sämtlichen Rechtsgrundlagen. Ein entsprechendes Vorgehen wird den Arbeitgebern daher angeraten[1056], teilweise wird jedoch aus Beweissicherungsgründen die Angabe des Sachgrundes empfohlen.[1057] Die präzise Angabe eines Sachgrundes im Vertrag kann dem Arbeitgeber seine Darlegungs- und Beweispflichten erleichtern.[1058] Entsprechend wird die Angabe des Befristungsgrundes den Arbeitgebern insbesondere dann empfohlen, wenn der Zeitvertrag auf Wunsch des Arbeitnehmers oder aus in seiner Person liegenden Gründen abgeschlossen wird.[1059]

Sollen für die Befristungskontrolle verschiedene vorliegende Sachgründe Berücksichtigung finden, wird zur Vereinbarung mehrerer Gründe im Arbeitsvertrag geraten.[1060]

Demgegenüber seien Vereinbarungen, die auf die Angabe eines sachlichen Grundes verzichten, insbesondere beim erstmaligen Abschluss eines befristeten Arbeitsvertrages zu empfehlen, dessen Verlängerung nicht beabsichtigt ist.[1061] Denn in diesen Fällen könnte die Angabe eines (sich später im Streitfall als tatsächlich nicht vorhanden herausstellenden) Befristungsgrundes als einzelver-

---

1054 BAG vom 23.6.2004 - 7 AZR 636/03, DB 2004, S. 2585 (2585).

1055 Vgl. die Ausführungen in Abschnitt B), I 2 c).

1056 Vgl. die Musterverträge bei: Winterfeld, Anhang 1, S. 233; Preis/Rolfs, Teil II B 10 Rn 6, 195; die die Nennung eines Befristungsgrundes nicht vorsehen. Vgl. auch APS/Backhaus, § 22 TzBfG Rn 34; Staudinger/Preis, § 620 BGB Rn 56; SPV/Preis, I § 3 Rn 68; Meinel/Heyn/Herms, § 14 TzBfG Rn 91; Sowka, DB 2002, S. 2168 (2169), der aber auch die Möglichkeit sieht, die Befristung auf alle erdenklichen Rechtsgrundlagen zu stützen.

1057 Palandt/Weidenkaff, § 620 BGB Rn 17; Schaub/Neef/Schrader, § 14 Rn 2 (Fn 4), 14 f (Fn 12), 26.

1058 Staudinger/Preis, § 620 BGB Rn 56.

1059 Preis/Rolfs^2, Teil II B 10 Rn 206 mit dem Hinweis, dass der Befristungsgrund möglichst individuell und nicht etwa formelhaft oder gar formularmäßig festgehalten werden solle; Kliemt, NZA 2001, S. 296 (299).

1060 Vgl. Kittner/Zwanziger/Lakies, § 133 Rn 338.

1061 Preis/Rolfs^2, Teil II B 10 Rn 207; SPV/Preis, I § 3 Rn 68; ähnlich APS/Backhaus, § 22 TzBfG Rn 34.

tragliche Abbedingung von § 14 Abs. 2 TzBfG interpretiert werden, so dass dem Arbeitgeber die Berufung auf diese Vorschrift verwehrt würde, obwohl sie die Befristung objektiv getragen hätte.[1062]
Bei Mehrfachbefristungen wird unter dem Gesichtspunkt fehlender Transparenz als Indiz für eine unzulässige Kettenbefristung vor fehlenden Angaben zum Befristungsgrund gewarnt; insbesondere nach zwei Jahren werde der erneut befristete Arbeitsvertrag, der keine Vereinbarung eines konkreten Sachgrundes enthält, die Rechtsprechung zu einer genaueren Prüfung veranlassen.[1063]

3. Fallkonstellationen und sachgrundlose Verlängerbarkeit

Entsprechend der aus dem fehlenden Zitiergebot häufig resultierenden mangelnden bzw. gegebenenfalls nicht verbindlichen Angabe der Befristungsgrundlage im Arbeitsvertrag stellt sich bei der Überprüfung der Wirksamkeit einer sachgrundlosen Verlängerung die Frage, ob die Ausgangsbefristung eine solche ohne sachlichen Grund im Sinne des § 14 Abs. 2 TzBfG war, die die sachgrundlose Verlängerungsmöglichkeit eröffnet, oder eine Sachgrundbefristung vorlag, die eine sachgrundlose Verlängerung verbietet.
Zur Beantwortung dieser Frage sind verschiedene Fallkonstellationen zu unterscheiden.

a) Ausdrückliche wirksame Vereinbarung einer sachgrundlosen Befristung

Hatten die Parteien ausdrücklich eine sachgrundlose Befristung abgeschlossen, also auf § 14 Abs. 2 S. 1 TzBfG Bezug genommen oder die Befristung als solche ohne Sachgrund bezeichnet, war eine Verlängerung - wenn deren Voraussetzungen vorliegen und die Ausgangsbefristung eine wirksame sachgrundlose Befristung war - unproblematisch möglich.
Das eventuelle objektive Bestehen eines Sachgrundes für die Befristung kann dem Arbeitgeber nicht verwehren, sich auf § 14 Abs. 2 TzBfG zu stützen.[1064]
§ 14 Abs. 2 TzBfG verlangt gerade nicht, dass eine Befristung im Sinne des Abs. 1 nicht möglich ist, um ihn anzuwenden. „Ohne Vorliegen eines sachlichen Grundes" ist als ein „auch ohne Vorliegen eines sachlichen Grundes", also in sämtlichen anderen Fällen, zu verstehen und nicht als ein „nur dann, wenn tatsächlich kein sachlicher Grund vorliegt". Das heißt, dass der Arbeitgeber die Befristung immer, wenn die Voraussetzungen des § 14 Abs. 2 TzBfG vorliegen,

---

1062 Preis/Rolfs², Teil II B 10 Rn 207; SPV/Preis, I § 3 Rn 68; ähnlich APS/Backhaus, § 22 TzBfG Rn 34.

1063 Staudinger/Preis, § 620 BGB Rn 56; SPV/Preis, I § 3 Rn 68; vgl. auch Kittner/Zwanziger/Lakies, § 133 Rn 80.

1064 So im Ergebnis auch APS/Backhaus, § 14 TzBfG Rn 378, der scheinbar das objektive Vorliegen eines Sachgrundes mit einem Verbot der sachgrundlosen Verlängerung gleichsetzt.

auf diesen stützen darf, da dieser einen Auffangtatbestand[1065] bildet. Die Einleitung „ohne“ deutet auf die Auffangfunktion hin, so dass der Begriff „Vorliegen“ nicht als negative objektive Voraussetzung, die es zu prüfen gilt, verstanden werden kann. Da der Wortlaut keine Einschränkung beispielsweise derart vorgibt, dass § 14 Abs. 2 TzBfG nur bei Nichtvorliegen der Voraussetzungen des § 14 Abs. 1 TzBfG angewendet werden darf, ergibt sich aus der grammatikalischen Auslegung keine Einschränkung.
Lediglich die Systematik deutet auf den Regelfall der Befristung mit Sachgrund hin. Allerdings sind die Auffangtatbestände immer als Ausnahme nach dem Regelfall geregelt, so dass sich aus der Stellung im Gesetz kein Ausschluss der Anwendbarkeit des § 14 Abs. 2 TzBfG bei Vorliegen der Voraussetzungen des Abs. 1 herleiten lässt.

Das Regel-Ausnahme-Verhältnis des § 14 TzBfG vermag es daher nicht, in einem solchen Falle die Vertragsfreiheit faktisch aufzuheben und die vom Gesetzgeber gewährten Verlängerungsmöglichkeiten leer laufen zu lassen. Denn bei einer Neueinstellung besteht beispielsweise auch regelmäßig der Sachgrund der Erprobung. Dieser bestehende Sachgrund kann jedoch nicht dazu führen, das § 14 Abs. 2 TzBfG keinen Anwendungsbereich hat. Eine solche Auslegung verbietet sich von selbst. Trotz der gesetzlichen Systematik ist es folglich möglich, auch bei Vorliegen eines Sachgrundes eine sachgrundlose Befristung zu vereinbaren.

b) Ausdrückliche unwirksame Vereinbarung einer sachgrundlosen Befristung

Unproblematisch erscheint des Weiteren der Fall, dass eine sachgrundlose Befristung vereinbart war, deren Voraussetzungen aber nicht vorlagen. Denn dann ist lediglich für die Prüfung der Wirksamkeit fraglich, ob die Befristung trotzdem auf einen vorliegenden Sachgrund gestützt werden kann. Daraus ergibt sich aber kein Problem für die Verlängerung: Wirksam verlängert werden kann nur eine wirksame sachgrundlose Befristung.[1066] Muss sie, um wirksam zu sein, auf einen Sachgrund gestützt werden, kommt nach den obigen Ausführungen keine sachgrundlose Verlängerung in Betracht.
Nichts anderes folgt durch die Fiktion der Wirksamkeit nach § 17 S. 1 und 2 TzBfG i.V.m. § 7 KSchG, wenn die Unwirksamkeit der Befristung nicht innerhalb von drei Wochen nach dem vereinbarten Ende dieser Befristung gerichtlich geltend gemacht wurde. Die Fiktion einer wirksamen Befristung ist gerade nicht mit einer wirksamen sachgrundlosen und damit verlängerbaren Befristung gleichzusetzen. Der in der Praxis häufig auftretende Fall, dass der Arbeitnehmer

---

[1065] Vgl. KDZ/Däubler, § 14 TzBfG Rn 168; KR/Lipke § 14 TzBfG Rn 284.
[1066] Vgl. BAG 25.10.2000 - 7 AZR 483/99, AP Nr. 6 zu § 1 BeschFG 1996; KDZ/Däubler, § 14 TzBfG Rn 164 a.

sich nicht gegen die Befristung auflehnt, da der Arbeitgeber den befristeten Vertrag verlängert hat und daher die Fiktion eingreift, darf nicht zu einer Schlechterstellung der Arbeitnehmer bei der Frage der Wirksamkeit der Verlängerung führen. Die Fiktion betrifft lediglich den vorherigen, verlängerten Arbeitsvertrag und sorgt hinsichtlich dieses Vertrages zugunsten des Arbeitgebers für Rechtssicherheit. Eine sachgrundlose Befristung wird jedoch nicht fingiert, sondern nur die Wirksamkeit der Befristung allgemein, so dass es an einer verlängerbaren sachgrundlosen Befristung fehlt.

c) Ausdrückliche Vereinbarung eines Sachgrundes im Sinne einer Abbedingung

Da die Voraussetzung, dass die Ausgangsbefristung eine solche ohne sachlichen Grund im Sinne des § 14 Abs. 2 TzBfG war, nicht nur das Vorliegen von dessen Voraussetzungen, sondern auch seine Anwendbarkeit bedeutet, dürfte keine sog. Abbedingung des § 14 Abs. 2 TzBfG vorliegen.

Ihre Zulässigkeit folgt aus § 22 Abs. 1 TzBfG, nach dessen Umkehrschluss immer zugunsten des Arbeitnehmers von den Vorschriften des TzBfG abgewichen werden darf. Problematisch erscheint allerdings, wann eine solche Abbedingung anzunehmen ist.

aa) Rechtsprechung zum BeschFG

Nach der Rechtsprechung zu § 1 BeschFG 1985 und 1996 konnte die Anwendbarkeit der sachgrundlosen Befristung grundsätzlich ausdrücklich oder konkludent abbedungen werden.[1067]

Während aus einem ausdrücklichen Ausschluss der sachgrundlosen Befristung keinerlei Folgeprobleme resultierten, war zu entscheiden, in welchem Falle von einem konkludenten Ausschluss ausgegangen werden kann. Ansatzpunkt war dabei die Nennung eines konkreten Sachgrundes. Wird im Arbeitsvertrag ausdrücklich ein Sachgrund genannt, war dies nach der Rechtsprechung ein gewichtiges Indiz dafür, dass der Rückgriff auf die Rechtsgrundlage der sachgrundlosen Befristung ausgeschlossen sein sollte.[1068] Allein die bloße Nennung eines Sachgrundes im Arbeitsvertrag sollte für die Abbedingung sachgrundloser Befristungen jedoch nicht ausreichen.[1069] Zu diesem Indiz mussten im Einzelfall

[1067] BAG vom 24.2.1988 - 7 AZR 454/87, AP Nr. 3 zu § 1 BeschFG 1985; BAG vom 5.6.2002 - 7 AZR 241/01, AP Nr. 13 zu § 1 BeschFG 1996; BAG vom 26.6.2002 - 7 AZR 410/01, AP Nr. 15 zu § 1 BeschFG 1996; BAG vom 15.1.2003 - 7 AZR 534/02, AP Nr. 19 zu § 1 BeschFG 1996.

[1068] APS/Backhaus, § 22 TzBfG Rn 32; KDZ/Däubler, § 14 TzBfG Rn 167; Staudinger/Preis, § 620 BGB Rn 56.

[1069] BAG vom 5.6.2002 - 7 AZR 241/01, AP Nr. 13 zu § 1 BeschFG 1996; BAG vom 4.6.2003 - 7 AZR 489/02, NZA 2003, S. 1143 (1144); BAG vom 4.12.2002 - 7 AZR 545/01, EzA § 14 TzBfG Nr. 1; BAG vom 26.6.2002 - 7 AZR 410/01, AP Nr. 15 zu § 1 BeschFG 1996; BAG vom 15.1.2003 - 7 AZR 534/02, AP Nr. 19 zu § 1 BeschFG 1996.

noch weitere Gesichtspunkte hinzukommen, um eine sog. Abbedingung annehmen zu können.[1070] Von einer konkludenten Vereinbarung des Ausschlusses sachgrundloser Befristungen konnte dann ausgegangen werden, wenn neben der Nennung eines Sachgrundes im Vertrag aus weiteren Umständen der Wille der Vertragsparteien erkennbar wurde, die Rechtmäßigkeit der Befristung solle selbst bei Vorliegen der Befristungsvoraussetzungen nach dem BeschFG von der Existenz eines Sachgrundes abhängen.[1071] An einen Ausschluss war also vor allem dann zu denken, wenn der Arbeitnehmer die Erklärung des Arbeitgebers dahin verstehen durfte, dass die Befristung ausschließlich auf einen bestimmten Sachgrund gestützt werden und mit diesem „stehen und fallen" sollte.[1072] Als zusätzliche Umstände fanden beispielsweise Berücksichtigung, dass der Arbeitgeber (bzw. sein Rechtsvorgänger) mit dem Arbeitnehmer über viele Jahre Arbeitsverträge geschlossen hatte, die jeweils auf einen Sachgrund gestützt waren, im ersten Vertrag aber gerade kein Sachgrund angegeben war.[1073] Wenn dazu die letzte Befristung wiederum auf einen Sachgrund (hier ein bestimmtes Forschungsprojekt) gestützt wurde, das auf den Arbeitnehmer zugeschnitten war und ihm den Übergang in eine andere Beschäftigung ermöglichen sollte, war eine Abbedingung im Einzelfall anzunehmen.[1074] Denn aus solchen Differenzierungen ist zu erkennen, dass die Vertragsvorschriften bewusst formuliert wurden.[1075] Ein anderes Beispiel für entsprechende Umstände bilden als persönliche Anschreiben an den Arbeitnehmer gestaltete Arbeitsverträge, in denen der Arbeitgeber erklärt hatte, aus welchem Grunde die Verträge befristet sein sollten. Hier war eine Abbedingung zu bejahen, da der Arbeitnehmer die Befristungen mit diesen Sachgründen akzeptiert hatte.[1076] Insbesondere spricht in der Praxis dafür, wenn der beklagte Arbeitgeber sich zu keiner Zeit, also weder im Prozess noch vorher, zur Rechtfertigung auf das BeschFG berufen hat.[1077]

Anders scheinbar: Sächsisches LAG vom 17.6.1998 - 2 Sa 1376/97, MDR 1998, S. 1416 (1416).

1070 BAG vom 4.12.2002 - 7 AZR 545/01, EzA Nr. 1 zu § 14 TzBfG; zustimmend: APS/Backhaus, § 22 TzBfG Rn 32; Boemke/Lembke, § 9 AÜG Rn 204; KDZ/Däubler, § 14 TzBfG Rn 167; KR/Lipke, § 14 TzBfG Rn 62; MK/Hesse, § 15 TzBfG Rn 13.

1071 BAG vom 5.6.2002 - 7 AZR 241/01, AP Nr. 13 zu § 1 BeschFG 1996.

1072 BAG vom 15.1.2003 - 7 AZR 534/02, AP Nr. 19 zu § 1 BeschFG 1996; APS/Backhaus, § 22 TzBfG Rn 32.

1073 BAG vom 5.6.2002 - 7 AZR 241/01, AP Nr. 13 zu § 1 BeschFG 1996.

1074 BAG vom 5.6.2002 - 7 AZR 241/01, AP Nr. 13 zu § 1 BeschFG 1996.

1075 BAG vom 5.6.2002 - 7 AZR 241/01, AP Nr. 13 zu § 1 BeschFG 1996.

1076 BAG vom 15.8.2001 - 7 AZR 274/00, AiB 2002, S. 777.

1077 BAG vom 15.8.2001 - 7 AZR 274/00, AiB 2002, S. 777; APS/Backhaus, § 22 TzBfG Rn 33.

bb) Übertragbarkeit auf das TzBfG

Diese Rechtsprechung ist auf das TzBfG übertragbar. Sie fußt auf allgemeinen Grundsätzen, so dass die zwischen dem BeschFG und dem TzBfG bestehenden Unterschiede die Rechtsprechung nicht zu beeinflussen vermögen. Da das TzBfG den Arbeitgebern bewusst weniger Möglichkeiten zur sachgrundlosen Befristung gibt als das BeschFG, muss die Rechtsprechung zur Abbedingung sogar erst recht gelten, so dass jedenfalls dann keine Verlängerung möglich ist.
Eine weitere vorstellbare Fallgestaltung, bei deren Vorliegen nach den Grundsätzen des BAG eine Abbedingung anzunehmen wäre, dürfte nach heutigem Recht die genaue Zitierung eines Sachgrundes nach § 14 Abs. 1 S. 2 TzBfG mit Nr.-Angabe sein. Auch in einem solchen Falle, wäre ein Arbeitgeber nicht sorglos mit den Befristungsmöglichkeiten umgegangen, sondern hätte sich bewusst damit auseinandergesetzt. Dieser Fall dürfte, seit die Sachgründe gesetzlich normiert sind, häufiger vorkommen, während die Rechtsprechung auf Grund der jeweils zu entscheidenden Einzelfälle schwerlich entsprechend konkret zitiert werden konnte.
Demgegenüber reichen floskelartige, unbestimmte Angaben, wie zum Beispiel „für Aufgaben von begrenzter Dauer bis..."[1078], nicht für die Annahme einer Abbedingung aus. Sie gleichen eher einer Befristungsabrede als solcher als einem Sachgrund und sind zu unbestimmt, um eine Bindung des Arbeitgebers hervorzurufen bzw. auf der anderen Seite ein schützenswertes Vertrauen des Arbeitnehmers zu entfachen. Auch wenn lediglich beiläufig von einem Befristungszweck, der einen Sachgrund im Sinne des § 14 Abs. 1 S. 2 TzBfG darstellen könnte, gesprochen wurde und dieser nicht auch aus der schriftlichen Befristungsabrede bzw. dem schriftlichen Arbeitsvertrag hervorgeht, bestehen nicht genügend Anhaltspunkte für eine Abbedingung der sachgrundlosen Befristung.

cc) Ergebnis

Liegt nach diesen Grundsätzen im Einzelfall eine Abbedingung der sachgrundlosen Befristung nach § 14 Abs. 2 TzBfG vor, konnten die Befristungen nur auf § 14 Abs. 1 TzBfG gestützt werden, mit der Folge, dass eine Verlängerung nach § 14 Abs. 2 S. 1 Hs. 2 TzBfG ausscheidet.[1079] Dies folgt nicht nur daraus, dass keine Ausgangsbefristung in Form einer verlängerbaren sachgrundlosen Befristung vorlag, sondern des Weiteren daraus, dass die Voraussetzungen einer sachgrundlosen Verlängerung auf Grund der Abbedingung nicht vorliegen.

d) Sonstige Vereinbarung eines Sachgrundes

Problematischer erscheint die Beurteilung der Fallkonstellation, dass ein Sachgrund angegeben wurde, aber die Umstände des Einzelfalles nach der Recht-

---

1078 Vgl. BAG vom 26.6.2002 – 7 AZR 410/01, AP Nr. 15 zu § 1 BeschFG 1996.
1079 So im Ergebnis auch APS/Backhaus, § 22 TzBfG Rn 32 f, der die „Selbstbindung durch Angabe eines Befristungsgrundes" ausdrücklich ausgeklammert.

sprechung des BAG nicht ausreichen (würden), um eine Abbedingung anzunehmen. Es stellt sich die Frage, ob auch in diesen Fällen vom Vorliegen einer nicht verlängerbaren Sachgrundbefristung auszugehen ist oder ob mit dem Verneinen einer Abbedingung gleichzeitig ein Nachschieben von Gründen derart möglich ist, dass sich der Arbeitgeber nachträglich auf die sachgrundlose Befristung stützen und damit eine sachgrundlose Verlängerung herbeiführen kann.

aa) Rechtsprechung zum BeschFG

(1) Parteiwille

Nach der Rechtsprechung zum BeschFG richtete sich die Ermittlung der Rechtsgrundlage bei der Frage, ob eine sachgrundlose Verlängerung möglich ist, nach dem durch Auslegung zu ermittelnden Parteiwillen.[1080] Die Rechtsprechung zur Verlängerung korrespondierte mit derjenigen zum Anschlussverbot: Für die Prüfung des Anschlussverbotes stellte das BAG explizit auf den Parteiwillen und nicht auf das objektive Vorliegen der Voraussetzungen des § 1 Abs. 1 BeschFG 1996 ab.[1081] Nach der BAG-Rechtsprechung zum BeschFG 1996 mussten die Parteien eine sachgrundlose Befristung gewollt haben. Der Parteiwille war durch Auslegung zu ermitteln.[1082] Er konnte sich aus den Umständen ergeben.[1083] Entscheidend sollte sein, ob die Parteien die Befristung auf das BeschFG stützen wollten, was ausdrücklich oder mangels Zitiergebots auch konkludent geschehen könne. Kam eine Sachgrundbefristung nach Lage der Dinge nicht in Betracht, war davon auszugehen, dass die Parteien die Befristung auf die erleichterten Möglichkeiten der sachgrundlosen Befristung stützen wollten.[1084] Des Weiteren war dies in dem Fall anzunehmen, dass die Befristung ei-

---

1080 BAG vom 28.6.2000 - 7 AZR 920/98, AP Nr. 2 zu § 1 BeschFG 1996; BAG vom 26.7.2000 - 7 AZR 256/99, AP Nr. 3 zu § 1 BeschFG 1996; BAG vom 26.7.2000 - 7 AZR 546/99, AP Nr. 5 zu § 1 BeschFG 1996;

1081 BAG vom 5.6.2002 - 7 AZR 241/01, AP Nr. 13 zu § 1 BeschFG 1996.

1082 BAG vom 22.3.2000 - 7 AZR 581/98, AP Nr. 1 zu § 1 BeschFG 1996; BAG vom 28.6.2000 - 7 AZR 920/98, AP Nr. 2 zu § 1 BeschFG 1996; BAG vom 25.10.2000 - 7 AZR 537/99, DB 2001, S. 872 (872).

1083 BAG vom 28.6.2000 - 7 AZR 920/98, AP Nr. 2 zu § 1 BeschFG 1996; BAG vom 26.7.2000 - 7 AZR 256/99, AP Nr. 3 zu § 1 BeschFG 1996; BAG vom 26.7.2000 - 7 AZR 546/99, AP Nr. 5 zu § 1 BeschFG 1996; BAG vom 25.4.2001 - 7 AZR 376/00, AP Nr. 10 zu § 1 BeschFG 1996.

1084 BAG vom 28.6.2000 - 7 AZR 920/98, AP Nr. 2 zu § 1 BeschFG 1996; BAG vom 26.7.2000 - 7 AZR 256/99, AP Nr. 3 zu § 1 BeschFG 1996; BAG vom 26.7.2000 - 7 AZR 546/99, AP Nr. 5 zu § 1 BeschFG 1996; BAG vom 25.4.2001 - 7 AZR 376/00, AP Nr. 10 zu § 1 BeschFG 1996; MK/Hesse, § 14 TzBfG Rn 13.

ner Rechtfertigung bedurfte und bei Vertragsschluss über andere gesetzliche Befristungstatbestände nicht gesprochen wurde.[1085]
Entsprechend wurde eine Sachgrundbefristung vom BAG dann angenommen, wenn beispielsweise eine ausdrückliche Vereinbarung der Parteien vorlag, nach der die Befristung zur Vertretung eines namentlich bezeichneten erkrankten[1086] oder im Urlaub befindlichen[1087] Arbeitnehmers oder eine Zweckbefristung bis zum Abschluss bestimmter Maßnahmen[1088] erfolgen sollte. Neben dieser Zugrundelegung einzelner sachlicher Gründe, war eine Sachgrundbefristung auch dann anzunehmen, wenn die Parteien sich ausdrücklich auf einen anderen gesetzlichen Befristungstatbestand stützten oder die Befristung als solche mit Sachgrund bezeichnet wurde.[1089] Insbesondere war von einer gewollten Sachgrundbefristung auszugehen, wenn darüber hinaus nichts dafür ersichtlich war, dass sich die Parteien auf das BeschFG stützen wollten bzw. wenn dessen Voraussetzungen ersichtlich nicht vorlagen.[1090]

(2) Nachschieben von Gründen
Wenn ausdrücklich im Arbeitsvertrag von einer Sachgrundbefristung oder einer Befristung zur Vertretung oder zur Erprobung die Rede war, dann ist die Frage - wenn man nicht im Einzelfall bereits eine Abbedingung bejahen kann und allein deshalb eine sachgrundlose Verlängerung ausscheidet -, ob dem Arbeitgeber dadurch eine Verlängerung gemäß der obigen Auslegung verwährt ist.
Nach der BAG-Rechtsprechung konnte sich der Arbeitgeber grundsätzlich auch noch nachträglich auf die sachgrundlose Befristung berufen, wenn deren Voraussetzungen bei Vertragsschluss objektiv vorgelegen haben und die erleichterte Befristung nicht (konkludent) ausgeschlossen war.[1091] Denn er konnte bei einer Sachgrundbefristung grundsätzlich auch einen anderen als den im Arbeitsvertrag

---

[1085] BAG vom 28.6.2000 - 7 AZR 920/98, AP Nr. 2 zu § 1 BeschFG 1996; BAG vom 26.7.2000 - 7 AZR 256/99, AP Nr. 3 zu § 1 BeschFG 1996; BAG vom 26.7.2000 - 7 AZR 546/99, AP Nr. 5 zu § 1 BeschFG 1996.
[1086] BAG vom 26.7.2000 - 7 AZR 546/99, AP Nr. 5 zu § 1 BeschFG 1996.
[1087] BAG vom 26.7.2000 - 7 AZR 256/99, AP Nr. 3 zu § 1 BeschFG 1996.
[1088] BAG vom 28.6.2000 - 7 AZR 920/98, AP Nr. 2 zu § 1 BeschFG 1996.
[1089] Vgl. BAG vom 28.6.2000 - 7 AZR 920/98, AP Nr. 2 zu § 1 BeschFG 1996; BAG vom 26.7.2000 - 7 AZR 256/99, AP Nr. 3 zu § 1 BeschFG 1996; BAG vom 26.7.2000 - 7 AZR 546/99, AP Nr. 5 zu § 1 BeschFG 1996.
[1090] Vgl. BAG vom 28.6.2000 - 7 AZR 920/98, AP Nr. 2 zu § 1 BeschFG 1996; BAG vom 26.7.2000 - 7 AZR 256/99, AP Nr. 3 zu § 1 BeschFG 1996; BAG vom 26.7.2000 - 7 AZR 546/99, AP Nr. 5 zu § 1 BeschFG 1996.
[1091] BAG vom 5.6.2002 - 7 AZR 241/01, AP Nr. 13 zu § 1 BeschFG 1996; BAG vom 26.6.2002 - 7 AZR 410/01, AP Nr. 15 zu § 1 BeschFG 1996; BAG vom 15.1.2003 - 7 AZR 534/02, AP Nr. 19 zu § 1 BeschFG 1996; BAG vom 4.6.2003 - 7 AZR 489/02, NZA 2003, S. 1143 (1144); BAG vom 4.12.2002 - 7 AZR 545/01, DB 2003, S. 1174 (1174); zustimmend: Sowka, DB 2002, S. 2168 (2168); Wisskirchen, DB 1998, S. 722 (722).

genannten Sachgrund anführen oder sich hilfsweise auf einen Sachgrund berufen, wenn im Arbeitsvertrag die Bestimmungen des BeschFG als Befristungsgrund genannt sind[1092], so dass für die Rechtfertigung nach dem BeschFG nichts anderes galt. Die rechtliche Wirksamkeit einer Befristung wurde von den Arbeitsgerichten nach allen Seiten hin überprüft und nicht etwa auf eine von den Parteien gegebenenfalls ins Auge gefasste Rechtsgrundlage beschränkt.[1093] Die Sachgrundangabe schloss ein Berufen auf die sachgrundlose Befristung folglich gerade nicht aus, so dass bei Nichtvorlage des genannten Sachgrundes die Befristung noch als sachgrundlose nach dem BeschFG gerechtfertigt werden konnte.

Dies galt aber nur, soweit es um die Überprüfung der Wirksamkeit einer Befristung ging. Bei der Frage der Wirksamkeit der Verlängerung war gerade nicht die Wirksamkeit der vorangegangenen Befristung nach diesem Grundsatz zu untersuchen. Nach der Rechtsprechung war von der Frage, ob es sich bei dem vorhergehenden Vertrag um einen sachgrundlos befristeten Vertrag (nach § 1 Abs. 1 BeschFG 1996) handelte, die Frage der Wirksamkeit der im Folgevertrag vereinbarten Befristung zu unterscheiden.[1094] Für letztere sollte wieder das objektive Vorliegen des Befristungsgrundes bei Vertragsschluss maßgeblich sein. Denn wirksam war sie bereits auf Grund der Fiktion des § 1 Abs. 5 S. 1 BeschFG i.V.m. § 7 KSchG. Das BAG wandte diese Fiktion explizit auch auf Fälle der Inzidentprüfung an.[1095]

Es erscheint jedoch möglich, dass das BAG heute den Grundsatz des Nachschiebens von Gründen auch hinsichtlich der Bestimmung der Befristungsform anwenden könnte,[1096] was auf Grund des weiten Anschlussverbots des § 1 BeschFG 1996 nicht nötig war.

bb) Übertragbarkeit auf das TzBfG

Fraglich erscheint, ob diese Rechtsprechung, die zu dem sehr befristungsfreundlichen § 1 BeschFG 1996 erfolgte, auf § 14 Abs. 2 TzBfG übertragbar ist. Grundsätzlich müsste dies der Fall sein, da er die Nachfolgeregelung für sachgrundlose Befristungen ist. § 1 Abs. 1 S. 2 BeschFG 1996 und § 14 Abs. 2 S. 1

1092 BAG vom 4.12.2002 - 7 AZR 545/01, DB 2003, S. 1174 (1174).

1093 BAG vom 6.12.1989 - 7 AZR 441/89, AP Nr. 13 zu § 1 BeschFG 1985; BAG vom 8.12.1988 - 2 AZR 308/88, AP Nr. 6 zu § 1 BeschFG 1985. Vgl. dazu Sowka, DB 2000, S. 1916 (1916 f).

1094 BAG vom 5.6.2002 - 7 AZR 241/01, AP Nr. 13 zu § 1 BeschFG 1996.

1095 BAG vom 22.3.2000 - 7 AZR 581/98, AP Nr. 1 zu § 1 BeschFG 1996.

1096 Vgl. die Ausführungen des Vorsitzenden des zuständigen siebten Senates des BAG Dörner, Rn 571 f, „Austausch von Rechtfertigungsebenen“; zustimmend KR/Lipke, § 14 TzBfG Rn 294 a.

Hs. 2 TzBfG sind bis auf das „kalendermäßig" identisch. Auch die neue Rechtsprechung zur Verlängerbarkeit von Altbefristungen spricht dafür.
Erhebliche Zweifel bestehen aber dadurch, dass § 1 BeschFG 1996 einen Wechsel von sachgrundlosen Befristungen und solchen mit Sachgrund erlaubte, während § 14 Abs. 2 TzBfG viel enger ist, weil der Gesetzgeber Kettenbefristungen erheblich einschränken wollte.[1097] Des Weiteren sind die Sachgründe erstmals gesetzlich geregelt und zwar als gesetzlicher Regelfall.
Einige wenden sich heute gegen ein Abstellen auf den Parteiwillen: Teilweise wegen der daraus resultierenden Auffangfunktion der sachgrundlosen Befristung, da dieser das gesetzliche Regel-Ausnahme-Verhältnis in § 14 Abs. 1 und 2 TzBfG entgegenstehe[1098], teilweise, weil dies auf die „Erfindung eines zusätzlichen subjektiven Tatbestandsmerkmals", die dem fehlenden Zitiergebot widerspreche, hinauslaufe.[1099]

(1) Parteiwille
Die Rechtsprechung zu § 1 BeschFG 1996 begründete das Abstellen auf den Parteiwillen statt auf das objektive Vorliegen der Voraussetzungen des § 1 Abs. 1 BeschFG 1996 mit dem Sinn und Zweck des Gesetzes.[1100] Eine allein auf das objektive Vorliegen der Voraussetzungen abstellende Betrachtungsweise hätte nach Ansicht des BAG dazu geführt, dass § 1 Abs. 1 BeschFG 1996 als Rechtfertigungsgrund für die Befristung eines Folgevertrages regelmäßig bereits dann ausgeschieden wäre, wenn nur bei dem vorhergehenden Vertrag dessen Zeitgrenzen eingehalten waren.[1101] Dies widerspräche dem erklärten Willen des Gesetzgebers, im Anschluss an Sachgrundbefristungen sachgrundlose Befristungen nach dem BeschFG zu ermöglichen.[1102]
Das BAG kam demzufolge zu Zeiten des BeschFG 1996 zu einer sehr befristungsfreundlichen Rechtsprechung. Es stellte ausnahmsweise nicht auf das objektive Vorliegen der Voraussetzungen des § 1 Abs. 1 BeschFG 1996 ab, weil dies das Eingreifen des Anschlussverbots nach § 1 Abs. 3 Alt. 2 BeschFG 1996 bedeutet hätte, mit der Folge, dass eine sachgrundlose Verlängerung unzulässig gewesen wäre. So konnte es in diversen Fällen Sachgrundbefristungen annehmen, die nicht unter das Anschlussverbot fielen, was zur Zulässigkeit erheblicher Befristungsketten führte.

1097 Vgl. Rieble, SAE 2001, S. 33 (37).
1098 KDZ/Däubler, § 14 TzBfG Rn 169 mit Hinweis auf die Begründung zum Regierungsentwurf, BT-Drucks. 14/4374, S. 13; Straub, NZA 2001, S. 919 (926).
1099 MK/Hesse, § 14 TzBfG Rn 85; Sowka, DB 2002, S. 2168 (2169).
1100 BAG vom 5.6.2002 - 7 AZR 241/01, AP Nr. 13 zu § 1 BeschFG 1996.
1101 BAG vom 5.6.2002 - 7 AZR 241/01, AP Nr. 13 zu § 1 BeschFG 1996.
1102 BAG vom 5.6.2002 - 7 AZR 241/01, AP Nr. 13 zu § 1 BeschFG 1996.

Bereits an dieser Argumentation und ihren Folgen zeigt sich, dass die Rechtsprechung zum BeschFG 1996 nicht übertragbar ist.[1103] Denn nach dem erklärten Willen des Gesetzgebers des TzBfG sollten im Anschluss an Sachgrundbefristungen gerade keine sachgrundlosen Befristungen möglich sein. Des Weiteren soll gerade die zweijährige Zeitgrenze nicht überschritten werden und Befristungsketten erheblich eingeschränkt werden.

(2) Nachschieben von Gründen

Das Nachschieben von Gründen ist heute auf Grund des härteren Anschlussverbotes nur noch in wenigen Fällen praktisch relevant. Sobald schon einmal eine Sachgrundbefristung mit demselben Arbeitgeber vorlag, kommt im Gegensatz zu § 1 BeschFG 1996 gerade kein Stützen auf die sachgrundlose Befristung mehr in Betracht. Es besteht jedoch noch heute die Möglichkeit, dass der zu verlängernde Vertrag, den es zu untersuchen gilt, eine Neueinstellung darstellte und es daher auf die Möglichkeit des Nachschiebens von Gründen ankommt.

Die Fortführung der Rechtsprechung würde es dem Arbeitgeber ermöglichen, sich trotz der Angabe eines Sachgrundes im Nachhinein auf eine sachgrundlose Befristung zu berufen, um zu dem Ergebnis einer wirksamen Verlängerung zu gelangen - das Nichtvorliegen eines Sachgrundes für den Folgevertrag vorausgesetzt, da ansonsten eine solche Vorgehensweise gar nicht nötig wäre. Dies ist aus Arbeitnehmerschutzgesichtspunkten abzulehnen.

Dagegen spricht auch nicht das Argument, das man dann ein nicht existentes Zitiergebot angenommen hätte. Zwar kann sich der Arbeitgeber beispielsweise nach der Rechtsprechung zur SR 2 y BAT nicht auf Sachgründe berufen, die einer anderen als der vereinbarten Befristungsgrundform zuzuordnen sind und sie auch nicht nachschieben.[1104] Das heißt aber nicht im Umkehrschluss, dass beides ohne Zitiergebot gerade möglich sein müsste.

Denn das Stützen auf einen angegeben Sachgrund mit der Folge, dass man eine nicht verlängerbare Sachgrundbefristung annimmt, erfolgte ja gerade freiwillig. Das Verwerten einer freiwilligen Angabe ist aber gerade auch bei einem nicht existenten Zitiergebot möglich.

Bei der konkreten Angabe eines Sachgrundes muss das Vertrauen des Arbeitnehmers in diese Angabe hinreichende Berücksichtigung finden. Dies gebietet bereits die gesetzliche Systematik, die den Sachgrundbefristungen den Vorrang einräumt. Diese würde missachtet, wenn man ein Nachschieben des § 14 Abs. 2 TzBfG als Befristungsgrundlage erlaubte.

1103 So im Ergebnis auch APS/Backhaus, § 14 TzBfG Rn 378 und § 22 TzBfG Rn 31: „Diese Rechtsprechung beruhte auf den Besonderheiten des § 1 Abs. 1 und 3 BeschFG 1996, ..."

1104 BAG vom 11.12.1991 - 7 AZR 170/91, AP Nr. 145 zu § 620 BGB Befristeter Arbeitsvertrag; BAG vom 31.8.1994 - 7 AZR 983/93, AP Nr. 163 zu § 620 BGB Befristeter Arbeitsvertrag; zustimmend Staudinger/Preis, § 620 BGB Rn 57.

Letztlich wäre es nicht im Sinne des Gesetzgebers gewesen, im Nachhinein eine eigentlich unzulässige Befristungskette durch Nachschieben von Gründen zulässig zu machen.
Im Übrigen geht es bei der Untersuchung der Verlängerung nur um die Frage, welche Befristungsform der vorherige Vertrag hatte, nicht um dessen Wirksamkeit, da diese in der Regel nicht gerügt würde und der Vertrag daher drei Wochen nach dem Befristungsende als wirksam gilt. Lediglich bei einer Befristung unter Vorbehalt der Wirksamkeit der vorherigen Befristung käme ein Nachschieben überhaupt in Betracht, jedoch nie zur Bestimmung der Befristungsform. Wegen der neuen Systematik ist im Gegensatz zum BeschFG 1996 beim TzBfG ein Nachschieben der sachgrundlosen Befristungsgrundlage generell abzulehnen.
Einem Stützen auf den Parteiwillen käme jedoch ein Nachschieben gleich, wenn man an die Darlegung der Befristungsgrundlage sowie deren Beweis durch den Arbeitgeber nicht ausreichend hohe Anforderungen stellt, insbesondere, wenn man neben der schriftlichen Vereinbarung eines Sachgrundes ein Vorbringen eines anderen Parteiwillens ermöglichte. Arbeitgeber würden immer darlegen, eine sachgrundlose Befristung gewollt zu haben, um sich die Verlängerungsmöglichkeiten offen zu halten. Eine dahingehende Vermutung dürfte nicht entwickelt werden, da ihm das nicht unbedingt bewusst gewesen sein muss und er daher zu Unrecht privilegiert werden würde.

Wurde ein Sachgrund angegeben, also schriftlich vereinbart bzw. unstreitig mündlich der Befristung zugrunde gelegt, sprechen ausreichende objektive Umstände dafür, eine Sachgrundbefristung anzunehmen. Der Parteiwille stellt sich bereits objektiv dar, so dass in diesem Falle im Endeffekt kein Problem hinsichtlich der Einordnung der Befristung und damit hinsichtlich der Frage der Wirksamkeit der Verlängerung besteht.

cc) Ergebnis

Daraus folgt, dass auch eine Sachgrundangabe, die nicht die Voraussetzungen einer Abbedingung erfüllt, zur Annahme einer Sachgrundbefristung mit dem Ergebnis führt, das diese nicht sachgrundlos verlängerbar ist. Dies gilt unerheblich davon, ob die Sachgrundbefristung als solche wirksam war oder nicht.
Dieses Ergebnis hat letztlich auch den Vorteil der Rechtssicherheit, da es nicht von den eher schwammigen Grenzen der Abbedingung abhängt, ob eine Verlängerung möglich ist oder nicht.

e) Fehlen einer Vereinbarung zur Rechtsgrundlage

Haben die Parteien zur Rechtsgrundlage der Befristung keine Vereinbarung getroffen, sondern lediglich eine „Befristung" vereinbart, und ergibt sich ein entsprechender Parteiwille ebenso wenig aus anderen Umständen, so steht es dem

Arbeitgeber mangels eines gesetzlichen Zitiergebots offen, im Streitfall einen Sachgrund für die Befristung nach § 14 Abs. 1 TzBfG zu nennen oder sich auf die Befristungsmöglichkeit des § 14 Abs. 2 TzBfG zu berufen.[1105] In der Praxis wird dies vor allem dann der Fall sein, wenn bei Vertragsschluss weder über konkrete Sachgründe noch über gesetzliche Befristungstatbestände gesprochen wurde.[1106]

Die fehlende Angabe eines Sachgrundes heißt folglich nicht zugleich, dass kein solcher existiert. Das diesbezügliche Schweigen des Arbeitgebers darf mangels eines Zitiergebotes nicht im Ergebnis so behandelt werden, als gäbe es ein Zitiergebot, mit der Folge, dass er keinen Sachgrund mehr angeben dürfte.[1107] Dies würde sowohl dem Gesetz als auch der Rechtsprechung des BAG widersprechen. Andererseits darf ihm aber auch nicht die Berufung auf die sachgrundlose Befristungsmöglichkeit verwehrt werden, da man die Nichtangabe von Sachgründen gerade als konkludente[1108] sachgrundlose Befristung ansehen kann.

Beruft sich der Arbeitgeber für die Erstbefristung auf § 14 Abs. 2 TzBfG und lagen dessen Voraussetzungen vor, ist auch eine sachgrundlose Verlängerung möglich. Nennt er allerdings einen Sachgrund für die Befristung, muss ein solcher auch für den Verlängerungsvertrag vorliegen, weil eine sachgrundlose Verlängerung dann nicht in Betracht kommt.

f) Vereinbarung mehrerer Befristungsgründe

Fraglich erscheint die Behandlung der Fallkonstellation, dass sich die Parteien auf mehrere Rechtsgrundlagen gestützt haben. Hierbei ist zu differenzieren:

aa) in Form verschiedener Sachgründe

Wurde die Befristung auf mehrere Sachgründe gestützt, und mindestens einer davon lag vor und rechtfertigte die Befristung, liegt eine Sachgrundbefristung vor. Somit ist eine sachgrundlose Verlängerung nicht möglich.

Nach obigen Erwägungen gilt dasselbe auch dann, wenn mehrere in Wirklichkeit nicht vorliegende Sachgründe angegeben wurden und die Sachgrundbefris-

---

1105 KR^6/Lipke, § 14 TzBfG Rn 283; KDZ/Däubler, § 14 TzBfG Rn 168.

1106 BAG vom 28.6.2000 - 7 AZR 920/98, AP Nr. 2 zu § 1 BeschFG 1996; KDZ/Däubler, § 14 TzBfG Rn 168.

1107 Vgl. die Rechtsprechung zu SR 2 y BAT, nach der der Arbeitgeber sich nicht auf Sachgründe berufen kann, die einer anderen als der vereinbarten Befristungsgrundform zuzuordnen sind und sie auch nicht nachschieben kann: BAG vom 11.12.1991 - 7 AZR 170/91, AP Nr. 145 zu § 620 BGB Befristeter Arbeitsvertrag; BAG vom 31.8.1994 - 7 AZR 983/93, AP Nr. 163 zu § 620 BGB Befristeter Arbeitsvertrag; zustimmend Staudinger/Preis, § 620 BGB Rn 57. Im Umkehrschluss dazu muss beides ohne Zitiergebot gerade möglich sein. Dies muss erst recht gelten, wenn selbst im BAT-Bereich bei unzutreffender Bezeichnung dieser Grundsatz relativiert wird (vgl. Kittner/Zwanziger/Lakies, § 133 Rn 337 m.w.N.).

1108 Sowka, DB 2002, S. 2168 (2169).

tung somit unwirksam war. Wegen des Vertrauens des Arbeitnehmers ist kein Nachschieben von Gründen in Form der sachgrundlosen Befristung möglich. Aufgrund der Fiktion ist der vorherige befristete Vertrag wirksam, aber nicht sachgrundlos verlängerbar.

bb) in Form verschiedener Rechtsgrundlagen

Fraglich erscheint allerdings die Behandlung der Konstellation, dass sich auf die Sachgrundbefristung und auf die sachgrundlose Befristung, letzteres gegebenenfalls mit dem Zusatz „notfalls“, oder „auf jede erdenkliche Rechtsgrundlage“[1109] gestützt wurde.

Grundsätzlich müsste man Folgendes sagen: Liegen die Voraussetzungen der Sachgrundbefristung vor, ist auch von einer solchen auszugehen. Die Erstbefristung ist wieder gesondert zu betrachten. Lag kein Sachgrund vor und musste die vorherige Befristung auf die sachgrundlose Befristung gestützt werden, ist auch eine sachgrundlose Verlängerung möglich.

Das Ergebnis dieser Konstellation erscheint allerdings nicht nachvollziehbar: Der Arbeitgeber könnte sachgrundlos verlängern, wenn er „das Glück hatte“, dass bei der zu verlängernden Befristung kein Sachgrund vorlag. Zwar ist ein Erst-Recht-Schluss nach der obigen Untersuchung abzulehnen. Es zeigt sich jedoch, dass in diesem Falle, indem sich der Arbeitgeber zumindest auch auf die Rechtsgrundlage der sachgrundlosen Befristung stützte, von einer solchen mit der Folge der Verlängerbarkeit ausgegangen werden sollte. Diese Lösung ist auch aus Gründen der Rechtssicherheit vorzuziehen. Des Weiteren ist ein Stützen auf verschiedene Rechtsgrundlagen dem Nennen von keinerlei Rechtsgrundlagen gleichzustellen. Ob man lediglich eine „Befristung“ vereinbart, ohne eine Rechtsgrundlage zu nennen, die Befristung „auf jede erdenkliche Rechtsgrundlage“ stützt oder als Rechtsgrundlage explizit „§ 14 Abs. 1 oder 2 TzBfG“ angibt, kann keinen Unterschied machen. In beiden Fällen legt sich der Arbeitgeber nicht fest und ruft auch kein schützenswertes Vertrauen des Arbeitnehmers hervor, da gerade keine Festlegung stattfand.

Es ist auch nicht mit dem abzulehnenden Nachschieben von Gründen vergleichbar, da sich der Arbeitgeber nicht nachträglich die „Rosinen herauspickt“, sondern sich bereits bei Vertragsabschluss die Möglichkeit des Stützens auf die Rechtsgrundlage der sachgrundlosen Befristung offen hielt. Dies kann ihm bei Unsicherheit über die Rechtfertigung der Befristung nicht verwährt werden.

Diese Lösung muss jedoch *wiederum* auf Grund des Regel-Ausnahme-Verhältnisses des § 14 TzBfG überprüft werden. Das Grundprinzip der Rechtskontrolle ist danach heute auf einen sachlichen Grund kodifiziert.[1110] Entsprechend wendet sich eine Ansicht gegen eine auf der Ermittlung des Parteiwillens

---

[1109] Sowka, DB 2002, S. 2168 (2169).
[1110] Staudinger/Preis, § 620 BGB Rn 64.

resultierende Auffangfunktion der sachgrundlosen Befristung.[1111] Sie befürwortet, bei nicht eindeutigen Umständen von einer Befristung mit Sachgrund auszugehen.[1112] Dafür führt sie den Grundsatz an, dass derjenige, der die Formulierung des Vertrages bestimmt, bei Uneindeutigkeit die für ihn weniger vorteilhafte Auslegung gegen sich gelten lassen muss.[1113] Dies ist im Regelfall der über die Befristungsform entscheidende Arbeitgeber.[1114]
Dem könnte aus diesen formalen Gründen und aus Arbeitnehmerschutzgründen zuzustimmen sein. Gegen diese Überlegungen spricht jedenfalls nicht der Grundsatz der gesetzeskonformen Auslegung. Nach diesem gebührt im Zweifel der Auslegung der Verzug, welche die Nichtigkeit des Rechtsgeschäfts vermeidet.[1115] Die allgemeinen Auslegungsgrundsätze gelten für die Erklärungen von Arbeitnehmern und Arbeitgebern gleichermaßen, unabhängig davon, wem sie zugute kommen.[1116] Bei uneindeutigen Absprachen ist im Zweifel so auszulegen, dass die Absprache wirksam ist. Für die Befristung heißt dies, dass im Zweifel eine Sachgrundbefristung anzunehmen ist, wenn die Voraussetzungen der sachgrundlosen Befristung nicht vorlagen und umgekehrt. Dies bestimmt allerdings nur die Vorgehensweise bei der Überprüfung der Erstbefristung. Denn bei der Überprüfung der Verlängerung müssten zweimal die Voraussetzungen der sachgrundlosen Befristung vorgelegen haben. Und wenn der Erstvertrag infolge dieser Auslegung eine Sachgrundbefristung war, ist gerade keine Verlängerung möglich. Lediglich, wenn die Zweifelssatzauslegung zu einer sachgrundlosen Erstbefristung führte, wäre eine Verlängerung möglich. Da die Wirksamkeit aber regelmäßig aus der Fiktion folgen wird, kommt man selbst hier nicht zur Anwendung dieser Auslegungsregel. Der Arbeitgeber kann sich folglich bei der Überprüfung der Verlängerung nicht auf die Zweifelsregel hinsichtlich der Erstbefristung berufen, um eine wirksame Verlängerung herbeizuführen.
Für AGB wäre im Übrigen das Verbot geltungserhaltender Reduktion[1117] zu beachten.

Fraglich erscheint allerdings, ob eine solche Auslegung zu weit geht, da aus dem gesetzlichen Regel-Ausnahme-Verhältnis bereits die Darlegungs- und Beweis-

---

1111 KDZ/Däubler, § 14 TzBfG Rn 169 mit Hinweis auf die Begründung zum Regierungsentwurf, BT-Drucks. 14/4374, S. 13; Straub, NZA 2001, S. 919 (926).
1112 KDZ/Däubler, § 14 TzBfG Rn 169.
1113 KDZ/Däubler, § 14 TzBfG Rn 169 mit Verweis auf den in § 305 c Abs. 2 BGB zum Ausdruck kommenden allgemeinen Rechtsgedanken bei der Auslegung von Formulararbeitsverträgen und zahlreichen Nachweisen. Vgl. Palandt/Heinrichs, § 133 BGB Rn 23: Diese Unklarheitenregel gilt nicht nur AGB, sondern auch wenn der Vertragstext vom wirtschaftlich und intellektuell Überlegenen entworfen worden ist.
1114 KDZ/Däubler, § 14 TzBfG Rn 169.
1115 Palandt/Heinrichs, § 133 BGB Rn 24; Löwisch, Anmerkung zu AP Nr. 6 zu § 14 TzBfG.
1116 Löwisch, Anmerkung zu AP Nr. 6 zu § 14 TzBfG.
1117 Palandt/Heinrichs, § 133 BGB Rn 24.

last des Arbeitgebers für die Voraussetzungen der Befristung (und der Verlängerung) folgt.[1118] Man könnte argumentieren, dass die Regelung sich darin erschöpft.
Teilweise wird eine unzulässige Benachteiligung des Arbeitgebers gesehen, der entsprechend des Regel-Ausnahme-Verhältnisses um eine Befristung mit Sachgrund bemüht ist.[1119] Denn hätte der Arbeitgeber - vorausgesetzt, dass bei der Erstbefristung die Voraussetzungen des § 14 Abs. 2 TzBfG vorlagen - keinen Sachgrund angegeben, hätte er von vorneherein für zwei Jahre (oder kürzer) befristen und den befristeten Arbeitsvertrag insgesamt bis zur Höchstdauer von zwei Jahren verlängern können. Er würde dafür bestraft, dass er zu Anfang einen Sachgrund angab. Dies wird gerade deshalb abgelehnt, weil der Arbeitgeber nicht zur Benennung des Befristungsgrundes verpflichtet ist und diese daher beim Arbeitnehmer überhaupt kein berechtigtes Vertrauen in die im Arbeitsvertrag genannte Befristungsgrundlage als einzig gültige entstehen lasse.[1120]
Dagegen spricht allerdings, dass der Arbeitnehmer regelmäßig nicht weiß, ob der Arbeitgeber zu einer Angabe verpflichtet ist. Bei ihm wird ein entsprechender Anschein erweckt, da es für ihn eher unverständlich wäre, dass der Arbeitgeber etwas „tut, was er nicht muss". Im Übrigen verlässt sich ein Arbeitnehmer auf das, was in seinem Arbeitsvertrag geschrieben steht bzw. was ihm bei Vertragsschluss mitgeteilt wurde und vertraut deshalb natürlich auf dessen Richtigkeit und Gültigkeit. Deshalb das „berechtigte" Vertrauen abzusprechen, weil der Arbeitgeber nicht zur Angabe verpflichtet war, erscheint also fragwürdig. Das Vertrauen ist jedoch zugegebenermaßen geringer, wenn sich der Arbeitgeber die Rechtsgrundlage ersichtlich offen lassen wollte.
Aus diesen Überlegungen ergibt sich, dass jedenfalls in den Fällen, in denen eine Sachgrundbefristung eindeutig gerechtfertigt war und beide Parteien sich dessen bewusst waren, eine „Unsicherheitsregelung" des Arbeitgebers als nicht schützenswert erscheint und daher eine Ausnahme von den obigen Überlegungen gerechtfertigt ist.
Wenn zum Beispiel an der Wirksamkeit einer Befristung zur Erprobung keinerlei Zweifel bestehen und der Arbeitgeber diesen Sachgrund neben der sachgrundlosen Befristung als Grund angegeben hat, ist von einer nicht verlängerbaren Sachgrundbefristung auszugehen. Denn ist die Befristung danach ersichtlich gerechtfertigt, vertraut der Arbeitnehmer darauf, dass sich der Arbeitgeber nicht auf die Hilfsbegründung stützen wird. Des Weiteren wird durch diese Lösung das abzulehnende, vom Gesetzgeber ersichtlich nicht gewollte Verlängern der Erprobungszeit auf zwei Jahre in vielen Fällen verhindert. Letztlich wird man

---

[1118] Vgl. APS/Backhaus, § 14 TzBfG Rn 414; Staudinger/Preis, § 620 BGB Rn 64; Kittner/Zwanziger/Lakies, § 133 Rn 368; Preis/Rolfs, Teil II B 10 Rn 97.
[1119] KR/Lipke, § 14 TzBfG Rn 294 a.
[1120] Wisskirchen, DB 1998, S. 722 (722). Ähnlich: MK/Hesse, § 14 TzBfG Rn 85; vgl. auch Dörner, NZA 2003, SB zu Heft 16, S. 33 (39).

damit der Systematik des § 14 TzBfG gerecht und vermeidet eine gesetzeswidrige Auffangstellung des § 14 Abs. 2 TzBfG sowie den nach dem ausdrücklichen Willen des Gesetzgebers zu verhindernden Anschluss von sachgrundlosen Befristungen an Sachgrundbefristungen.

g) Zusammenfassung

Wenn eine Vereinbarung eines Sachgrundes vorliegt, darf der Arbeitnehmer davon ausgehen, dass der Arbeitgeber sich nicht später auf die sachgrundlose Befristung beruft. In diesen Fällen ist daher grundsätzlich von einer nicht sachgrundlos verlängerbaren Sachgrundbefristung auszugehen.

Ohnehin werden die informierten Arbeitgeber, die alle Möglichkeiten ausnutzen wollen und weniger auf die Arbeitnehmerinteressen achten, sogleich eine Befristung nach § 14 Abs. 2 S. 1 TzBfG vereinbaren, wenn die Voraussetzungen einer Neueinstellung vorliegen. Dann ergibt sich dieses Problem erst gar nicht. Wer hingegen eine Sachgrundbefristung vereinbart hat, muss auch dabei bleiben und die Konsequenzen daraus tragen, wenn er sich nicht genügend informiert. Es ist nicht ersichtlich, aus welchem Grunde ihm nachträglich die Verlängerung erlaubt werden sollte, wenn er entgegen § 14 TzBfG eine Sachgrundbefristung verlängert hat. Er kann sich nicht die „Rosinen rauspicken", sprich erst dem Arbeitnehmer gegenüber auf den Sachgrund hinweisen und gegebenenfalls nur deshalb eine Akzeptanz der Befristung erreichen und im Nachhinein auf eine weitergehende Ermächtigungsgrundlage springen.

Zwar wird vielfach argumentiert, bei der Flut von Arbeitsgesetzen könne kaum ein Unternehmer das Regelungsdickicht noch durchschauen.[1121] Doch dürfen die Arbeitnehmerschutzgesetze nur deshalb, weil es eine Vielzahl von ihnen gibt, nicht zu einer entsprechenden Argumentation führen, die sich letztendlich arbeitnehmerfeindlich auswirkt. Und es gibt eine Vielzahl von Informationen in Form von Fachbüchern, Formularvertragssammlungen, Handbüchern und Broschüren der Arbeitgeberverbände, insbesondere mit Vertragsmustern und Erläuterungen, durch die auch ein „kleinerer" Arbeitgeber sich günstig informieren kann.

Man kann daher nicht argumentieren, dass hierdurch die Kleinbetriebe gegenüber den größeren Betrieben und Unternehmen schlechter gestellt werden. Insbesondere brauchen die Kleinbetriebe bis zu zehn Arbeitnehmern ohnehin nicht auf die Befristung zurückzugreifen, da für sie das KSchG nicht gilt und sie daher auch bei unbefristeten Arbeitsverträgen relativ flexibel sind.

[1121] Handelsblatt vom 28./29.3.2003, Nr. 62, S. 5, Einleitung der Serie „Die Fesseln des Arbeitsmarktes – Wie das deutsche Arbeitsrecht neue Jobs verhindert"; ähnlich auch Arbeitgeberpräsident Dieter Hundt in „Junge Karriere" 05/03, S. 60.

III. Übertragbarkeit des Ergebnisses auf § 14 Abs. 2 a S. 1 Hs. 2 TzBfG

Zu klären ist nun, welche Auswirkungen die Untersuchungen zu § 14 Abs. 2 TzBfG auf die Verlängerungsmöglichkeiten für Sachgrundbefristungen von Existenzgründern haben.

Teilweise wird vertreten, dass es zulässig sei, einen innerhalb des vierjährigen Neugründungszeitraums grundbefristeten Arbeitsvertrag beliebig oft bis zu einer Gesamtdauer von vier Jahren befristet zu verlängern.[1122]

Fraglich erscheint, ob für den § 14 Abs. 2 a S. 1 Hs. 2 TzBfG etwas anderes gelten kann als für den § 14 Abs. 2 S. 1 Hs. 2 TzBfG. Man könnte überlegen, ob der Sinn und Zweck des Gesetzes, Existenzgründern die schwierige Startphase zu erleichtern, dafür spricht.

Entsprechend der obigen Analyse, nach der ein Erst-Recht-Schluss aus § 14 Abs. 2 TzBfG abzulehnen war, ist ein solcher auch für Befristungen nach § 14 Abs. 2 a TzBfG zu verneinen.[1123]

Der Wortlaut des § 14 Abs. 2 a S. 1 Hs. 2 TzBfG beschränkt sich ebenso wie der des § 14 Abs. 2 S. 1 Hs. 2 TzBfG auf kalendermäßige Befristungen. Jedoch ist auf Grund der Halbsatzstruktur auch hier das „ohne Vorliegen eines sachlichen Grundes“ aus Hs. 1 hinzuzulesen. Denn die Struktur der zweiten Halbsätze ist identisch, so dass gar nichts anderes gelten kann; unterscheiden tun sie sich lediglich inhaltlich hinsichtlich der Höchstbefristungsdauer und der Anzahl der Verlängerungen. Entsprechend der Systematik des § 14 TzBfG, der in seinem Absatz 1 den Normalfall der Sachgrundbefristung und in den folgenden Absätzen die Ausnahmen regelt, hätte eine Klarstellung innerhalb des Absatz 2 a oder - systematisch korrekter - am Ende des Absatz 1 erfolgen müssen.

Eine teleologische Auslegung kommt hier nicht in Betracht, da die Möglichkeiten für Existenzgründer mit der vierjährigen Befristungshöchstdauer und der mehrfachen Verlängerungsanzahl bereits den gesetzgeberischen Zweck, die Existenzgründer gegenüber anderen Arbeitgebern besser zu stellen, erfüllen, und über den Wortlaut und die Systematik hinausgehende Begünstigungen weder gewollt waren, noch zu rechtfertigen sind.

Folglich können auch Existenzgründer Sachgrundbefristungen nicht sachgrundlos verlängern.

1122 Bauer in Bauer/Preis/Schunder, NZA 2004, S. 195 (197).

1123 Vgl. die generellen Verweise bei Behandlung des § 14 Abs. 2 a TzBfG auf die Probleme des § 14 Abs. 2 TzBfG: APS/Backhaus, § 22 TzBfG Rn 34a.

IV. Endergebnis

Man mag auf den ersten Blick geneigt sein, das Ergebnis zu vertreten, dass die auf eine Sachgrundbefristung folgende sachgrundlose Befristung innerhalb eines Zweijahreszeitraums zulässig ist. Dagegen sprechen jedoch nicht nur der Wortlaut und die gesetzliche Systematik, sondern auch der Wille des Gesetzgebers, der ersichtlich in Wortlaut und Systematik zum Ausdruck kommt.
Folglich sind weder nach § 14 Abs. 2 S. 1 Hs. 2 TzBfG noch nach dem ebenso strukturierten § 14 Abs. 2 a S. 1 Hs. 2 TzBfG sachgrundlose Verlängerungen von Sachgrundbefristungen möglich.

F) Ausblick: Die Zukunft des § 14 Abs. 2 S. 2 TzBfG

I. Der Entwurf vom 27. April 2005

1. Inhalt des Entwurfs zur Neuregelung des § 14 Abs. 2 S. 2 TzBfG

Aufgrund der Ankündigung in der Regierungserklärung von Bundeskanzler Schröder vom 17. März 2005, das absolute Verbot einer Vorbeschäftigung beim gleichen Arbeitgeber aufheben und auf nur noch zwei Jahre beschränken zu wollen[1124], brachte die Bundesregierung bereits am 27. April 2005 einen Gesetzentwurf zur Änderung des § 14 Abs. 2 S. 2 TzBfG ein, der am 17. Juni 2005 vom Bundestag verabschiedet wurde.[1125]
Dieser sah folgende Regelung vor: „Eine Befristung nach Satz 1 ist nicht zulässig, wenn zwischen dem Beginn des befristeten Arbeitsvertrages und dem Ende eines vorhergehenden unbefristeten oder befristeten Arbeitsvertrages mit demselben Arbeitgeber ein Zeitraum von weniger als zwei Jahren liegt."

2. Stellungnahme aus Arbeitgeberperspektive

Aus Arbeitgebersicht wäre die Umsetzung des Entwurfs grundsätzlich[1126] zu befürworten gewesen, weil ihm wieder mehr Flexibilität hinsichtlich der Vereinbarung sachgrundloser Befristungen eingeräumt würde und die erhebliche Rechtsunsicherheit und der Verwaltungsaufwand entfielen. Er wäre nicht mehr auf sein Fragerecht angewiesen und müsste nicht mehr auf die Wirksamkeit einer Anfechtung im Falle einer Falschbeantwortung der Frage nach vorhergehenden Arbeitsverhältnissen hoffen.
Des Weiteren stellte der Entwurf eine eindeutige Regelung dar, da zum einem explizit auf den Beginn des befristeten Arbeitsvertrages abgestellt wird, so dass keine Diskussionen aufkommen können, ob vielleicht der Beginn oder der Abschlusszeitpunkt ausschlaggebend sind. Zum anderen ist ein kleiner Zeitraum vorgegeben: Ab einem Zwischenzeitraum von zwei Jahren ist eine sachgrundlose Befristung wieder zulässig.
Diese am ehesten mit dem § 1 BeschFG 1996 vergleichbare Regelung hatte diesem Vorgänger gegenüber den Vorteil, dass nicht auf das unsichere Merkmal

---

[1124] Vgl. dazu Deter, AuR 2005, S. 178 (184).

[1125] BT-Drucks. 15/5556; BT-Drucks. 15/5602; BT-Drucks. 15/5714, S. 2 f., Fünftes Gesetz zur Änderung des SGB III und anderer Gesetze. Siehe zum Entwurf Kreutz, AuR 2005, S. 217 (218).

[1126] Vermutlich wird sie den Arbeitgeberverbänden nicht als weitgehend genug erscheinen. Entsprechend hatte das Land Thüringen am 4.6.2004 einen Gesetzesantrag mit dem Inhalt gestellt, das absolute Anschlussverbot abzuschaffen *und* die zulässige Höchstdauer für die Befristung von Arbeitsverhältnissen ohne sachlichen Grund von zwei auf vier Jahre anzuheben (BR-Drucks. 469/04). Bauer, NZA 2005, S. 1046 (1047) schlägt vor, einen Zeitraum von lediglich „weniger als sechs Monaten" zu wählen.

des engen sachlichen Zusammenhangs abgestellt wird. Hier ergaben sich erhebliche Rechtsunsicherheiten, da ein solcher enger sachlicher Zusammenhang insbesondere dann anzunehmen war, wenn zwischen den Verträgen ein Zeitraum von weniger als vier Monaten lag. Das „insbesondere" gab der Rechtsprechung somit einen erheblichen Spielraum und bedeutete für die Arbeitsvertragsparteien eine erhebliche Rechtsunsicherheit.
Das „vorhergehend" wirft, anders als die derzeitige „zuvor-Regelung", auf Grund der Begrenzung auf den Zweijahreszeitraum keinerlei Diskussionspunkte auf.

3. Stellungnahme aus Arbeitnehmerperspektive

Aus Arbeitnehmersicht ist jedoch die Abschaffung des absoluten Anschlussverbotes entschieden abzulehnen, da die Arbeitnehmer sich nun wieder mehr als bisher auf Angebote lediglich befristeter Beschäftigung einstellen müssen; selbst dann, wenn sie zuvor schon bei einem Arbeitgeber gearbeitet haben, wäre eine sachgrundlose Befristung nach dem Entwurf möglich gewesen. Die Chancen eines Arbeitnehmers, der sich bewährt hat, übernommen zu werden, sinken damit erneut, weil der Arbeitgeber nun jedenfalls nach zwei Jahren wieder die Möglichkeit hat, ebendiesen einzustellen, was nach jetzigem Recht ausgeschlossen ist (jeweils davon ausgehend, dass keine Möglichkeit einer Befristung mit Sachgrund oder einer erleichterten Befristung nach § 14 Abs. 2 a oder 3 TzBfG besteht).

Aus Arbeitnehmersicht war zu begrüßen, dass ein Zwischenzeitraum von zwei Jahren und nicht etwa nur von drei[1127] oder sechs Monaten gewählt wurde. Dies zwingt den Arbeitgeber grundsätzlich immer noch (aber nicht mehr so stark wie das absolute Anschlussverbot), sich zu entscheiden, ob er den Arbeitnehmer behalten will oder ihm die befristete Beschäftigung von Arbeitnehmern generell wichtiger ist. Denn nach zwei Jahren kann man, anders als bei vier bis sechs Monaten, als Arbeitgeber weder davon ausgehen, dass der bekannte und gegebenenfalls bewährte Arbeitnehmer wieder zur Einstellung zur Verfügung steht, noch dass ihm die Arbeitsabläufe noch so geläufig sind, dass eine Einarbeitungszeit entfällt - jeweils abhängig vom Schwierigkeitsgrad der zu verrichtenden Tätigkeit. Dies dürfte insbesondere dann der Fall sein, wenn der Arbeitnehmer zwischenzeitlich einer anderen Beschäftigung nachgegangen ist, weil gerade dies bewirkt, dass Arbeitsabläufe in Vergessenheit geraten. Dies kann jedoch auch bei Arbeitslosigkeit durch fehlende geistige Tätigkeit geschehen, so dass auch diese schaden würde.

[1127] Entsprechendes wollte die FDP-Fraktion mit ihrem Gesetzesentwurf vom 13.4.2005 erreichen (BT-Drucks. 15/5270).

Negativ ist jedoch zu bewerten, dass in dem Entwurf die Formulierung „vorhergehender unbefristeter oder befristeter Arbeitsvertrag“ gewählt wurde. Wie beim jetzigen § 14 Abs. 2 S. 2 TzBfG sollte es „Arbeitsverhältnis“ heißen, damit es später keine Rechtstreitigkeiten darüber gibt, ob auch vorhergehende faktische Arbeitsverhältnisse eine sachgrundlose Befristung verhindern können.
Positiv ist allerdings die Klarstellung, dass „vorhergehende unbefristete oder befristete Arbeitsverträge“ eine sachgrundlose Befristung unzulässig machen, also sämtliche vorhergehenden Arbeitsverträge. Eine Beschränkung auf vorherige befristete Arbeitsverträge nach Absatz 1 wurde zu Recht nicht aufgenommen. Eine solche würde, wie es nach § 1 Abs. 2 BeschFG 1996 der Fall war, einen Wechsel zwischen befristeten Arbeitsverhältnissen mit und ohne Sachgrund ermöglichen, der nicht nur entschieden abzulehnen ist, weil sich die dadurch zulässigen Befristungsketten als ein für den Arbeitnehmer kaum zumutbares Übel darstellen, sondern auch, weil entsprechende Befristungsketten nach der Richtlinie 1999/70/EG verboten sind und die Vorschrift ansonsten europarechtswidrig gewesen wäre. Bei der Entwurfsregelung bestehen diesbezüglich keine Bedenken, da jedenfalls ein Zeitraum von zwei Jahren abgewartet werden muss.

Zu befürworten wäre allerdings ein noch längerer Zeitraum gewesen. Die immer wieder kritisierten Verbote der sachgrundlosen Befristung ehemaliger Werkstudenten entfielen auch, wenn man einen größeren Zeitraum von vier oder fünf Jahren gewählt hätte.
Zwei Jahre erscheinen zwar besser als wenige Monate, sind aber immer noch so kurz, dass bestehende Beziehungen nicht abgebrochen sind und eine Wiedereinarbeitung relativ schnell erfolgen kann.
Des Weiteren ist es gut möglich, dass zwei oder mehrere Arbeitgeber im Zweijahresabstand ihre sachgrundlos befristeten Arbeitnehmer austauschen. Insofern erscheint es als negativ, dass die zwei Jahre, die die sachgrundlose Befristung maximal dauern darf und die zweijährige Pause sich entsprechen.
Bereits eine dreijährige Pause würde den Wechsel von zwei Arbeitnehmern im Zweijahresrhythmus verkomplizieren.

4. Eigene Überlegungen

Für die Arbeitgeber bestehen bereits auf Grund der Regelungen in § 14 Abs. 1 TzBfG, der viele der praktisch relevanten Befristungsfälle abdeckt und nicht abschließend ist, sowie in § 14 Abs. 2 a und § 14 Abs. 3 TzBfG als auch auf Grund der Spezialgesetze genügend Möglichkeiten zur Befristung von Arbeitnehmern. Daher ist es nicht erforderlich, den § 14 Abs. 2 S. 2 TzBfG derart einzuengen und die Möglichkeit der sachgrundlosen Befristung gemäß § 14 Abs. 2 S. 1 TzBfG damit auszuweiten. Aus Arbeitnehmerschutzgesichtspunkten ist dies nicht sinnvoll und folglich abzulehnen.

Das Arbeitsrecht muss die Fluktuation verhindern, da sich die Arbeitnehmer nicht erfolgreich dagegen wehren können, wenn das Gesetz eine solche erlaubt. Meines Erachtens ist aus diesem Grunde ein Anknüpfen an den befristeten Arbeitsplatz am sinnvollsten. Nur dies kann den Austausch verschiedener Arbeitnehmern auf einem Platz verhindern und damit tatsächlich eine Übernahmeaussicht bieten, wenn eine weitere Befristung auf diesem Arbeitsplatz nicht erlaubt wäre.[1128]
Die sachgrundlose Befristung soll immer noch eine Brückenfunktion haben und nicht lediglich Anreize für die Einstellung von Arbeitnehmern bieten. Arbeitgeber neigen jedoch dazu, ihre Möglichkeiten auszunutzen und die befristet beschäftigten Arbeitnehmer nicht zu übernehmen. Wenn man jedoch einen Arbeitsplatz- oder Tätigkeitsbezug hätte, könnten stetige Befristungen für eine bestimmte Tätigkeit, die nicht von den Sachgründen des § 14 Abs. 1 TzBfG gedeckt ist, für die Fälle verhindert werden, in denen die Schaffung eines Dauerarbeitsplatzes notwendig wäre. Durch ein Anschlussverbot, das auch an den Arbeitsplatz anknüpft, könnten nicht nur Befristungsketten mit einem Arbeitnehmer, sondern auch solche Ketten von Befristungen mit verschiedenen Arbeitnehmer auf einem Arbeitsplatz ausgeschlossen werden.[1129] Dies böte einen Vorteil gegenüber dem heutigen Befristungsrecht, das trotz des engen Anschlussverbotes Befristungsketten nur halbherzig verhindert[1130], da im Anschluss an sachgrundlose Befristungen nach § 14 Abs. 2 TzBfG immer noch Befristungen mit Sachgrund und solche nach § 14 Abs. 3 TzBfG möglich sind.
Trotz der derzeitigen Situation auf dem Arbeitsmarkt darf kein Kahlschlag auf dem Gebiet des Arbeitnehmerschutzrechts stattfinden, da auch dieser nicht die Gewähr für einen Wirtschaftsaufschwung bietet.[1131]
Zwar ist die Rechtssicherheit zugegebenermaßen bei einer klaren zeitlichen Regelung am größten. Dies darf jedoch nicht das einzige Kriterium sein, das bei einer Neuregelung zu beachten ist. So muss sich insbesondere der Sinn der Regelung wiederfinden und es darf der Schutz der Arbeitnehmer bei dem Versuch, Impulse für den Arbeitsmarkt zu schaffen, nicht vernachlässigt oder gar vergessen werden.

1128 Vgl. LAG Berlin vom 29.1.2004 - 16 Sa 1698/03; zustimmend: Thau, jurisPR-ArbR 21/2004.

1129 Vgl. LAG Berlin vom 29.1.2004 - 16 Sa 1698/03; zustimmend: Thau, jurisPR-ArbR 21/2004.

1130 Dagegen auch Kittner/Zwanziger/Lakies, § 133 Rn 220.

1131 Vgl. Kreutz, AuR 2005, S. 217 (219) der positive Wirkungen für den Arbeitsmarkt bezweifelt und auf die bereits existierenden Instrumente hinweist.

5. Eigener Entwurf eines neuen § 14 Abs. 2 S. 2 TzBfG

Eine das derzeitige absolute Anschlussverbot abschaffende Regelung, die sämtliche Interessen berücksichtigt und einen Ausgleich darstellt, könnte beispielsweise folgendermaßen aussehen:

„Eine Befristung nach Satz 1 ist nicht zulässig, wenn zwischen dem Beginn des befristeten Arbeitsvertrages und dem Ende eines vorhergehenden unbefristeten oder befristeten Arbeitsverhältnisses mit demselben Arbeitgeber ein Zeitraum von weniger als drei Jahren liegt. Darüber hinaus ist eine sachgrundlose Befristung nicht zulässig, wenn die Schaffung eines Dauerarbeitsplatzes erforderlich wäre. Davon ist insbesondere dann auszugehen, wenn der Arbeitgeber verschiedene Arbeitnehmer nacheinander für eine bestimmte vergleichbare Tätigkeit über längere Zeit befristet beschäftigt."

Eine entsprechende Regelung würde der europäischen Richtlinie 1999/70/EG entsprechen, indem sie Befristungensketten besser verhindern könnte und das Bekenntnis zum unbefristeten Arbeitsvertrag als Normalarbeitsverhältnis umzusetzen hilft.

Um eine Überprüfung im Einzelfall zu ermöglichen, ist es geradezu notwendig, den Arbeitsgerichten einen gewissen Beurteilungsspielraum zu geben und den Arbeitgebern etwaige Umgehungensmöglichkeiten zu nehmen.

Wie in § 3 Abs. 2 TzBfG könnte man auf eine gleiche oder ähnliche Tätigkeit abstellen und auf die diesbezügliche Rechtsprechung zurückgreifen.

Der unbestimmte Begriff „nacheinander" ohne einen Zusatz besagt gerade nicht, dass die Arbeitnehmer unmittelbarer nacheinander beschäftigt werden müssen. Dies verhindert, dass die Arbeitgeber die Voraussetzung des nicht erforderlichen Dauerarbeitsplatzes durch Beschäftigungslücken umgehen können.

6. Vorerst Beibehaltung des § 14 Abs. 2 TzBfG

Da der Bundesrat noch wesentlich weitergehende Befristungsmöglichkeiten befürwortete[1132] und die Bundesregierung diesen Vorschlag ablehnte[1133], wurde das Gesetz an den Vermittlungsausschuss überwiesen, der am 5. September 2005 darüber befinden sollte. Zu einer Gesetzesänderung kam es jedoch nicht mehr, da es keinen Einigungsvorschlag gab, über den der Bundestag hätte nochmals abstimmen können.[1134] Aufgrund der auf den 18. September 2005 vorgezogenen Bundestagswahl[1135], die - wie nach den Umfrageergebnissen zu

---

[1132] BT-Drucks. 15/5556, S. 13: Höchstdauer von vier Jahren bei mehrfacher Verlängerungsmöglichkeit.

[1133] BT-Drucks. 15/5602, S. 1.

[1134] Bereits entsprechend vermutet von Preis, NZA 2005, S. 714 (714).

[1135] Die Vorziehung folgt aus der am 1.7.2005 auf Antrag des Bundeskanzlers gestellten Vertrauensfrage im Sinne des Art. 68 Abs. 1 S. 1 GG und der Entscheidung der Bundestagsauflösung von Bundespräsident Horst Köhler am 21.7.2005, welche nach den Organvermuten war[1136] - zu einem Machtwechsel in Berlin führte, stand das ganze Kündigungsschutzrecht und damit auch das Befristungsrecht erneut, und zwar umfänglich, auf dem Prüfstand.

II. Der Koalitionsvertrag vom 11. November 2005

1. Inhalt

Nach dem zwischen CDU, CSU und SPD am 11. November 2005 vereinbarten Koalitionsvertrag soll die Möglichkeit, in den ersten 24 Monaten sachgrundlos zu befristen, künftig entfallen, sprich § 14 Abs. 2 TzBfG gestrichen werden.[1137] Im Gegenzug sollen die Arbeitsvertragsparteien das Recht erhalten, bei einer Neueinstellung die Regelwartezeit für das Eingreifen des allgemeinen Kündigungsschutzes von bisher sechs Monaten auf zwei Jahre zu verlängern.[1138] Bei einer erneuten Einstellung bei demselbem Arbeitgeber soll die Wartezeit allerdings nur dann verlängerbar sein, wenn seit dem Ende des vorhergehenden Arbeitsvertrages mindestens sechs Monate vergangen sind.
§ 14 Abs. 2 a TzBfG soll nach den Vorstellungen von CDU, CSU und SPD erhalten bleiben, also Existenzgründer auch weiterhin in den ersten vier Jahren nach ihrer Gründung die Möglichkeit haben, Arbeitsverträge bis zu einer Dauer von 48 Monaten sachgrundlos zu befristen. Wird von dieser Möglichkeit Gebrauch gemacht, soll allerdings die Befugnis zu einer Wartezeitverlängerung entfallen.

2. Stellungnahme

Durch eine Verlängerung der Wartezeit auf zwei Jahre, müssten befristete Arbeitsverträge nach erstem Anschein erheblich an Bedeutung verlieren, weil es keiner faktischen Verlängerung der Probezeit von sechs Monaten durch die Vereinbarung einer Befristung mehr bedürfte. Daher erscheint es vernünftig, „im Gegenzug" den § 14 Abs. 2 TzBfG abzuschaffen, wenn die Möglichkeit einer echten zweijährigen Probezeit eingeführt wird. Vordergründig scheinen Befristungen dann keinen Vorteil mehr zu bieten.

---

streitverfahren zweier Bundestagsabgeordneter vom BVerfG am 25.8.2005 für rechtens befunden wurde.

1136 Nach der Sonntagsfrage des ARD-Deutschlandtrends Anfang August 2005 erreichten CDU/CSU und FDP allerdings erstmals seit Februar 2005 mit 48 % (42 % + 6 %) nicht mehr die absolute Mehrheit. 39 % der Befragten wünschten eine große Koalition (Bonner Generalanzeiger vom 5.8.2005, Nr. 35123, S. 1).

1137 Koalitionsvertrag CDU, CSU, SPD - 11.11.2005, S. 30.

1138 Koalitionsvertrag CDU, CSU, SPD - 11.11.2005, S. 30. Die von der CDU/CSU-Fraktion ursprünglich befürwortete Heraufsetzung der Kleinbetriebsklausel auf 20 Arbeitnehmer wurde - im Gegensatz zur Verlängerung der Wartezeit auf zwei Jahre - nicht Vertragsinhalt (vgl. die Übersicht zum Wahlprogramm in „Junge Karriere" 08/05, S. 16).

Der Nachteil für den Arbeitgeber besteht jedoch darin, dass es sich bei dem Arbeitsverhältnis dann - im Gegensatz zur Befristung, die automatisch endet - um ein unbefristetes Arbeitsverhältnis handelt, welches er kündigen muss. Eine Kündigung unterliegt aber durch die bestehenden Fristen und Formvorschriften (beispielsweise formwirksame Unterschrift des Vetretungsberechtigten und richtige Zustellung) einigen Voraussetzungen, die beachtet werden müssen, damit die Kündigung wirksam ist.[1139] Hier sehen Arbeitgeber einen erheblichen Nachteil gegenüber den Befristungen.
Ein noch gewichtigeres Argument der Arbeitgeber, den Befristungen den Vorzug vor einer verlängerten Probezeit zu geben, ist jedoch der besondere Kündigungsschutz (zum Beispiel gemäß § 85 SGB IX oder § 9 MuSchG).[1140] Beschäftigt ein Arbeitgeber einen schwerbehinderten Arbeitnehmer oder wird eine Arbeitnehmerin schwanger, hat er bei einer Befristung kein Problem. Sie endet grundsätzlich mit dem Ablauf der vereinbarten Frist. Der besondere Kündigungsschutz gilt jedoch in allen unbefristeten Arbeitsverhältnissen, auch während einer verlängerten Probezeit. Somit entfiele bei der Umsetzung des Koalitionsvertrages die aus Arbeitgebersicht wünschenswerte Möglichkeit, die Wirkung besonderer Kündigungsschutzvorschriften auszuschalten.[1141]
Aus diesen Gründen wäre die Umsetzung des Koalitionsvertrages für die Arbeitnehmer von Vorteil: Sie hätten die Chance, dass eine ausgesprochene Kündigung unwirksam ist, weil deren Voraussetzungen nicht vorliegen oder besondere Kündigungsschutzvorschriften greifen. Zum anderen haben sie gegebenenfalls den Vorteil, dass ein Arbeitgeber vergisst, von der optionalen Verlängerung der Probezeit, welche eben nicht von Gesetzes wegen gilt, Gebrauch zu machen.

3. Umsetzung

Trotz der anfänglichen Eile hinsichtlich der Umsetzung des Koalitionsvertrags, insbesondere hinsichtlich der geplanten Reformen am Arbeitsmarkt, um diesem möglichst schnell einen kräftigen Aufschwung zu geben, wurde bis heute noch kein konkreter Gesetzentwurf vorgelegt. Da sowohl CDU und CSU als auch SPD mit dem Kompromiss nicht wirklich glücklich sind, ist sehr fraglich, ob mit einer Umsetzung der im Koalitionsvertrag enthaltenen Regelungen eins zu eins bzw. überhaupt noch gerechnet werden kann.
Bereits im März 2006 ließ Arbeitsminister Müntefering die Öffentlichkeit wissen, dass er es mit der Umsetzung der koalitionsvereinbarung nicht so eilig habe, wie es noch nach der Regierungsaufnahme durch die große Koalition einvernehmlich geklungen hatte.

[1139] Vgl. dazu v. Hoyningen-Huene, Personalmagazin 5/2006, S. 40.

[1140] So auch Lembke, NJW 2006, S. 325 (329); v. Hoyningen-Huene, Personalmagazin 5/2006, S. 40.

[1141] Vgl. Lembke, NJW 2006, S. 325 (329); v. Hoyningen-Huene, Personalmagazin 5/2006, S. 40.

Vielfach wurde die geplante Neuregelung als nicht nachvollziehbar bezeichnet, weil die sachgrundlose Befristung in Wissenschaft und Praxis als wirksamens Mittel zur Beschäftigungsförderung gilt.[1142] Insbesondere aus der Wirtschaft erschallte Kritik, da die Arbeitgeber die Möglichkeit der zweijährigen sachgrundlosen Befristung - aus obengenannten Gründen - behalten wollten. Aufgrund der nachhaltigen Kritik der Wirtschaftsverbände[1143], verkündete Bundeskanzlerin Merkel schließlich Mitte September 2006, auf die Lockerung des Kündigungsschutzes zu verzichten: „Wenn es nicht gewünscht wird, wird es nicht gemacht. Dann lassen wir es, wie es ist."[1144]
Da das Befristungsrecht und das Kündigungsschutzrecht jedoch „bevorzugte Baustellen" für neue gesetzgeberische Aktivitäten zur Belebung des Arbeitsmarktes sind und auch bleiben werden, bleibt abzuwarten, wann in diesem Bereich die nächsten Reformbestrebungen laut werden. Vermutlich wird es demnächst wieder Diskussionen auf diesem Gebiet geben.

1142 FAZ vom 23.11.2005, Nr. 273, S. 25.

1143 Vgl. die Schlagzeilen in der FAZ vom 23.11.2005, Nr. 273, S. 25: „Reform des Kündigungsschutzes bringt keine Arbeitsplätze" und in der FAZ vom 27.2.2006: „Arbeitgeber gegen Koalitionsplan - Neuer Kündigungsschutz könnte Unternehmen benachteiligen."

1144 FAZ vom 13.9.2006, Nr. 213, S. 14; FAZ vom 15.9.2006, Nr. 215, S. 14; Handelsblatt vom 16./17.9.2006, Nr. 179, S. 3.

G) Fazit

Nach dieser Gesamtbetrachtung erweist sich § 14 Abs. 2 TzBfG trotz der Auslegungsschwierigkeiten als gelungener als man zunächst meinen mag. Jedenfalls gibt er den Arbeitgebern ausreichende Möglichkeiten zur sachgrundlosen Befristung neben den Möglichkeiten der Spezialgesetze sowie neben § 14 Abs. 1 und Abs. 2 a TzBfG. Das Anschlussverbot des § 14 Abs. 2 S. 2 TzBfG darf nicht überschätzt werden.[1145] Trotz der daraus resultierenden, gegenüber dem § 1 BeschFG 1996 wesentlich engeren Befristungsmöglichkeiten kann der Arbeitgeber an ein und demselben Arbeitsplatz diverse Arbeitnehmer für jeweils zwei Jahre sachgrundlos befristen, da die gebotene Neueinstellung nicht die Schaffung eines neuen Arbeitsplatzes erfordert. Der Arbeitgeber hat also die aus seiner Sicht gebotene Flexibilität, in einer unsicheren wirtschaftlichen Situation lediglich befristete Arbeitsverträge abzuschließen.

Folglich bieten die derzeitigen Befristungsmöglichkeiten grundsätzlich einen guten Ausgleich zwischen dem notwendigen Bestandsschutz des Arbeitnehmers und der Vertragsfreiheit des Arbeitgebers. Für Kritik der Arbeitgeberverbände ist daher eigentlich kaum Raum.

Ganz im Gegenteil: Bei § 14 Abs. 2 a TzBfG sind die Befristungsmöglichkeiten so weitgehend, dass man in einen verfassungsrechtlich bedenklichen Bereich gerät. Die zweijährige Höchstbefristungsdauer kombiniert mit der dreimaligen Verlängerungsmöglichkeit in § 14 Abs. 2 TzBfG stellt meines Erachtens die Grenze des einem Arbeitnehmer Zumutbaren dar. Weitergehende sachgrundlose Befristungsmöglichkeiten sind strikt abzulehnen. Es sollte viel eher über eine Absenkung der zweijährigen Höchstbefristungsdauer nachgedacht werden, um insbesondere die faktische Erprobungsmöglichkeit von zwei Jahren abzuschaffen. Die Forderung der Gewerkschaften, Befristungen gesetzlich nur noch mit Sachgrund zuzulassen[1146] und Befristungen ohne Sachgrund nur auf Grund einer tariflichen und damit betriebsnahen Lösung zu ermöglichen[1147], erscheint leider in der heutigen Zeit nicht durchsetzbar.[1148]

Dem steht der Mythos[1149] entgegen, dass der Kündigungsschutz ausschlaggebend für mangelnde Beschäftigung ist. Also müssen aus Arbeitgebersicht weite Befristungsmöglichkeiten bestehen, um dieses „Beschäftigungshemmnis" zu beseitigen.

[1145] So auch Dörner, Rn 532.

[1146] Schuster, AiB 2004, S. 5 (6) unter Hinweis auf Art. 12 GG und Art. 20 GG.

[1147] Rehwald, NZA 2003, SB zu Heft 21, S. 46 (46).

[1148] Die Idee der sachgrundlosen Befristung wurde mit § 1 BeschFG 1985 Gesetz und lässt nur schwerlich - und wenn dann gegebenenfalls nur im Gegenzug zum Abbau des Kündigungsschutzes - wieder abschaffen.

[1149] Vgl. Schuster, AiB 2004, S. 5 (5) unter Hinweis auf eine Studie des WSI, nach der bei arbeitgeberseitigen Kündigungen nur 11 % der Betroffenen klagen.

Dabei stellen befristete Arbeitsverträge keine Chance für die Besserung der Situation auf dem Arbeitsmarkt, sondern lediglich eine flexible Arbeitsvertragsvariante der Arbeitgeber dar, die diese aber grundsätzlich nicht dazu veranlasst, mehr Arbeitnehmer einzustellen.
Dies bestätigt unter anderem eine neuere Untersuchung, die sich mit den Auswirkungen der Änderungen beim Kündigungsschutz befasste.[1150] Diese empirische Analyse des betrieblichen Einstellungsverhaltens jeweils vor und nach einer Gesetzesänderung gelangte zu dem Ergebnis, dass der Abbau des Kündigungsschutzes nicht die oft vermuteten und allseits erhofften Beschäftigungseffekte bringt. In den letzten Jahren hat es sowohl eine Lockerung (1996) als auch eine Verschärfung (1999) des Kündigungsschutzes gegeben. 1996 ging die Einstellungsrate in Kleinbetrieben trotz der Lockerung des Kündigungsschutzes zurück.[1151] Weder die Lockerung noch die Verschärfung hatten einen messbaren Einfluss auf Einstellungen oder Entlassungen.[1152] Damit wird bestätigt, dass dieser Faktor nicht entscheidend ist: Bestehen in einem Land konjunkturelle Probleme, kommt es trotz der Lockerung nicht zu mehr, sondern sogar zu weniger Einstellungen.
Im Ergebnis führt ein hoher Kündigungsschutz somit nur aus theoretischer Arbeitgeberperspektive zu einer tendenziell verminderten Einstellungsbereitschaft der Betriebe.[1153] Den Kosten des Kündigungsschutzes, insbesondere den gefürchteten Abfindungszahlungen, stehen in der Theorie jedoch Produktionssteigerungen durch sorgfältige Personalauswahl und mehr Investitionen in die Aus- und Weiterbildung langfristiger Arbeitnehmer gegenüber, so dass sich im Ergebnis nicht feststellen läßt, ob der staatliche Kündigungsschutz im Durchschnitt über den Konjunkturzyklus zu mehr oder weniger Beschäftigung führt.[1154] Der empirische Nachweis, dass ein Abbau von Bestandsschutz zu einer Zunahme von Beschäftigung führt, ist bisher nicht geführt worden.[1155]
Diese Untersuchungen zum Kündigungsschutz sind auf das Befristungsrecht übertragbar. Auch die aktuellen, immer weiter steigenden Arbeitslosenzahlen zeigen, dass die neueren Änderungen im Kündigungs- und Befristungsrecht im Rahmen der „Hartz-Reform" und der „Agenda 2010" keine oder zumindest keine spürbaren Effekte für den Arbeitsmarkt nach sich ziehen konnten.
Die Verfechter der Deregulierung im Arbeitsrecht bleiben den Nachweis schuldig, dass Erleichterungen bei der Befristung von Arbeitsverträgen Beschäfti-

[1150] IAB-Kurzbericht Nr. 15/2004, S. 1 ff.
[1151] IAB-Kurzbericht Nr. 15/2004, S. 3.
[1152] IAB-Kurzbericht Nr. 15/2004, S. 1.
[1153] IAB-Kurzbericht Nr. 15/2004, S. 1 f.
[1154] IAB-Kurzbericht Nr. 15/2004, S. 2.
[1155] Sievers, RdA 2004, S. 291 (301); vgl. Scheriau, S. 70, 72; auch Rehwald, NZA 2003, SB zu Heft 21, S. 46 (46); Schuster, AiB 2004, S. 5 (5); vgl. auch Link/Grienberger-Zingerle, AuA 5/2003, S. 20 (20): „kein eindeutiger Zusammenhang".

gungseffekte haben.[1156] Lediglich Mitnahmeeffekte treten auf.[1157] Die befristete Arbeit führt eher zum schleichenden Abbau und Verschiebungen in der Stammbelegschaft als zu mehr Dauerarbeitsplätzen.[1158]
Arbeitgeberfreundlichere Gesetze verschaffen dem Arbeitgeber nicht die Aufträge, die nötig sind, um überhaupt Bedarf an neuen Arbeitnehmern zu haben. Befristungen nehmen den Arbeitgebern lediglich die vielzitierte „große Angst" vor Kündigungsschutzprozessen[1159], was auf die Einstellungsraten aber keine unmittelbaren Auswirkungen hat. Arbeitgeber nutzen ihre Chancen zwar aus, investieren aber nicht mehr als vorher in den „teuren Faktor Arbeitskraft". Aufgrund der relativ hohen Lohnnebenkosten pro Arbeitnehmer wird trotz weitreichender Befristungsmöglichkeiten auch nicht von der Anordnung von Überstunden abgesehen.[1160] Das lässt sich bereits daran erkennen, dass viele Arbeitgeber selbst die bestehenden Befristungsmöglichkeiten nicht ausschöpfen. Doch selbst wenn ein Arbeitgeber eine befristete Neueinstellung eines Arbeitnehmers vornimmt, so führt dies häufig nicht zum späteren Abschluss eines unbefristeten Arbeitsvertrages, da groteske Fehlvorstellungen[1161] vom Kündigungsschutz ihn davon abhalten. Es zeigt sich ein erheblicher Aufklärungsbedarf: Hier sollte man ansetzen und nicht den Arbeitnehmern immer mehr den Bestandsschutz nehmen. Eine vermeintlich psychologische Komponente einer Reform, die positive Stimmung und Arbeitsplätze schaffen könnte[1162], ist keine Rechtfertigung für einen Eingriff in Art. 12 GG. Selbst wenn durch Reformen zusätzliche Arbeitplätze in Maßen entstehen würden: Der Preis der Entstehung vieler „Wegwerfarbeitsplätze" ist zu hoch.

In Anbetracht dessen, was befristete Arbeitsverhältnisse für einen Arbeitnehmer bedeuten können, ist die zweijährige Ungewissheit bei sachgrundlosen Befristungen nach § 14 Abs. 2 TzBfG gerade noch erträglich, geht die vierjährige Höchstbefristungsdauer nach § 14 Abs. 2 a TzBfG aber erheblich zu weit. Meines Erachtens beläuft sich die „schwierige Aufbauphase" eines Existenzgründers auf maximal zwei bis drei Jahre. Zur Ermittlung des Arbeitnehmerbedarfs reichen daher die bestehenden Befristungsregelungen in § 14 Abs. 1 und 2 TzBfG aus.

1156 Rehwald, NZA 2003, SB zu Heft 21, S. 46 (46); ähnlich Scheriau, S. 70, 72; Schuster, AiB 2004, S. 5 (6). Vgl. auch DGB, Pressemeldung 196: „Keine Beschäftigungswirkung durch befristete Beschäftigung" und Kreutz, AuR 2005, S. 217 (219).
1157 Rehwald, NZA 2003, SB zu Heft 21, S. 46 (46).
1158 Schuster, AiB 2004, S. 5 (6).
1159 Vgl. Däubler, AiB 2004, S. 7 (7), der ausführt, das einige Arbeitgeber den Kündigungsschutz wörtlich nehmen und meinen nicht mehr kündigen zu können, wenn der Betrieb unter das KSchG fällt.
1160 Vgl. Gaul, S. 26 f.
1161 Däubler, AiB 2004, S. 7 (7).
1162 Link/Grienberger-Zingerle, AuA 5/2003, S. 20 (21).

Der Gesetzgeber ist hier in der Hoffnung, durch weitere Erleichterungen für Arbeitgeber Arbeitsplätze schaffen zu können, über sein Ziel „hinausgeschossen" und hat die Arbeitnehmer, die nun mit langen Befristungsketten leben müssen vernachlässigt, weil sein Blick lediglich auf die Arbeitslosen gerichtet war.
Wenn man weiterhin bedenkt, dass sich theoretisch nach dem derzeitigen Recht befristete Verträge mit Sachgrund nach § 14 Abs. 1 TzBfG anschließen können, für die es keine gesetzliche Höchstgrenze gibt, dürfte es den betroffenen Arbeitnehmern sehr schwer fallen, Deutschland noch als Sozialstaat zu sehen.
Durch erlaubte Befristungsketten[1163] wird die gesamte Lebens- und Familienplanung ungewiss. Auch das Konsumverhalten ändert sich. Es werden weniger Investitionen getätigt und die Sparquote steigt. Befristungen können also theoretisch bewirken, dass die Konjunktur noch weiter zurückgeht. Schlimmstenfalls entsteht eine Kettenreaktion mit der Folge von noch höherer Arbeitslosigkeit.

Das Argument „Befristete Arbeit ist besser als keine!" ist somit nicht haltbar. Was im ersten Augenblick schlüssig und nachvollziehbar klingt und von der Arbeitgeberseite gern entsprechend dargestellt wird, ist lediglich eine angenehme Möglichkeit, sich schnell und unbürokratisch von einem Arbeitnehmer zu trennen. Einer Erweiterung des bestehenden erleichterten Befristungsrechts muss folglich eine entschiedene Absage erteilt werden. Der Bestandsschutz der Arbeitnehmer muss vorgehen.

[1163] Vgl. Maschmann, BB 2002, S. 1650 (1651): „Selbst eine Kettenbefristung von über 15 Jahren ist zulässig, wenn jedes Kettenmitglied für sich von einem Sachgrund getragen wird".

Literaturverzeichnis

Adam, Roman/Bauer, Uwe/Bettenhausen, Gundula/Dahlem, Wolfgang/u.a.: Das Tarifrecht der Beschäftigten im öffentlichen Dienst, Kommentar zum Tarifvertrag öffentlicher Dienst Verwaltung, 6. Lieferung, Stand: Mai 2006, München/Unterschleißheim (zit.: Adam/Bauer/Bettenhausen)

Andritzky, E. Michael: „Beschäftigungsförderungsgesetz 1985: Eine Zwischenbilanz", in: NZA 1986, S. 385-388

Annuß, Georg/Thüsing, Gregor (Hrsg.): Teilzeit- und Befristungsgesetz, Kommentar, 2. Auflage, Heidelberg 2006 (zit.: Annuß/Thüsing/Bearbeiter)

Ascheid, Reiner/Preis, Ulrich/Schmidt, Ingrid: Kündigungsrecht, Großkommentar zum gesamten Recht der Beendigung von Arbeitsverhältnissen, 2. Auflage, München 2004 (zit.: APS/Bearbeiter)

dies.: Kündigungsrecht, Großkommentar zum gesamten Recht der Beendigung von Arbeitsverhältnissen, 1. Auflage, München 2000 (zit.: APS[1]/Bearbeiter)

Backhaus, Ludger: „Das neue Befristungsrecht", in: NZA 2001, Sonderbeilage zu NZA Heft 24, S. 8-15

Bader, Peter: „Das Gesetz zu Reformen am Arbeitsmarkt: Neues im Kündigungsschutzgesetz und im Befristungsrecht", in: NZA 2004, S. 65-76

Bader, Peter/Bram, Rainer/Dörner, Hans-Jürgen/Wenzel, Leonhard: KSchG, Kommentar zum Kündigungsschutzgesetz und zu den §§ 620 bis 628 BGB, 49. Ergänzungslieferung, Stand: August 2003, München/Unterschleißheim (zit.: BBDW/Bearbeiter)

Bauer, Jobst-Hubertus: „Arbeitsrechtlicher Wunschkatalog für mehr Beschäftigung" in: NZA 2005, S. 1046-1051

ders.: „Mutlose Kündigungsschutzreform", in: NZA 2003, S. 366-369

ders.: „Sachgrundlose Altersbefristung nach den Hartz-Gesetzen", in: NZA 2003, S. 30-32

ders.: „Weniger Kündigungsschutz gleich mehr Beschäftigung? - Die Arbeitgebersicht", in: NZA 2003, Sonderbeilage zu Heft 21/2003, S. 47-51

ders.: „Ein Vorschlag für ein modernes und soziales Kündigungsschutzrecht", in: NZA 2002, S. 529-533

ders.: „Befristete Arbeitsverträge unter neuen Vorzeichen", in: BB 2001, S. 2473-2477 und S. 2526-2530

ders.: „Neue Spielregeln für Teilzeitarbeit und befristete Arbeitsverträge", in: NZA 2000, S. 1039-1043

Bauer, Jobst-Hubertus/Preis, Ulrich/Schunder, Achim: „Das Gesetz zu Reformen am Arbeitsmarkt - Reform oder nur Reförmchen?", in: NZA 2004, S. 195-199

dies.: „Der Regierungsentwurf des Gesetzes zu Reformen am Arbeitsmarkt vom 18.6.2003", in: NZA 2003, S. 704-707

Baumbach, Adolf/Lauterbach, Wolfgang/Albers, Jan/Hartmann, Peter: Zivilprozessordnung mit Gerichtsverfassungsgesetz und anderen Nebengesetzen, 61. Auflage, München 2003 (zit.: Baumbach/Bearbeiter)

Becker, Friedrich/Etzel, Gerhard/Bader, Peter/Fischermeier, Ernst/u.a.: Gemeinschaftskommentar zum Kündigungsschutzgesetz und zu sonstigen kündigungsschutzrechtlichen Vorschriften, 7. Auflage, München/Unterschleißheim 2004 (zit.: KR/Bearbeiter)

dies.: Gemeinschaftskommentar zum Kündigungsschutzgesetz und zu sonstigen kündigungsschutzrechtlichen Vorschriften, 6. Auflage, Neuwied/Kriftel 2002 (zit.: KR^6/Bearbeiter)

Becker, Friedrich/Etzel, Gerhard/Fischermeier, Ernst/Friedrich, Hans-Wolf/u.a.: Gemeinschaftskommentar zum Kündigungsschutzgesetz und zu sonstigen kündigungsschutzrechtlichen Vorschriften, 5. Auflage, Neuwied/Kriftel 1998 (zit.: KR^5/Bearbeiter)

Becker, Friedrich/Etzel, Gerhard/Friedrich, Hans-Wolf/Gröninger, Karl/u.a.: Gemeinschaftskommentar zum Kündigungsschutzgesetz und zu sonstigen kündigungsschutzrechtlichen Vorschriften, 3. Auflage, Neuwied 1989 (zit.: KR^3/Bearbeiter)

Biehl, Stefan: „Aktuelles Arbeitsrecht: Examensrelevante Änderungen im Teilzeit- und Befristungsgesetz (TzBfG) und Arbeitszeitgesetz (ArbZG)“, in: JA 2004, S. 822-824

Bielenski, Harald/ Hartmann, Josef/Pfarr, Heide/Seifert, Hartmut: „Die Beendigung von Arbeitsverhältnissen: Wahrnehmung und Wirklichkeit, Neue empirische Befunde über Formen, Ablauf und soziale Folgewirkungen“, in: AuR 2003, S. 81-91

Bode, Ingo/Brose, Hanns-Georg/Voswinkel, Stephan: Die Regulierung der Deregulierung, Zeitarbeit und Verbänderstrategien in Frankreich und Deutschland, Opladen 1994 (zit.: Bode/Brose/Voswinkel, Regulierung der Deregulierung)

Boemke, Burkhard: Arbeitnehmerüberlassungsgesetz, Kommentar, Heidelberg 2002 (zit.: Boemke)

Boemke, Burkhard/Lembke, Mark: Arbeitnehmerüberlassungsgesetz, Kommentar, 2. Auflage, Heidelberg 2005 (zit.: Boemke/Lembke)

Boewer, Dietrich: Teilzeit- und Befristungsgesetz (TzBfG), Kommentar für die Praxis, 1. Auflage, Frechen / Königsdorf 2002 (zit.: Boewer)

Böhm, Walter/Spiertz, Hans/Sponer, Wolfdieter/Steinherr, Franz: BAT-Kommentar, Ordner 7, Teil II Nr. 1 (SR 2y BAT), 347. Ergänzung, Stand: Oktober 2002, Heidelberg (zit.: Böhm/Spiertz/Sponer/Steinherr, BAT)

Braun, Stefan: „Neuerungen im Arbeitsrecht durch das Gesetz zu Reformen am Arbeitsmarkt“, in: RiA 2004 S. 118-128

ders.: „Probleme des Teilzeit- und Befristungsgesetzes“, in: RiA 2001, S. 71-77

Brose, Hanns-Georg/Schulze-Böing, Matthias/Meyer, Werner: Arbeit auf Zeit, Zur Karriere eines „neuen“ Beschäftigungsverhältnisses, Opladen 1990 (zit.: Brose/Schulze-Böing/Meyer, Arbeit auf Zeit)

Bruschke, Renate: Befristete Arbeitsverhältnisse nach dem Beschäftigungsförderungsgesetz (BeschFG 1985), Berlin 1989 (zit.: Bruschke)

Büchtemann, Christoph F./Höland, Armin/Wissenschaftszentrum Berlin für Sozialforschung (WZA/AMB)/Der Bundesminister für Arbeit und Sozialordnung (Hrsg.): Befristete Arbeitsverhältnisse nach dem Beschäftigungsförderungsgesetz (BeschFG 1985), Ergebnisse einer empirischen Untersuchung im Auftrag des Bundesministers für Arbeit und Sozialordnung, Forschungsbericht, Berlin 1989 (zit.: Büchtemann/Höland)

Bundesrechtsanwaltkammer/Ausschuss Arbeitsrecht: Stellungnahme zum Entwurf eines Gesetzes zu Reformen am Arbeitsmarkt (Arbeitmarktreformgesetz ArbMRefG), Juni 2003 (zit.: Bundesrechtsanwaltskammer, Ausschuss Arbeitsrecht)

Bundesvereinigung der Deutschen Arbeitgeberverbände BDA: „BDA-projob.de“, „Bremsklötze beseitigen - Beschäftigung schaffen“, Januar 2003 (zit.: BDA, Bremsklötze beseitigen)

dies.: „Ältere Mitarbeiter im Betrieb - Ein Leitfaden für Unternehmer“, März 2002 (zit.: BDA, Ältere Mitarbeiter im Betrieb)

Buschmann, Rudolf: „Rot-grüne Arbeitsrechtsbilanz“, in: AuR 2005, S. 298-307

ders.: „Vorwärts Kameraden, es geht zurück!“, in: AuR 2004, S. 1-5

Buschmann, Rudolf/Dieball, Heike/Stevens-Bartol, Eckart: TZA, Das Recht der Teilzeitarbeit, Kommentar für die Praxis, Frankfurt am Main 2001 (zit.: Buschmann/Dieball)

Clemens, Horst/Scheuring, Ottheinz/Steingen, Werner/Wiese, Friedrich: BAT, Kommentar zum Bundes-Angestelltentarifvertrag, Ordner 5, Teil I (SR 2y), Ordner 7, Teil VIII (Ändgs.-TV), 185. Ergänzung, Stand: Juli 2003 (zit.: Clemens/Scheuring/Steingen/Wiese, BAT)

dies.: TVöD, Kommentar zum Tarifvertrag öffentlicher Dienst (TVöD), Ordner 2, Teil II/1, 6. Ergänzung, Stand: Juli 2006 (zit.: Clemens/Scheuring/Steingen/Wiese, TVöD)

Conze, Peter: Personalbuch TVöD, 1. Auflage, München 2006

Creifelds, Carl/Weber, Klaus: Rechtswörterbuch, 17. Auflage, München 2002 (zit.: Creifelds, Rechtswörterbuch)

Däubler, Wolfgang: „Die Zukunft des Arbeitsrechts“, in: AuR 2005, S. 1-7

ders.: „Weniger Kündigungsschutz im Kleinbetrieb“, in: AiB 2004, S. 7-10

ders.: „Das neue Teilzeit- und Befristungsgesetz“, in: ZIP 2001, S. 217-225

ders.: „Das geplante Teilzeit- und Befristungsgesetz“, in: ZIP 2000, S. 1961-1969

ders.: „Anmerkung zum Urteil des BAG vom 25.4.2001 – 7 AZR 376/00“, in: AP Nr. 10 zu § 1 BeschFG 1996, Bl. 1007-1009 *ders.:* Das Arbeitsrecht 2, Leitfaden für Arbeitnehmer, 10. Auflage, Reinbek bei Hamburg 1995 (zit.: Däubler, Arbeitsrecht 2)

Däubler, Wolfgang/Dorndorf, Eberhard: AGB-Kontrolle im Arbeitsrecht, Kommentierung zu den §§ 305 bis 310 BGB, München 2004 (zit.: Däubler/Dorndorf)

Däubler, Wolfgang/Kittner, Michael/Klebe, Thomas: BetrVG, Betriebsverfassungsgesetz, mit Wahlordnung, §§ 121-128 InsO und EBR-Gesetz, Kommentar für die Praxis, 8. Auflage, Frankfurt am Main 2002 (zit.: DKK/Bearbeiter)

Dassau, Anette/Langenbrinck, Bernhard: TVöD - Das neue Tarifrecht in der Personalpraxis, 2. Auflage, Frechen 2006 (zit.: Dassau/Langenbrinck)

Deter, Gerhard: „Berliner Bericht (Berichtszeitraum: März 2005)", in: AuR 2005, S. 178-184

Deutscher Bundesrat: BR-Drucksache 167/85, Gesetzesbeschluß des Deutschen Bundestages, Beschäftigungsförderungsgesetz 1985 (BeschFG 1985), vom 19. April 1985

ders.: BR-Drucksache 393/84, Gesetzentwurf der Bundesregierung, Entwurf eines Beschäftigungsförderungsgesetzes 1985 (BeschFG 1985), vom 24. April 1984

Deutscher Bundestag: BT-Drucksache 15/5602, Unterrichtung durch die Bundesregierung, Entwurf eines Fünften Gesetzes zur Änderung des Dritten Buches Sozialgesetzbuch und anderer Gesetze, - BT-Drucksache 15/5556 -, Gegenäußerung der Bundesregierung zur Stellungnahme des Bundesrates, vom 1. Juni 2005

ders.: BT-Drucksache 15/5556, Entwurf eines Fünften Gesetzes zur Änderung des Dritten Buches Sozialgesetzbuch und anderer Gesetze, vom 30. Mai 2005

ders.: BT-Drucksache 15/5270, Entwurf eines Gesetzes zur Lockerung des Verbots wiederholter Befristungen, vom 13. April 2005

ders.: BT-Drucksache 15/1204, Entwurf eines Gesetzes zu Reformen am Arbeitsmarkt, vom 24. Juni 2003

ders.: BT-Drucksache 14/4374, Entwurf eines Gesetzes über Teilzeitarbeit und befristete Arbeitsverträge und zur Änderung und Aufhebung arbeitsrechtlicher Bestimmungen, vom 24. Oktober 2000

ders.: BT-Drucksache 10/2132, Antrag der Fraktion der SPD, Förderung der Beschäftigung, vom 17. Oktober 1984

ders.: BT-Drucksache 10/2102, Gesetzentwurf der Bundesregierung, Entwurf eines Beschäftigungsförderungsgesetzes 1985 (BeschFG 1985), vom 11. Oktober 1984

Deutscher Bundestag Ausschuß für Arbeit und Sozialordnung: Ausschussdrucksache 14/965, Zusammenstellung der Materialien der öffentlichen Anhörung, vom 8. November 2000 *ders.:* BT-Drucksache 13/5107, Beschlussempfehlung und Bericht des Ausschusses für Arbeit und Sozialordnung (11. Ausschuß), zu dem Gesetzentwurf der Fraktionen der CDU/CSU und FDP, Entwurf eines arbeitsrechtlichen Gesetzes zur Förderung von Wachstum und Beschäftigung (Arbeitsrechtliches Beschäftigungsförderungsgesetz), - Drucks. 13/4612 - zu dem Antrag verschiedener Abgeordneter und der Fraktion BÜNDNIS 90/DIE GRÜNEN, - Drucks. 13/4672 - vom 26. Juni 1996

ders.: BT-Drucksache 13/4612, Gesetzentwurf der Fraktionen der CDU/CSU und FDP, Entwurf eines arbeitsrechtlichen Gesetzes zur Förderung von Wachstum und Beschäftigung (Arbeitsrechtliches Beschäftigungsförderungsgesetz), vom 10. Mai 1996

ders.: BT-Drucksache 10/3206, Beschlussempfehlung und Bericht des Ausschusses für Arbeit und Sozialordnung (11. Ausschuß), zu dem von der Bundesregierung eingebrachten Entwurf eines Beschäftigungsförderungsgesetzes 1985 (BeschFG 1985), - Drucks. 10/2102 -, zu dem Antrag der Fraktion der SPD, - Drucks. 10/2132 -, Förderung der Beschäftigung, vom 17. April 1985

Deutscher Bundestag Ausschuss für Wirtschaft und Arbeit: BT-Drucksache 15/1587, Beschlussempfehlung und Bericht, u.a. zu a) - BT-Drucksache 15/1204 - Entwurf eines Gesetzes zu Reformen am Arbeitsmarkt, vom 25. September 2003

Deutscher Gewerkschaftsbund Bundesvorstand: Informationen zum Arbeitsrecht: Gesetz zur Teilzeitarbeit und befristeten Arbeitsverträgen ab dem 1.1.2001, Informationen für betriebliche Interessenvertretungen, gewerkschaftliche Prozessvertretung sowie ehrenamtliche Richterinnen und Richter, Ausgabe 5/2000-12/2000 (zit.: DGB, Informationen zum Arbeitsrecht)

ders.: „Keine Beschäftigungswirkung durch befristete Beschäftigung", Pressemeldung 196 vom 28.08.2000 (zit.: DGB, Pressemeldung 196)

Dieterich, Thomas/Müller-Glöge, Rudi/Preis, Ulrich/Schaub, Günter: Erfurter Kommentar zum Arbeitsrecht, 6. Auflage, München 2006 (zit.: ErfK/ Bearbeiter)

dies.: Erfurter Kommentar zum Arbeitsrecht, 5. Auflage, München 2005 (zit.: ErfK[5]/ Bearbeiter)

Dieterich, Thomas/Hanau, Peter/Schaub, Günter: Erfurter Kommentar zum Arbeitsrecht, 3. Auflage, München 2003 (zit.: ErfK[3]/Bearbeiter)

dies.: Erfurter Kommentar zum Arbeitsrecht, 2. Auflage, München 2001 (zit.: ErfK[2]/Bearbeiter)

Dieterich, Thomas/Neef, Klaus/Schwab, Brent (Hrsg.)/Bauschke, Hans-Joachim (Bearbeiter): Arbeitsrecht-Blattei, Systematische Darstellungen (AR-Blattei SD), 1. Ordner, Heidelberg, 124. Lieferung, Stand: Februar 2004 (zit.: Bauschke, „Rechtsbegriff")

dies.: Arbeitsrecht-Blattei, Systematische Darstellungen (AR-Blattei SD), 3. Ordner, Heidelberg, 102. Lieferung, Stand: Juni 2002 (zit.: Bauschke)

Dörner, Hans-Jürgen: Der befristete Arbeitsvertrag, Eine systematische Darstellung des Befristungsrechts, München 2004 (zit.: Dörner)

ders.: „Kontrolle befristeter Arbeitsverträge nach dem neuen Recht im TzBfG", in: NZA 2003, Sonderbeilage zu Heft 16/2003, S. 33-41

ders.: „Die Befristung von Arbeitsverhältnissen nach § 620 BGB und § 1 BeschFG 1996 - Rückblick und Ausblick", in: ZTR 2001, S. 485-491

Engel, Hiltrud/Gussone, Max: Befristete Arbeitsverhältnisse, Frankfurt am Main 2001 (zit.: Engel/Gussone)

Falkenberg, Rolf-Dieter: „Vorrang der BAT-Sonderregelung über befristete Arbeitsverträge (SR 2 y BAT) gegenüber dem Beschäftigungsförderungsgesetz 1985, in: ZTR 1987, S. 19-22

Fiebig, Stefan/Gallner, Inken/Griebeling, Jürgen/Mestwerdt, Wilhelm/u.a.: Kündigungsschutzgesetz, Handkommentar, 2. Auflage, Baden-Baden 2004 (zit.: HaKo/Bearbeiter)

Fitting, Karl/Kaiser, Heinrich/Heither, Friedrich/Engels, Gerd/Schmidt, Ingrid: Betriebsverfassungsgesetz mit Wahlordnung, Handkommentar, 21. Auflage, München 2002 (zit.: Fitting)

Frey, Cornelia: "Mehrere Zeitverträge mit demselben Arbeitnehmern nach Art. 1 § 1 I 1 Nr. 1 BeschFG?", in: NZA 1986, S. 513-514

Friedhofen, Peter/Weber, Ulrich: „Rechtsprobleme des befristeten Arbeitsvertrages nach Art. 1 § 1 des BeschFG 1985", in: NZA 1985, S. 337-341

Frik, Roman: „Die Befristung von Leiharbeitsverträgen nach dem Teilzeit- und Befristungsgesetz", in: NZA 2005, S. 386-390

Frohner, Siegfried/Pieper, Rainer: „Befristete Arbeitsverhältnisse", in: AuR 1992, S. 97-110

Gaul, Björn/Bonanni, Andrea: „Agenda 2010 - Änderungen im Kündigungsrecht, bei befristeten Arbeitsverhältnissen und im BErzGG", in: ArbRB 2004, S. 48-51

Gaul, Björn: Aktuelles Arbeitsrecht, Band 1/2003, Köln 2003 (zit.: Gaul)

Gaul, Dieter: „Vorrang tarifvertraglicher Befristungsregelungen vor dem Beschäftigungsförderungsgesetz, Stellungnahme zu Falkenberg, ZTR 1987 S. 19 ff., in: ZTR 1987, S. 164-169

Häfele, Wolfgang: Die Zulassung befristeter Arbeitsverhältnisse durch § 1 BeschFG 1985, München 1988 (zit.: Häfele)

Halbach, Günter: Beschäftigungsförderungsgesetz, Bonn 1985 (zit.: Halbach, BeschFG 1985)

Hanau, Peter: „Die wiederholte Reform des arbeitsrechtlichen Kündigungs- und Befristungsschutzes", in: ZIP 2004, S. 1169-1179

ders.: „Offene Fragen zum Teilzeitgesetz", in: NZA 2001, S. 1168-1175

ders.: „Was ist wirklich neu in der Befristungsrichtlinie?", in: NZA 2000, S. 1045 *ders.:* „Befristung und Abrufarbeit nach dem Beschäftigungsförderungsgesetz 1985“, in: RdA 1987, S. 25-29

ders.: „Der Regierungsentwurf eines Beschäftigungsförderungsgesetzes 1985 oder: Hier hat der Chef selbst gekocht“, in: NZA 1984, S. 345-348

Heinze, Meinhard: „Das befristete Arbeitsverhältnis zwischen Gesetz und Tarifvertrag“, in: DB 1986, S. 2327-2334

Heise, Dietmar/Lessenich, Holger M./Merten, Philip W.: „Erleichterte Zulassung befristeter Arbeitsverträge“, in: Der Arbeitgeber 1997, S. 94-96

Hergenröder, Curt Wolfgang: „Befristung nach dem Beschäftigungsförderungsgesetz und Teilzeit- und Befristungsgesetz – Anschlussbefristung – Befristungskontrolle“ (Urteilsanmerkung), in: SAE 2001, S. 225-233

Heumann, Friedrich-Wilhelm: „Die Agenda 2010 und Neuigkeiten aus dem Arbeitsrecht für Familienrechtler“, in: FuR 2004, S. 97-103

Hopfner, Sebastian: „Verlängerung befristeter Arbeitsverhältnisse aus der Geltungszeit des § 1 Beschäftigungsförderungsgesetz“, in: BB 2001, S. 200-201

Hoyningen-Huene, Gerrick von: „Jetzt wieder vermehrt Sachbefristungen prüfen“, in: Personalmagazin 5/2006, S. 40

Hoyningen-Huene, Gerrick von/Linck, Rüdiger: Kündigungsschutzgesetz, Kommentar, 13. Auflage, München 2002 (zit.: v. Hoyningen-Huene/Linck)

Hromadka, Wolfgang: „Befristete und bedingte Arbeitsverhältnisse neu geregelt“, in: BB 2001, S. 621-627 und S. 674-677

ders.: „Das neue Teilzeit- und Befristungsgesetz“, in: NJW 2001, S. 400-405

Hueck, Alfred/Nipperdey, Hans Carl: Lehrbuch des Arbeitsrechts, Erster Band, 7. Auflage, Berlin/Frankfurt a. M. 1963 (zit.: Hueck/Nipperdey)

Hunold, Wolf: Befristete Arbeitsverträge nach neuem Recht, Musterverträge, München 2001 (zit.: Hunold)

ders.: „Aktuelle Fragen des Befristungsrechts unter Berücksichtigung von §§ 14, 16 TzBfG“, in: NZA 2002, S. 255-262

ders.: „Mehrfachbefristungen heute“, in: NZA 1997, S. 741-745

Ihlenfeld, Harald/Kles, Karl-Heinz: Teilzeitarbeit und befristete Arbeitsverträge, Kommentar zum neuen Gesetz, Regensburg/Berlin 2001 (zit.: Ihlenfeld/Kles)

Institut für Arbeitsmarkt und Berufsforschung der Bundesanstalt für Arbeit: „Betriebe reagieren kaum auf Änderungen beim Kündigungsschutz“, in: IAB-Kurzbericht, Ausgabe Nr. 15 vom 18.10.2004

dass.: „Befristete Arbeitsverträge sind bald neu zu regeln“, in: IAB-Kurzbericht, Ausgabe Nr. 12 vom 1.9.2000

Kania, Thomas/Gilberg, Dirk: Befristete Arbeitsverträge, 2. Auflage, Köln 2001 (zit.: Kania)

Keller, Christoph: Befristete Arbeitsverhältnisse nach dem Beschäftigungsförderungsgesetz und dabei auftretende Rechtsprobleme, Würzburg 1990 (zit.: Keller)

Kerwer, Christof: „Finger weg von der befristeten Einstellung älterer Arbeitnehmer?“, in: NZA 2002, S. 1316-1321

Keyser, Hans-Joachim: Befristete Arbeitsverhältnisse, Mit einer systematischen Zusammenstellung der Fallgruppen eines ausreichenden sachlichen Grundes, Bielefeld 1984 (zit.: Keyser)

Kittner, Michael/Zwanziger, Bertram (Hrsg.): Arbeitsrecht, Handbuch für die Praxis, (mit Nachtrag „Hartz-Beilage“), 2. Auflage, Frankfurt am Main 2003 (zit.: Kittner/Zwanziger/Bearbeiter)

dies.: Arbeitsrecht, Handbuch für die Praxis, 1. Auflage, Frankfurt am Main 2001 (zit.: Kittner/Zwanziger/Bearbeiter^1)

Kittner, Michael/Däubler, Wolfgang/Zwanziger, Bertram: KSchR, Kündigungsschutzrecht, Kommentar für die Praxis zu Kündigungen und anderen Formen der Beendigung des Arbeitsverhältnisses, 6. Auflage, Frankfurt am Main 2004 (zit.: KDZ/Bearbeiter)

dies.: KSchR, Kündigungsschutzrecht, Kommentar für die Praxis zu Kündigungen und anderen Formen der Beendigung des Arbeitsverhältnisses, 5. Auflage, Frankfurt am Main 2001 (zit.: KDZ^5/Bearbeiter)

dies.: KSchR, Kündigungsschutzrecht, Kommentar für die Praxis zu Kündigungen und anderen Formen der Beendigung des Arbeitsverhältnisses, 4. Auflage, Frankfurt am Main 1999 (zit.: KDZ^4/Bearbeiter)

Kleinebrink, Wolfgang: „Agenda 2010 - Neue Möglichkeiten eines flexiblen Personaleinsatzes bei Existenzgründern“, in: ArbRB 2004, S. 59-62

Kliemt, Michael: „Das neue Befristungsrecht“, in: NZA 2001, S. 296-307

Koberski, Wolfgang: „Befristete Arbeitsverträge älterer Arbeitnehmer im Einklang mit Gemeinschaftsrecht“, in: NZA 2005, S. 79-84

Koppenfels, Katharina von: „Verlängerungsvereinbarungen i.S.d. § 14 Abs. 2 TzBfG bzw. § 1 Abs. 1 Satz 2 BeschFG - Zeitpunkt des Abschlusses und Formanforderungen“, in: AuR 2002, S. 241-245

Kreutz, Marcus: „Referentenentwurf eines 5. Gesetzes zur Änderung des SGB III und anderer Gesetze“, in: AuR 2005, S. 217-219

ders.: „Streitfragen des Ersten Gesetzes für moderne Dienstleistungen am Arbeitsmarkt”, in: AuR 2003, S. 41-43

Kuner, Markus: Der neue TVöD – Allgemeiner Teil und TVÜ, München 2006

Küttner, Wolfdieter (Hrsg.)/Kania, Thomas/Röller, Jürgen (Bearbeiter): Personalbuch 2006, Arbeitsrecht – Lohnsteuerrecht – Sozialversicherungsrecht, 13. Auflage, München 2006 (zit.: Küttner/Bearbeiter, Personalbuch 2006, Stichwort)

Larenz, Karl/Canaris, Claus-Wilhelm: Methodenlehre der Rechtswissenschaft, 3. Auflage, Berlin/Heidelberg/New York 1995 (zit.: Larenz/Canaris)

Lembke, Mark: „Die sachgrundlose Befristung von Arbeitsverträgen in der Praxis“, in: NJW 2006, S. 325-323 *ders.:* „Befristung von Arbeitsverträgen mit Leiharbeitnehmern nach Hartz I", DB 2003, S. 2702-2706

Link, Peter/Grienberger-Zingerle, Maria: „Kündigung, Teilzeit und Befristung, Reformvorschläge unter der Lupe", in: AuA 5/2003, S. 20-25

Lipinski, Wolfgang: "Der neue § 14 Abs. 2 a TzBfG: sachgrundlose kalendermäßige Befristung eines Arbeitsvertrags nach der Gründung eines Unternehmens", in: BB 2004, S. 1221-1223

Lorenz, Martin: Teilzeitarbeit und befristeter Arbeitsvertrag, (Art. 1 BeschFG 1985) mit ergänzenden Regelungen im Arbeits-, Sozialersicherungs- und Lohnsteuerrecht, München 1985 (zit.: Lorenz)

Löwisch, Manfred: „Vermeidung von Kündigungen durch befristete Weiterbeschäftigung", in: BB 2005, S. 1625-1627

ders.: „Neuregelung des Kündigungs- und Befristungsrechts durch das Gesetz zu Reformen am Arbeitsmarkt", in: BB 2004, S. 154-162

ders.: „Anmerkung zum Urteil des BAG vom 22.10.2003 - 7 AZR 113/03", in: AP Nr. 6 zu § 14 TzBfG, Bl. 1315-1317

ders.: „Die kündigungsrechtlichen Vorschläge der Agenda 2010", in: NZA 2003, S. 689-695

ders.: „Zuvor" bedeutet nicht: „in aller Vergangenheit", in: BB 2001, S. 254-255

ders.: „Die Befristung nach dem Beschäftigungsförderungsgesetz kann weiterleben!", in: NZA 2000, S. 1044-1045

ders.: „Das Arbeitsrechtliche Beschäftigungsförderungsgesetz", in: NZA 1996, S. 1009-1017

ders.: „Das Beschäftigungsförderungsgesetz 1985", in: BB 1985, S. 1200-1202

Löwisch, Manfred/Kaiser, Dagmar: Betriebsverfassungsgesetz, Kommentar, 5. Auflage, Heidelberg 2002 (zit.: Löwisch/Kaiser)

Maschmann, Frank: „Verlängerung einer vor in-Kraft-Treten des TzBfG wirksam abgeschlossenen Befristung", BB-Kommentar, in: BB 2002, S. 2450-2451

ders.: „Rechtsprechung zum Wiedereinstellungsanspruch nach betrieblicher Kündigung ist auf befristete Arbeitsverträge nicht analog anwendbar", BB-Kommentar, in: BB 2002, S. 1650-1652

Mayer, Udo R.: „Befristung nach dem Beschäftigungsförderungsgesetz - Anmerkung zum Urteil des LAG Düsseldorf vom 6.12.2001 - 11 Sa 1204/01", in: AiB 2003, S. 61

Meinel, Gernod: „Agenda 2010 – Regierungsentwurf zu Reformen am Arbeitsmarkt", in: DB 2003, S. 1438-1439

Meinel, Gernod/Heyn, Judith/Herms, Sascha: Teilzeit- und Befristungsgesetz, Kommentar, 2. Auflage, München 2004 (zit.: Meinel/Heyn/Herms)

Motive: Motive zu dem Entwurfe eines Bürgerlichen Gesetzbuches für das Deutsche Reich, Band II, Recht der Schuldverhältnisse, Berlin / Leipzig 1888 (zit.: Motive zum BGB)

Münchner Kommentar: Rebmann, Kurt/Säcker, Franz Jürgen/Rixecker, Roland (Hrsg.): Bürgerliches Gesetzbuch, Band 4, Schuldrecht Besonderer Teil II, §§ 611-704 BGB, EFZG, TzBfG, KSchG, 4. Auflage, München 2005 (zit.: MK/Bearbeiter)

Münchner Kommentar: Westermann, Harm Peter: Münchner Kommentar zum Bürgerlichen Gesetzbuch, Band 4, Schuldrecht, Besonderer Teil II (§§ 607-704), 3. Auflage, München 1997 (zit.: MK³/Bearbeiter)

Nielebock, Helga: „Alte Vorschläge wieder zur Diskussion gestellt - Neuer Gesetzentwurf zum Arbeitsrecht aus Bayern -", in: AiB 2003, S. 5-7

Nikisch, Arthur: Arbeitsrecht, 1. Auflage, Tübingen 1951 (zit.: Nikisch)

Osnabrügge, Stephan: „Die sachgrundlose Befristung von Arbeitsverhältnissen nach § 14 II TzBfG", in: NZA 2003, S. 639-644

Otto, Hansjörg: „Erleichterte Zulassung befristeter Arbeitsverträge", in: NJW 1985, S. 1807-1813

Otto, Kai-A.: „Der 77. Änderungstarifvertrag zum BAT vom 29. Oktober 2001", in: ZTR 2002, S. 8-13

Palandt, Otto: Bürgerliches Gesetzbuch, 65. Auflage, München 2006 (zit.: Palandt/Bearbeiter)

Plander, Harro: „Gesetzliche Fixierung oder Beeinflussung des Inhalts von Tarifverträgen?, Ein Beitrag zum Verhältnis von Gesetz und Tarifvertrag aus Anlaß neuerer Regelungen zur Erleichterung von Befristungsabreden", in: DB 1986, S. 2180-2187

Plander, Harro/Witt, Alexander: „Der nur vorübergehende Arbeitsbedarf als Befristungsgrund", in: DB 2002, S. 1002-1004

Pöltl, René: „Befristete Arbeitsverträge nach dem Gesetz über Teilzeitarbeit und befristete Arbeitsverträge im Geltungsbereich des BAT", in: NZA 2001, S. 582-588

Preis, Ulrich: Arbeitsrecht, Praxis-Lehrbuch zum Individualarbeitsrecht, 2. Auflage, Köln 2003 (zit.: Preis)

ders.: Der Arbeitsvertrag, Handbuch der Vertragspraxis und -gestaltung, 2. Auflage, Köln 2005 (zit.: Preis²/Bearbeiter)

ders.: Der Arbeitsvertrag, Handbuch der Vertragspraxis und -gestaltung, Köln 2002 (zit.: Preis/Bearbeiter)

ders.: „Flexibilität und Rigorismus im Befristungsrecht", in: NZA 2005, S. 714-718

ders.: „Die „Reform" des Kündigungsschutzrechts", in: DB 2004, S. 70-79

ders.: „Reform des Bestandschutzrechts im Arbeitsverhältnis", Entwurf eines Kündigungsschutzgesetzes (KSchG 2003), in: NZA 2003, S. 252-259 *ders.:* „Das arbeitsrechtliche Beschäftigungsförderungsgesetz 1996", in: NJW 1996, S. 3369-3378

Preis, Ulrich/Gotthardt, Michael: „Das Teilzeit- und Befristungsgesetz", in: DB 2001, S. 145-152

dies.: „Neuregelung der Teilzeitarbeit und befristeten Arbeitsverhältnisse - Zum Gesetzentwurf der Bundesregierung -", in: DB 2000, S. 2065-2074

dies.: „Schriftformerfordernis für Kündigungen, Aufhebungsverträge und Befristungen nach § 623 BGB", in: NZA 2000, S. 348-361

Raab, Thomas: „Befristetes Arbeitsverhältnis zur Vertretung eines Mitarbeiters" (Urteilsanmerkung), in: SAE 2002, S. 184-192

Rehwald, Rainer: „Weniger Kündigungsschutz gleich mehr Beschäftigung? - Die Gewerkschaftssicht", in: NZA 2003, Sonderbeilage zu Heft 21/2003, S. 46-47

Reinecke, Gerhard: „Flexible Beschäftigung aufgrund von Rahmenvereinbarungen in der Rechtsprechung des Bundesarbeitsgerichts", in: Recht und soziale Arbeitswelt, Festschrift für Wolfgang Däubler, zum 60. Geburtstag, Frankfurt am Main 1999 (zit.: Reinecke, Festschrift Däubler)

Richardi, Reinhard: Betriebsverfassungsgesetz mit Wahlordnung, Kommentar, 8.Auflage, München 2002 (zit.: Richardi/Bearbeiter)

Richardi, Reinhard/Annuß, Georg: „Gesetzliche Neuregelung von Teilzeitarbeit und Befristung", in: BB 2000, S. 2201-2205,

Richardi, Reinhard/Wlotzke, Otfried: Münchener Handbuch zum Arbeitsrecht, Band 1, individualarbeitsrecht I, München 1992 (zit.: HbArbR/Bearbeiter)

dies.: Münchener Handbuch zum Arbeitsrecht, Ergänzungsband, Individualarbeitsrecht, 2. Auflage, München 2001 (zit.: HbArbR, Erg./Bearbeiter)

Rieble, Volker: „Wirksamkeit einer Befristung nach dem Beschäftigungsförderungsgesetz" (Urteilsanmerkung), in: SAE 2001, S. 33-38

Ring, Gerhard: Gesetz über Teilzeitarbeit und befristete Arbeitsverträge, Bonn 2001 (zit.: Ring)

Rolfs, Christian: „Erweiterte Zulässigkeit befristeter Arbeitsverträge durch das arbeitsrechtliche Beschäftigungsförderungsgesetz", in: NZA 1996, S. 1134-1141

ders.: "Schriftform für Kündigungen und Beschleunigung des arbeitsgerichtlichen Verfahrens", in: NJW 2000, S. 1227-1231

ders.: Teilzeit- und Befristungsgesetz, München 2002 (zit.: Rolfs)

Rumpff, Klaus/Boewer, Dietrich: Mitbestimmung in wirtschaftlichen Angelegenheiten und bei der Unternehmens- und Personalplanung, 3. Auflage, Heidelberg 1990 (zit.: Rumpff/Boewer)

Säcker, Franz Jürgen: „Die vorzeitige Beendigung der Arbeitsverträge mit leitenden Angestellten", in: RdA 1976, S. 91-100

Sasse, Stefan: „Befristete Beschäftigung in den Semesterferien - Arbeitsrechtliche Klippen durch das TzBfG", in: ArbRB 2003, S. 148-149

Schaub, Günter: Arbeitsrechts-Handbuch, Systematische Darstellung und Nachschlagewerk für die Praxis, 10. Auflage, München 2002 (zit.: Schaub)

ders.: Arbeitsrechts-Handbuch, Systematische Darstellung und Nachschlagewerk für die Praxis, 9. Auflage, München 2000 (zit.: Schaub[9])

ders.: Arbeitsrechts-Handbuch, Systematische Darstellung und Nachschlagewerk für die Praxis, 7. Auflage, München 1992 (zit.: Schaub[7])

ders.: Arbeitsrechtliche Formularsammlung, 7. Auflage, München 1999 (zit.: Schaub, Formularsammlung)

Schaub, Günter/Neef, Klaus/Schrader, Peter: Arbeitsrechtliche Formularsammlung, 8. Auflage, München 2004 (zit.: Schaub/Neef/Schrader)

Scheriau, Karl Michael: Arbeitsverhältnis: Ist das noch normal?, 3. Auflage, Berlin 2004 (zit.: Scheriau)

Schiefer, Bernd: „Entwurf eines Gesetzes einer Teilzeitarbeit und befristete Arbeitsverhältnisse und zur Änderung und Aufhebung arbeitsrechtlicher Bestimmungen - oder: Überregulierung statt Deregulierung/Umverteilung statt Flexibilität -“, in: DB 2000, S. 2118-2123

Schimana, Rudolf/Glasz, Alexandra von: „Befristete Arbeitsverhältnisse und Nichtverlängerungs-mitteilung“, in: AuR 2002, S. 365-369

Schlachter, Monika: „Befristete Einstellung nach Abschluss der Ausbildung - Sachgrund erforderlich?“, in: NZA 2003, S. 1180-1183

Schliemann, Harald (Hrsg.)/Dörner, Hans-Jürgen (Bearbeiter): Das Arbeitsrecht im BGB, 2. Auflage, Berlin / New York 2002 (zit.: Schliemann/ Dörner)

Schmalenberg, Werner: „Kann mit einer einschränkenden Auslegung jede „unsinnige“ Norm korrigiert werden?”, in: NZA 2001, S. 938-939

ders.: „Die richtige Umsetzung der Befristungsrichtlinie der EG - Konsequenzen des Gesetzgebers“, in: NZA 2000, S. 1043-1044

ders.: „Endgültiges „Aus“ für das Beschäftigungsförderungsgesetz?“, in: NZA 2000, S. 582-583

Schröter, Bernd: Befristete Arbeitsverträge und arbeitsrechtliche Vertragsfreiheit, Göttingen 1972 (zit.: Schröter)

Schübel, Bodo Michael: „Befristete Arbeitsverhältnisse”, in: Newsletter 108 von arbeitsrecht.de, vom 8. April 2004, S. 1-4 (zit.: Schübel, Newsletter 108)

Schuster, Norbert: „Positionen zur Reform des Kündigungsschutzrechts“, in: AiB 2004, S. 5-6

Seibel, Stephan/Wilhelm, Marcus: „Kontrolle der Rechtmäßigkeit von Befristungen einzelner Arbeitsbedingungen sowie ganzer Arbeitsverträge – BAG, NJW 2004, 3138, und BAG, NZA 2005, 218“, in: JuS 2005, S. 209-212

Sievers, Jochen: „Befristungsrecht“, in: RdA 2004, S. 291-303

Soergel, Hans Theodor: BGB, Kommentar zum Bürgerlichen Gesetzbuch, Band 2, Allgemeiner Teil 2, §§ 104-240, 13. Auflage, Stuttgart 1999 (zit.: Soergel/Bearbeiter)

Sowka, Hans-Harald (Hrsg.): Kündigungsschutzgesetz, Kölner Praxiskommentar unter Berücksichtigung sozialrechtlicher Bezüge, 2. Auflage, Köln 2000 (zit.: KPK/Bearbeiter)

Sowka, Hans-Harald: Anmerkung zum BAG-Urteil vom 5.6.2002 - 7 AZR 241/01, in: DB 2002, S. 2168-2169

ders.: „Es lebe die Zweckbefristung - trotz des Teilzeit- und Befristungsgesetzes!“, in: DB 2002, S. 1158-1161

ders.: „Befristete Arbeitsverträge ohne Sachgrund nach neuem Recht - offene Fragen“, in: DB 2000, S. 2427-2429

ders.: „Befristung nach BeschFG - keine einfache Sache“, in: DB 2000, S. 1916-1917

ders.: „Befristete Arbeitsverträge nach dem Beschäftigungsförderungsgesetz“, in: BB 1997, S. 677-680

ders.: „Befristete Arbeitsverhältnisse, Eine Bestandsaufnahme unter Berücksichtigung des Beschäftigungsförderungsgesetzes“, in: BB 1994, S. 1001-1009

Stahlhacke, Eugen/Preis, Ulrich/Vossen, Reinhard: Kündigung und Kündigungsschutz im Arbeitsverhältnis, Handbuch, 8. Auflage, München 2002 (zit.: SPV/Bearbeiter)

Statistisches Bundesamt: Statistisches Bundesamt, Pressekonferenz „Leben und Arbeiten in Deutschland - Ergebnisse des Mikrozensus 2003“, Statement von Präsident Johann Hahlen, S. 1-6 (zit.: Statistisches Bundesamt, Mikrozensus 2003, Statement)

dass.: „Erwerbstätige 3.16.1 und 3.16.2, Abhängig Erwerbstätige - darunter Ausländer - im April 2002 nach Altersgruppen, Familienstand, normalerweise je Woche geleisteten Arbeitsstunden, Wirtschaftsbereichen, Abschluss an einer allgemeinbildenden Schule, beruflichem Ausbildungs-/Hochschulabschluss, Art des Arbeitsvertrages und Dauer bzw. Grund der Befristung“, Fachserie 1, Reihe 4.1.1, 2002 (zit.: Statistisches Bundesamt, Fachserie 1, Reihe 4.1.1, 2002)

dass.: „Erwerbstätige 3.16.1 und 3.16.2, Abhängig Erwerbstätige – darunter Ausländer – im März 2004 nach Altersgruppen, Familienstand, normalerweise je Woche geleisteten Arbeitsstunden, Wirtschaftsbereichen, Abschluss an einer allgemeinbildenden Schule, beruflichem Ausbildungs-/Hochschulabschluss, Art des Arbeitsvertrages und Dauer bzw. Grund der Befristung“, Fachserie 1, Reihe 4.1.1, 2004 (zit.: Statistisches Bundesamt, Fachserie 1, Reihe 4.1.1, 2004)

Staudinger, Julius von: Kommentar zum Bürgerlichen Gesetzbuch mit Einführungsgesetz und Nebengesetzen, Zweites Buch, Recht der Schuldverhältnisse, §§ 616-630, 14. Auflage, Berlin 2002 (zit.: Staudinger/ Bearbeiter)

ders.: Kommentar zum Bürgerlichen Gesetzbuch mit Einführungsgesetz und Nebengesetzen, Zweites Buch, Recht der Schuldverhältnisse, §§ 620-630, 13. Auflage, Berlin 1995 (zit.: Staudinger[13]/Bearbeiter)

Straub, Dieter: „Erste Erfahrungen mit dem TzBfG", in: NZA 2001, S. 919-927

Thau, Jens T.: „Anmerkung zum Urteil des LAG Berlin vom 29.1.2004 - 16 Sa 1698/03, LAGE § 14 TzBfG Nr. 13 a", in: jurisPR-ArbR 21/2004 vom 26. Mai 2004

Thüsing, Gregor: „Europarechtlicher Gleichbehandlungsgrundsatz als Bindung des Arbeitgebers?", in: ZIP 2005, S. 2149-2151

ders.: "Teilzeit- und Befristungsgesetz - Oder: Von der Schwierigkeit eines Kompromisses zwischen Beschäftigungsförderung und Arbeitnehmerschutz", in: ZfA 2004, S. 67-99

Thüsing, Gregor/Lambrich, Thomas: „Umsetzungsdefizite in § 14 TzBfG?", in: BB 2002, S. 829-832

Tilch, Horst/Arloth, Frank: Deutsches Rechts-Lexikon in drei Bänden, Band 1 A-F, 3. Auflage, München 2001 (zit.: Tilch/Arloth)

Tschöpe, Ulrich (Hrsg.): Anwalts-Handbuch Arbeitsrecht, 3. Auflage, Köln 2003 (zit.: Tschöpe)

ders.: „Die Bestimmung der „in der Regel" beschäftigten Arbeitnehmer", in: BB 1983, S. 1416-1418

Ulber, Jürgen: AÜG - Arbeitnehmerüberlassungsgesetz, Kommentar für die Praxis, 3. Auflage, Frankfurt am Main 2006 (zit.: Ulber)

ders: AÜG - Arbeitnehmerüberlassungsgesetz und Arbeitnehmer-Entsendegesetz, Kommentar für die Praxis, 2. Auflage, Frankfurt am Main 2002 (zit.: Ulber[1])

Walwei, Ulrich: Ökonomisch-rechtliche Analyse befristeter Arbeitsverhältnisse, Nürnberg 1990 (zit.: Walwei)

Weiler, Karl-Heinz: „Der befristete Arbeitsvertrag - Eine kritische Untersuchung der Rechtsprechung des Bundesarbeitsgerichts", in: BB 1985, S. 934-938

Wenzel, Leonhard: Kündigung und Kündigungsschutz, 5. Auflage, Neuwied/Darmstadt 1987 (zit.: Wenzel)

Wind, Ferdinand/Schimana, Rudolf/Wichmann, Manfred/Langer, Karl-Ulrich: Öffentliches Dienstrecht, Das Beamten- und Arbeitsrecht für den öffentlichen Dienst, 5. Auflage, Stuttgart 2002 (zit.: Wind/Schimana/Wichmann/Langer)

Winterfeld, Rosemarie/Göbel, Johannes/Seelmann, Andreas/Mager, Ernst-Günther (Hrsg.): Beschäftigungsförderungsgesetz 1985 (BeschFG 1985), Kurzkommentar für die betriebliche Praxis, Köln 1985 (zit.: Winterfeld)

Wisskirchen, Gerlind: „Erleichterte Zulassung befristeter Arbeitsverträge nach dem Beschäftigungsförderungsgesetz 1996 – ausgewählte Probleme – ", in: DB 1998, S. 722-728

Witten, Tina: Vertragsgestaltung und Gesetzesbindung im Recht der Zeitarbeit, Frankfurt am Main 2002 (zit.: Witten)

Wlotzke, Otfried: “Das gesetzliche Arbeitsrecht in einer sich wandelnden Arbeitswelt”, in: DB 1985, S. 754-762

ders.: „Zum arbeitsrechtlichen Teil des Regierungsentwurfs eines Beschäftigungsförderungsgesetzes 1985 – Ein Bericht“, in: NZA 1984, S. 217-222

Wohlleben, Linda: „Die Verlängerung befristeter Arbeitsverhältnisse nach dem neuen Beschäftigungsförderungsgesetz“, in: RdA 1998, S. 277-281

Wolter, Henner: „Reformbedarf beim Kündigungsrecht aus Arbeitnehmersicht“, Praxiserfahrungen und Schlussfolgerungen, in: NZA 2003, S. 1068-1076

Zerres, Thomas: „Die Bedeutung des Teilzeit- und Befristungsgesetzes“, in: Jura 2002, S. 512-520

Zöllner, Wolfgang: Arbeitsrecht, 3. Auflage, München 1983 (zit.: Zöllner)

Abkürzungsverzeichnis

a.A.	anderer Ansicht
a.F.	alter Fassung
Abl. EG	Amtsblatt der Europäischen Gemeinschaften
Abs.	Absatz
AGB	Allgemeine Geschäftsbedingungen
AiB	Arbeitsrecht im Betrieb (Zeitschrift)
Alt.	Alternative
Anm.	Anmerkung
AO	Abgabenordnung
AP	Arbeitsrechtliche Praxis, Nachschlagewerk des BAG
APS	Ascheid/Preis/Schmidt
ArbG	Arbeitsgericht
ArbGG	Arbeitsgerichtsgesetz
AR-Blattei	Arbeitsrechts-Blattei
ArbPlSchG	Arbeitsplatzschutzgesetz
ArbR	Arbeitsrecht
ArbRB	Arbeitsrechtsberater (Zeitschrift)
ArbZG	Arbeitsgesetz
Art.	Artikel
ATG	Altersteilzeitgesetz
AuA	Arbeit und Arbeitsrecht (Zeitschrift)
Aufl.	Auflage
AÜG	Arbeitnehmerüberlassungsgesetz
AuR	Arbeit und Recht (Zeitschrift)
BAG	Bundesarbeitsgericht
BAGE	Entscheidungen des Bundesarbeitsgerichtes
BAT	Bundesangestellten-Tarifvertrag
BB	Der Betriebs-Berater (Zeitschrift)
BBDW	Bader/Bram/Dörner/Wenzel
BBG	Bundesbeamtengesetz
BBiG	Berufsbildungsgesetz
BDA	Bundesvereinigung der Deutschen Arbeitsgeberverbände
BErzGG	Bundeserziehungsgeldgesetz
BeschFG	Beschäftigungsförderungsgesetz
BetrVG	Betriebsverfassungsgesetz
BetrVR	Betriebsverfassungsrecht
BfA	Bundesanstalt für Arbeit
BGB	Bürgerliches Gesetzbuch
BGBl.	Bundesgesetzblatt

BGH	Bundesgerichtshof
BGHZ	Amtliche Sammlung der Entscheidungen des BGH in Zivilsachen
BMWA	Bundesministerium für Wirtschaft und Arbeit
BPersVG	Bundespersonalvertretungsgesetz
BR	Bundesrat
BR-Drucks.	Drucksachen des Deutschen Bundesrates
BT	Bundestag
BT-Drucks.	Drucksache des Deutschen Bundestages
BVerfG	Bundesverfassungsgericht
BVerfGE	Bundesverfassungsgerichtsentscheidung
bzgl.	bezüglich
bzw.	beziehungsweise
d.h.	das heißt
DAG	Deutsche Angestelltengewerkschaft
DB	Der Betrieb (Zeitschrift)
ders.	derselbe
DGB	Deutscher Gewerkschaftsbund
dies.	dieselbe
DJT	Deutscher Juristentag
DKK	Däubler/Kittner/Klebe
DRiG	Deutsches Richtergesetz
Drucks.	Drucksache
e.V.	eingetragener Verein
EFZG	Entgeltfortzahlungsgesetz
EG	Europäische Gemeinschaft/Vertrag zur Gründung der Europäischen Gemeinschaft
Einl.	Einleitung
ErfK	Erfurter Kommentar zum Arbeitsrecht
Erg.	Ergänzungsband
Erl.	Erläuterung
ES	Entscheidungssammlung
etc.	et cetera
EU	Europäische Union
EuGH	Europäischer Gerichtshof
EzA	Entscheidungssammlung zum Arbeitsrecht
EzA-SD	EzA Schnelldienst (Zeitschrift)
f./ff.	folgende Seite(n)
FamRZ	Zeitschrift für das gesamt Familienrecht (Zeitschrift)

Fn	Fußnote
FS	Festschrift
FuR	Familie und Recht
GG	Grundgesetz
GS	Großer Senat
HAG	Heimarbeitsgesetz
HaKo	Handkommentar
Hb ArbR	Handbuch Arbeitsrecht
HRG	Hochschulrahmengesetz
Hrsg.	Herausgeber
Hs.	Halbsatz
i.S.d./v.	im Sinne des/der/von
i.V.m.	in Verbindung mit
IAB	Institut für Arbeitsmarkt- und Berufsforschung der BfA
JA	Juristische Arbeitsblätter (Zeitschrift)
JURA	Juristische Ausbildung (Zeitschrift)
JuS	Juristische Schulung (Zeitschrift)
JZ	Juristen-Zeitung (Zeitschrift)
KDZ	Kittner/Däubler/Zwanziger
KPK	Kölner Praxiskommentar zum Kündigungsschutzgesetz
KR	Gemeinschaftskommentar zum Kündigungsschutzgesetz
KSchG	Kündigungsschutzgesetz
LAG	Landesarbeitsgericht
LAGE	Entscheidungssammlung (Landesarbeitsgerichte)
lit.	Littera, Buchstabe(n)
m.w.N.	mit weiteren Nachweisen
MDR	Monatsschrift für Deutsches Recht (Zeitschrift)
MK	Münchner Kommentar
MuSchG	Mutterschutzgesetz
n.F.	neuer Fassung
NachwG	Nachweisgesetz
NJW	Neue Juristische Wochenschrift (Zeitschrift)
NJW-RR	NJW Rechtsprechungs-Report (Zeitschrift)
Nr.	Nummer

NV	nicht amtlich veröffentlicht
NZA	Neue Zeitschrift für Arbeits- und Sozialrecht (Zeitschrift)
NZA-RR	NZA-Rechtsprechungs-Report Arbeitsrecht (Zeitschrift)
OECD	Organization for Economic Cooperation and Development
OLG	Oberlandesgericht
RdA	Recht der Arbeit (Zeitschrift)
RG	Reichsgericht
RGZ	Entscheidungen des Reichsgerichts in Zivilsachen
RiA	Recht im Amt (Zeitschrift)
RL	Richtlinie
Rn	Randnummer
S.	Seite
s.o.	siehe oben
SAE	Sammlung arbeitsrechtlicher Entscheidungen (Zeitschrift)
SD	Schnelldienst
SGB	Sozialgesetzbuch
sog.	sogenannt
SR	Sonderregelung
str.	streitig
TVG	Tarifvertragsgesetz
TZA	Teilzeitarbeit
TzBfG	Teilzeit- und Befristungsgesetz
u.a.	und andere
UmwG	Umwandlungsgesetz
usw.	und so weiter
v.	von
vgl.	vergleiche
z.B.	zum Beispiel
z.T.	zum Teil
ZfA	Zeitschrift für Arbeitsrecht (Zeitschrift)
ZIP	Zeitschrift für Wirtschaftsrecht und Insolvenzpraxis
zit.	zitiert
ZPO	Zivilprozessordnung
ZRP	Zeitschrift für Rechtspolitik (Zeitschrift)
ZTR	Zeitschrift für Tarifrecht (Zeitschrift)

Anhang

A. Die Befristungsgesetze in ihren verschiedenen Fassungen

I. Auszug aus dem BeschFG vom 26. April 1985 (BGBl. I S. 710)

§ 1 Zulässigkeit der Befristung

(1) Vom 1. Mai 1985 bis zum 1. Januar 1990 ist es zulässig, die einmalige Befristung des Arbeitsvertrages bis zur Dauer von achtzehn Monaten zu vereinbaren, wenn
1. der Arbeitnehmer neu eingestellt wird oder
2. der Arbeitnehmer im unmittelbaren Anschluß an die Berufsausbildung nur vorübergehend weiterbeschäftigt werden kann, weil kein Arbeitsplatz für einen unbefristet einzustellenden Arbeitnehmer zur Verfügung steht.

Eine Neueinstellung nach Satz 1 Nr. 1 liegt nicht vor, wenn zu einem vorhergehenden befristeten oder unbefristeten Arbeitsvertrag mit demselben Arbeitgeber ein enger sachlicher Zusammenhang besteht. Ein solcher enger sachlicher Zusammenhang ist insbesondere anzunehmen, wenn zwischen den Arbeitsverträgen ein Zeitraum von weniger als vier Monaten liegt.

(2) Die Dauer, bis zu der unter den Voraussetzungen des Absatzes 1 ein befristeter Arbeitsvertrag abgeschlossen werden kann, verlängert sich auf zwei Jahre, wenn
1. der Arbeitgeber seit höchstens sechs Monaten eine Erwerbstätigkeit aufgenommen hat, die nach § 138 der Abgabenordnung dem Finanzamt mitzuteilen ist und
2. bei dem Arbeitgeber zwanzig oder weniger Arbeitnehmer ausschließlich der zu ihrer Berufsbildung Beschäftigten tätig sind.

II. Auszug aus dem BeschFG in der Fassung vom 25. September 1996 (BGBl. I S. 1476)

§ 1 Zulässigkeit der Befristung

(1) Die Befristung eines Arbeitsvertrages ist bis zur Dauer von zwei Jahren zulässig. Bis zur Gesamtdauer von zwei Jahren ist auch die höchstens dreimalige Verlängerung eines befristeten Arbeitsvertrages zulässig.

(2) Die Befristung des Arbeitsvertrages ist ohne die in Absatz 1 genannten Einschränkungen zulässig, wenn der Arbeitnehmer bei Beginn des befristeten Arbeitsverhältnisses das 60. Lebensjahr vollendet hat.

(3) Die Befristung nach den Absätzen 1 und 2 ist nicht zulässig, wenn zu einem vorhergehenden unbefristeten Arbeitsvertrag oder zu einem vorhergehenden befristeten Arbeitsvertrag nach Absatz 1 mit demselben Arbeitgeber ein enger sachlicher Zusammenhang besteht.
Ein solcher enger sachlicher Zusammenhang ist insbesondere anzunehmen, wenn zwischen den Arbeitsverträgen ein Zeitraum von weniger als vier Monaten liegt.
(4) Die Zulässigkeit der Befristung des Arbeitsvertrages aus anderen Gründen bleibt unberührt.
(5) Will der Arbeitnehmer geltend machen, dass die Befristung eines Arbeitsvertrages rechtsunwirksam ist, so muß er innerhalb von drei Wochen nach dem vereinbarten Ende des befristeten Arbeitsvertrages Klage beim Arbeitsgericht auf Feststellung erheben, dass das Arbeitsverhältnis auf Grund der Befristung nicht beendet ist. Die §§ 5 bis 7 des Kündigungsschutzgesetzes gelten entsprechend.
(6) Die Absätze 1 bis 4 gelten bis zum 31. Dezember 2000.

III. Auszug aus dem TzBfG vom 21. Dezember 2000 (BGBl. I S. 1966)

§ 1 Zielsetzung.
Ziel des Gesetzes ist es, Teilzeitarbeit zu fördern, die Voraussetzungen für die Zulässigkeit befristeter Arbeitsverträge festzulegen und die Diskriminierung von teilzeitbeschäftigten und befristet beschäftigten Arbeitnehmern zu verhindern.

§ 3 Begriff des befristet beschäftigten Arbeitnehmers.
(1) Befristet beschäftigt ist ein Arbeitnehmer mit einem auf bestimmte Zeit geschlossenen Arbeitsvertrag. Ein auf bestimmte Zeit geschlossener Arbeitsvertrag (befristeter Arbeitsvertrag) liegt vor, wenn seine Dauer kalendermäßig bestimmt ist (kalendermäßig befristeter Arbeitsvertrag) oder sich aus Art, Zweck oder Beschaffenheit der Arbeitsleistung ergibt (zweckbefristeter Arbeitsvertrag).
(2) Vergleichbar ist ein unbefristet beschäftigter Arbeitnehmer des Betriebes mit der gleichen oder einer ähnlichen Tätigkeit. Gibt es im Betrieb keinen vergleichbaren unbefristet beschäftigten Arbeitnehmer, so ist der vergleichbare unbefristet beschäftigte Arbeitnehmer auf Grund des anwendbaren Tarifvertrages zu bestimmen; in allen anderen Fällen ist darauf abzustellen, wer im jeweiligen Wirtschaftszweig üblicherweise als vergleichbarer unbefristet beschäftigter Arbeitnehmer anzusehen ist.

§ 14 Zulässigkeit der Befristung.

(1) Die Befristung eines Arbeitsvertrages ist zulässig, wenn sie durch einen sachlichen Grund gerechtfertigt ist. Ein sachlicher Grund liegt insbesondere vor, wenn

1. der betriebliche Bedarf an der Arbeitsleistung nur vorübergehend besteht,
2. die Befristung im Anschluss an eine Ausbildung oder ein Studium erfolgt, um den Übergang des Arbeitnehmers in eine Anschlussbeschäftigung zu erleichtern,
3. der Arbeitnehmer zur Vertretung eines anderen Arbeitnehmers beschäftigt wird,
4. die Eigenart der Arbeitsleistung die Befristung rechtfertigt,
5. die Befristung zur Erprobung erfolgt,
6. in der Person des Arbeitnehmers liegende Gründe die Befristung rechtfertigen,
7. der Arbeitnehmer aus Haushaltsmitteln vergütet wird, die haushaltsrechtlich für eine befristete Beschäftigung bestimmt sind, und er entsprechend beschäftigt wird oder
8. die Befristung auf einem gerichtlichen Vergleich beruht.

(2) Die kalendermäßige Befristung eines Arbeitsvertrages ohne Vorliegen eines sachlichen Grundes ist bis zur Dauer von zwei Jahren zulässig; bis zu dieser Gesamtdauer von zwei Jahren ist auch die höchstens dreimalige Verlängerung eines kalendermäßig befristeten Arbeitsvertrages zulässig. Eine Befristung nach Satz 1 ist nicht zulässig, wenn mit demselben Arbeitgeber bereits zuvor ein befristetes oder unbefristetes Arbeitsverhältnis bestanden hat. Durch Tarifvertrag kann die Anzahl der Verlängerungen oder die Höchstdauer der Befristung abweichend von Satz 1 festgelegt werden. Im Geltungsbereich eines solchen Tarifvertrages können nicht tarifgebundene Arbeitgeber und Arbeitnehmer die Anwendung der tariflichen Regelungen vereinbaren.

(3) Die Befristung eines Arbeitsverhältnisses bedarf keines sachlichen Grundes, wenn der Arbeitnehmer bei Beginn des befristeten Arbeitsverhältnisses das 58. Lebensjahr vollendet hat. Die Befristung ist nicht zulässig, wenn zu einem vorhergehenden unbefristeten Arbeitsvertrag mit demselben Arbeitgeber ein enger sachlicher Zusammenhang besteht. Ein solcher enger sachlicher Zusammenhang ist insbesondere anzunehmen, wenn zwischen den Arbeitsverträgen ein Zeitraum von weniger als sechs Monaten liegt.

(4) Die Befristung eines Arbeitsvertrages bedarf zu ihrer Wirksamkeit der Schriftform.

§ 15 Ende des befristeten Arbeitsvertrages.

(1) Ein kalendermäßig befristeter Arbeitsvertrag endet mit Ablauf der vereinbarten Zeit.

(2) Ein zweckbefristeter Arbeitsvertrag endet mit Erreichen des Zwecks, frühestens jedoch zwei Wochen nach Zugang der schriftlichen Unterrichtung des Arbeitnehmers durch den Arbeitgeber über den Zeitpunkt der Zweckerreichung.
(3) Ein befristetes Arbeitsverhältnis unterliegt nur dann der ordentlichen Kündigung, wenn dies einzelvertraglich oder im anwendbaren Tarifvertrag vereinbart ist.
(4) Ist das Arbeitsverhältnis für die Lebenszeit einer Person oder für längere Zeit als fünf Jahre eingegangen, so kann es von dem Arbeitnehmer nach Ablauf von fünf Jahren gekündigt werden. Die Kündigungsfrist beträgt sechs Monate.
(5) Wird das Arbeitsverhältnis nach Ablauf der Zeit, für die es eingegangen ist, oder nach Zweckerreichung mit Wissen des Arbeitgebers fortgesetzt, so gilt es als auf unbestimmte Zeit verlängert, wenn der Arbeitgeber nicht unverzüglich widerspricht oder dem Arbeitnehmer die Zweckerreichung nicht unverzüglich mitteilt.

§ 16 Folgen unwirksamer Befristung.
Ist die Befristung rechtsunwirksam, so gilt der befristete Arbeitsvertrag als auf unbestimmte Zeit geschlossen; er kann vom Arbeitgeber frühestens zum vereinbarten Ende ordentlich gekündigt werden, sofern nicht nach § 15 Abs. 3 die ordentliche Kündigung zu einem früheren Zeitpunkt möglich ist. Ist die Befristung nur wegen des Mangels der Schriftform unwirksam, kann der Arbeitsvertrag auch vor dem vereinbarten Ende ordentlich gekündigt werden.

§ 17 Anrufung des Arbeitsgerichts.
Will ein Arbeitnehmer geltend machen, dass die Befristung eines Arbeitsvertrages unwirksam ist, so muss innerhalb von drei Wochen nach dem vereinbarten Ende des befristeten Arbeitsvertrages Klage beim Arbeitsgericht auf Feststellung erheben, dass das Arbeitsverhältnis auf Grund der Befristung nicht beendet ist. Die §§ 5-7 des Kündigungsschutzgesetzes gelten entsprechend. Wird das Arbeitsverhältnis nach dem vereinbarten Ende fortgesetzt, so beginnt die Frist nach Satz 1 mit dem Zugang der schriftlichen Erklärung des Arbeitgebers, dass das Arbeitsverhältnis beendet sei.

§ 22 Abweichende Vereinbarungen.
(1) Außer in den Fällen des § 12 Abs. 3, § 13 Abs. 4 und § 14 Abs. 2 Satz 3 und 4 kann von den Vorschriften dieses Gesetzes nicht zuungunsten des Arbeitnehmers abgewichen werden.
(2) Enthält ein Tarifvertrag für den öffentlichen Dienst Bestimmungen im Sinne des § 8 Abs. 4 S. 3 und 4, § 12 Abs.3, § 13 Abs. 4, § 14 Abs. 2 S. 3 und 4 oder § 15 Abs. 3, so gelten die Bestimmungen auch zwischen nicht tarifgebundenen Arbeitgebern und Arbeitnehmern außerhalb des öffentlichen Dienstes, wenn die Anwendung der für den öffentlichen Dienst geltenden tarifvertraglichen Be-

stimmungen zwischen ihnen vereinbart ist und die Arbeitgeber die Kosten des Betriebes überwiegend mit Zuwendungen im Sinne des Haushaltsrechts decken.

§ 23 Besondere gesetzliche Regelungen
Besondere gesetzliche Regelungen über Teilzeitarbeit und über die Befristung von Arbeitsverträgen nach anderen gesetzlichen Vorschriften bleiben unberührt.

IV. Auszug aus dem TzBfG in der Fassung vom 24.12.2003 (BGBl. I S. 3002)

§ 14 Zulässigkeit der Befristung.
(1) Die Befristung eines Arbeitsvertrages ist zulässig, wenn sie durch einen sachlichen Grund gerechtfertigt ist. Ein sachlicher Grund liegt insbesondere vor, wenn
1. der betriebliche Bedarf an der Arbeitsleistung nur vorübergehend besteht,
2. die Befristung im Anschluss an eine Ausbildung oder ein Studium erfolgt, um den Übergang des Arbeitnehmers in eine Anschlussbeschäftigung zu erleichtern,
3. der Arbeitnehmer zur Vertretung eines anderen Arbeitnehmers beschäftigt wird,
4. die Eigenart der Arbeitsleistung die Befristung rechtfertigt,
5. die Befristung zur Erprobung erfolgt,
6. in der Person des Arbeitnehmers liegende Gründe die Befristung rechtfertigen,
7. der Arbeitnehmer aus Haushaltsmitteln vergütet wird, die haushaltsrechtlich für eine befristete Beschäftigung bestimmt sind, und er entsprechend beschäftigt wird oder
8. die Befristung auf einem gerichtlichen Vergleich beruht.
(2) Die kalendermäßige Befristung eines Arbeitsvertrages ohne Vorliegen eines sachlichen Grundes ist bis zur Dauer von zwei Jahren zulässig; bis zu dieser Gesamtdauer von zwei Jahren ist auch die höchstens dreimalige Verlängerung eines kalendermäßig befristeten Arbeitsvertrages zulässig. Eine Befristung nach Satz 1 ist nicht zulässig, wenn mit demselben Arbeitgeber bereits zuvor ein befristetes oder unbefristetes Arbeitsverhältnis bestanden hat. Durch Tarifvertrag kann die Anzahl der Verlängerungen oder die Höchstdauer der Befristung abweichend von Satz 1 festgelegt werden. Im Geltungsbereich eines solchen Tarifvertrages können nicht tarifgebundene Arbeitgeber und Arbeitnehmer die Anwendung der tariflichen Regelungen vereinbaren.
(2 a) In den ersten vier Jahren nach der Gründung eines Unternehmens ist die kalendermäßige Befristung eines Arbeitsvertrages ohne Vorliegen eines sachlichen Grundes bis zur Dauer von vier Jahren zulässig; bis zu dieser Gesamtdauer von vier Jahren ist auch die mehrfache Verlängerung eines kalendermäßig be-

fristeten Arbeitsvertrages zulässig. Dies gilt nicht für Neugründungen im Zusammenhang mit der rechtlichen Umstrukturierung von Unternehmen und Konzernen. Maßgebend für den Zeitpunkt der Gründung des Unternehmens ist die Aufnahme einer Erwerbstätigkeit, die nach § 138 der Abgabenordnung der Gemeinde oder dem Finanzamt mitzuteilen ist. Auf die Befristung eines Arbeitsvertrages nach Satz 1 findet Absatz 2 Sätze 2 bis 4 entsprechende Anwendung.
(3) Die Befristung eines Arbeitsverhältnisses bedarf keines sachlichen Grundes, wenn der Arbeitnehmer bei Beginn des befristeten Arbeitsverhältnisses das 58. Lebensjahr vollendet hat. Die Befristung ist nicht zulässig, wenn zu einem vorhergehenden unbefristeten Arbeitsvertrag mit demselben Arbeitgeber ein enger sachlicher Zusammenhang besteht. Ein solcher enger sachlicher Zusammenhang ist insbesondere anzunehmen, wenn zwischen den Arbeitsverträgen ein Zeitraum von weniger als sechs Monaten liegt. Bis zum 31. Dezember 2006 ist Satz 1 mit der Maßgabe anzuwenden, dass an die Stelle des 58. Lebensjahres das 52. Lebensjahr tritt.
(4) Die Befristung eines Arbeitsvertrages bedarf zu ihrer Wirksamkeit der Schriftform.

B. Auszug aus dem Kündigungsschutzgesetz (KSchG) vom 10. August 1951 (BGBl. I S. 499), neugefasst durch Bekanntmachung v. 25.8.1969 (BGBl. I S. 1317; zuletzt geändert durch Art. 6 G. v. 19.11.2004 (BGBl. I S. 2902)

§ 1 KSchG Sozial ungerechtfertigte Kündigungen.

(1) Die Kündigung des Arbeitsverhältnisses gegenüber einem Arbeitnehmer, dessen Arbeitsverhältnis in demselben Betrieb oder Unternehmen ohne Unterbrechung länger als sechs Monate bestanden hat, ist rechtsunwirksam, wenn sie sozial ungerechtfertigt ist.
(2) Sozial ungerechtfertigt ist die Kündigung, wenn sie nicht durch Gründe, die in der Person oder in dem Verhalten des Arbeitnehmers liegen, oder durch dringende betriebliche Erfordernisse, die einer Weiterbeschäftigung des Arbeitnehmers in diesem Betrieb entgegenstehen, bedingt ist. Die Kündigung ist auch sozial ungerechtfertigt, wenn
1. in Betrieben des privaten Rechts
  a) die Kündigung gegen eine Richtlinie nach § 95 des Betriebsverfassungsgesetzes verstößt,
  b) der Arbeitnehmer an einem anderen Arbeitsplatz in demselben Betrieb oder in einem anderen Betrieb des Unternehmens weiterbeschäftigt werden kann und der Betriebsrat oder eine andere nach dem Betriebsverfassungsgesetz insoweit zuständige Vertretung der Arbeitnehmer aus einem dieser Gründe der Kündi-

gung innerhalb der Frist des § 102 Abs. 2 Satz 1 des Betriebsverfassungsgesetzes schriftlich widersprochen hat,
2. in Betrieben und Verwaltungen des öffentlichen Rechts
a) die Kündigung gegen eine Richtlinie über die personelle Auswahl bei Kündigungen verstößt,
b) der Arbeitnehmer an einem anderen Arbeitsplatz in derselben Dienststelle oder in einer anderen Dienststelle desselben Verwaltungszweigs an demselben Dienstort einschließlich seines Einzugsgebiets weiterbeschäftigt werden kann
und die zuständige Personalvertretung aus einem dieser Gründe fristgerecht gegen die Kündigung Einwendungen erhoben hat, es sei denn, daß die Stufenvertretung in der Verhandlung mit der übergeordneten Dienststelle die Einwendungen nicht aufrechterhalten hat.
Satz 2 gilt entsprechend, wenn die Weiterbeschäftigung des Arbeitnehmers nach zumutbaren Umschulungs- oder Fortbildungsmaßnahmen oder eine Weiterbeschäftigung des Arbeitnehmers unter geänderten Arbeitsbedingungen möglich ist und der Arbeitnehmer sein Einverständnis hiermit erklärt hat. Der Arbeitgeber hat die Tatsachen zu beweisen, die die Kündigung bedingen.
(3) Ist einem Arbeitnehmer aus dringenden betrieblichen Erfordernissen im Sinne des Absatzes 2 gekündigt worden, so ist die Kündigung trotzdem sozial ungerechtfertigt, wenn der Arbeitgeber bei der Auswahl des Arbeitnehmers die Dauer der Betriebszugehörigkeit, das Lebensalter, die Unterhaltspflichten und die Schwerbehinderung des Arbeitnehmers nicht oder nicht ausreichend berücksichtigt hat; auf Verlangen des Arbeitnehmers hat der Arbeitgeber dem Arbeitnehmer die Gründe anzugeben, die zu der getroffenen sozialen Auswahl geführt haben. In die soziale Auswahl nach Satz 1 sind Arbeitnehmer nicht einzubeziehen, deren Weiterbeschäftigung, insbesondere wegen ihrer Kenntnisse, Fähigkeiten und Leistungen oder zur Sicherung einer ausgewogenen Personalstruktur des Betriebes, im berechtigten betrieblichen Interesse liegt. Der Arbeitnehmer hat die Tatsachen zu beweisen, die die Kündigung als sozial ungerechtfertigt im Sinne des Satzes 1 erscheinen lassen.
(4) Ist in einem Tarifvertrag, in einer Betriebsvereinbarung nach § 95 des Betriebsverfassungsgesetzes oder in einer entsprechenden Richtlinie nach den Personalvertretungsgesetzen festgelegt, wie die sozialen Gesichtspunkte nach Absatz 3 Satz 1 im Verhältnis zueinander zu bewerten sind, so kann die Bewertung nur auf grobe Fehlerhaftigkeit überprüft werden.
(5) Sind bei einer Kündigung auf Grund einer Betriebsänderung nach § 111 des Betriebsverfassungsgesetzes die Arbeitnehmer, denen gekündigt werden soll, in einem Interessenausgleich zwischen Arbeitgeber und Betriebsrat namentlich bezeichnet, so wird vermutet, dass die Kündigung durch dringende betriebliche Erfordernisse im Sinne des Absatzes 2 bedingt ist. Die soziale Auswahl der Arbeitnehmer kann nur auf grobe Fehlerhaftigkeit überprüft werden. Die Sätze 1 und 2 gelten nicht, soweit sich die Sachlage nach Zustandekommen des Interes-

senausgleichs wesentlich geändert hat. Der Interessenausgleich nach Satz 1 ersetzt die Stellungnahme des Betriebsrates nach § 17 Abs. 3 Satz 2.

§ 5 KSchG Zulassung verspäteter Klagen.
(1) War ein Arbeitnehmer nach erfolgter Kündigung trotz Anwendung aller ihm nach Lage der Umstände zuzumutenden Sorgfalt verhindert, die Klage innerhalb von drei Wochen nach Zugang der schriftlichen Kündigung zu erheben, so ist auf seinen Antrag die Klage nachträglich zuzulassen. Gleiches gilt, wenn eine Frau von ihrer Schwangerschaft aus einem von ihr nicht zu vertretenden Grund erst nach Ablauf der Frist des § 4 Satz 1 Kenntnis erlangt hat.
(2) Mit dem Antrag ist die Klageerhebung zu verbinden; ist die Klage bereits eingereicht, so ist auf sie im Antrag Bezug zu nehmen. Der Antrag muß ferner die Angabe der die nachträgliche Zulassung begründenden Tatsachen und der Mittel für deren Glaubhaftmachung enthalten.
(3) Der Antrag ist nur innerhalb von zwei Wochen nach Behebung des Hindernisses zulässig. Nach Ablauf von sechs Monaten, vom Ende der versäumten Frist an gerechnet, kann der Antrag nicht mehr gestellt werden.
(4) Über den Antrag entscheidet die Kammer durch Beschluss, der ohne mündliche Verhandlung ergehen kann. Gegen diesen ist die sofortige Beschwerde zulässig.

§ 6 KSchG Verlängerte Anrufungsfrist.
Hat ein Arbeitnehmer innerhalb von drei Wochen nach Zugang der schriftlichen Kündigung im Klagewege geltend gemacht, dass eine rechtswirksame Kündigung nicht vorliege, so kann er sich in diesem Verfahren bis zum Schluss der mündlichen Verhandlung erster Instanz zur Begründung der Unwirksamkeit der Kündigung auch auf innerhalb der Klagefrist nicht geltend gemachte Gründe berufen. Das Arbeitsgericht soll ihn hierauf hinweisen.

§ 7 KSchG Wirksamwerden der Kündigung.
Wird die Rechtsunwirksamkeit einer Kündigung nicht rechtzeitig geltend gemacht (§ 4 Satz 1, §§ 5 und 6), so gilt die Kündigung als von Anfang an rechtswirksam; ein vom Arbeitnehmer nach § 2 erklärter Vorbehalt erlischt.

§ 23 KSchG Geltungsbereich.
(1) Die Vorschriften des Ersten und Zweiten Abschnitts gelten für Betriebe und Verwaltungen des privaten und des öffentlichen Rechts, vorbehaltlich der Vorschriften des § 24 für die Seeschiffahrts-, Binnenschiffahrts- und Luftverkehrsbetriebe. Die Vorschriften des Ersten Abschnitts gelten mit Ausnahme der §§ 4 bis 7 und des § 13 Abs. 1 Satz 1 und 2 nicht für Betriebe und Verwaltungen, in denen in der Regel fünf oder weniger Arbeitnehmer ausschließlich der zu ihrer Berufsbildung Beschäftigten beschäftigt werden. In Betrieben und Verwaltun-

gen, in denen in der Regel zehn oder weniger Arbeitnehmer ausschließlich der zu ihrer Berufsbildung Beschäftigten beschäftigt werden, gelten die Vorschriften des Ersten Abschnitts mit Ausnahme der §§ 4 bis 7 und des § 13 Abs. 1 Satz 1 und 2 nicht für Arbeitnehmer, deren Arbeitsverhältnis nach dem 31. Dezember 2003 begonnen hat; diese Arbeitnehmer sind bei der Feststellung der Zahl der beschäftigten Arbeitnehmer nach Satz 2 bis zur Beschäftigung von in der Regel zehn Arbeitnehmern nicht zu berücksichtigen. Bei der Feststellung der Zahl der beschäftigten Arbeitnehmer nach den Sätzen 2 und 3 sind teilzeitbeschäftigte Arbeitnehmer mit einer regelmäßigen wöchentlichen Arbeitszeit von nicht mehr als 20 Stunden mit 0,5 und nicht mehr als 30 Stunden mit 0,75 zu berücksichtigen.

(2) Die Vorschriften des Dritten Abschnitts gelten für Betriebe und Verwaltungen des privaten Rechts sowie für Betriebe, die von einer öffentlichen Verwaltung geführt werden, soweit sie wirtschaftliche Zwecke verfolgen. Sie gelten nicht für Seeschiffe und ihre Besatzung.

C. Auszug aus dem Bürgerlichen Gesetzbuch (BGB)

I. In der Fassung vom 21. Juli 1999 (BGBl. I S. 1642)

§ 620 Beendigung des Dienstverhältnisses.

(1) Das Dienstverhältnis endigt mit dem Ablauf der Zeit, für die es eingegangen ist.

(2) Ist die Dauer des Dienstverhältnisses weder bestimmt noch aus der Beschaffenheit oder dem Zwecke der Dienste zu entnehmen, so kann jeder Teil das Dienstverhältnis nach Maßgabe der §§ 621, 622 kündigen.

§ 623 Schriftform der Kündigung.

Die Beendigung von Arbeitsverhältnissen durch Kündigung oder Auflösungsvertrag sowie die Befristung bedürfen zu ihrer Wirksamkeit der Schriftform.

II. In der Fassung der Bekanntmachung vom 2. Januar 2002 (BGBl. I S. 42, ber. S. 2909 und BGBl. 2003 I S. 738)

§ 620 Beendigung des Dienstverhältnisses.

(1) Das Dienstverhältnis endigt mit dem Ablauf der Zeit, für die es eingegangen ist.

(2) Ist die Dauer des Dienstverhältnisses weder bestimmt noch aus der Beschaffenheit oder dem Zwecke der Dienste zu entnehmen, so kann jeder Teil das Dienstverhältnis nach Maßgabe der §§ 621 bis 623 kündigen.
(3) Für Arbeitsverträge, die auf bestimmte Zeit abgeschlossen werden, gilt das Teilzeit- und Befristungsgesetz.

§ 621 Kündigungsfristen bei Dienstverhältnissen.
Bei einem Dienstverhältnis, das kein Arbeitsverhältnis im Sinne des § 622 ist, ist die Kündigung zulässig,
1. wenn die Vergütung nach Tagen bemessen ist, an jedem Tag für den Ablauf des folgenden Tages;
2. wenn die Vergütung nach Wochen bemessen ist, spätestens am ersten Werktag einer Woche für den Ablauf des folgenden Sonnabends;
3. wenn die Vergütung nach Monaten bemessen ist, spätestens am 15. eines Monats für den Schluss des Kalendermonats;
4. wenn die Vergütung nach Vierteljahren oder längeren Zeitabschnitten bemessen ist unter Einhaltung einer Kündigungsfrist von sechs Wochen für den Schluss eines Kalendervierteljahrs; wenn die Vergütung nicht nach Zeitabschnitten bemessen ist, jederzeit; bei einem die Erwerbstätigkeit des Verpflichteten vollständig oder hauptsächlich in Anspruch nehmenden Dienstverhältnis ist jedoch eine Kündigungsfrist von zwei Wochen einzuhalten.
5. wenn die Vergütung nicht nach Zeitabschnitten bemessen ist, jederzeit; bei einem die Erwerbstätigkeit des Verpflichteten vollständig oder hauptsächlich in Anspruch nehmenden Dienstverhältnisses ist jedoch eine Kündigungsfrist von zwei Wochen einzuhalten.

§ 622 Kündigungsfristen bei Arbeitsverhältnissen.
(1) Das Arbeitsverhältnis eines Arbeiters oder eines Angestellten (Arbeitnehmer) kann mit einer Frist von vier Wochen zum Fünfzehnten oder zum Ende eines Kalendermonats gekündigt werden.
(2) Für eine Kündigung durch den Arbeitgeber beträgt die Kündigungsfrist, wenn das Arbeitsverhältnis in dem Betrieb oder Unternehmen
1. zwei Jahre bestanden hat, einen Monat zum Ende eines Kalendermonats,
2. fünf Jahre bestanden hat, zwei Monate zum Ende eines Kalendermonats,
3. acht Jahre bestanden hat, drei Monate zum Ende eines Kalendermonats,
4. zehn Jahre bestanden hat, vier Monate zum Ende eines Kalendermonats,
5. zwölf Jahre bestanden hat, fünf Monate zum Ende eines Kalendermonats,
6. 15 Jahre bestanden hat, sechs Monate zum Ende eines Kalendermonats,
7. 20 Jahre bestanden hat, sieben Monate zum Ende eines Kalendermonats.
Bei der Berechnung der Beschäftigungsdauer werden Zeiten, die vor der Vollendung des 25. Lebensjahrs des Arbeitnehmers liegen, nicht berücksichtigt.
(3) Während einer vereinbarten Probezeit, längstens für die Dauer von sechs

Monaten, kann das Arbeitsverhältnis mit einer Frist von zwei Wochen gekündigt werden.
(4) Von den Absätzen 1 bis 3 abweichende Regelungen können durch Tarifvertrag vereinbart werden, im Geltungsbereich eines solchen Tarifvertrags gelten die abweichenden tarifvertraglichen Bestimmungen zwischen nicht tarifgebundenen Arbeitgebern und Arbeitnehmern, wenn ihre Anwendung zwischen ihnen vereinbart ist.
(5) Einzelvertraglich kann eine kürzere als die in Absatz 1 genannte Kündigungsfrist nur vereinbart werden,
1. wenn ein Arbeitnehmer zur vorübergehenden Aushilfe eingestellt ist; dies gilt nicht, wenn das Arbeitsverhältnis über die Zeit von drei Monaten hinaus fortgesetzt wird;
2. wenn der Arbeitgeber in der Regel nicht mehr als zwanzig Arbeitnehmer ausschließlich der zu ihrer Berufsbildung Beschäftigten beschäftigt und die Kündigungsfrist vier Wochen nicht unterschreitet. Bei der Feststellung der Zahl der beschäftigten Arbeitnehmer sind teilzeitbeschäftigte Arbeitnehmer mit einer regelmäßigen wöchentlichen Arbeitszeit von nicht mehr als 20 Stunden mit 0,5 und nicht mehr als 30 Stunden mit 0,75 zu berücksichtigen. Die einzelvertragliche Vereinbarung längerer als der in den Absätzen 1 bis 3 genannten Kündigungsfristen bleibt hiervon unberührt.
(6) Für die Kündigung des Arbeitsverhältnisses durch den Arbeitnehmer darf keine längere Frist vereinbart werden als für die Kündigung durch den Arbeitgeber.

§ 623 Schriftform der Kündigung.
Die Beendigung von Arbeitsverhältnissen durch Kündigung oder Auflösungsvertrag bedürfen zu ihrer Wirksamkeit der Schriftform; die elektronische Form ist ausgeschlossen.

§ 624 Kündigungsfrist bei Verträgen über mehr als fünf Jahre.
Ist das Dienstverhältnis für die Lebenszeit einer Person oder für längere Zeit als fünf Jahre ein gegangen, so kann es von dem Verpflichteten nach dem Ablauf von fünf Jahren gekündigt werden. Die Kündigungsfrist beträgt sechs Monate.

§ 625 Stillschweigende Verlängerung.
Wird das Dienstverhältnis nach dem Ablauf der Dienstzeit von dem Verpflichteten mit Wissen des anderen Teiles fortgesetzt, so gilt es als auf unbestimmte Zeit verlängert, sofern nicht der andere Teil unverzüglich widerspricht.

D. Die Richtlinie 1999/70/EG des Rates vom 28. Juni 1999 zu der EGB-UNICE-CEEP-Rahmenvereinbarung über befristete Arbeitsverträge

Vom 28. Juni 1999 (ABl. Nr. L 175/43)

DER RAT DER EUROPÄISCHEN UNION –

gestützt auf den Vertrag zur Gründung der Europäischen Gemeinschaft, insbesondere auf Artikel 139 Absatz 2,
auf Vorschlag der Kommission,
in Erwägung nachstehender Gründe:
1. Durch das Inkrafttreten des Vertrags von Amsterdam wurden die Vorschriften des Abkommens über die Sozialpolitik, das dem Protokoll über die Sozialpolitik beigefügt war, welches dem Vertrag zur Gründung der Europäischen Gemeinschaft beigefügt war, in die Artikel 136 bis 139 des Vertrages zur Gründung der Europäischen Gemeinschaft übernommen.
2. Die Sozialpartner können nach Artikel 139 Absatz 2 des Vertrags gemeinsam beantragen, daß die auf Gemeinschaftsebene geschlossenen Vereinbarungen durch einen Beschluß des Rates auf Vorschlag der Kommission durchgeführt werden.
3. Nummer 7 der Gemeinschaftscharta der sozialen Grundrechte der Arbeitnehmer sieht unter anderem folgendes vor: „Die Verwirklichung des Binnenmarktes muß zu einer Verbesserung der Lebens- und Arbeitsbedingungen der Arbeitnehmer in der Europäischen Gemeinschaft führen. Dieser Prozeß erfolgt durch eine Angleichung dieser Bedingungen auf dem Wege des Fortschritts und betrifft namentlich andere Arbeitsformen als das unbefristete Arbeitsverhältnis, wie das befristete Arbeitsverhältnis, Teilzeitarbeit, Leiharbeit und Saisonarbeit".
4. Der Rat hat weder zu dem Vorschlag für eine Richtlinie über bestimmte Arbeitsverhältnisse im Hinblick auf Wettbewerbsverzerrungen noch zu dem Vorschlag für eine Richtlinie über bestimmte Arbeitsverhältnisse hinsichtlich der Arbeitsbedingungen einen Beschluß gefaßt.
5. Entsprechend den Schlußfolgerungen des Europäischen Rates von Essen sind Maßnahmen „zur Steigerung der Beschäftigungsintensität des Wachstums, insbesondere durch eine flexiblere Organisation der Arbeit, die sowohl den Wünschen der Arbeitnehmer als auch den Erfordernissen des Wettbewerbs gerecht wird," erforderlich.
6. In der Entschließung des Rates vom 9. Februar 1999 zu den beschäftigungspolitischen Leitlinien für 1999 werden die Sozialpartner aufgefordert, auf allen geeigneten Ebenen Vereinbarungen zur Modernisierung der Arbeitsorganisation, darunter auch anpassungsfähige Arbeitsregelungen, auszuhandeln,

um die Unternehmen produktiv und wettbewerbsfähig machen und ein ausgewogenes Verhältnis zwischen Anpassungsfähigkeit und Sicherheit zu erreichen.

7. Die Kommission hat nach Artikel 3 Absatz 2 des Abkommens über die Sozialpolitik die Sozialpartner zu der Frage gehört, wie eine Gemeinschaftsaktion zur Flexibilisierung der Arbeitszeit und Absicherung der Arbeitnehmer gegebenenfalls ausgerichtet werden sollte.

8. Die Kommission, die nach dieser Anhörung eine Gemeinschaftsaktion für zweckmäßig hielt, hat die Sozialpartner nach Artikel 3 Absatz 3 des genannten Abkommens erneut zum Inhalt des in Aussicht genommenen Vorschlags gehört.

9. Die allgemeinen branchenübergreifenden Organisationen, d.h. die Union der Industrie- und Arbeitgeberverbände Europas (UNICE), der Europäische Zentralverband der öffentlichen Wirtschaft (CEEP) und der Europäische Gewerkschaftsbund (EGB) haben der Kommission in einem gemeinsamen Schreiben vom 23. März 1998 mitgeteilt, daß sie das Verfahren nach Artikel 4 des genannten Abkommens in Gang setzen wollen. Sie haben die Kommission in einem gemeinsamen Schreiben um eine zusätzliche Frist von drei Monaten gebeten. Die Kommission kam dieser Bitte nach und verlängerte den Verhandlungszeitraum bis zum 30. März 1999.

10. Die genannten branchenübergreifenden Organisationen schlossen am 18. März 1999 eine Rahmenvereinbarung über befristete Arbeitsverträge und übermittelten der Kommission nach Artikel 4 Absatz 2 des Abkommens über die Sozialpolitik ihren gemeinsamen Antrag auf Durchführung dieser Rahmenvereinbarung durch einen Beschluß des Rates auf Vorschlag der Kommission.

11. Der Rat hat in seiner Entschließung vom 6. Dezember 1994 „Bestimmte Perspektiven einer Sozialpolitik der Europäischen Union: ein Beitrag zur wirtschaftlichen und sozialen Konvergenz in der Union“[1164] die Sozialpartner ersucht, die Möglichkeiten zum Abschluß von Vereinbarungen wahrzunehmen, weil sie in der Regel näher an den sozialen Problemen und der sozialen Wirklichkeit sind.

12. In der Präambel zu der am 6. Juni 1997 geschlossenen Rahmenvereinbarung über Teilzeitarbeit kündigten die Unterzeichnerparteien ihre Absicht an, zu prüfen, ob ähnliche Vereinbarungen für andere flexible Arbeitsformen erforderlich sind.

13. Die Sozialpartner wollten den befristeten Arbeitsverträgen besondere Beachtung schenken, erklärten jedoch auch, daß sie in Erwägung ziehen wollten, ob eine ähnliche Vereinbarung über Leiharbeit erforderlich ist.

14. Die Unterzeichnerparteien wollten eine Rahmenvereinbarung über befristete Arbeitsverträge schließen, welche die allgemeinen Grundsätze und Mindestvorschriften für befristete Arbeitsverträge und Beschäftigungsverhältnisse niederlegt. Sei haben ihren Willen bekundet, durch Anwendung des Grundsatzes

[1164] ABl. C 386/6.

der Nichtdiskriminierung die Qualität befristeter Arbeitsverhältnisse zu verbessern und einen Rahmen zu schaffen, der den Mißbrauch durch aufeinanderfolgende befristete Arbeitsverträge oder Beschäftigungsverhältnisse verhindert.

15. Der geeignete Rechtsakt zur Durchführung der Rahmenvereinbarung ist eine Richtlinie im Sinne von Artikel 249 des Vertrags. Sie ist für die Mitgliedstaaten hinsichtlich des zu erreichenden Zieles verbindlich, überläßt diesen jedoch die Wahl der Form und der Mittel.

16. Entsprechend den in Artikel 5 des Vertrags genannten Grundsätzen der Subsidiarität und der Verhältnismäßigkeit können die Ziele dieser Richtlinie auf Ebene der Mitgliedstaaten nicht ausreichend erreicht werden, so daß sie besser auf Gemeinschaftsebene verwirklicht werden können. Die Richtlinie geht nicht über das für die Erreichung dieser Ziele Erforderliche hinaus.

17. Bezüglich der in der Rahmenvereinbarung verwendeten, jedoch nicht genau definierten Begriffe überläßt es diese Richtlinie - wie andere im Sozialbereich erlassene Richtlinien, in denen ähnliche Begriffe vorkommen - den Mitgliedstaaten, diese Begriffe entsprechend ihrem nationalen Recht und/oder ihrer nationalen Praxis zu definieren, vorausgesetzt, diese Definitionen entsprechen inhaltlich der Rahmenvereinbarung.

18. Die Kommission hat ihren Richtlinienvorschlag entsprechend ihrer Mitteilung vom 14. Dezember 1993 über die Anwendung des Protokolls über die Sozialpolitik und ihrer Mitteilung vom 20. Mai 1998 zur Entwicklung des sozialen Dialogs auf Gemeinschaftsebene unter Berücksichtigung des Vertretungsanspruchs der Unterzeichnerparteien, ihres Mandats und der Rechtmäßigkeit der Bestimmungen der Rahmenvereinbarung ausgearbeitet. Die Unterzeichnerparteien verfügen über einen ausreichenden kumulativen Vertretungsanspruch.

19. Entsprechend ihrer Mitteilung über die Anwendung des Protokolls über die Sozialpolitik hat die Kommission das Europäische Parlament und den Wirtschafts- und Sozialausschuß unterrichtet und ihnen den Wortlaut der Rahmenvereinbarung sowie ihren mit einer Begründung versehenen Vorschlag für eine Richtlinie übermittelt.

20. Das Europäische Parlament hat am 6. Mai 1999 eine Entschließung zu der Rahmenvereinbarung der Sozialpartner angenommen.

21. Die Durchführung der Rahmenvereinbarung trägt zur Verwirklichung der in Artikel 136 des Vertrags genannten Ziele bei –

HAT FOLGENDE RICHTLINIE ERLASSEN:

Art. 1

Mit dieser Richtlinie soll die zwischen den allgemeinen branchenübergreifenden Organisationen (EGB, UNICE und CEEP) geschlossene Rahmenvereinbarung vom 18. März 1999 über befristete Arbeitsverträge, die im Anhang enthalten ist, durchgeführt werden.

Art. 2

Die Mitgliedstaaten setzen die Rechts- und Verwaltungsvorschriften in Kraft, die erforderlich sind, um dieser Richtlinie spätestens am 10. Juli 2001 nachzukommen oder vergewissern sich spätestens zu diesem Zeitpunkt, daß die Sozialpartner im Wege einer Vereinbarung die erforderlichen Vorkehrungen getroffen haben; dabei haben die Mitgliedstaaten alle notwendigen Maßnahmen zu treffen, um jederzeit gewährleisten zu können, daß die durch die Richtlinie vorgeschriebenen Ergebnisse erzielt werden. Sie setzen die Kommission unverzüglich davon in Kenntnis.
Sofern notwendig kann den Mitgliedstaaten bei besonderen Schwierigkeiten oder im Falle einer Durchführung mittels eines Tarifvertrags nach Konsultation der Sozialpartner eine zusätzliche Frist von höchstens einem Jahr gewährt werden. Sie setzen die Kommission umgehend von diesen Gegebenheiten in Kenntnis.
Wenn die Mitgliedstaaten die Vorschriften nach Absatz 1 erlassen, nehmen sie in diesen Vorschriften selbst oder bei deren amtlicher Veröffentlichung auf diese Richtlinie Bezug. Die Mitgliedstaaten regeln die Einzelheiten der Bezugnahme.

Art. 3

Diese Richtlinie tritt am Tag ihrer Veröffentlichung im Amtsblatt der Europäischen Gemeinschaften[1165] in Kraft.

Art. 4

Diese Richtlinie ist an die Mitgliedstaaten gerichtet.

Anhang
EGB - UNICE - CEEP

Rahmenvereinbarung über befristete Arbeitsverträge

Präambel

Die vorliegende Rahmenvereinbarung ist ein Beispiel für die Rolle, die Sozialpartner im Rahmen der 1997 auf der Sondertagung in Luxemburg vereinbarten europäischen Beschäftigungsstrategie spielen können, und nach der Rahmenvereinbarung über Teilzeitarbeit ein weiterer Beitrag auf dem Weg zu einem besse-

---

[1165] Die Richtlinie wurde am 10.7.1999 im ABl. veröffentlicht.

ren Gleichgewicht zwischen „Flexibilität der Arbeitszeit und Sicherheit der Arbeitnehmer".
Die Unterzeichnerparteien dieser Vereinbarung erkennen an, daß unbefristete Verträge die übliche Form des Beschäftigungsverhältnisses zwischen Arbeitgebern und Arbeitnehmern darstellen und weiter darstellen werden. Sie erkennen auch an, daß befristete Beschäftigungsverträge unter bestimmten Umständen den Bedürfnissen von Arbeitgebern und Arbeitnehmern entsprechen.
Die Vereinbarung legt die allgemeinen Grundsätze und Mindestvorschriften für befristete Arbeitsverträge in der Erkenntnis nieder, daß bei ihrer genauen Anwendung die besonderen Gegebenheiten der jeweiligen nationalen, sektoralen und saisonalen Situation berücksichtigt werden müssen. Sie macht den Willen der Sozialpartner deutlich, einen allgemeinen Rahmen zu schaffen, der durch den Schutz vor Diskriminierung die Gleichbehandlung von Arbeitnehmern in befristeten Arbeitsverhältnissen sichert und die Inanspruchnahme befristeter Arbeitsverträge auf einer für Arbeitgeber und Arbeitnehmer akzeptablen Grundlage ermöglicht.
Die Vereinbarung gilt für Arbeitnehmer in befristeten Arbeitsverhältnissen mit Ausnahme derer, die einem Unternehmen von einer Leiharbeitsagentur zur Verfügung gestellt werden. Es ist die Absicht der Parteien, den Abschluß einer ähnlichen Vereinbarung über Leiharbeit in Erwägung zu ziehen.
Die Vereinbarung erstreckt sich auf die Beschäftigungsbedingungen von Arbeitnehmern in befristeten Arbeitsverhältnissen und erkennt an, daß Fragen der gesetzlichen Regelung der sozialen Sicherheit der Entscheidung der Mitgliedstaaten unterliegen. Die Sozialpartner nehmen in diesem Sinne von der Erklärung zur Beschäftigung des Europäischen Rates von Dublin aus dem Jahre 1996 Kenntnis, in der unter anderem betont wird, daß die Systeme der sozialen Sicherheit beschäftigungsfreundlicher gestaltet werden sollten, indem Systeme der sozialen Sicherheit entwickelt werden, die sich an neue Arbeitsstrukturen anpassen lassen und die jedem, der im Rahmen solcher Strukturen arbeitet, auch einen angemessenen sozialen Schutz bieten. Die Unterzeichnerparteien wiederholen ihre bereits 1997 in der Rahmenvereinbarung über Teilzeitarbeit geäußerte Ansicht, daß die Mitgliedstaaten die Erklärung unverzüglich umsetzen sollten.
Außerdem wird anerkannt, daß Innovationen in den betrieblichen Sozialschutzsystemen erforderlich sind, um sie an die Bedingungen von heute anzupassen und insbesondere die Übertragbarkeit von Ansprüchen zu ermöglichen.
EGB, UNICE und CEEP ersuchen die Kommission, diese Rahmenvereinbarung dem Rat vorzulegen, damit deren Vorschriften in den Mitgliedstaaten, die das Abkommen über die Sozialpolitik, das dem Protokoll (Nr. 14) über die Sozialpolitik im Anhang zum Vertrag zur Gründung der Europäischen Union beigefügt ist, unterzeichnet haben, durch Ratsbeschluß verbindlich werden.

Die Unterzeichnerparteien ersuchen die Kommission, die Mitgliedstaaten in ihrem Vorschlag zur Umsetzung dieser Vereinbarung aufzufordern, die erforderlichen Rechts- und Verwaltungsvorschriften zu erlassen, um dem Ratsbeschluß innerhalb einer Frist von zwei Jahren nach seiner Verabschiedung nachzukommen oder sich zu vergewissern,[1166] daß die Sozialpartner die notwendigen Maßnahmen vor Ablauf dieser Frist im Wege einer Vereinbarung ergreifen. Bei besonderen Schwierigkeiten oder einer Umsetzung mittels eines Tarifvertrags haben die Mitgliedstaaten nach Konsultation der Sozialpartner gegebenenfalls zusätzlich bis zu einem Jahr Zeit, dieser Bestimmung nachzukommen,
Die Unterzeichnerparteien bitten darum, daß die Sozialpartner vor jeder Maßnahme, die Rechts- und Verwaltungsvorschriften der Mitgliedstaaten zur Erfüllung dieser Vereinbarung betrifft, konsultiert werden.
Unbeschadet der jeweiligen Rolle der einzelstaatlichen Gerichte und des Gerichtshofs bitten die Unterzeichnerparteien darum, daß jede Frage im Hinblick auf die Auslegung dieser Vereinbarung auf europäischer Ebene über die Kommission zunächst an sie weitergeleitet wird, damit sie eine Stellungnahme abgeben können.

Allgemeine Erwägungen

1. Gestützt auf das Abkommen über die Sozialpolitik, das dem Protokoll (Nr. 14) über die Sozialpolitik im Anhang zum Vertrag zur Gründung der Europäischen Gemeinschaft beigefügt ist, insbesondere auf Artikel 3 Absatz 4 und Artikel 4 Absatz 2,
in Erwägung nachstehender Gründe:

2. Gemäß Artikel 4 Absatz 2 des Abkommens über die Sozialpolitik erfolgt die Durchführung der auf Gemeinschaftsebene geschlossenen Vereinbarungen auf gemeinsamen Antrag der Unterzeichnerparteien durch einen Beschluß des Rates auf Vorschlag der Kommission.
3. Die Kommission kündigte in ihrem zweiten Konsultationspapier über die Flexibilität der Arbeitszeit und Arbeitnehmersicherheit an, eine gesetzlich bindende Gemeinschaftsmaßnahme vorschlagen zu wollen.
4. Das Europäische Parlament forderte die Kommission in seiner Stellungnahme zum Vorschlag für eine Richtlinie über Teilzeitarbeit auf, unverzüglich Vorschläge für Richtlinien über andere Formen der flexiblen Arbeit wie befristete Arbeitsverträge und Leiharbeit zu unterbreiten.
5. In den Schlußfolgerungen des außerordentlichen Gipfeltreffens über Beschäftigungsfragen in Luxemburg ersuchte der Europäische Rat die Sozialpart-

[1166] Amtl. Anm.: Im Sinne von Artikel 2 Absatz 4 des Abkommens über die Sozialpolitik, das dem Protokoll (Nr. 14) über die Sozialpolitik im Anhang zum Vertrag zur Gründung der Europäischen Gemeinschaft beigefügt ist.

ner, „Vereinbarungen zur Modernisierung der Arbeitsorganisation, darunter flexible Arbeitsregelungen, auszuhandeln, um die Unternehmen produktiv und wettbewerbsfähig zu machen und ein ausgewogenes Verhältnis zwischen Flexibilität und Sicherheit zu erreichen".

6. Unbefristete Arbeitsverträge sind die übliche Form des Beschäftigungsverhältnisses. Sie tragen zur Lebensqualität der betreffenden Arbeitnehmer und zur Verbesserung ihrer Leistungsfähigkeit bei.

7. Die aus objektiven Gründen erfolgende Inanspruchnahme befristeter Arbeitsverträge hilft Mißbrauch zu vermeiden.

8. Befristete Arbeitsverträge sind für die Beschäftigung in bestimmten Branchen, Berufen und Tätigkeiten charakteristisch und können den Bedürfnissen der Arbeitgeber und der Arbeitnehmer entsprechen.

9. Da mehr als die Hälfte der Arbeitnehmer in befristeten Arbeitsverhältnissen in der Europäischen Union Frauen sind, kann diese Vereinbarung zur Verbesserung der Chancengleichheit zwischen Frauen und Männern beitragen.

10. Diese Vereinbarung überläßt es den Mitgliedstaaten und den Sozialpartnern, die Anwendungsmodalitäten ihrer allgemeinen Grundsätze, Mindestvorschriften und Bestimmungen zu definieren, um so der jeweiligen Situation der einzelnen Mitgliedstaaten und den Umständen bestimmter Branchen und Berufe einschließlich saisonaler Tätigkeiten Rechnung zu tragen.

11. Diese Vereinbarung berücksichtigt die Notwendigkeit, die sozialpolitischen Rahmenbedingungen zu verbessern, die Wettbewerbsfähigkeit der Wirtschaft der Gemeinschaft zu fördern und verwaltungstechnische, finanzielle oder rechtliche Zwänge zu vermeiden, die die Gründung und Entwicklung von kleinen und mittleren Unternehmen behindern könnten.

12. Die Sozialpartner sind am besten in der Lage, Lösungen zu finden, die den Bedürfnissen der Arbeitgeber und der Arbeitnehmer gerecht werden. Daher ist ihnen eine besondere Rolle bei der Umsetzung und Anwendung dieser Vereinbarung einzuräumen –

HABEN DIE UNTERZEICHNERPARTEIEN FOLGENDES VEREINBART:

§ 1 Gegenstände. Diese Rahmenvereinbarung soll:
a) durch Anwendung des Grundsatzes der Nichtdiskriminierung die Qualität befristeter Arbeitsverhältnisse verbessern;
b) einen Rahmen schaffen, der den Mißbrauch durch aufeinanderfolgende befristete Arbeitsverträge oder -verhältnisse verhindert.

§ 2 Anwendungsbereich. (1) Diese Vereinbarung gilt für befristet beschäftigte Arbeitnehmer mit einem Arbeitsvertrag oder -verhältnis gemäß der gesetzlich, tarifvertraglich oder nach den Gepflogenheiten in jedem Mitgliedstaat geltenden Definition.

(2) Die Mitgliedstaaten, nach Anhörung der Sozialpartner, und/oder die Sozialpartner können vorsehen, daß diese Vereinbarung nicht gilt für:
a) Berufsausbildungsverhältnisse und Auszubildendensysteme/Lehrlingsausbildungssysteme;
b) Arbeitsverträge und -verhältnisse, die im Rahmen eines besonderen öffentlichen oder von der öffentlichen Hand unterstützten beruflichen Ausbildungs-, Eingliederungs- oder Umschulungsprogramms abgeschlossen wurden.

§ 3 Definitionen. Im Sinne dieser Vereinbarung ist:
1. „befristet beschäftigter Arbeitnehmer" eine Person mit einem direkt zwischen dem Arbeitgeber und dem Arbeitnehmer geschlossenen Arbeitsvertrag oder -verhältnis, dessen Ende durch objektive Bedingungen wie das Erreichen eines bestimmten Datums, die Erfüllung einer bestimmten Aufgabe oder das Eintreten eines bestimmten Ereignisses bestimmt wird,
2. „vergleichbarer Dauerbeschäftigter" ein Arbeitnehmer desselben Betriebs mit einem unbefristeten Arbeitsvertrag oder -verhältnis, der in der gleichen oder einer ähnlichen Arbeit/Beschäftigung tätig ist, wobei auch die Qualifikationen/Fertigkeiten angemessen zu berücksichtigen sind.
Ist in demselben Betrieb kein vergleichbarer Dauerbeschäftigter vorhanden, erfolgt der Vergleich anhand des anwendbaren Tarifvertrags oder in Ermangelung eines solchen gemäß den einzelstaatlichen gesetzlichen oder tarifvertraglichen Bestimmungen oder Gepflogenheiten.

§ 4 Grundsatz der Nichtdiskriminierung. (1) Befristet beschäftige Arbeitnehmer dürfen in ihren Beschäftigungsbedingungen nur deswegen, weil für sie ein befristeter Arbeitsvertrag oder ein befristetes Arbeitsverhältnis gilt, gegenüber vergleichbaren Dauerbeschäftigten nicht schlechter behandelt werden, es sei denn, die unterschiedliche Behandlung ist aus sachlichen Gründen gerechtfertigt.
(2) Es gilt, wo dies angemessen ist, der Pro-rata-temporis-Grundsatz.
(3) Die Anwendungsmodalitäten dieser Bestimmung werden von den Mitgliedstaaten nach Anhörung der Sozialpartner und/oder von den Sozialpartnern unter Berücksichtigung der Rechtsvorschriften der Gemeinschaft und der einzelstaatlichen gesetzlichen und tarifvertraglichen Bestimmungen und Gepflogenheiten festgelegt.
(4) In Bezug auf bestimmte Beschäftigungsbedingungen gelten für befristet beschäftige Arbeitnehmer dieselben Betriebszugehörigkeitszeiten wie für Dauerbeschäftigte, es sei denn, unterschiedliche Betriebszugehörigkeitszeiten sind aus sachlichen Gründen gerechtfertigt

§ 5 Maßnahmen zur Vermeidung von Mißbrauch. (1) Um Mißbrauch durch aufeinanderfolgende befristete Arbeitsverträge oder -verhältnisse zu vermeiden,

ergreifen die Mitgliedstaaten nach der gesetzlich oder tarifvertraglich vorgeschriebenen oder in dem Mitgliedstaat üblichen Anhörung der Sozialpartner und/oder die Sozialpartner, wenn keine gleichwertigen gesetzlichen Maßnahmen zur Mißbrauchsverhinderung bestehen, unter Berücksichtigung der Anforderungen bestimmter Branchen und/oder Arbeitnehmerkategorien eine oder mehrere der folgenden Maßnahmen:
a) sachliche Gründe, die die Verlängerung solcher Verträge oder Verhältnisse rechtfertigen;
b) die insgesamt maximal zulässige Dauer aufeinanderfolgender Arbeitsverträge oder -verhältnisse;
c) die zulässige Zahl der Verlängerungen solcher Verträge oder Verhältnisse.
(2) Die Mitgliedstaaten, nach Anhörung der Sozialpartner, und/oder die Sozialpartner legen gegebenenfalls fest, unter welchen Bedingungen befristete Arbeitsverträge oder Beschäftigungsverhältnisse:
a) als „aufeinanderfolgend" zu betrachten sind;
b) als unbefristete Verträge oder Verhältnisse zu gelten haben.

§ 6 Information und Beschäftigungsmöglichkeiten. (1) Die Arbeitgeber informieren die befristet beschäftigten Arbeitnehmer über Stellen, die im Unternehmen oder Betrieb frei werden, damit diese die gleichen Chancen auf einen sicheren unbefristeten Arbeitsplatz haben wie andere Arbeitnehmer. Diese Information kann durch allgemeine Bekanntgabe an geeigneter Stelle im Unternehmen oder Betrieb erfolgen.
(2) Die Arbeitgeber erleichtern den befristet beschäftigten Arbeitnehmern, soweit dies möglich ist, den Zugang zu angemessenen Aus- und Weiterbildungsmöglichkeiten, die die Verbesserung ihrer Fertigkeiten, ihr berufliches Fortkommen und ihre berufliche Mobilität fördern.

§ 7 Information und Konsultation. (1) Befristet beschäftigte Arbeitnehmer werden entsprechend den nationalen Rechtsvorschriften bei der Berechnung der Schwellenwerte für die Einrichtung von Arbeitnehmervertretungen in den Unternehmen berücksichtigt, die nach den Rechtsvorschriften der Gemeinschaft und der Mitgliedstaaten vorgesehen sind.
(2) Die Anwendungsmodalitäten des Paragraphs 7 Nummer 1 werden von den Mitgliedstaaten nach Anhörung der Sozialpartner und/oder von den Sozialpartnern unter Berücksichtigung der einzelstaatlichen gesetzlichen und tarifvertraglichen Bestimmungen und Gepflogenheiten und im Einklang mit Paragraph 4 Nummer 1 festgelegt.
(3) Die Arbeitgeber ziehen, soweit dies möglich ist, eine angemessene Information der vorhandenen Arbeitnehmervertretungsgremien über befristete Arbeitsverhältnisse im Unternehmen in Erwägung.

§ 8 Umsetzungsbestimmungen. (1) Die Mitgliedstaaten und/oder die Sozialpartner können günstigere Bestimmungen für Arbeitnehmer beibehalten oder einführen, als sie in dieser Vereinbarung vorgesehen sind.
(2) Diese Vereinbarung gilt unbeschadet spezifischerer Gemeinschaftsbestimmungen, insbesondere der Gemeinschaftsbestimmungen zur Gleichbehandlung und Chancengleichheit von Männern und Frauen.
(3) Die Umsetzung dieser Vereinbarung darf nicht als Rechtfertigung für die Senkung des allgemeinen Niveaus des Arbeitnehmerschutzes in dem von dieser Vereinbarung erfaßten Bereich dienen.
(4) Diese Vereinbarung beeinträchtigt nicht das Recht der Sozialpartner, auf der geeigneten, einschließlich der europäischen Ebene, Vereinbarungen zu schließen, die die Bestimmungen dieser Vereinbarung unter Berücksichtigung der besonderen Bedürfnisse der betroffenen Sozialpartner anpassen und/oder ergänzen.
(5) Die Vermeidung und Behandlung von Streitfällen und Beschwerden, die sich aus der Anwendung dieser Vereinbarung ergeben, erfolgen im Einklang mit den einzelstaatlichen gesetzlichen und tarifvertraglichen Bestimmungen und Gepflogenheiten.
(6) Falls eine der Unterzeichnerparteien dies beantragt, nehmen diese fünf Jahre nach dem Datum des Ratsbeschlusses eine Überprüfung der Anwendung dieser Vereinbarung vor.

E. Möglichkeiten sachgrundloser Befristung nach den verschiedenen Befristungsgesetzen

	BeschFG 1985	**BeschFG 1996**	**TzBfG 2000**	**TzBfG 2003**
Höchstdauer (Grundregelung) Verlängerungsmöglichkeit	18 Monate keine	2 Jahre dreimalig	2 Jahre dreimalig	2 Jahre dreimalig
Höchstdauer bei neugegründeten Unternehmen Existenzgründungszeit Verlängerungsmöglichkeit	2 Jahre 6 Monate keine	keine Regelung	keine Regelung	4 Jahre 4 Jahre unbegrenzt
Erleichterte Befristung für ältere Arbeitnehmer	keine Regelung	ab 60 Jahren	ab 58 Jahren	ab 52 Jahren

RECHT DER ARBEIT UND DER SOZIALEN SICHERHEIT

Band 1 Ulrike Wagner: Mitbestimmung bei Bildschirmtechnologien. 1985.

Band 2 Karin Dierks: Zwischen Arbeits- und Sozialrecht. Beschäftigungsverhältnisse in der Werkstatt für Behinderte. 1986.

Band 3 Inge Böttcher: Gemeinsame Ausübung eines Zurückbehaltungsrechts. 1986.

Band 4 Gabriele Peter: Frauendiskriminierung durch Teilzeitbeschäftigung. Insbesondere bei betrieblichen Sozialleistungen und der Vergütung von Überstunden. 1988.

Band 5 Uwe Schumacher: Rechtsfragen der Teleprogrammierung. Statusrechtliche Einordnung und urheberrechtlicher Schutz. 1989.

Band 6 Nashrine Ismail: Recht und Praxis bei der Bekämpfung illegaler Arbeitnehmerüberlassung. 1991.

Band 7 Karen Klöver: Der Sozialplan im Konkurs. Schutz der Sozialplangläubiger im Konkurs und alternative Regelungsmöglichkeiten in einem neuen Insolvenzrecht. 1993.

Band 8 Andrea Rudolph: Die Kooperation von Strafrecht und Sozialhilferecht bei der Disziplinierung von Armen mittels Arbeit. Vom Arbeitshaus bis zur gemeinnützigen Arbeit. 1995.

Band 9 Wolfgang Däubler: Rechtsexport. Die Einführung des bundesdeutschen Arbeitsrechts im Gebiet der früheren DDR. 1996.

Band 10 Ines Kalisch: Die Entwicklung des Verbots der mittelbaren Diskriminierung wegen des Geschlechts im Sozialrecht. Grundlagen, Analyse und exemplarische Anwendung auf Gesetze im Rentenrecht. 1999.

Band 11 Matthias Hirschfeld: Die Dienstgemeinschaft im Arbeitsrecht der evangelischen Kirche. Zur Legitimitätsproblematik eines Rechtsbegriffs. 1999.

Band 12 Véronique Demarne: Anwendung nationaler Tarifverträge bei grenzüberschreitenden Arbeitsverhältnissen. Ein deutsch-französischer Vergleich (Avec résumé et conclusions en français). 1999.

Band 13 Alexander Scharf: Das Arbeitsrecht der Russischen Föderation und der Republik Belarus. 1999.

Band 14 José João Abrantes: Contrat de travail et droits fondamentaux. Contribution à une dogmatique commune européenne, avec référence spéciale au droit allemand et au droit portugais. 2000.

Band 15 Oliver Tieste: Karôshi, ein japanisches Phänomen? Ursachen und rechtliche Hintergründe für den Tod am Arbeitsplatz. Eine rechtsvergleichende Studie. 2000.

Band 16 Detlev Reichelt: Die arbeitsrechtliche Stellung der Rote-Kreuz-Schwestern. Eine Untersuchung zur Arbeitnehmereigenschaft mitarbeitender Vereinsmitglieder und Gesellschafter am Beispiel der Krankenschwestern der Schwesternschaften vom Deutschen Roten Kreuz e.V. 2000.

Band 17 Herbert Böker: Tarifunterschreitung durch Betriebsvereinbarung und Arbeitsvertrag. 2001.

Band 18 Tatjana Aigner: Antworten auf Arbeitnehmerfehlverhalten. Reaktionen, Interventionen und Sanktionen in Österreich und Deutschland. 2002.

Band 19 Alexandra Nöth: Materieller und prozessualer Rechtsschutz gegen sexuelle Belästigung am Arbeitsplatz in den USA, Europa und Deutschland. 2003.

Band 20 Oliver Tieste: Der Tod durch Überarbeitung. Arbeits- und sozialversicherungsrechtliche Hintergründe. Materiellrechtliche, epidemiologische und betriebliche Rahmenbedingungen des Karôshi-Phänomens in Japan und Deutschland. 2003.

Band 21 Bettina Graue: Der deutsche und europäische öffentliche Dienst zwischen rechtlicher und faktischer Gleichberechtigung der Geschlechter. Ein rechtssystematischer Vergleich zur Frauenförderung in beiden öffentlichen Diensten unter besonderer Berücksichtigung des Gemeinschaftsgrundrechts der Gleichberechtigung von Männern und Frauen. 2004.

Band 22 Timo Karsten: Schuldrechtliche Tarifverträge und außertarifliche Sozialpartner-Vereinbarungen. Eine Untersuchung am Beispiel von Vereinbarungen der Tarifparteien der Chemischen Industrie. 2004.

Band 23 Katrin Stoye: Rechtsdogmatische und rechtspolitische Probleme des § 14 Abs. 2 Teilzeit- und Befristungsgesetz. Ein Beitrag zur Auslegung der Tatbestandsvoraussetzungen des § 14 Abs. 2 TzBfG sowie zur Entwicklung des Rechts der sachgrundlosen Befristungen unter Berücksichtigung der gesetzlichen Neuerungen durch die Arbeitsmarktreformen der Jahre 2002 und 2003. 2007.

www.peterlang.de

FSC
www.fsc.org
MIX
Papier | Fördert
gute Waldnutzung
FSC® C083411

Kolibri 360 GmbH
Ferdinand-Jühlke-Straße 7
99095 Erfurt, Deutschland
produktsicherheit@kolibri360.de

Druck:
CPI Druckdienstleistungen GmbH
im Auftrag der
Kolibri 360 GmbH
Ferdinand-Jühlke-Str. 7
99095 Erfurt